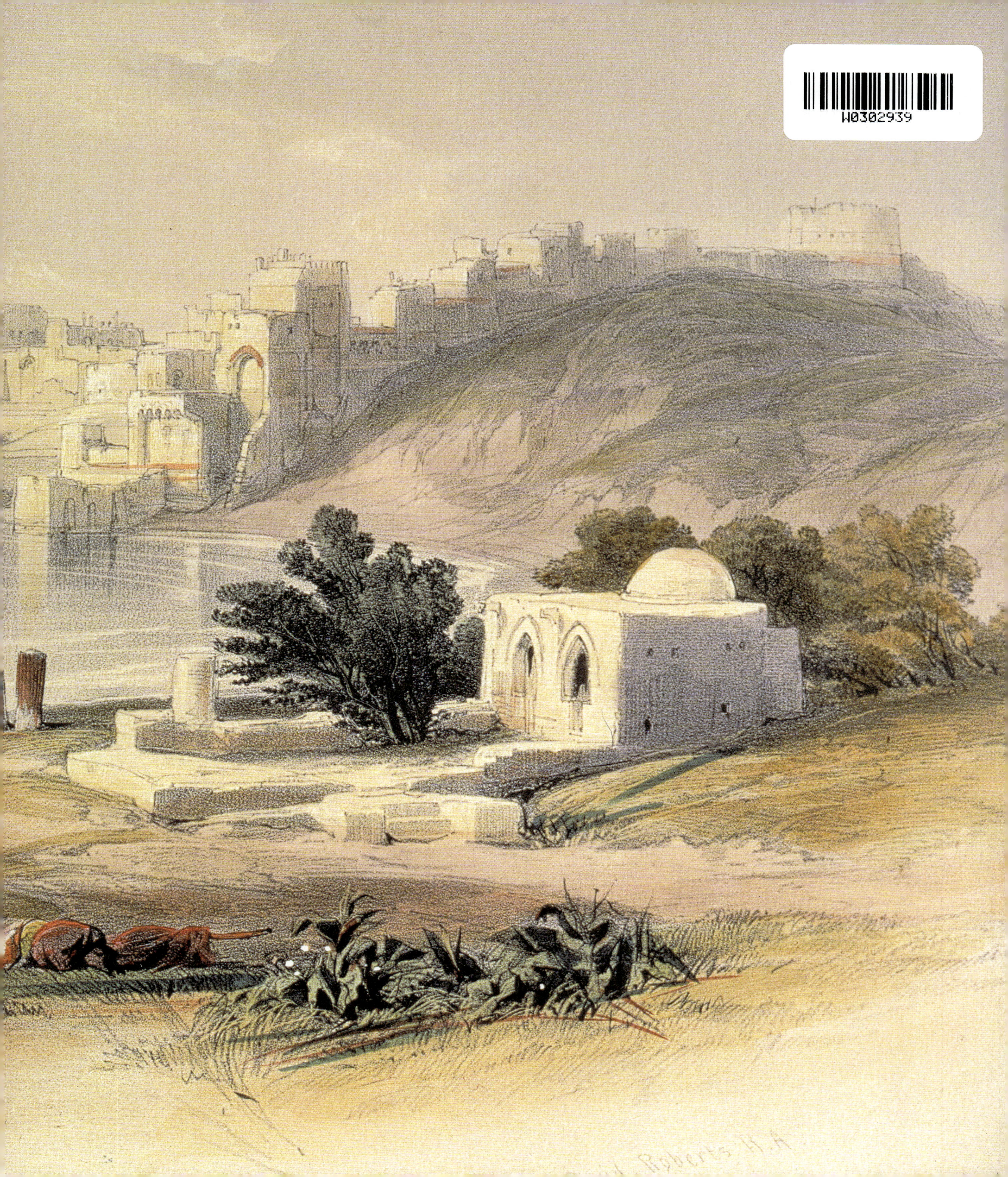
Roberts R.A

LE LEVANT

LE LEVANT

Histoire et archéologie du Proche-Orient

Sous la direction de

Olivier Binst

Photographies

Robert Polidori

Auteurs

Pierre-Louis Gatier

Eric Gubel

Philippe Marquis

Laïla Nehmé

Marie-Odile Rousset

Jean-Baptiste Yon

KÖNEMANN

6 Préface
7 Avant-propos
8 Introduction

Philippe Marquis

12 **L'âge du bronze**
3100–1200 av. J.-C.

14 Les premières cités
15 Le Bronze ancien – La naissance des premières cités-États
18 Habouba Kabira – L'influence des puissants voisins
18 Une évolution locale
19 Les premiers éléments historiques – Les relations avec les royaumes orientaux
20 Une occupation du sol dense
20 Ébla – La redécouverte d'une capitale
23 Mari – Une cité au bord de l'Euphrate
26 Byblos – Entre l'Égypte et le Mont Liban
28 Le Bronze moyen
32 La vie d'une ville au travers des archives de Mari
34 Le développement architectural d'Ébla
36 Byblos – Les tombes des rois et les temples des dieux
40 Le Bronze récent – l'ère des mutations
42 Ougarit – un royaume indépendant
44 Byblos et Beyrouth menacées

Eric Gubel

46 **Les Phéniciens**
1200–330 av. J.-C.

48 Les Phéniciens face aux grandes puissances
48 Une paix durable
50 Ougarit – Un partenaire commercial paléophénicien
51 Les autres partenaires commerciaux sur la côte syrienne
52 Les métropoles commerciales de la côte phénicienne
54 « L'âge obscur »
54 Le royaume d'Amourrou
55 L'île d'Arouad
56 Qui dominait la plaine du Akkar méridional ?
56 Byblos – « Quand je commande d'une voix forte au Liban... »
58 Sidon la brillante
59 Tyr la couronnée
63 « L'âge d'or »
64 La menace assyrienne.
66 L'art de l'âge d'or.
70 Le déclin du pouvoir phénicien
74 L'époque perse

Jean-Baptiste Yon

80 **L'époque gréco-romaine**
323 av. J.-C.–337 apr. J.-C.

82 L'Antiquité : la fusion des cultures
83 La période hellénistique
84 Influence de l'hellénisme et urbanisation après la conquête par Alexandre
85 Villes anciennes et nouvelles agglomérations
86 La fin des Séleucides
88 Pax romana
90 Une hellénisation inégale
90 L'organisation de la région
92 La crise
94 L'apogée de la vie urbaine
94 Éducation et culture : écrivains et philosophes
97 La conception monumentale des villes
106 Les facteurs de l'épanouissement économique
108 La diversité de l'art – Les tenues palmyréniennes
110 L'onomastique et les langues du Levant romain
112 Le rôle de l'agriculture
114 Nécropoles et sanctuaires
116 Les nécropoles, miroirs de la société
120 Les caractéristiques des temples et des sanctuaires du Levant
126 Diversité religieuse – Les panthéons du Levant
128 Palmyre et Gerasa : les grands sanctuaires
130 Le sanctuaire de Baalbek
138 Tradition et progrès

Laïla Nehmé

140 **Les Nabatéens**
312 av. J.-C.–106 apr. J.-C.

142 Le royaume de Nabatène
143 L'origine des Nabatéens
144 Les guerres contre les Diadoques – Le récit de Diodore
146 Les premiers rois de Nabatène
146 Nabatéens et Asmonéens
147 La sédentarisation
148 Hégémonie romaine et bataille d'Actium
148 De l'expédition d'Aelius Gallus au règne d'Arétas IV
150 Malichos II et Rabbel II
151 Pétra et les Nabatéens après l'intégration dans l'Empire romain
154 La religion et les sanctuaires des Nabatéens
155 Les bétyles
156 Les salles de banquet
157 Les hauts-lieux
158 Les groupes de niches
158 Les « chapelles »
160 Les temples
163 Les dieux des Nabatéens
163 Les divinités féminines
164 Les divinités masculines
166 Les pratiques cultuelles
167 Le monde des morts
168 La typologie des tombeaux de Pétra
176 Les coutumes funéraires
179 L'habitat
180 Les arts mineurs
180 La sculpture
182 La céramique
184 Les figurines en terre cuite
184 La culture des Nabatéens : une spécificité reconnue

Pierre-Louis Gatier

186 **Le Proche-Orient protobyzantin**
IVe–VIIe siècle apr. J.-C.

188 L'implantation du christianisme dans l'Empire d'Orient
190 Géographie du pouvoir
194 Hiérarchies
196 Guerre et paix
198 De Justinien aux conquêtes perses
200 Population et peuplement
201 Structure de la population et démographie
202 Une phase de croissance
203 Le développement des villages
204 Voyageurs et pèlerins
206 L'économie : la primauté de l'agriculture
207 L'artisanat et le commerce
208 Commerce intérieur et extérieur
208 La crise économique
210 Un christianisme conquérant et divisé
212 Le déclin du paganisme
214 Les juifs et les samaritains
216 Les divisions du christianisme
219 La puissance des évêques
220 Moines et ascètes ou l'intégration d'une contre-société
222 Les saints chrétiens
224 Pèlerinages et reliques
226 La persistance d'une vie urbaine brillante
230 Architecture sacrée et architecture profane
232 À la campagne
233 Les bâtiments
236 Les églises en ville et à la campagne
239 Les décors
240 La fin de la période protobyzantine au Proche-Orient

Marie-Odile Rousset

242 **L'islam et les croisades**
621–1291 apr. J.-C.

244 De l'état des recherches
245 La conquête islamique du Levant
246 L'héritage pré-islamique sous le califat omeyyade en Syrie
248 Le Dôme du Rocher
249 La mosquée
250 La mosquée des Omeyyades à Damas
254 Architecture civile
263 L'âge d'or des Abbassides
267 Le déclin du pouvoir abbasside
268 Fatimides et Seldjoukides
270 La formation des États latins d'Orient
276 La mobilisation musulmane face à la menace franque
282 L'architecture des forteresses
286 Jérusalem
290 Le triomphe de l'islam
294 La paix retrouvée
298 Saint Louis et la fin des croisades

300 Chronologie
304 Glossaire
310 Bibliographie
312 Index
318 Sur les auteurs/ Sur le photographe
319 Remerciements
319 Crédits photographiques et abréviations

Préface

On considère aujourd'hui la culture occidentale comme le résultat de traditions et de conquêtes intellectuelles qui plongent leurs racines dans l'Orient antique. L'archéologie – terme dont l'étymologie renvoie au grec *archaios*, « ancien », et *logos*, le « discours » – nous rapproche de cette connaissance des civilisations antiques, à travers ses monuments et ses traces visibles. Le concept de « monument » décrit très justement ce propos. Il nous rappelle l'œuvre créée par la main de l'homme – créée dans l'intention de maintenir vivant le souvenir du passé.

Chaque pays possède un héritage culturel à préserver, et dont toute l'humanité, y compris les générations futures, peut profiter – un héritage que chaque génération transmet à la suivante pour bâtir l'avenir.

Nous n'avons conservé que de rares vestiges de notre passé. Une fois détruits, nous ne pouvons plus jamais les ramener à la vie. Il est vrai que les Grecs, déjà, avaient donné à quelques bâtiments extraordinaires le nom des sept merveilles du monde ; en règle générale, l'unique usage d'un monument abandonné était cependant de servir de réserve de pierres aux générations suivantes. Il a fallu attendre le XIXe siècle, et la naissance de l'idée de nation, pour que le concept d'héritage culturel de l'humanité, et avec lui l'obligation de protéger ce patrimoine, prennent forme dans la pensée contemporaine.

Les voyageurs partaient pour l'Orient afin d'admirer les traces recouvertes par les plantes ou enterrées sous le sable. Mais il a fallu attendre une époque récente pour que les restes des villes antiques attirent, chaque année, des milliers de visiteurs. Cet enthousiasme repose-t-il exclusivement sur la curiosité et le désir d'aller découvrir « l'exotique » de ses propres yeux ? Je crois que dans une société où tant de principes fondamentaux menacent de se perdre, les femmes et les hommes éprouvent le besoin de revenir aux valeurs auxquelles le temps a donné une grande signification et un rayonnement apaisant. Les traces visibles des civilisations, tout comme les productions de leur foi, de leurs rites et de leurs usages, constituent l'héritage commun et irremplaçable de tous les hommes sur notre terre. La valeur de ces témoignages ne connaît aucune limite, elle est un élément indissociable de l'héritage collectif et de la mémoire de l'humanité entière.

Ce livre attire notre attention sur les chefs-d'œuvre nés dans le berceau de l'humanité, les rend accessibles à un large public et rappelle aux hommes, partout dans le monde, la responsabilité qu'ils portent vis-à-vis des générations actuelles et futures.

Mounir Bouchenaki

Directeur de la Division du Patrimoine culturel de l'UNESCO

Château des croisés, Byblos
La ville portuaire et marchande de Byblos a une histoire sept fois millénaire. Au premier plan, on trouve encore les dernières ruines de l'Antiquité, qui ont servi de carrière aux croisés. Le château des croisés, à l'arrière-plan, est constitué d'un donjon qui se dresse au centre d'une enceinte carrée.

Avant-propos

Il est surprenant qu'il ait fallu attendre ce jour pour que paraisse un livre sur l'archéologie dans le Levant – ici, au sens strict, le territoire situé à l'est de la Méditerranée, entre la Turquie, au nord, et l'Égypte, au sud. Cette région a en effet toujours servi de médiateur naturel entre l'Europe et l'Orient. Les écrivains, peintres et savants des siècles passés n'ont pas été les seuls à se laisser prendre au charme de cette région, à cet exotisme si proche de nous qui caractérise le Levant. Le « père de l'histoire », Hérodote d'Halicarnasse (mort vers 430 av. J.-C.), établit lui aussi, dans les premières lignes de ses *Histoires*, un lien de causalité entre, d'une part, les Phéniciens, c'est-à-dire les habitants du Levant et, d'autre part, l'opposition et l'interaction entre l'Orient et l'Occident.

Le présent ouvrage résume les résultats des recherches menées dans différentes disciplines. À l'époque où la France exerçait un mandat sur la Syrie et le Liban, des savants français ont permis à la science d'accomplir des progrès essentiels. Ils ont été les premiers à étudier minutieusement Byblos, Sidon (l'actuelle Saïda) et Tyr, les trois grandes cités phéniciennes. C'est à eux aussi que nous devons l'étude de Mari, au bord de l'Euphrate, un maillon important entre le Levant et la Mésopotamie, et d'Ougarit (Ras Shamra), sur la côte syrienne de la Méditerranée, là où ont été découverts des textes majeurs pour l'histoire de la religion, en écriture alphabétique (par opposition à l'écriture syllabique de l'Orient antique). Les chercheurs français ont également apporté une contribution décisive au travail minutieux mené sur l'architecture et l'art du premier christianisme en Syrie, ainsi qu'à l'étude de l'art et de l'architecture des périodes islamiques et du temps des croisades.

Au début du XXe siècle, non sans motifs politiques et stratégiques, des archéologues allemands et anglais ont commencé à travailler dans la région. Après la Seconde Guerre mondiale, la recherche s'est peu à peu internationalisée. Des équipes de fouilles japonaises côtoient aujourd'hui les équipes hollandaises, polonaises et américaines, et les Allemands travaillent aux côtés des Anglais et des Français. En accord avec leurs représentants nationaux, mais aussi, heureusement, au sein d'équipes de plus en plus internationales, ils font presque quotidiennement de nouvelles découvertes qui nous livrent une image toujours plus variée et nuancée du territoire auquel on donne ici le nom de « Levant ».

La notion de Levant – la Syrie historique, dont les dimensions étaient supérieures à cette époque, celle que les Arabes du Moyen Âge considéraient à juste titre comme une région de civilisation et qu'ils appelaient « Bilad el-Sham », « les pays syriens » ou « les pays de Syrie » – a pratiquement disparu, ces derniers temps, du langage courant. Ce phénomène s'explique par une évolution historique amorcée après 1918.

La fin de la Première Guerre mondiale a également mis fin à l'une des structures étatiques les plus fascinantes de l'histoire, l'Empire ottoman qui, depuis le début du XVIe siècle, avait intégré dans ses frontières le Levant – au sens large –, depuis la Grèce jusqu'à l'Égypte en passant par la côte de l'Asie Mineure. Il avait à maints égards les caractéristiques d'un État moderne, et pas seulement de cette autocratie orientale sous les traits de laquelle on le présente souvent. L'Empire ottoman était moderne parce qu'il avait trouvé, à travers sa structure politique, un moyen d'assurer la coexistence pacifique et digne d'un grand nombre d'ethnies et de religions sur de longues périodes. C'est sous son égide que put s'épanouir le type humain entré dans le langage européen sous le nom de « Levantin » : tourné vers le monde, cet homme polyglotte aux origines mêlées fit pendant des siècles office de pont entre l'Orient et l'Occident, par-dessus la Méditerranée, assumant ainsi la succession des anciens Phéniciens.

Statuettes en bronze, Byblos

XVIIIe siècle av. J.-C., bronze, en partie doré ; h env. 15 cm ; Musée archéologique, Beyrouth

Ces figurines représentant des divinités ont été trouvées dans le temple à obélisque de Byblos, dissimulées dans un récipient. On ignore encore aujourd'hui à quelle divinité était dédié le temple.

Mais après la Première Guerre mondiale, ces « Levantins » se considérèrent de plus en plus souvent comme les ressortissants d'États individuels. Ceux-ci s'appellent aujourd'hui Syrie, Liban, Territoires autonomes palestiniens, Jordanie et Israël. On oublie facilement qu'ils sont surtout les habitants d'une même aire de civilisation – les Jordaniens, les Palestiniens, les Libanais et les Syriens partagent en outre une langue et une histoire commune, et ont des liens étroits. Les antagonismes qui subsistent entre ces peuples et le conflit entre Israël et ses voisins – qui perdure depuis la fondation de cet État en 1948 – ont empêché de considérer le Levant comme une entité culturelle et historique homogène.

Cette culture ne liait pas seulement l'Europe à l'Orient mais, dans la même mesure, l'Orient à l'Europe. C'est ici que l'on doit chercher les racines du rôle joué par le Levant dans l'histoire de l'humanité ; il tient à sa situation entre, d'une part la Mésopotamie et l'Égypte, les centres des civilisations hautement développées de l'Orient antique, d'autre part la Méditerranée, avec ses montagnes pluvieuses, la ceinture agricole qui les borde à l'est et enfin, la steppe désertique qui dessine sa limite en direction de la péninsule Arabique. Nul besoin d'être prophète pour deviner que cette situation exceptionnellement favorable donnera aussi, dans un avenir qui n'est pas si lointain, toute son importance à cette région. Elle est faite pour occuper la fonction d'intermédiaire, un rôle qu'elle a déjà fréquemment joué dans l'histoire et qu'elle tiendra de nouveau à l'avenir.

Ce livre incitera les lecteurs à visiter ce berceau de la civilisation occidentale – cette terre d'où sont issus « son » Dieu, « son » alphabet, où plongent les racines de « son » art, non seulement l'art grec antique, mais aussi l'art chrétien ; une région qui a contribué de manière décisive à forger ce que nous entendons aujourd'hui par la « théologie » ou la « philosophie », et qui a joué un rôle déterminant dans la formation des langues, de la vision de l'histoire et des États modernes. Il s'agit aussi d'aider à comprendre cette région, par-delà les frontières actuelles, et à discerner l'unité de cet espace culturel exceptionnel, qu'on le nomme « Levant » ou « Bilad el-Sham ».

Heinz Gaube

(Institut d'études orientales de l'Université de Tübingen)

Le Levant

Les artistes du XIXᵉ siècle ont donné du Levant, pour l'essentiel, une image romantique – ce fut le cas du peintre écossais David Roberts (1796–1864) dans ses aquarelles, ou de l'écrivain Alphonse de Lamartine (1790–1869) dans son *Voyage en Orient*. Elle existe pourtant bel et bien, cette région légendaire située entre la mer, les montagnes et les déserts, et elle est faite de paysages, de types humains, d'une végétation et de civilisations spécifiques.

Si l'on apprécie tant aujourd'hui le charme et les caractéristiques du Levant, c'est sans doute surtout parce que son glorieux passé est omniprésent. Celui-ci ne nous est que partiellement familier – notamment, pour ne citer qu'un exemple, au travers de la légende d'Europe, cette fille d'un roi phénicien qui donna son nom à notre continent. Mais la région nous réserve encore bien des surprises, entre autres de grandes découvertes archéologiques, tel le site d'Ebla. Ce que l'on ne connaissait à l'origine que comme un nom cité dans des textes mésopotamiens est devenu une ville bien réelle – mieux encore, une cité royale dont l'histoire a pu être reconstituée grâce à la découverte de milliers de tablettes inscrites. Sur ces tablettes, on décrivait aussi bien les grands événements que les réalités les plus quotidiennes.

On eut très tôt recours à l'écriture dans le Levant – c'est précisément dans cette région que l'on inventa l'alphabet, qui allait devenir un instrument extraordinaire pour le travail des historiens. Toutefois, l'écrit ne suffit pas à explorer le passé.

Les édifices laissés par les civilisations qui se sont succédé ici ne sont plus considérés aujourd'hui comme des éléments typiques du paysage levantin. Ils illustrent plutôt les légendes, les usages et l'histoire animée de cette région. Ils nous permettent d'acquérir et d'approfondir nos connaissances sur son passé. Au voyageur qui découvre le Levant, ce passé apparaît comme un foisonnement de sites archéologiques offrant aux chercheurs un potentiel inépuisable, quelle que soit la période concernée.

Il est vrai que le temps a mieux cerné certaines cultures – l'Antiquité gréco-romaine, par exemple, avec ses complexes d'édifices monumentaux, semble aujourd'hui plus facilement compréhensible aux profanes que des murs en briques crues beaucoup plus anciens qui se dressent, à demi effondrés, au fond d'une tranchée. Les chapitres qui suivent présentent les différences qualitatives et quantitatives entre les traces et les vestiges archéologiques légués par les millénaires passés et les époques successives.

Montagnes longeant la route de la mer Morte
Les montagnes, avec leur climat sec, constituent la frontière orientale du fossé de la mer Morte. Bien que le relief ne représente pas un véritable obstacle pour les peuplements et le transport, l'équilibre naturel est extrêmement instable, et la survie des hommes qui s'installent sur ces terres est toujours menacée.

La mer Morte
La mer Morte, extraordinaire à tous points de vue, se situe à environ 390 m au-dessous du niveau de la mer, dans un fossé d'effondrement qui parcourt le Levant du nord au sud. Malgré un paysage peu hospitalier, les hommes, depuis les premiers temps, n'ont cessé de s'installer à proximité de cette mer.

Les formations géologiques

Les pays du Levant s'insèrent entre le continent eurasiatique et l'Afrique. Ils prolongent vers l'ouest la structure étendue constituée par la péninsule Arabique et s'ouvrent largement, sur leur face maritime, vers le bassin méditerranéen.

La géographie physique des pays du Levant s'organise autour de quelques grands éléments structurels qui, dans la plupart des cas, ne s'arrêtent pas aux frontières des pays et peuvent être communs à plusieurs États. Il existe cependant des différences dans le caractère du paysage de la Syrie ou de la Jordanie ; le Mont Liban est lui aussi plus élevé au Liban que ses contreforts ou son prolongement naturel en Jordanie occidentale.

Le littoral – La côte du Levant, qui constitue la limite orientale de la Méditerranée, est exposée aux vents dominants de l'ouest et du nord. Jusqu'à la hauteur du lac de Tibériade, elle est en grande partie rocheuse, mais elle devient plus basse et plus sablonneuse à partir de la bande de Gaza. Sur toute la longueur de cette bande côtière, une série de promontoires rocheux se succèdent, dégagés par les courants et la tectonique locale. Ces « caps » (en arabe, *ras*) ont pu servir de mouillages ou de points de repère pour les marins de l'Antiquité. Ces ports naturels, qui ont toujours été utilisés, ont été mis à profit pour la construction d'une grande partie des installations portuaires modernes.

Entre la côte proprement dite et les premiers reliefs, on trouve au nord et au sud de la Syrie, au nord du Liban et au débouché des principaux fleuves qui descendent du Mont Liban, une plaine littorale cultivable.

Le Mont Liban et ses contreforts – Le massif montagneux le plus important, par son développement et son altitude, est le Mont Liban ; au Liban, il atteint une altitude de 3 098 m et constitue une véritable barrière naturelle. Au nord, le Djebel Ansariya constitue son prolongement naturel, tout comme, au sud, les collines de Galilée. Cette montagne du tertiaire recèle de grandes richesses en minéraux, et particulièrement en métaux (or, cuivre, etc.). Elle constitue un obstacle majeur pour la circulation, on ne peut la franchir qu'en certains points privilégiés. Elle a donc pu servir de refuge, et devenir un véritable conservatoire de cultures et de traditions.

La plaine de la Beqaa – La Beqaa, avec ses prolongements (le bassin du Ghab au nord, le Ghor et la dépression empruntée par la vallée du Jourdain au sud), constitue un accident topographique majeur ; il s'agit d'un gigantesque fossé d'effondrement, qui constitue le prolongement septentrional de la Rift Valley africaine (le fossé d'Afrique orientale). Son altitude de 1 600 m, dans la région de Baalbek, décroît fortement vers le nord et surtout vers le sud, puisque la mer Morte se situe à une altitude de -392 m. Cet ensemble constitue un axe de communication pratique, du nord vers le sud.

L'Anti-Liban – L'Anti-Liban, dont les prolongements sont le Djebel Zawiya et le Djebel Siman au nord, l'Hermon et les montagnes de la Jordanie occidentale au sud, est une montagne moins difficile à franchir que le Mont Liban, bien qu'il dépasse par endroits les 2 000 mètres d'altitude (2 464 m en Syrie). Son flanc exposé aux vents est parfois abrupt, sa face abritée, en revanche, constitue plutôt un plateau incliné vers l'est. L'Anti-Liban ne constitue pas un véritable obstacle à la circulation et aux échanges ; il s'agit plutôt d'une frontière naturelle entre deux zones naturelles.

La steppe – Au delà de l'Anti-Liban s'étend une zone de steppe caractérisée par une végétation clairsemée qui se transforme progressivement en désert. Dans ce vaste territoire fait de massifs rocheux d'origine volcanique, le Djebel Druze, le Hauran ou l'ensemble que constituent les chaînons de la Palmyrène (Djebel Charki, Djebel Abou Roumanieh) constituent les accidents de terrain les plus remarquables.

Wadi Rum
Le désert situé à proximité du wadi Rum, en Jordanie, présente toutes les caractéristiques classiques : des dunes de sable, une végétation quasi inexistante et des rochers brûlés par le soleil. Avant que des groupes de touristes ne viennent visiter ce lieu, le wadi Rum était une artère importante pour les relations pacifiques entre le Levant et les nomades du désert. Ceux-ci constituaient l'irremplaçable maillon assurant le contact avec l'ensemble de la péninsule Arabique.

L'hydrographie de la région

L'hydrographie de cette région joue un rôle très important pour expliquer l'évolution des colonisations humaines dans les pays du Levant. Dans cette région où l'eau est particulièrement précieuse, parce qu'elle permet l'exploitation agricole des terres, la distribution des fleuves et des rivières constitue souvent une condition décisive et une explication du fait que des communautés humaines ont toujours pu s'y sédentariser.

La plupart des fleuves prennent leur source dans le Mont Liban et irriguent la plaine littorale du Levant. Ce sont des cours d'eau de faible longueur, qui drainent des quantités d'eau irrégulières mais importantes, et peuvent donc provoquer des crues importantes.

Depuis la plaine de la Beqaa et son prolongement méridional partent des fleuves plus importants, au régime mieux régulé : le Litani et le Nahr al-'Asi (l'Oronte historique) dont les vallées permettent de traverser facilement le fossé d'effondrement dans la zone littorale, ainsi qu'au sud du Jourdain. Celui-ci est alimenté par des affluents qui coulent depuis l'Hermon ou le massif montagneux du Jourdain occidental.

L'Anti-Liban donne naissance à de plus petits cours d'eau, comme le Barada ou le Marab. Malgré leur faible débit, ils jouent un rôle très important dans cette région où l'agriculture est dépendante de l'irrigation.

Le seul grand fleuve du Levant est l'Euphrate (2 330 km, dont près de 500 km en Syrie). Avec ses principaux affluents, le Balikh et le Khabour, il constitue une réserve d'eau inépuisable et offre des possibilités de transport et de communication d'autant plus importantes qu'il assure l'accès à la basse Mésopotamie et au golfe Arabo-Persique.

Les ressources naturelles

Les ressources en minéraux sont réduites dans cette région, comparées à celles qu'offrent des zones comme Chypre ou l'Anatolie. En outre, on ne trouve pas dans le Mont Liban de gisements de métaux précieux, du moins aucune ressource qui puisse soutenir une activité importante.

Le couvert forestier, aujourd'hui presque entièrement détruit, fut autrefois significatif. Des essences comme le cèdre, qui fournissaient un remarquable bois d'œuvre pour les bâtiments et les navires, étaient présentes en grand nombre sur les pentes bien arrosées du Mont Liban. Mais malgré ces conditions climatiques favorables pour l'évolution de ces espèces d'arbres, la ponction non compensée qu'ont faite les hommes sur ces ressources naturelles a eu des conséquences très rapides et a vite décimé le peuplement forestier existant.

Les conditions climatiques et le régime des précipitations permettent une activité agricole dans la zone littorale. Dans les massifs du centre, dans le fossé d'effondrement syrien, mais aussi dans la zone de steppe et dans les oasis, on peut pratiquer l'agriculture ; mais ici, les moindres variations du climat ont pu rendre très aléatoires les efforts de leurs occupants.

Pour le reste, les données paléoclimatologiques n'indiquent pas de grandes ruptures dans les conditions climatiques générales depuis l'âge du bronze ; de faibles variations de la pluviométrie ou des températures ont cependant pu avoir des effets décisifs sur le couvert végétal et sur les couches sédimentaires supérieures, vulnérables à l'érosion, surtout lorsque ces variations coïncidaient avec des périodes d'exploitation intensive du bois et de colonisation des terres cultivables.

Afqa
Dans la croyance populaire, les sources du Nahr Ibrahim, au cœur du Mont Liban, ont toujours été considérées comme les sources de la fécondité. Elles sont encore aujourd'hui d'une très grande importance : les réserves du Mont Liban approvisionnent toute la région en eau utilisée pour l'agriculture. Selon la légende, c'est en ce lieu qu'Adonis aurait été victime de sa propre témérité.

Philippe Marquis

L'âge du bronze

Naissance d'une civilisation

3100 à 1200 av. J.-C.

Les premières cités

Le Bronze ancien – La naissance des premières cités-États

Habouba Kabira – L'influence des puissants voisins

Une évolution locale

Les premiers éléments historiques – Les relations avec les royaumes orientaux

Une occupation du sol dense

Ébla – La redécouverte d'une capitale

Mari – Une cité au bord de l'Euphrate

Byblos – Entre l'Égypte et le Mont Liban

Le Bronze moyen

La vie d'une ville au travers des archives de Mari

Le développement architectural d'Ébla

Byblos – Les tombes des rois et les temples des dieux

Le Bronze récent : l'ère des mutations

Ougarit, un royaume indépendant

Byblos et Beyrouth menacées

Palais G, Ébla

Ébla est l'un des sites les plus importants de la Syrie du Nord au IIIe millénaire av. J.-C. Le palais G constitue le plus grand ensemble cohérent de cette époque. En 1974, on découvrit des milliers de tablettes dans le quartier administratif du palais, ce qui conféra au site une importance scientifique de premier plan. Cette vue montre la disposition des pièces qui se trouvent à proximité de l'escalier monumental et de la cour des audiences. C'est ici que se situaient les domaines réservés aux archives.

Le lac de Tibériade

Le lac de Tibériade est l'une des principales réserves d'eau douce de la région. Il est traversé de part en part par le Jourdain, qu descend du Mont Liban. Dès la plus haute antiquité, les peuples de nomades qui passaient là furent attirés par ses richesses naturelles. Aujourd'hui encore, c'est une importante région agricole, même si la pêche excessive a, dès l'antiquité, privé ce lac de l'une de ses ressources et que la rive orientale, moins bien irriguée, soit moins hospitalière que la rive occidentale.

Ill. pages 16–17

Wadi Rum

Si le désert constitue un milieu naturel qui ne se prête pas à une occupation régulière, il n'exclut pas toute présence humaine. Quelques rares vestiges archéologiques prouvent que des hommes traversaient, ou du moins fréquentaient régulièrement le wadi Rum, l'une des frontières naturelles du Levant. Ces hommes, bergers nomades, marchands ou religieux, s'aventuraient dans cette magnifique région pour diverses raisons.

Les premières cités

L'archéologie du Levant est à l'origine de la découverte de cultures urbaines originales dont le souvenir nous était transmis de façon brouillée par les textes bibliques ainsi que par les témoignages des auteurs classiques.

Il a fallu les travaux pionniers d'un Ernest Renan à la suite de l'intervention française au Liban en 1860 pour ouvrir la voie à une meilleure connaissance de la genèse et de l'évolution du processus urbain dans cette région.

Le Levant a pu a priori sembler moins riche en sites prestigieux que la basse Mésopotamie ou la vallée du Nil. Les fouilles du site de Mari (Tell Hariri) depuis 1933 par André Parrot puis par - Jean-Claude Margueron, celle de Byblos successivement par Renan, depuis 1921 par Pierre Montet, puis par Maurice Dunand, la découverte du site d'Ébla par l'équipe italienne du professeur Paolo Matthiae en 1979 – pour ne citer que ceux-là –, ont montré que le Levant n'avait rien à envier à ses riches voisins et qu'il fallait le considérer comme une région à part entière. On ne peut nier les diversité territoriales, mais le Levant n'était certainement pas seulement la zone d'extension des empires néo-assyrien, babylonien, entre autres.

Cette urbanisation se traduit par la mise en place d'un réseau d'agglomérations exploitant au mieux les possibilités d'un milieu naturel dont l'archéologie moderne essaye de reconstituer les caractéristiques. Elle correspond également à la conquête de territoires nouveaux qui n'avaient jusqu'alors fait l'objet que d'occupations réduites. Il faut considérer cependant que si les processus du développement des villes commencent à être compris, on sait bien peu de choses sur la vie des campagnes et sur les populations qui vivaient en marge des cultures urbaines.

Enfin, pour cette période peut-être plus que les autres, il convient de considérer la fragilité des reconstitutions historiques fondées sur l'archéologie. La richesse du potentiel archéologique des pays du Levant doit nous rappeler que nous ne disposons que d'une toute petite partie de la documentation archéologique potentielle et que l'histoire ancienne de ces contrées se réécrit constamment, chaque chantier de fouille qui s'ouvre apportant de nouveaux matériaux, de nouvelles réponses, et tout autant de nouvelles questions.

Le Bronze ancien – La naissance des premières cités-États

Les pays du Levant font partie de cette zone du Croissant fertile où est née la « révolution néolithique », pour reprendre la formule de l'archéologue australien Gordon Childe. Ce processus, qui a commencé avec la sédentarisation des chasseurs-cueilleurs, donc essentiellement des prédateurs, s'est développé par l'acquisition des techniques de l'agriculture et de l'élevage. Les travaux récents ont bien montré l'importance qu'ont pu avoir sur le milieu naturel les progrès de l'activité économique humaine, même si dans un premier temps aucune modification sensible de l'environnement n'a été remarquée. Au cours des millénaires qui suivent l'adoption de ces nouveaux modes de vie et de ces nouvelles techniques, on constate une mise en place de voies commerciales et de circuits d'échange qui prennent une véritable ampleur avec le développement de la métallurgie – principalement à travers le commerce du cuivre et de l'étain, indispensables au travail du bronze.

Durant ces périodes, les habitats groupés en villages exploitent un terroir limité sur lequel la population cultive des céréales et pratique principalement l'élevage d'ovins. L'existence probable, à côté de ces groupes sédentaires, de populations nomades est en revanche très difficile à établir à partir des seules données archéologiques.

À la fin du quatrième millénaire, après plusieurs millénaires de civilisation brillante, l'état de notre documentation montre que la région fait figure de zone marginale par rapport aux foyers culturels de la basse Mésopotamie et de la vallée du Nil où se met en place, surtout en Mésopotamie, un réseau de villes allant de pair avec les premières grandes constructions politiques stables.

Tell Arqa

Tell Arqa, dont l'occupation par l'homme remonte sans doute au néolithique, surplombe le littoral très fertile du Akkar, dans le nord du Liban, où l'on trouve aujourd'hui encore de vastes oliveraies. Les fouilles entreprises ici par l'IFAPO (Institut français d'archéologie du Proche-Orient) sont parvenues jusqu'aux strates du Bronze ancien. Ce site est sans doute le tell le mieux conservé du nord du Liban.

Bulle de terre avec *calculi* (à l'intérieur), Habouba Kabira
3200–3100 av. J.-C.
Argile ; d 6,3 cm
Musée national d'Alep

Les *calculi* sont des enveloppes de terre contenant de petits morceaux de terre cuite dont la forme et le nombre semblent correspondre à des informations. L'extérieur du *calculus* porte l'empreinte d'un sceau-cylindre dont on peut penser qu'il sert à identifier le propriétaire du *calculus* ou celui qui le lui a cédé. Ce type d'objet permet d'élaborer une véritable comptabilité.

Ill. en haut à droite

Tablette de calcul, Djebel Arouda
3200–3100 av. J.-C.
Argile ; h 9,2 cm, l 8 cm, p 2,8 cm
Musée national d'Alep

Avant que n'apparaisse vraiment l'écriture, les tablettes sont, avec les *calculi*, un moyen de mémoriser une comptabilité ; ici comme sur les *calculi* les données chiffrées sont combinées avec une empreinte de sceau-cylindre représentant une scène animalière.

Habouba Kabira – L'influence des puissants voisins

En Syrie, le site d'Habouba Kabira, situé sur la rive occidentale de l'Euphrate supérieur, et son acropole Tell Qannas, est l'un de ceux qui nous renseignent le mieux sur les premières fondations urbaines au Levant. Ils ont été fouillés lors de travaux d'aménagement du fleuve, pour la construction du grand barrage de Tabqa. Avec Tell Brak, dans les steppes désertiques de la haute Djésireh, ils sont parmi les rares sites du Levant qu'on puisse attribuer à la civilisation d'Uruk (à partir d'environ 3000 av. J.-C.). C'est à cette période que dans le Sud mésopotamien fut, semble-t-il, inventée l'écriture et que l'on peut réellement identifier, toujours dans le même secteur géographique, les premières villes.

À Habouba Kabira, après une première phase d'occupation sur la rive ouest du fleuve, une enceinte rectangulaire protégeant plus de dix hectares fut construite et progressivement modifiée jusqu'à couvrir une vingtaine d'hectares. Deux portes permettaient d'accéder à la ville et un système défensif complexe associait un avant-mur et un rempart muni de tours. À l'intérieur de cet espace, des habitations de plan grossièrement basilical ont été dégagées ; elles s'organisaient autour d'un réseau de voirie plus ou moins parallèle au fleuve. L'ensemble des données provenant d'Habouba Kabira suggèrent qu'il s'agissait sans doute d'une colonie d'Uruk, dont l'implantation serait le fruit de considérations commerciales. Cela expliquerait son installation le long du fleuve, en dépit des risques d'inondations. Vers 3100 av. J.-C., cette première expérience urbaine au Levant prit fin avec l'abandon de ces sites.

Une évolution locale

En Jordanie et Palestine, le processus urbain semble s'être mis en place au début du IIIe millénaire, à partir d'une évolution du fond local. L'intense occupation humaine de cette zone, la continuité stylistique dans les productions céramiques ainsi que celle des coutumes d'inhumation sont autant d'éléments qui montrent assez clairement une stabilité du peuplement entre les phases pré-urbaines du Bronze ancien et celles où l'on voit apparaître les premières cités.

Le souci majeur qui semble primer dans le choix des sites est celui de la sécurité que garantissaient généralement des systèmes de fortifications, ainsi qu'un approvisionnement facile en eau. Dans l'ensemble, ce sont de petites villes dont la surface varie entre 2,5 hectares pour Jéricho et 20 hectares pour Khirbet Kérak. Les systèmes de défense sont en général les parties les mieux étudiées et les plus facilement identifiables de ces sites, en raison de leur importance. Sur tous les lieux étudiés, ils ont fait l'objet de multiples réfections au cours du Bronze ancien II (2900–2650 av. J.-C) et III (2650–2400 av. J.-C). Si, à l'origine, on ne construisait que de simples murs de 1,50 à 2 mètres d'épaisseur, ceux-ci purent être repris et recouverts de parements successifs pour atteindre, à la fin de la période, des épaisseurs considérables

(30 mètres à Jéricho et environ 38 mètres à Yarmouth, ce qui correspond aux fondations de toutes les couches, y compris le glacis). Des fossés, des tours et des avant-murs venaient compléter ce dispositif. L'accès à la ville se faisait alors par des portes parfois fortifiées comme à Tell Farah, ou munies de chicanes pour rétrécir le passage, comme à Jawa.

L'importance des travaux réalisés montre clairement l'existence de sociétés fortement structurées avec une autorité centrale suffisamment puissante pour pouvoir imposer de tels investissements en hommes et en matériaux. Pour autant, la taille des villes semble suggérer qu'elles correspondent aux centres de terroirs peu étendus, juste suffisants pour permettre la survie des communautés. Les créations en milieu désertique, comme c'est le cas pour le site de Jawa, illustrent bien ce processus de fondation urbaine *ex nihilo*. Là aussi on ne peut que regretter de n'avoir aucune information sur les implantations humaines hors de ces centres urbains.

À la fin du Bronze ancien III (2650–2400 av. J.-C), ces fondations urbaines disparurent. Aucune hypothèse vraiment satisfaisante ne peut être invoquée à l'appui de ce phénomène. D'aucuns veulent y voir la conséquence d'invasions amorites, une tribu sémitique semi-nomade, d'autres le résultat d'une anthropisation excessive du milieu naturel. Le résultat est là, avec la fin du IIIe millénaire, on voit la fin de cette première expérience urbaine en Palestine.

Dans ce chapitre ainsi que dans les suivants, le Bronze ancien est divisé en quatre périodes, I à IV, ce qui correspond à une chronologie – nous ne disposons pas encore de chronologie fondée scientifiquement – établie en fonction de l'évolution du travail des métaux, c'est-à-dire des aptitudes et des capacités techniques.

Les premiers éléments historiques – Les relations avec les royaumes orientaux

Avec la deuxième moitié du IIIe millénaire, l'archéologie peut s'appuyer sur des textes pour opérer des reconstitutions historiques. Avec un peu de retard par rapport aux voisins mésopotamiens, l'usage de l'écriture commence, en effet, à se développer dans notre région.

Ce sont avant tout les tablettes et les inscriptions provenant d'Ébla qui permettent de jalonner de noms de rois l'histoire des royaumes constitués autour de grandes cités-États comme Ébla ou Mari. On sait ainsi que ces capitales – sur lesquelles nous reviendrons plus en détail – contrôlaient respectivement de vastes zones en Syrie occidentale et sur le moyen Euphrate. Les épigraphistes ont ainsi montré que sous le règne du roi de Mari, Ibloul II (XXIVe siècle av. J.-C.) la vallée du fleuve en amont de la ville jusqu'à l'ouest de Karkémich était sous son contrôle et Ébla sous sa dépendance, comme en témoigne le tribut qu'elle lui versait.

Les relations, dépendances et rapports de force entre les villes et les cités-États de toute l'Asie Mineure ne cessaient de se transformer et souvent nous ne savons qui occupait une position prépondérante à une période donnée que grâce à une source isolée. De grands royaumes naissaient puis disparaissaient, les protagonistes faisaient brusquement leur apparition sur la scène politique dans le rôle du dominateur, pour sombrer dans l'oubli tout aussi vite.

C'est ainsi qu'avec le règne du roi mésopotamien Sargon d'Agadé (2340–2284 av. J.-C.), la situation changea dans notre région. Sargon créa un vaste royaume avec pour capitale Akkad (Agadé), et réunit ainsi toute la Mésopotamie pour la première fois sous un même roi. À partir de cette base, il lança au moins une grande expédition vers l'ouest en direction de la « forêt des cèdres » et de la « montagne d'argent » que l'on identifie désormais comme étant l'Amanus et le Taurus. C'est de cette période que sont datées d'importantes phases de destructions observées à Ébla, révélées par les fouilles archéologiques. Le petit-fils de Sargon, Naram-Sin (2259–2223 av. J.-C.), fit aussi campagne dans ces régions et déclara, dans les inscriptions qui lui sont consacrées, avoir soumis Ébla. On ne sait si c'est sous son règne

Liste géographique, Ébla
2400 ans av. J.-C.
Argile ; h 18 cm, l 18 cm, p 2 cm
Musée national d'Alep

Cette tablette provenant du palais G à Ébla est la version éblaïque d'une tablette d'origine mésopotamienne. Elle donne la liste de sites de la région de Mari, de la Diyala et de la région de Kisch, en Mésopotamie centrale. Il n'en reste pas moins que ce type de document épigraphique doit être considéré avec une grande prudence, car il est très difficile d'établir avec certitude un rapport entre les noms cités et les sites supposés.

ou celui de son ancêtre que fut établi un gouverneur militaire à Mari, ce qui aurait permis de situer la période de dépendance de cette ville.

Après l'effondrement du royaume akkadien, Lagash, ayant accédé à l'indépendance, prit de l'importance. Sous le règne de Goudéa de Lagash (2144–2124 av. J.-C.), des relations commerciales sont mentionnées entre cette cité-État et Ébla. Avec la troisième dynastie d'Our et l'unification de la Mésopotamie du Sud, on trouve mentionnée la présence d'un « gouverneur » à Byblos, Ibdati, et d'un autre à Ébla, Megum. On s'accorde cependant à reconnaître que ces titres n'impliquent pas que les cités étaient véritablement sous le contrôle des rois mésopotamiens. À cette époque, Mari était également indépendante : ses souverains, les *shakkanaku*, ont laissé les témoignages de leur activité de grands bâtisseurs en même temps que d'avisés diplomates, comme en témoigne le mariage d'une des filles du roi de Mari, Apil-kîn, avec un prince d'Our, qui nous est connu par des fragments de correspondance.

Une occupation du sol dense

Au-delà des données historiques, l'archéologie révèle une véritable explosion dans le peuplement de la Syrie du Nord. Ce phénomène s'oppose donc totalement à ce que l'on constate à pareille époque en Palestine. Outre les grandes villes bien connues, parce que fouillées, ce sont des dizaines de tells qu'il faudrait pouvoir explorer pour avoir un tableau précis de l'évolution des occupations du sol dans cette zone. On a constaté aussi qu'il s'agissait d'établissements importants, en surface, et comparables par leur taille aux villes de Mésopotamie du Sud. Une ville comme Ébla, par exemple, couvre 50 hectares et le tell principal de Mari, 45 hectares. Les vallées comme celle du Balikh, du Khabour, la plaine de l'Oronte, étaient intensivement occupées et les campagnes probablement mises en exploitation à partir d'un réseau hiérarchisé de centres urbains de plus ou moins grande importance. Sur le littoral, à part l'exception remarquable que constitue Byblos, on ne dispose encore que de peu d'éléments pour comprendre les modes d'occupation à cette période.

Ébla – La redécouverte d'une capitale

Dans le cadre général que nous pouvons établir de l'histoire de cette période ainsi que des modes d'occupation de l'espace, Ébla occupe une place à part, au même titre – mais pour des raisons différentes – que Mari ou Byblos. Même si en 1964, au moment où elle commença ses travaux sur le site de Tell Mardikh, l'équipe italienne de Matthiae avait quelques raisons de penser que celui-ci était l'un des plus importants sites, du moins par la taille, de la Syrie du Nord, personne ne pouvait imaginer qu'il allait être la source d'un renouvellement fondamental de notre connaissance des cultures du IIIe millénaire dans cette région. Le site d'Ébla se trouve à 55 km au sud d'Alep ; il est situé en bordure de la zone steppique, à la limite donc des zones où l'on peut encore pratiquer l'agriculture et de celles où l'élevage est le principal moyen d'exploiter le terroir. Cette position idéale permettait à ses habitants d'optimiser l'utilisation des terrains cultivables et de contrôler l'activité des pasteurs nomades ou sédentarisés.

À la fin du Bronze ancien (2400–2250 av. J.-C.), la ville atteignit son plein développement. Un palais – le palais G – constitue l'ensemble le plus cohérent d'Ébla durant cette période. Il fut fouillé par l'équipe italienne pendant les années 1990, mais ne représente qu'une petite partie de la cité telle qu'elle se présentait à l'âge du bronze II.

Le palais était implanté sur une acropole domi-

Éléments d'un panneau décoré d'incrustations : guerriers, Ébla
Env. 2400 av. J.-C.
Marbre ; h 14 à 15 cm, p 5 à 7 cm
Musée d'Idlib

Ces éléments d'un grand panneau décoré d'incrustations proviennent du palais G d'Ébla. On y voit représentés des soldats éblaïtes victorieux aux prises avec leurs ennemis. Dans cette iconographie guerrière, on identifie facilement les vaincus, généralement nus, et les vainqueurs, revêtus d'un pagne, et pour certains d'entre eux, coiffés d'un casque. Le mode de représentation ainsi que les positions adoptées par les vainqueurs et les vaincus montrent qu'ils obéissent à une stylistique précise qu'on retrouve dans les autres productions éblaïtes de cette période.

nant la ville basse. Les parties fouillées les plus remarquables sont, selon la terminologie employée par les archéologues, la cour des audiences et le quartier administratif. La cour des audiences, vaste espace ouvert, avait une longueur de plus de 60 mètres pour une largeur d'environ 35 mètres. Elle était bordée sur au moins deux côtés par des portiques dont la fonction architecturale était de marquer la transition entre les quartiers de la ville basse et les régions supérieures de l'acropole. Sa conception et sa construction semblent obéir à la volonté d'élaborer une véritable scénographie destinée à mettre en valeur les lieux et le roi ou la cour royale. Ceux-ci accédaient à la cour par un escalier monumental descendant de l'acropole. C'est dans le quartier administratif qu'à partir de 1974 furent dégagées les premières des 17 000 tablettes ou fragments de tablettes qui donnent à ce site une importance capitale. Ce secteur est constitué de plusieurs pièces et possède des

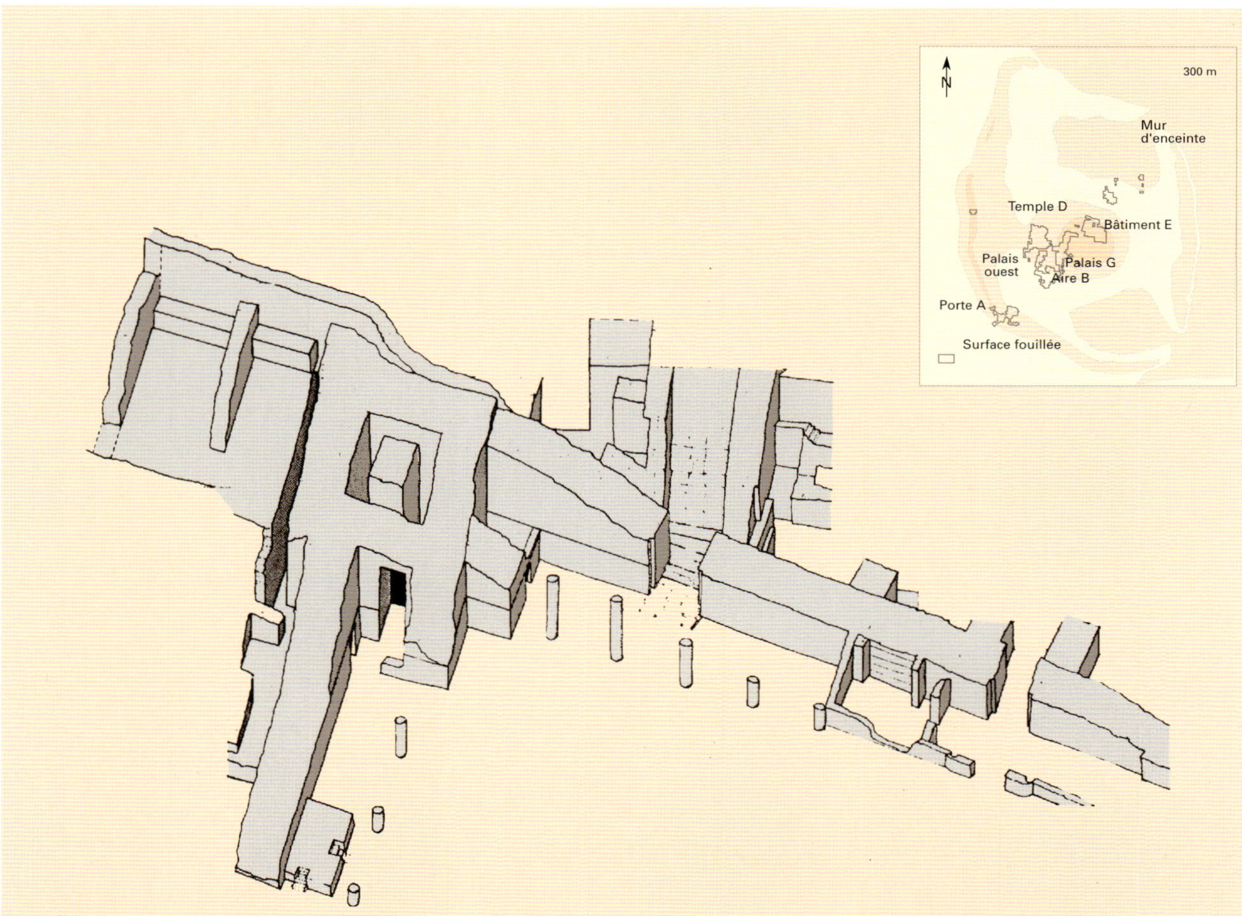

Reconstitution du palais G et plan de situation, Ébla

Les fouilles effectuées par l'équipe italienne ont permis de reconstituer avec la plus grande précision l'agencement dans l'espace de la cité d'Ébla. Les archéologues purent ainsi localiser la ville haute avec ses palais, les lieux où se dressaient les temples, la ville basse et les fortifications qui entouraient Ébla. L'ensemble s'étend sur plus de 55 hectares. Le palais G, qui date du Bronze ancien et dont la destruction est attribuée à l'un des rois d'Akkad, renfermait des archives abritant des textes en écriture cunéiforme ainsi que de nombreux objets précieux qui furent abandonnés au moment de la prise du palais et qui aujourd'hui sont une source précieuse de renseignements pour les chercheurs.

Statuette en or de taureau androcéphale, Ébla

2300 av. J.-C.
Or, lapis-lazuli et bois ; l 5 cm
Musée national d'Alep

Ce minotaure trouvé dans le palais G à Ébla représente une créature divine qui servait à adorer le dieu du soleil, Samas. Il offre par ailleurs un autre exemple de l'habileté des artisans éblaïtes : l'or, le lapis-lazuli et le bois s'associent merveilleusement. L'or, traité avec une grande économie, et le bois, très ouvragé, se complètent parfaitement.

Perruque de statue féminine, Ébla

Env. 2300 av. J.-C.
Stéatite, h 30,3 cm, l 14,5 cm
Musée national d'Alep

Cette perruque féminine en stéatite est sans doute une production des ateliers royaux d'Ébla où elle a été trouvée. Elle faisait probablement partie d'une statue composite dont on peut penser que le visage était réalisé dans un matériau de couleur claire (marbre, ivoire) de manière à accentuer le réalisme de la composition. Cette chevelure est elle-même constituée de plusieurs plaques de stéatite, ce qui permet de juger de l'habileté technique d'artisans qui ne travaillaient certainement que pour la cour.

accès directs vers la cour des audiences.

C'est dans cette partie du palais qu'ont également été trouvés, entre autres, des coupes en albâtre et en diorite fabriquées en Égypte, ainsi que de petits blocs de lapis-lazuli. Ces objets « exotiques » marquent ainsi l'existence de relations commerciales sur de longues distances, aussi bien vers l'ouest que vers l'est (le lapis-lazuli provenant presque exclusivement d'Afghanistan).

À partir des donnée archéologiques et plus encore, du déchiffrement des archives, il est devenu possible de reconstituer ce que pouvait être la société éblaïte, ses activités et les rapports qu'elle pouvait entretenir avec les autres cités de Mésopotamie ou du Levant. La ville était gouvernée par un roi (en sémitique, *en*, que l'on peut traduire par roi-prêtre) aux fonctions probablement aussi bien politiques que religieuses. À ses côtés, on trouvait la famille royale et une quinzaine de grands dignitaires. Enfin, de hauts fonctionnaires, les « Anciens », participaient aux prises de décisions. L'essentiel des habitants de la ville avait une activité liée à celle du palais. On estime à 20 000 le nombre des habitants d'Ébla à cette période.

Le commerce contrôlé par le palais semble avoir fait l'objet d'un véritable monopole royal. Le tissage devait d'ailleurs être l'une des spécialités d'Ébla, ainsi que l'exécution de statues, de statuettes et d'objets en bois plaqués d'or. Il semble également qu'on y travaillait le lapis-lazuli, même si le fait de trouver des blocs bruts de cette pierre indiquerait qu'une partie au moins des pierres étaient réexportées vers l'ouest et que ce rôle d'intermédiaire constituait une autre source de revenus pour Ébla.

Enfin, les tablettes nous renseignent sur la vie religieuse et sur le panthéon d'Ébla. Trois dieux, Dagan, Hadad et le dieu soleil occupaient le sommet de la hiérarchie divine. Si Hadad était le grand dieu de la tempête, le soleil, représenté par le sumérogramme *Utu*, s'apparentait au dieu soleil akkadien Samas.

Eléments d'un panneau décoré d'incrustations : aigles léontocéphales et taureaux androcéphales, Ébla
Env. 2400 av. J.-C.
marbre ; h 16 à 18 cm, p 5 à 7 cm
Musée d'Idlib

Bien attesté dans l'iconographie éblaïte, l'aigle léontocéphale symbolise la présence d'une divinité guerrière qui pourrait être Reshef, le dieu de la guerre et de la mort. Ceci explique sa présence sur un panneau où sont également représentées des scènes de bataille. Il entre ici dans une composition où figurent également des taureaux androcéphales. Ces thèmes iconographiques sont proches de ce que l'on connaît en Mésopotamie du Sud et en Babylonie et montrent bien les affinités qui peuvent exister entre les différents panthéons des royaumes de la région.

Mari – Une cité au bord de l'Euphrate

C'est à la suite d'une découverte fortuite qu'en décembre 1933 André Parrot décida d'entamer une campagne de fouilles sur le Tell Hariri qui, jusque-là, n'avait pas vraiment attiré l'attention des spécialistes. Jusqu'en 1974 et avec des interruptions, cet illustre savant explora ce site dont l'étude a été reprise depuis 1979 par Jean-Claude Margueron.

Si le site de Mari n'a pas livré sur le IIIe millénaire des témoignages épigraphiques aussi abondants que celui d'Ébla, la fouille a cependant révélé le caractère original de la fondation de cette capitale régionale. On s'est en effet longtemps interrogé sur les raisons qui avaient poussé à fonder une ville dans une zone steppique quasi désertique où seule l'agriculture est possible, faute de précipitations suffisantes. Une étude faisant intervenir des géologues et des géomorphologues a fait apparaître que pour comprendre ce phénomène, il fallait prendre en considération les aménagements de l'environnement naturel autour du site urbain.

C'est ainsi qu'on a repéré un système complexe de canaux qui donnait à la ville de formidables possibilités d'expansion. L'un de ces canaux, d'une longueur de 120 km et d'un gabarit constant de 11 mètres, permettait une liaison facile par bateau entre la plaine mésopotamienne et les premiers contreforts du Taurus. Les autres aménagements, de moindre ampleur, témoignent des efforts réalisés pour irriguer systématiquement les

Imdougoud le lion ailé, Mari
Env. 2650 av. J.-C.
Lapis-lazuli, or, bitume et cuivre ;
h 12,8 cm, l 11,8 cm
Musée national de Damas

Imdougoud le lion ailé, représenté ici sous la forme d'un pendentif apotropaïque, fut découvert dans un palais de Mari. Il appartient au trésor d'Our, quoique l'on ignore s'il s'agit d'un présent du roi ou d'une pièce de butin.

Lettre provenant des archives de Mari
2000 av. J.-C.
Argile, h 71 cm, l 4,3 cm
Unité Propre de Recherche, Paris

Cette lettre, datée du IIe millénaire, témoigne des soucis que posait l'entretien des canaux. Cette tablette décrit les mésaventures d'un fonctionnaire royal obligé, malgré sa maladie, de sortir nuitamment pour prendre les mesures nécessaires au comblement d'une brèche survenue dans la digue contenant l'eau d'un canal.

terres et assurer la subsistance d'un centre urbain qui apparaît de plus en plus comme un des points importants du commerce fluvial sur l'Euphrate.

La ville elle-même était reliée à l'Euphrate par un canal. Le choix d'un site éloigné du fleuve et donc des menaces qu'il pouvait faire peser sur la ville nouvelle garantissait sa sécurité et son développement. Plus encore que par la mise en valeur du terroir qui l'entoure, le site de Mari se caractérise par son urbanisme. Selon Jean-Claude Margueron, la ville s'élevait sur un plan circulaire d'un diamètre de 800 à 1000 mètres. Une digue la protégeait en cas de crue catastrophique et le canal qui la reliait au fleuve la traversait. L'archéologue suppose que c'est sur ses quais que se situaient les quartiers des artisans.

La cité était parcourue par des rues rayonnantes ; en son centre se trouvaient le palais et les temples. Les maisons fouillées s'organisaient selon un plan assez classique : autour d'une pièce centrale, où se trouvaient parfois des installations cultuelles, étaient disposées d'autres pièces plus

Statue d'Ebih-il, Mari
2500 av. J.-C.
Albâtre, yeux en nacre et en lapis-lazuli avec monture en schiste ; h 52,5 cm
Musée du Louvre, Paris

La statue d'Ebih-il, l'intendant de Mari au temple d'Ishtar, est caractéristique de la statuaire du Bronze ancien II. Assis, il a les bras croisés sur la poitrine et il est vêtu du *kaunakès*, une jupe de fourrure. Le mode de représentation de ce dignitaire, son maintien et le vêtement qu'il porte sont typiques de cette période. Si cette pièce offre certainement un grand intérêt du point de vue de l'histoire de l'art, elle constitue par ailleurs un témoignage sur un personnage mentionné dans les archives d'Ébla.

petites, dont une servait généralement de cuisine. Le palais s'organisait en grandes unités autonomes, dont une a été identifiée comme un sanctuaire. On y trouvait également des systèmes de grandes cours dans lesquelles travaillaient peut-être les artisans spécialisés.

À l'ouest de la ville, on a identifié un temple dédié à Ishtar, dans lequel les archéologues ont découvert de nombreuses tablettes votives, ainsi qu'une statue d'Ebih-il, l'intendant de Mari. On connaît également un autre sanctuaire dédié à Nini-Zaza, dans lequel un bêtyle a été dégagé, témoignant de l'influence des traditions religieuses typiquement syriennes dans cette région, avant la poussé culturelle mésopotamienne, dont les expéditions de Sargon et de ses successeurs sont les marqueurs historiques les plus clairs. On peut rattacher à ce même contexte culturel un temple-tour associé à une haute terrasse qui semble avoir joué un rôle prépondérant dans la cité.

La richesse de la vie artistique d'une capitale comme Mari apparaît clairement au travers de la production de statues et de panneaux à incrustations. De tels produits étaient susceptibles d'être échangés ou exportés d'une capitale vers une autre ; ils constituaient probablement une part importante des cadeaux diplomatiques qu'on voit mentionnés lors d'ambassades, de traités de paix ou de négociations matrimoniales. C'est le cas également d'objets de petites dimensions comme les sceaux-cylindres dont on a retrouvé à Mari aussi bien des échantillons de production locale que des pièces d'origine étrangère.

Panneau décoré d'incrustations : scène religieuse, Mari
2600–2500 av. J.-C.
Nacre, ivoire, schiste, lapis-lazuli ; h 25,9 cm, l 52,6 cm, p 5 cm
Musée national de Damas

Probablement issu d'un des ateliers du palais de Mari, ce panneau décoré d'incrustations nous présente de façon extrêmement vivante une scène de la vie religieuse de cette cité des bords de l'Euphrate. Le choix des matériaux et la qualité de la composition en font une pièce exceptionnelle qui outre ses qualités artistiques possède une réelle valeur narrative. Prêtresses, prêtres et serviteurs sont représentés dans l'exécution de rites, dans lesquels on peut identifier ici des libations.

Sceau-cylindre avec divinités maritimes, Mari
2400 av. J.-C.
Calcaire ; h 3,6 cm, d 1,9 cm
Musée du Louvre, Paris

Les sceaux-cylindres sont d'excellents exemples de l'art des tailleurs de pierre mésopotamiens. Sur cet objet trouvé dans le temple d'Ishtar à Mari, on observe, comme c'est souvent le cas, un thème religieux. L'économie des traits et l'intention narrative du décor sont remarquables : les éléments, bateaux et animaux, semblent presque constituer un rébus.

Vue de la ville de Byblos

Surmonté par le château construit par les croisés, le tell de Byblos apparaît comme un îlot homogène de verdure dans la ville et sa campagne malheureusement envahies par un urbanisme non contrôlé. Telle une tache rouge sur ce fond de végétation, on reconnaît la maison de fouilles de Maurice Dunand, qui nous rappelle qu'au temps des pionniers de l'archéologie levantine, cette colline était encore couverte de maisons qu'il fallut déplacer pour réaliser les fouilles. L'éperon rocheux sur lequel sont accrochées les constructions antiques domine le port actuel, qui fut sans doute aussi le port fréquenté depuis 7000 av. J.-C. par les marchands levantins et égyptiens en quête du précieux bois de cèdre. La ville elle-même fut fondée vers 6000 av. J.-C.

Byblos – Entre l'Égypte et le Mont Liban

À quelques kilomètres au nord de Beyrouth, Byblos (également Goublou ou Gebal) est l'un des sites les plus complètement explorés du littoral levantin. Renan réalisa la première véritable étude de ce site dans le cadre de sa mission en Phénicie ; il publia en 1864 les premiers éléments attestant une occupation très ancienne de ce site. En 1921, l'égyptologue Pierre Montet entreprit de faire les premières campagnes de fouilles systématiques ; après lui Maurice Dunand exploita jusqu'à la fin des années 1970 ce site, en collaboration avec la Direction générale des Antiquités du Liban.

Le tell est installé sur un promontoire rocheux, un contrefort du Mont Liban qui s'avance jusqu'à la mer. Il était approvisionné en eau par une source pérenne située au milieu du site. La ville dominait une petite rade naturelle, très bien protégée des vents et qui, jusqu'à nos jours, a servi de port. Cette disposition se retrouve d'ailleurs sur d'autres sites littoraux, comme à Beyrouth, où les fouilles du centre-ville ont montré que le tell contrôlait là aussi un versant naturel. Byblos se trouve à la limite d'une plaine fertile, susceptible d'être cultivée. Mais c'est plutôt la proximité de la vallée du Nahr Ibrahim et du Mont Liban qui semble avoir assuré son développement ; en effet, pendant l'Antiquité ces régions étaient couvertes de forêts qui furent exploitées dès cette période pour alimenter la construction de bateaux et d'édifices monumentaux.

La ville, qui s'élevait sur un plan presque circulaire, était entourée de puissants remparts de pierre plusieurs fois réaménagés pour atteindre à la fin du IIIe millénaire une trentaine de mètres de largeur, protégeant ainsi une surface de près de 5 hectares. Deux portes ont pu être dégagées : une au nord-ouest donnant accès au port, et une autre à l'est.

À l'intérieur de la ville, les fouilleurs ont reconnu des temples et des habitations datées du Bronze ancien, tandis que la nécropole semble dater du Bronze moyen.

Au nord de la source a été identifié le temple de Ba'alat Gebal, la « dame de Byblos », fondé selon Dunand en 2800 av J.-C., et qui semble avoir été reconstruit à plusieurs reprises et entretenu comme lieu de culte jusqu'à l'époque romaine. Au nord-est du puits se trouvait un autre temple, en L, que certains auteurs ont interprété comme étant dédié à Reshef. Entre les deux temples, une zone non construite a été interprétée par M. Dunand comme un « lac sacré » tel qu'on en connaît près des temples égyptiens.

Les habitations fouillées dans la partie ouest du site sont d'un plan plus ou moins rectangulaire. Les murs étaient construits avec des blocs de grès et des piliers de bois devaient soutenir la toiture. Ces bâtiments semblent correspondre à des résidences aristocratiques. Pour cette période, aucune construction palatiale n'a été dégagée, contrairement à ce qu'ont révélé les fouilles pratiquées dans d'autres sites. On ne peut toutefois exclure qu'elle ait été détruite par les aménagements postérieurs du site.

Les fouilles ont surtout livré d'abondants témoignages sur les liens qui existaient entre la cité levantine et l'Égypte. Ces témoignages viennent confirmer les textes et les inscriptions concernant Byblos trouvés dans la vallée du Nil, lesquels montrent clairement l'importance des relations politiques et commerciales qui les unissaient. C'est ainsi que les travaux ont livré des fragments de vases en albâtre portant les cartouches des rois égyptiens Mykérinos (IVe dynastie), Ounas (V^{e} dynastie), Pépi Ier et Pépi II (VIe dynastie). Avec cette dernière dynastie, les relations semblent à leur apogée, au point que les Égyptiens assimilent la Ba'alat Gebal à la Dame de Dendérah, Hathor, comme en témoigne une inscription hiéroglyphique trouvée dans le temple de la Ba'alat.

La raison de cette véritable intégration de Byblos au monde égyptien nous est donnée par les Égyptiens eux-mêmes. Une inscription du règne de Snéfrou (VIe dynastie) nous révèle que des quantités de bois de cèdre *meru* parvenaient en Égypte – qui manquait cruellement d'arbres – depuis Byblos. On comprend mieux alors l'intérêt que pouvaient porter les pharaons à cette zone du littoral levantin proche de cette ressource précieuse et stratégique qu'était le bois d'œuvre, d'autant plus que la voie maritime était la plus sûre pour acheminer ces matériaux lourds et encombrants.

On ne peut pas considérer pour autant que Byblos ait été une véritable colonie égyptienne ; il faudrait plutôt imaginer un lieu d'échange intégré à un circuit commercial dans lequel, sous un vernis d'allégeance politique, de fructueuses affaires pouvaient être conclues.

Déesse Hathor, Byblos
2000–1500 av. J.-C.
Ivoire ; h 9,5 cm, l 5 cm, p 2 cm
Direction générale des Antiquités, Beyrouth

La déesse Hathor est représentée ici sur un matériau souvent utilisé par les artistes de la région. L'ivoire, qu'il provienne de défenses d'éléphant ou de dents d'hippopotame, était une matière parfaitement maîtrisée, comme en témoignent la qualité du trait et le fin rendu des volumes que l'on peut observer sur cette pièce.

Tête de taureau, Byblos
3100–2000 av. J.-C.
Terre cuite ; h 17,3 cm, l 26,9 cm
Direction générale des Antiquités, Beyrouth

Cette tête de taureau provenant de Byblos est un témoignage original du travail des artisans giblites et une interprétation locale de ce thème fréquent dans l'iconographie religieuse de la région. Le taureau, connu depuis le néolithique dans l'art du Proche-Orient, apparaît dans toutes les mythologies jusqu'à l'époque romaine (où on le retrouve par exemple dans le culte de Mithra). Il est associé à des qualités telles que la fécondité et la force.

Le Bronze moyen

Si le Bronze ancien est caractérisé par la naissance et le développement de petites cités-États relativement indépendantes, le Bronze moyen est l'époque de leur apogée, puis de leur assujettissement progressif par les deux grands empires qui les environnent : l'Égypte des pharaons et les royaumes de la Mésopotamie. Dans les luttes de pouvoir complexes qui opposaient ces deux grands de l'Antiquité vinrent s'immiscer des trouble-fête qui avaient pour nom Amorites, Hittites et Mitanniens.

À la fin du IIIe millénaire, les invasions des Amorites – des semi-nomades sémites – marquèrent la fin d'une première étape de la colonisation urbaine. Ces peuplades, identifiées à partir de l'épigraphie et de l'onomastique (science des noms de personnes), peuvent difficilement être mises en rapport avec une culture particulière, ce qui rend malaisée leur étude.

Assez rapidement, ces nouveaux arrivants, qui s'étaient tout d'abord installés aux limites du désert d'Arabie, se glissèrent dans le cadre laissé par les élites précédentes et dès 1815 av J.-C., on voit des dynasties d'origine amorite solidement établies à la tête de villes comme Mari.

Il n'y eut pas de véritable changement profond, mais plutôt une reprise de l'habitat urbain par des populations vivant jusqu'alors en marge des villes. De nouvelles grandes villes apparurent dans les textes, comme Alep ou même Qatna dans la région de Homs. La nature des occupations du site d'Alep est difficile à établir, le tell ancien étant recouvert par la partie historique de la ville actuelle. À Qatna, en revanche, les résul-

Ill. en haut

Fragments de peinture murale, Mari
1850–1780 av. J.-C.
Fresque ; l 135 cm
Musée du Louvre, Paris

Ces fragments de fresque ont été mis au jour près du mur d'enceinte sud de la cour ouest du palais de Mari. Le souverain domine ses sujets par sa grande taille. Les taureaux sont sans doute des victimes sacrificielles.

Fouilles, Mari

Parrot commença en 1933 les fouilles de Tell Hariri, dans lequel il reconnut très vite la cité de Mari. Depuis, les campagnes de fouilles successives ont permis de dégager non seulement un ensemble palatial complet, qui couronne le tell, mais aussi des temples et d'importantes parties des quartiers d'habitation.

tats des fouilles archéologiques ont permis de reconnaître le système défensif de la cité du Bronze moyen.

La Palestine connut au début du IIe millénaire, une reprise de l'activité urbaine. Celle-ci se traduisit par un réaménagement des fortifications des sites anciens, où une part importante de la population vint de nouveau s'installer. Il semble alors que la région ait profité du déclin politique de l'Égypte pour se développer de façon autonome. Les invasions amorites semblent d'ailleurs n'avoir affecté que de façon marginale ce phénomène de reprise urbaine dans la région.

Pour cette période, les archives de Mari fournissent une documentation historique tout à fait précieuse pour la connaissance de la vie quotidienne du royaume amorite en Syrie du Nord ainsi que de son environnement géopolitique. De même, les tablettes d'exécration égyptiennes présentent un état de la situation politique sur la côte levantine et en Palestine, vue du côté égyptien. Ces documents sont des inscriptions sur des pièces et des figurines en terre cuite sur lesquelles sont cités les noms des tribus et des villes qu'il fallait détruire. Au cours de cérémonies rituelles, ces objets étaient détruits symboliquement, dans l'espoir d'en faire autant avec l'ennemi pendant la bataille. Par ailleurs, ces documents doivent être utilisés avec prudence en tant que source historique, en raison de leur caractère hostile.

La construction de nouvelles enceintes urbaines, dans lesquelles on voit apparaître des systèmes complexes de portes ainsi que de puissants massifs de terre qu'on rencontre aussi bien en Syrie qu'en Palestine, illustrent bien les menaces qui pèsent sur ces régions. La prise et la destruction de Mari par Hammourabi en 1757 av. J.-C., puis celle d'Ébla par les Hittites entre 1625 et 1600 av. J.-C., marquent une grande période de déclin pour la Syrie du Nord, pour laquelle les sites urbains fournissent peu de données historiques exploitables.

Fouilles, Tell Arqa

Les fouilles de Tell Arqa, sous la direction de Jean-Paul Thalmann (IFAPO), ont révélé sur la limite occidentale du tell des vestiges de bâtiments qui s'appuyaient probablement au mur d'enceinte entourant la ville à l'âge du bronze. L'archéologue a pu déceler dans les bâtiments de cette époque des traces d'activité de potiers.

Ill. pages 30–31

La citadelle d'Alep

Alep offre un exemple remarquable des implantations urbaines au Levant. La citadelle se dresse sur le point le plus élevé du tell. Les fouilles de la citadelle entreprises en 1997 et 1998 ont révélé des vestiges de temples qui confirment l'existence de la capitale d'un royaume, jusqu'alors hypothétique, évoquée par des textes du IIIe millénaire av. J.-C.
La citadelle d'Alep illustre à quel point il est difficile de retrouver ces cités antiques, dont les vestiges sont recouverts par des implantations et des aménagements plus récents, comme l'ont récemment montré les fouilles à Beyrouth.

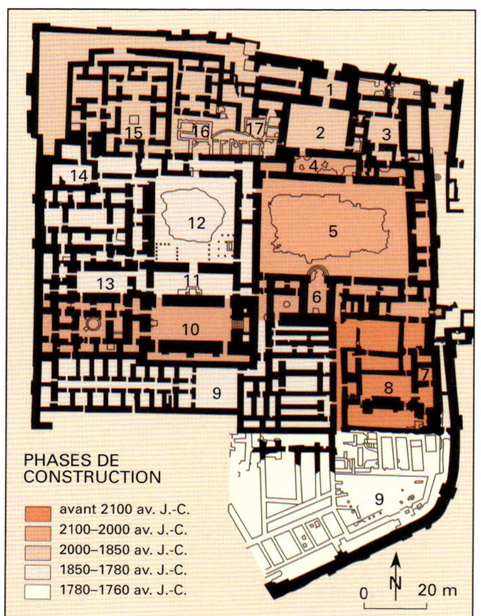

Plan du palais babylonien de Mari

Même si les fouilles de Mari ont commencé il y a plus de 50 ans, le Tell Hariri, qui recouvre la cité antique de Mari, n'a pas encore été totalement exploré. On a surtout dégagé la ville haute et le palais, qui constituent le noyau d'un espace circulaire. Ils sont entourés d'un mur d'enceinte dont la topographie révèle encore les traces.

1 Vestibule, 2 cour d'entrée,
3 garde et corps de logis des invités,
4 grand couloir, 5 grande cour,
6 salle des audiences, 7 temple,
8 appartements d'apparat,
9 économat, réserves, 10 salle des fêtes,
11 salle du Trône, 12 cour carrée,
13 quartier administratif, 14 école des scribes,
15 appartements royaux, 16 chapelle privée,
17 cour de l'économat.

La vie d'une ville au travers des archives de Mari

Le site de Mari a livré plus de vingt mille tablettes écrites dans une langue sémitique, le babylonien. Au travers de ces textes, et en les couplant avec les résultats des observations archéologiques qui pour cette phase de l'occupation du site ont surtout porté sur le palais dit de Zimri-lin (1775–1761 av. J.-C.), il devient possible de reconstituer de façon très complète l'organisation d'un ensemble palatial ainsi que le mode de vie de ces citadins particuliers qu'étaient les gens de la cour d'un roi syrien à l'âge du bronze.

Le palais, qui couvre une surface au sol de plus de 2,5 hectares, comporte plus de trois cents salles ou cours et semble posséder tous les aménagements fonctionnels qu'on puisse imaginer pour cette période (réservoirs, citernes, fours, égouts, etc.). Par son état de conservation il constitue l'un des témoignages les plus complets qu'on connaisse d'un palais de cette période. Cet excellent état semble être dû à la ruine et à l'abandon de la ville après la campagne menée victorieusement par Hammourabi (1757 av. J.-C.).

La réalisation de ce complexe architectural s'est déroulée sur au moins trois siècles, le palais du IIe millénaire reprenant au moins en partie l'emplacement du précédent. Certains de ses murs, construits en briques crues, ont plusieurs mètres d'épaisseur. Grâce au bon état de conservation des restes architecturaux, il a été possible d'établir qu'existait un étage, voire même par endroits un troisième niveau. Les différentes pièces s'organisaient autour de cours, mais aussi d'espaces centraux couverts. Sur les murs des pièces d'apparat, des fragments d'enduits peints sur plâtre suggèrent l'existence de peintures murales (*voir* p. 28).

Dans son ensemble, le palais était constitué de cinq parties. L'entrée, située au nord du bâtiment, conduisait indirectement à une grande cour d'où l'on avait accès aux autres parties du palais. La zone des temples était située au sud-est, celle des greniers et des réserves, au sud. On pénétrait dans la zone occidentale, où l'on a distingué les appartements du roi et le harem, par un accès bien protégé.

La zone des temples est là pour nous rappeler le lien étroit existant entre le religieux et le politique. Cette association aussi nette est pourtant exceptionnelle. Selon l'hypothèse émise par Jean-Claude Margueron, elle pourrait n'être qu'une survivance d'une pratique ancienne où l'autorité religieuse aurait assumé de façon prépondérante le pouvoir.

Au milieu de cet ensemble, la zone officielle s'organise en une série de cours et de pièces d'apparat. La cour du Palmier, qui doit son nom au palmier artificiel qui se dressait apparemment en son centre, permettait d'accéder à une pièce faisant antichambre à la salle du Trône. Par ses dimensions (25 mètres de longueur, 12 mètres de largeur et environ 12 mètres de hauteur) et sa décoration murale, cette pièce avait toute la somptuosité nécessaire pour mettre en valeur la fonction royale. Le trône installé sur une estrade le long du côté occidental faisait face à une tribune surélevée où l'on s'accorde à voir l'emplacement des statues de différents rois. De la salle du trône, on parvenait au domaine privé du roi, situé à l'étage sur le côté est. Au nord se trouvaient les quartiers administratifs où furent dégagés des documents épigraphiques concernant la gestion du palais.

À l'angle nord-ouest du palais se trouvait le quartier des femmes. Toute la partie sud du palais était occupée par des magasins et des réserves auxquels on accédait soit directement à partir de la grande cour, soit à partir d'un accès plus petit permettant d'emprunter le grand couloir parcourant d'est en ouest le palais. Le contrôle des entrées et des sorties des biens et des personnes se faisait à partir de l'accès principal du palais, domaine de l'intendant.

Le quotidien de la vie du palais et plus largement de la ville est bien documenté par les archives. La période la mieux connue est celle qui correspond au règne de Zimri-lin. Les textes administratifs permettent de reconstituer l'entourage royal et l'importante population de femmes comprenant outre le harem royal, une foule de servantes et de domestiques. Ces textes mentionnent également les importants besoins en nourriture de cette population dont la subsistance était assurée par le palais. C'est dans cette catégorie de documents que sont également rangées les mentions d'objets précieux, fabriqués sur place ou reçus en cadeau, et qui témoignent indirectement de l'intense activité diplomatique qui règne dans ce palais.

Mais plus encore que ces documents souvent redondants, c'est toute la correspondance royale qui, en éclairant l'activité d'un souverain de cette période, nous donne les moyens de saisir sa personnalité et ses préoccupations. On y trouve ainsi les détails des négociations entreprises pour le mariage entre Zimri-lin et une des filles du roi d'Alep, dont le but était avant tout politique. On peut également reconstituer un des voyages que Zimri-lin fit en 1765 av. J.-C. et qui devait l'amener à Ougarit (Ras Shamra), sur les bords de la Méditerranée. Dans cette correspondance sont également discutés des projets de traités avec d'autres rois, comme Hammourabi.

Mais à côté de cette grande histoire, on trouve le récit des déboires survenus à un intendant, des apologies de la vie nomade présentée comme un idéal de la conception virile de l'existence, un rapport sur un accident survenu sur une des digues du réseau hydraulique de Mari.

Femme assise en terre cuite, Mari
Env. 1800 av. J.-C.
Terre cuite ; h 23,4 cm, l 12,6 cm, p 6,7 cm
Musée national d'Alep

Ce moule en terre cuite trouvé à proximité d'un four figure un personnage féminin assis. Il était probablement destiné à fournir au petit peuple du palais une image divine à bon marché pour manifester au quotidien leur attachement aux dieux susceptibles de leur être favorables ou de les protéger.

Tablette, Mari
2000 av. J.-C.
Argile ; h 10,5 cm, l 5,4 cm
Unité Propre de Recherche, Paris

Parmi les objets susceptibles d'être échangés ou reçus en cadeau figurent ce qui apparaît dans les textes de Mari sous le nom de vases *Gal*. Réalisés en or ou en argent, ils étaient d'une fabrication probablement soignée, c'est du moins ce que nous pouvons déduire des descriptions qui nous en sont parvenues. En effet, aucun exemplaire de ce type de vaisselle n'a encore été retrouvé. C'est au travers de l'étude de ces documents historiques exceptionnels que constituent les archives de Mari qu'il est possible d'entrevoir tout cet aspect de la culture que l'archéologie proprement dite ne permet pas d'appréhender.

Le développement architectural d'Ébla

Après une phase de régression urbaine, Ébla connut un nouveau développement au tout début du IIe millénaire. Si pour cette période la documentation épigraphique est bien moins riche que celle du IIIe millénaire, les fouilles italiennes ont quant à elles permis de bien appréhender l'organisation interne de la ville, plus facilement accessible aux fouilleurs.

La reconstruction d'Ébla est particulièrement bien illustrée par ses fortifications considérables. Dans un premier temps furent construits de puissants remparts de terre d'une largeur, à la base, de 20 à 30 mètres et d'une hauteur de 22 mètres ; ils entouraient une surface de près de 50 hectares. Un couronnement de plâtre protégeait le haut des murs sur lesquels s'appuyaient des tours en saillie. Dans cette enceinte, quatre portes avaient été aménagées, au sud-ouest, au sud-est, au nord-est et au nord-ouest. La première de celles-ci était tout à fait remarquable avec une première porte extérieure donnant sur une petite cour intérieure permettant elle-même l'accès à une porte intérieure de 22 mètres de long. Dans un deuxième temps fut aménagée une enceinte intérieure destinée à assurer la

Torse en basalte, Ébla
Début IIe siècle av. J.-C.
Basalte ; h 53 cm, l 46 cm, p 24 cm
Musée national de Damas

L'inscription que l'on peut lire sur ce morceau de statue en basalte d'un personnage barbu et revêtu d'un mantea a permis d'identifier le site d'Ébla, aujourd'hui Tell Mardik. C'est un présent fait par Ibbit Lim, souverain d'Ébla, à la déesse Ishtar, qui devait à l'origine se trouver à l'intérieur de son temple.

protection de la citadelle. Cette défense était constituée d'un soubassement en pierre et d'une élévation en terre surmontée d'un mur de briques.

Sur la citadelle était construit le palais royal E et le temple D, dédié au culte de la déesse Ishtar. Ce sanctuaire évoque, par sa division en trois parties et son plan rectangulaire, celui construit à Jérusalem par Salomon selon l'Ancien Testament, et possède des similitudes avec d'autres sanctuaires en Syrie du Nord, comme celui d'Alalakh. C'était sans doute le temple principal de la cité. Ishtar est d'ailleurs représentée sur une stèle trouvée à Ébla comme dominant la nature sauvage et domestique et comme protectrice de la royauté.

Dans la ville basse se trouvait un autre palais reconnu sur plus de 7 000 m². On a dégagé également dans cette partie de la cité un petit temple consacré au dieu des enfers, de la guerre et de la pestilence, Reshef, et un autre temple aux fonctions très probablement funéraires, qui était destiné au culte des rois défunts.

Ce type de sanctuaire, connu dans les textes ougaritiques sous le nom de *rapi'uma*, doit sans doute être rapproché des *rephaïm* bibliques. C'est également dans cette partie de la ville que se trouvait le monument P.3, une vaste terrasse de terre en pierre de 52,50 mètres par 42 mètres, entourant une cour intérieure située à quelques mètres en contrebas. Cette construction, unique en son genre, suscite encore bien des interrogations. Il n'est pas impossible que ce monument ait eu un rapport avec le culte d'Ishtar. Dans la partie nord de la ville basse s'élevait le temple N, dédié à Samas, le dieu solaire, protecteur de la justice et du droit.

Monument P.3, Ébla

Il ne reste plus que les socles en pierre de ce qui devait être un temple élevé à la déesse Ishtar. Cette construction est exceptionnelle par sa taille et sa disposition ; l'équipe d'archéologues italiens dirigée par Matthiae pense qu'il s'agissait d'une grande terrasse pourvue d'une cour intérieure en son milieu. On suppose que ce monument est un lieu de culte, en raison de ses caractéristiques et de sa situation particulière dans une zone où d'autres temples ont été identifiés.

Ill. page ci-contre

Temple aux Obélisques, Byblos

Le temple aux Obélisques fut mis au jour par Dunand, qui le data vers le milieu du Bronze moyen. Pour dégager le sanctuaire plus ancien qui se trouvait en dessous, Dunand fit entièrement démonter le temple aux Obélisques et le fit reconstruire à quelques mètres de son emplacement d'origine. Les obélisques se dressaient dans une cour qui formait la *cella* du lieu de culte sur trois côtés. Dunand trouva par ailleurs des ancres de pierre et de nombreuses offrandes destinées à la divinité qui était vénérée en ces lieux.

Byblos – Les tombes des rois et les temples des dieux

Au début du IIe millénaire, les liens qui unissaient la cité phénicienne à l'Égypte semblent trouver une nouvelle intensité. Les éléments qui apportent le plus de preuves en ce sens proviennent des tombes de la nécropole royale situées sur la partie la plus haute du tell. C'est à la suite d'un banal incident que fut faite cette découverte, majeure pour l'histoire de la région. Le 16 février 1922, les pluies diluviennes – si fréquentes dans cette région à cette époque – provoquèrent un glissement de terrain, mettant à nu un tombeau souterrain creusé dans le rocher à douze mètres de profondeur. Les dégagements qui furent opérés par la suite permirent de repérer neuf tombes. Celles-ci étaient constituées par un puits carré ou rectangulaire de 8 à 12 mètres de profondeur, dont la partie inférieure avait été creusée sur un côté pour ménager la chambre destinée à recevoir les sarcophages et le matériel funéraire.

Bien que violées, les tombes livrèrent un abondant mobilier, dont de nombreux objets d'origine égyptienne. La qualité de leur exécution donne à penser qu'il pourrait s'agir de cadeaux royaux, même si la plus grande prudence doit être de règle pour l'interprétation de tels objets.

Les noms de deux des personnages enterrés à cette période nous sont connus par des inscriptions hiéroglyphiques sur des objets trouvés dans les tombes. Il s'agit de deux rois de Byblos, Abishémou et son fils Ibshémouabi, qui semble-t-il, lui a succédé dans ses fonctions (*voir* ill. p. 38). Tous deux portaient un titre égyptien, *Haty-a*, qu'on traduit souvent par « comte ».

L'autre grand ensemble fouillé à Byblos, contemporain de la nécropole royale, est le temple aux Obélisques. Il a été construit au-dessus du temple en L du Bronze ancien. Il fut déplacé par les archéologues et remonté dans l'endroit où on peut le voir actuellement, pour faciliter la fouille des niveaux les plus anciens. Le temple aux Obélisques est construit sur une terrasse entourée sur trois côtés par une cour fermée. Dans la partie sud-ouest de la cour se trouvait la plus grande partie des obélisques de grès ou de calcaire ainsi que des maquettes de temple et des ancres en pierre.

Le sanctuaire lui-même, de forme rectangulaire, comportait deux parties : la *cella* et une antichambre divisée en trois espaces. C'est dans cette partie du temple que furent dégagés sous le sol des pièces, des *ex voto* de métal, de céramique ou de faïence dont l'origine égyptienne est avérée pour nombre d'entre eux. À proximité du temple, la zone qualifiée par les fouilleurs de « champs d'offrande » a livré une série de dépôts d'armes et de statuettes en bronze.

Dunand voyait dans ces objets enterrés dans des céramiques et recouverts d'une couche de chaux

Coffret en obsidienne, Byblos

1797–1790 av. J.-C.
Obsidienne, feuille d'or ;
h 9,8cm, l 15,2 cm, p 9,5 cm
Direction générale des Antiquités, Beyrouth

Ce coffret en obsidienne serti d'une feuille d'or, qui porte une inscription au nom du pharaon Amenemhat IV (1797–1790 av. J.-C.), provient de la Tombe II de la nécropole royale. On peut imaginer que c'est avec de tels présents que les pharaons s'attachaient la fidélité des roitelets de Byblos qui estimaient ces présents à tel point qu'ils les emportaient avec eux dans la tombe.

Figurine en bronze, Byblos
2000–1600 av. J.-C.
Bronze, feuille d'or ; h 38 cm
Direction générale des antiquités, Beyrouth

Cette figurine en bronze dorée à la feuille fut découverte au cours des fouilles de Dunand à Byblos. Elle faisait partie du dépôt d'offrandes qui fut trouvé sous le sol du temple aux Obélisques et qui est daté du Bronze moyen. Cette figurine est originale dans la mesure où elle ne semble pas représenter une divinité et nous permet donc de reconstituer les éléments typiques de la mode masculine : le pagne et la coiffe en hauteur.

Ill. ci-dessous

Pendentif en forme de coquillage portant le nom d'Ibshemouabi, roi de Byblos
2000–1500 av. J.-C.
Or, pierres semi-précieuses ;
h 7,5 cm, l 7 cm, p 1,5 cm
Direction générale des Antiquités, Beyrouth

Le nom d'Ibshémouabi, « roi de Byblos », figure sur ce pendentif en forme de coquillage où l'on retrouve un faucon aux ailes déployées, un scarabée, deux uræi, directement empruntés au répertoire iconographique égyptien.

protectrice autant d'offrandes apportées par les Giblites à la divinité adorée dans le temple. Des niveaux du Bronze moyen de Byblos proviennent également des céramiques d'origine crétoise et chypriote montrant le rôle qu'a pu jouer cette ville dans le commerce méditerranéen. À cette époque, l'avènement de nouvelles entités politiques très structurées et capables d'organiser des expéditions commerciales importantes par la voie maritime contribua à modifier la nature et les orientations de ce commerce.

Les fouilles effectuées dans le centre-ville de Beyrouth depuis 1994 ont montré qu'existait également dans cette ville une petite cité-État dont la ville haute était implantée comme à Byblos sur un promontoire rocheux dominant une rade naturelle bien protégée. On y a également repéré des tombes sur la partie centrale du tell, qui ont livré des objets d'origine égyptienne. L'exploitation des données archéologiques permettra de savoir si le système de fortifications qui y a été dégagé peut être également daté de cette période.

Objets provenant sans doute d'un lieu de culte, Beyrouth
2000–1500 av. J.-C.
Céramique, albâtre, bronze, ivoire, faïence
Direction générale des Antiquités, Beyrouth

Les fouilles récentes entreprises sur l'emplacement du tell ancien de Beyrouth ont permis la découverte d'une petite cache renfermant des vases en albâtre, des petites figurines animales en faïence, dont un sphinx, des représentations miniatures (armes, rhyton, etc.), ainsi que des rondelles d'ivoire. Ce type de dépôt n'est pas sans rappeler ceux observés à Byblos dans le temple aux Obélisques.

Hache rituelle en or, Byblos
2000–1600 av. J.-C.
Or ; h 7 cm, l 10 cm, p 2 cm
Direction générale des Antiquités, Beyrouth

Cette hache rituelle est caractéristique de l'arsenal militaire du Levant au Bronze moyen. L'objet représenté ici semble pourtant plus décoratif et précieux que fonctionnel. Le décor en filigrane du manche et le matériau choisi témoignent de la richesse du centre urbain qu'était Byblos, ainsi que de l'habileté de ses artisans. Ces caractéristiques donnent une idée de l'importance de la vie religieuse, puisque cet objet faisait partie des offrandes qui furent trouvées dans le temple aux Obélisques.

Le Bronze récent – l'ère des mutations

Alors que le Bronze moyen vit un affaiblissement de l'influence égyptienne sur la région, le Bronze récent fut une période qui s'ouvrit par une reprise de contrôle très effectif des pharaons de la XVIIIe dynastie. On assista parallèlement à un repli des influences mésopotamiennes. Dans cette phase d'expansion, les Égyptiens eurent à combattre les Hourrites établis dans une vaste région connue par les textes assyriens sous le nom de Mitanni. Cette puissance nouvelle venue dans le jeu des entités politiques locales contrôlait au début du (vers 1500 av. J.-C.) un secteur géographique dont le centre serait à situer sur les hautes vallées de l'Euphrate et du Khabour et qui s'étendait à l'ouest jusqu'à la Méditerranée, englobant ainsi la vallée de l'Oronte et au moins la partie nord de la plaine de la Beqaa. Nos connaissances historiques sur cette période proviennent surtout de sources égyptiennes. On possède, en particulier pour la période qui couvre les règnes des pharaons Aménophis III (1388–1350 av. J.-C.) et Aménophis IV/Akhnaton (1353–1335 av. J.-C.), des tablettes contenant la correspondance diplomatique des souverains d'Égypte. Ces documents, qui ont été trouvés à Tell Armana, la capitale du pharaon hérétique Akhnaton, présentent la caractéristique d'être écrits en akkadien cunéiforme, la langue diplomatique de cette époque.

C'est sous le règne de Thoutmôsis Ier (1504–1492 av. J.-C.) que les Égyptiens prirent le contrôle du Levant et atteignirent les rives de l'Euphrate. Cependant, le pouvoir de ce pharaon semble n'avoir été qu'assez théorique puisque son fils Thoutmôsis II eut également à guerroyer en Palestine et qu'à sa suite, Thoutmôsis III

Boîte à fard , Kamid el-Loz
1500–2000 av. J.-C.
Ivoire ; h 12 cm, l 24 cm, p 6 cm
Direction générale des Antiquités, Beyrouth

Cette boîte à fard en ivoire a été mise au jour dans une tombe « royale » découverte à Kamid el-Loz, l'antique Koumidou. Bien qu'il s'agisse probablement de l'œuvre d'un artisan local, on peut observer que le thème choisi et la manière de le traiter trahissent une forte influence égyptienne.

(1479–1425 av. J.-C.) reprit la route du nord au cours de la vingt-deuxième année de son règne. Il défit le roi de Qadesh et ses alliés à Mégiddo et conquit la ville. En l'an 33 de son règne, au cours de la huitième campagne, il traversa l'Euphrate. Nous connaissons par des inscriptions les noms de plus de cent villes conquises par ce pharaon. Cela illustre le morcellement politique de cette zone convoitée à la fois par les Égyptiens et les Mitanniens, et donc ouverte à tous les coups de main, à toutes les combinaisons politiques et diplomatiques. Aménophis II (1428–1397 av. J.-C.) poursuivit l'œuvre de son père. En 1421 av. J.-C., il mena de nouveau ses troupes au-delà de l'Oronte qui, de fait, constituait la véritable limite de son domaine levantin. Trois « provinces » constituaient ce Levant égyptien : Canaan, correspondant à la Palestine, Apou à l'est, qui incluait la Bekaa et s'étendait jusqu'à l'actuelle Damas, et Amourou au nord, compris entre l'Oronte et la mer. Il semble en fait que les Égyptiens aient établi un réseau de points d'appui disposés dans des zones stratégiques, comme Simyra (dont on pense que ce pourrait être Tell Kazel, situé sur le littoral et qui contrôlait la trouée d'Homs) ou Koumidi (l'actuelle Kamid el-Loz) dans la Bekaa.

Dans le jeu des oppositions entre Mitanniens et Égyptiens, une période de répit s'instaura avec le règne de Thoutmôsis IV (1401–1391 av. J.-C.) ; il faut probablement y voir la preuve que les deux adversaires étaient parvenus à un équilibre des forces et à un accord sur leurs prétentions territoriales. Cette période coïncide également avec la montée en puissance des Hittites qui firent peser une lourde menace sur les Mitanniens. La correspondance diplomatique des pharaons Aménophis III (1391–1353 av. J.-C.) et Aménophis IV (1353–1335 av. J.-C.) a livré des documents faisant état de négociations en vue du mariage d'Aménophis III avec Kilou-Hépa, fille du roi de Mitanni. Par cette alliance matrimoniale, les deux souverains assuraient ainsi la sécurité sur leur frontière commune, ce qui leur permettait de faire face à d'autres adversaires éventuels. C'est sous le règne du roi Souppilouliouma Ier que les Hittites réussirent, par un subtil jeu d'intrigues et de manœuvres militaires, à évincer de la scène politique les Mitanniens. Reprenant les méthodes de ses malheureux adversaires, Souppilouliouma conclut des alliances matrimoniales avec les Égyptiens, mariant une de ses filles avec un pharaon dont tout porte à croire qu'il s'agissait de Toutankhamon. Il s'assura en outre la fidélité des différentes cités-États qui, comme Ougarit, composaient son domaine, en leur imposant des traités dans lesquels il exigeait leur soumission en échange de la sécurité et de la prospérité. Ses successeurs, profitant d'un affaiblissement de la puissance égyptienne, étendirent leur influence vers le sud.

Fragment de stèle commémorative, Tyr
1276–1275 av. J.-C.
Basalte ; h 67 cm, l 79 cm, p 29 cm
Direction générale des Antiquités, Beyrouth

Cette stèle trouvée à Tyr est datée de l'an 4 du règne de Ramsès II. Le pharaon y est représenté frappant de sa massue ses ennemis agenouillés. Une stèle du Nahr el-Kelb évoque également le passage de ce souverain sur la côte libanaise, au cours d'une des campagnes de « pacification » qu'il eut à mener dans la région.

Avec l'avènement de la XIXe dynastie égyptienne, les pharaons tentèrent de reprendre le contrôle de leurs possessions levantines. Séthi Ier fit campagne en Palestine et reprit le contrôle de Canaan. Son fils Ramsès II (1279–1213 av. J.-C.), dès les premières années de son règne, monta une expédition vers le Liban ; il franchit le Nahr el-Kelb (la « rivière du Chien ») près de Beyrouth, où il fit graver une stèle commémorative. L'année suivante, il affronta l'armée hittite à Qadesh, au cours d'une bataille que l'historiographie égyptienne mentionna comme victorieuse mais qui semble avoir été plutôt indécise. Cette bataille marqua pourtant un tournant dans ce long conflit. Peut-être faute de voir l'un des deux adversaires s'imposer réellement, la pression égyptienne dans cette région se fit moins forte et un *modus vivendi* s'établit avec les Hittites, soumis sur leurs flancs à la menace grandissante des Assyriens.

Ougarit – un royaume indépendant

Tout comme Byblos au Liban, le site d'Ougarit (Ras Shamra) a fait l'objet d'une fouille très exhaustive. D'abord dirigée par Claude Schaeffer avant et après la Deuxième Guerre mondiale, l'exploration de ce tell a été poursuivie par Henri de Contenson (1972–1973), puis par Jean-Claude Margueron (1975–1976). Marguerite Yon a repris la direction des fouilles en 1978. À proximité, le site de Minet el-Beïda, fouillé par Claude Schaeffer, a livré les restes d'installations portuaires contemporaines des occupations de Ras Shamra ; à 5 kilomètres plus au sud, sur la côte, le site de Ras Ibn Hani fouillé conjointement par Adnan Bounni et Jacques Lagarce a révélé une ville ougaritique, dans laquelle, selon Marguerite Yon, il faut voir une annexe à la capitale, construite sur un site vierge de toute occupation. Au début du XIIIe siècle av. J.-C. prend fin la période principale d'occupation, en même temps que celle d'Ougarit. Cependant, en dépit des lacunes évidentes des informations dont nous disposons, il est possible de saisir globalement la façon dont cette cité-État s'insère dans son terroir. La découverte à Ras Shamra de tablettes présentant des textes en ougaritique, une langue sémitique, transcrite en écriture cunéiforme, ajoute encore à l'intérêt du site.

Au début du Bronze récent, un puissant rempart en pierre protégeait la ville. À l'ouest, une forteresse venait s'appuyer sur le glacis, protégeant ainsi l'accès à la zone palatiale. Elle défendait l'un des accès à la ville, aménagé dans une tour carrée. Le palais royal s'étendait sur près d'un hectare ; il comprenait au moins 90 pièces disposées autour de six grandes cours. On y a identifié des parties destinées à la cour, comme une salle du trône, des quartiers administratives et des parties réservées à l'usage du roi et de sa famille. C'est également dans le palais que se trouvaient les caveaux royaux. Ce quartier possédait un réseau d'évacuation des eaux et probablement un temple dédié au culte royal.

À l'est, sur l'acropole, étaient regroupés les deux sanctuaires les plus importants ; l'un d'eux était dédié à Ba'al (sans doute associé à la déesse Anat) et l'autre à Dagan. Ils sont construits selon un plan quasi identique. Les temples étaient entourés par un mur d'enceinte délimitant une cour, et l'on accédait au bâtiment lui-même par un escalier donnant accès à un vestibule. À partir des données architecturales et archéologiques, les fouilleurs ont proposé l'hypothèse que le temple se développait en élévation sous la forme d'une tour.

Un réseau très dense de petites rues tortueuses, sur lesquelles s'ouvraient des habitations, a été dégagé en différents points du tell. Il révèle une ville très vivante et pittoresque, avec des maisons de dimensions très variées, possédant parfois des étages et des terrasses qui semblent avoir été les principales zones d'habitation. Les parties basses

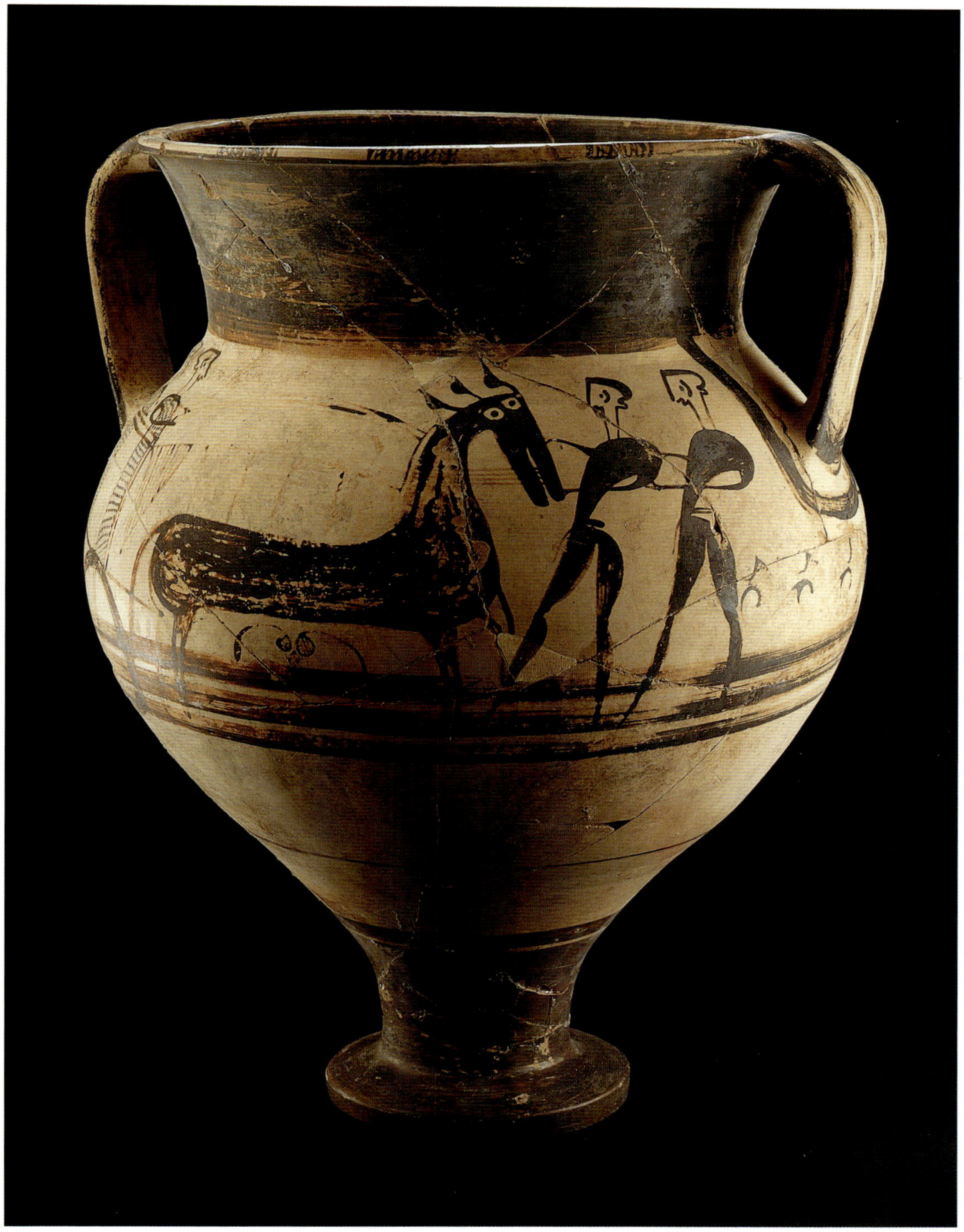

des immeubles étaient réservées au stockage et aux commodités. Certaines maisons possédaient, en outre, des caveaux funéraires.

La vie de la cité ainsi que les noms des rois d'Ougarit nous sont connus depuis le déchiffrement des tablettes trouvées sur le site, que ce soit dans les archives du palais ou dans les maisons situées dans le secteur des temples. Si la ressource principale de la ville provenait de l'exploitation de ses riches terres agricoles sur lesquelles le blé, la vigne et l'olivier poussaient facilement, Ougarit était une cité largement ouverte à d'autres activités. Profitant de la proximité du port de Mahadou (Minet el-Beïda) et du réseau de ports qui se mettait en place le long de la côte, Ougarit était activement impliquée dans le commerce maritime en Méditerranée, alors en plein développement. La ville disposait également d'un accès facile vers l'intérieur des terres, ce qui lui donnait la possibilité de jouer le rôle de point de départ ou d'arrivée de grandes expéditions commerciales.

Par ailleurs, les correspondances trouvées dans diverses parties du site nous donnent des indications sur la nature des produits échangés : blé, huile, laine, chevaux, métaux, esclaves, etc., constituant sans doute la partie la plus importante. La découverte de vases mycéniens et chypriotes, d'albâtres égyptiens mais aussi de pièces d'ivoire d'origine indienne ou africaine sont autant d'éléments qui permettent de mieux apprécier la matérialité et l'importance des mouvements commerciaux dans lesquels était intégrée Ougarit.

C'est peut-être dans le rôle de place commerciale d'Ougarit qu'il faut voir la raison pour laquelle elle a été l'un des premiers endroits où fut adopté et développé le système alphabétique de notation d'une langue, c'est-à-dire le système qui est aujourd'hui le plus répandu de par le monde. Cette nouvelle écriture échappait à la classe des scribes et en se simplifiant, elle devenait accessible au plus grand nombre. Même si bon nombre des textes recueillis à Ougarit portent sur des thèmes religieux, c'est à n'en pas douter aux commerçants que cette innovation a le plus profité, puisqu'elle permit de simplifier les correspondances et de diminuer les intermédiaires potentiels dans les transactions.

Ill. page ci-contre

Stèle du « Ba'al au foudre », Ougarit
1500–1200 av. J.-C.
Calcaire oolithique ; h 142 cm, l 50 cm, p 28 cm
Musée du Louvre, Paris

Cette stèle représentant le dieu Ba'al a été découverte à proximité du temple qui lui est attribué. Le dieu est accompagné d'attributs (la lance en particulier) qui soulignent son rôle de dieu de la fécondité. Il est également le garant du bon ordre, tant de la nature que de la société ougaritique, comme le suggère le petit personnage placé à ses pieds, que l'on a interprété généralement comme étant une représentation du souverain d'Ougarit.

Cratère mycénien, Ras Ibn Hani
1400–1300 av. J.-C.
Céramique ; h 46,7 cm, d 36 cm
Musée national de Damas

C'est dans une tombe fouillée à Ras Ibn Hani qu'a été découvert ce cratère mycénien. Il témoigne de l'importance des liens existant avec cette puissance montante des royaumes mycéniens dans la région de la Méditerranée orientale.

Figure assise, Mari

2500 av. J.-C.
Plâtre ; h 26 cm
Musée national de Damas

Cette figure assise, qui fut trouvée dans le temple d'Ishtar à Mari, peut être identifiée grâce à une inscription comme étant « Our Nanshe le chanteur », le chanteur d'Ebih-il. Malgré son nom masculin, c'était probablement un eunuque, comme l'indiquent ses traits féminins. Il était au service du temple.

Byblos et Beyrouth menacées

Les fouilles récentes de Beyrouth, l'exploitation des données archéologiques de Byblos et les informations historiques fournies par les textes de Tell Armana permettent de reconstituer la vie de ces cités-États, trop petites pour être vraiment indépendantes, et qu'on sent ballottées par les politiques fluctuantes de leurs voisins.

La reprise de contrôle par les Égyptiens du littoral levantin se traduisit par une mise en exploitation des ressources forestières de la montagne libanaise. Les sources dont nous disposons mentionnent plusieurs expéditions destinées à approvisionner en bois de cèdre les pharaons. À Byblos même, peu de constructions ont été datées par les fouilleurs de cette période, même si le site a livré des inscriptions et des cartouches hiéroglyphiques portant le nom de Ramsès II.

Les fouilles du centre-ville de Beyrouth se sont quant à elles révélées beaucoup plus riches à cet égard. La partie principale de la ville du Bronze récent était installée à l'emplacement des occupations du Bronze ancien et du Bronze moyen. Le système de fortifications, également plaqué sur les défenses plus anciennes, était protégé à sa base par un glacis constitué de galets de rivières sur le côté sud du tell. La partie opposée a pu ne pas être fortifiée, puisqu'elle se dressait sur une falaise dominant le rivage. L'ensemble de ces aménagements couvrait une superficie sensiblement égale à celle du site de Byblos. En contrebas du tell et dans le creux d'un talweg naturel, on a trouvé des traces d'occupations légères. Mais ce sont les lettres de Tell Armana qui nous livrent les informations les plus précises sur ces deux sites à cette période et qui illustrent le mieux l'état des relations que pouvaient entretenir les petits rois locaux avec leurs puissants protecteurs. Nous possédons 54 lettres du roi de Byblos, Rib-Addi, aux pharaons Aménophis III et Aménophis IV, et trois lettres d'Ammounira, roi de Beyrouth, à Aménophis IV/Akhnaton. On apprend ainsi que la ville fortifiée de Byblos était menacée par un prince amorite, Azirou, soutenu en sous-main par les Hittites et que, outre le danger militaire qu'il faisait peser sur les possessions égyptiennes, il fomentait des rébellions au sein de la population des campagnes mais aussi à l'intérieur de Byblos même. Faute de trouver un appui et une aide matérielle auprès du pharaon ou de ses délégués sur place qui semblaient se désintéresser totalement de son sort, Rid-Addi décida de s'adresser à son allié et voisin le roi de Beyrouth alors que les autres villes de la région tombaient les unes après les autres aux mains des ennemis des Égyptiens. Réfugié à Beyrouth, Rib-Addi envoya un dernier appel au secours au pharaon alors que même Ammounira, l'allié fidèle, était prêt, faute de recevoir les secours attendus, à se livrer à Azirou. Le dénouement de cette histoire ne nous est malheureusement pas connu. Avec ces derniers témoignages s'ouvre une période d'instabilité et de rééquilibrage politique.

Ill. page ci-contre

Palais G, Ébla

L'escalier monumental, d'une longueur de 22 mètres, est l'un des principaux éléments du palais G d'Ébla. La monumentalité de cette construction, si l'on excepte sa fonction utilitaire, soulignait la puissance du roi et de la cité.

Eric Gubel

Les Phéniciens

Un peuple de marins et de marchands

1200–330 av. J.-C.

Les Phéniciens face aux grandes puissances

Une paix durable

Ougarit – Un partenaire commercial paléophénicien

Les autres partenaires commerciaux sur la côte syrienne

Les métropoles commerciales de la côte phénicienne

« L'âge obscur »

Le royaume d'Amourrou

L'île d'Arouad

Qui dominait la plaine du Akkar méridional ?

Byblos – « Quand je commande d'une voix forte au Liban… »

Sidon la brillante

Tyr la couronnée

« L'âge d'or »

La menace assyrienne

L'art de l'âge d'or

Le déclin du pouvoir phénicien

L'époque perse

Sarcophage anthropoïde, Sidon
2nde moitié du Ve siècle av. J.-C.
Marbre ; lg 203 cm, h 68 cm, l 84 cm
Direction générale des Antiquités, Beyrouth

À Sidon comme sur l'île d'Arouad, les contacts entre les artisans phéniciens et de la Grèce ionienne ont donné naissance à une série de sarcophages anthropoïdes. De nombreux exemples ont été découverts dans les nécropoles sidoniennes du Ve siècle au IIIe siècle av. J.-C.

Ill. page ci-contre

Vue aérienne de Tripoli

Au premier plan, al-Mina, où se trouvait vraisemblablement jadis une installation portuaire phénicienne déjà mentionnée, semble-t-il, dans un texte assyrien du VIIe siècle av. J.-C. Derrière la périphérie de la ville moderne se situe la plaine du Akkar, entre le Mont Liban et la Méditerranée, qui s'étend encore plus loin au nord, jusqu'à la région de Homs, en Syrie.

Les Phéniciens face aux grandes puissances

Sur le littoral méditerranéen, à l'ouest du Mont Liban, une série de cités-États s'étaient développées dès le IIIe millénaire av. J.-C. entre la plaine du Akkar, au nord, et le mont Carmel, au sud. Malgré le polycentrisme qui caractérisa cette région jusqu'au IVe siècle av. J.-C., ces unités politiques se distinguaient de leurs voisins par une dynamique qui s'exprima aussi bien sur le plan culturel qu'au niveau économique. Les Grecs désignèrent ultérieurement les successeurs maritimes des habitants de ces cités-États par le mot d'emprunt *Phoinikè*, dérivé du terme grec signifiant « pourpre ». On ignore si cette désignation tient à la couleur cuivrée de leur peau ou à la production de pourpre dans leurs villes. Cette culture transmit à l'espace méditerranéen, au début du Ier millénaire, un système d'écriture alphabétique rationalisée et d'autres techniques fort avancées pour cette époque, ce qui peut expliquer pourquoi l'on a donné au continent occidental le nom d'une princesse de la ville de Tyr : Europe.

La période de mobilité économique avait à peine commencé que le dynamisme de cette culture se manifesta à nouveau, avec le choix du papyrus à la place des tablettes d'argile traditionnelles, et d'une écriture alphabétique à la place des combinaisons presque infinies de l'écriture cunéiforme. Le caractère éphémère, en climat humide, de ce matériau d'écriture a cependant contribué à ce que les sources historiques propres aux Phéniciens aient été très peu conservées, et le plus souvent sous la forme d'inscriptions monumentales, sauf accident.

Même si les sources directes et indirectes permettent de faire apparaître la trame des événements politiques et économiques, on en sait peu sur la vie matérielle et culturelle des villes phéniciennes pendant leur « âge d'or ». L'instabilité politique dont souffre depuis trop longtemps le Liban, héritier moderne du patrimoine culturel phénicien, mais aussi l'urbanisme sauvage, qui est seulement l'un des effets négatifs de cette situation géopolitique, ont des conséquences catastrophiques pour l'archéologie. Et il faut ainsi beaucoup de temps pour que ce puzzle gigantesque donne une impression d'ensemble – à partir de récits isolés, d'inscriptions éparses et de trouvailles archéologiques dont la valeur pour la science n'apparaît souvent qu'au deuxième examen.

Une paix durable

La paix conclue entre les Hittites et les Égyptiens en 1259 av. J.-C., après la bataille de Qadesh (1275), fut préservée pendant près d'un siècle. Les confrontations guerrières laissèrent alors la place au transfert de technologies, de savoir et de biens culturels. Une politique avisée d'alliances matrimoniales contribua en outre à consolider les liens amicaux entre les anciens ennemis. Comme une grande partie de ces échanges se déroula le long de la côte levantine, il va de soi que les villes côtières tirèrent profit de cette situation, qu'elles fussent situées dans la zone contrôlée par les Hittites ou dans celle sur laquelle le Pharaon exerçait sa souveraineté.

On trouve dans ces villes qui se développèrent d'abord isolément, les germes de la civilisation phénicienne. Elle ne constitue une entité culturelle homogène qu'après 1200 av. J.-C. environ. Comme les sources historiques sont particulièrement rares pour cette période, les relations culturelles se laissent reconstituer essentiellement au travers des fouilles archéologiques. Mais on voit peu à peu que ce processus de fusion a été une transformation linéaire. Pourtant, les centres commerciaux présentent dans un premier temps une évolution très individualisée.

Évolution de l'écriture

À partir des 22 lettres de l'écriture cunéiforme ougaritique, ce tableau illustre le développement des caractères jusqu'à l'alphabet latin. Les lettres qui n'apparaissent pas sur l'inscription du cercueil d'Ahiram figuraient déjà sur des documents plus anciens. L'inscription moabite sur la stèle de Mesha illustre la similitude entre l'ancienne écriture linéaire phénicienne et d'autres formes d'écritures sémitiques de cette époque telles que l'araméen, l'hébreu, etc.

Ougarit – Un partenaire commercial paléophénicien

Les fouilles des sites de l'âge du bronze à Ougarit (Ras Shamra) n'ont pas seulement fait apparaître de manière exemplaire la splendeur de ce type de centres commerciaux, mais aussi la transition entre l'art de l'âge du bronze et l'art phénicien proprement dit – preuve concrète de la continuité culturelle qui caractérise cette région. Les représentations de divinités, conservées sous la forme d'une multitude de stèles et de statues en pierre ou en bronze plaquées d'or sont les prototypes des images mises au point ultérieurement dans l'art phénicien archaïque. Ougarit passe également pour le bastion de la culture cananéenne de la Palestine, qui se propagea ici, dans le nord, par le biais du commerce ougaritique avec des centres paléophéniciens tels que Byblos, Beyrouth, Sidon et Tyr. On a trouvé à Ougarit de nombreux objets appartenant à cette tradition artistique méridionale qui fut reprise ultérieurement par les artistes de la culture phénicienne. Malgré la situation géographique et les relations étroites d'Ougarit avec le gouvernement hittite, on peut aussi y constater le renouveau d'un style inspiré par l'Égypte. Il apparaît entre autres dans l'artisanat d'art, comme le prouvent les nombreux sceaux, cachets et bagues.

Mais Ougarit, où l'écriture cunéiforme demeure requise pour transcrire l'akkadien, est aussi le berceau du plus ancien alphabet connu. Contrairement à l'écriture cunéiforme traditionnelle, extrêmement complexe, les deux systèmes mis au point à Ougarit aux XIVe et XIIIe siècles utilisent un nombre de signes très réduit. Pour le premier, adapté à la langue ougaritique, l'écriture utilise trente signes. Ses « clous » – les signes cunéiformes – vont de gauche à droite. Le deuxième, nommé « alphabet court », avec ses 22 signes disposés vers la gauche (la « tête » des signes indique l'orientation) se rapproche encore plus de l'évolution suivante, le système proto-phénicien. Au cours de cette évolution qui marqua les siècles suivants, les signes cunéiformes furent remplacés par des signes linéaires. Ceux-ci sont les prototypes primitifs des lettres grecques.

À côté des deux nouveaux systèmes mis au point aux XIVe et au XIIIe siècles, qui permettaient surtout un archivage plus facile des données économiques, les scribes utilisaient encore parfois les hiéroglyphes égyptiens pour transcrire le protocole de certains membres de la dynastie locale. Ils suivaient ainsi l'exemple des scribes de Byblos, qui avaient même élaboré leur propre système « pseudo-hiéroglyphique. »

En suivant la côte vers le sud, on rencontre plusieurs centres qui entretenaient des relations différentes avec la métropole ougaritique. Dans les premiers temps de la recherche archéologique, on ne connaissait de ces sites que les noms de lieux figurant dans les archives d'Ougarit. On pouvait tout au plus évaluer de manière approximative leur situation sur la carte géographique.

Les recherches récentes n'ont pas seulement multiplié les connaissances géographiques sur cette région, mais ont montré de plus en plus clairement que la culture née en ces lieux a contribué, de manière décisive, à l'évolution de la culture phénicienne. Certaines de ces villes connues comme les métropoles de l'espace phénicien du Ier millénaire présentent avant même 1200 av. J.-C. une continuité culturelle.

Le développement de l'alphabet

	a	b	g	d	h	w	z	ḥ	ṭ	e	k	l	m	n	s	o	f	ṣ	q	r	ś	t
Ougaritique XIVe siècle av. J.-C.	𐎀	𐎁	𐎂	𐎄	𐎅	𐎆	𐎇	𐎈	𐎉	𐎊	𐎋	𐎍	𐎎	𐎐	𐎒	𐎓	𐎔	𐎕	𐎖	𐎗	𐎌	𐎚
Ahiram Env. 1000 av. J.-C.	𐤀	𐤁	𐤂	𐤃	𐤄	𐤅		𐤇	𐤈	𐤉	𐤊	𐤋	𐤌	𐤍	𐤎	𐤏	𐤐			𐤓	𐤔	𐤕
Mesha Fin du IXe siècle av. J.-C.	𐤀	𐤁	𐤂	𐤃	𐤄	𐤅	𐤆	𐤇	𐤈	𐤉	𐤊	𐤋	𐤌	𐤍	𐤎	𐤏	𐤐	𐤑	𐤒	𐤓	𐤔	𐤕
Eshmounazar Ve siècle av. J.-C.	𐤀	𐤁	𐤂	𐤃	𐤄	𐤅	𐤆	𐤇	𐤈	𐤉	𐤊	𐤋	𐤌	𐤍	𐤎	𐤏	𐤐	𐤑	𐤒	𐤓	𐤔	𐤕
Grec VIIe siècle av. J.C.	Α		Γ	Δ	Ε	Ϝ	Ι	Η	Θ	Ι	Κ	Λ	Μ	Ν		Ο	Π		Ϙ	Ρ	Σ	Τ
Grec classique	Α	Β	Γ	Δ		ϝ	Ζ	Η	Θ	Ε	Κ	Λ	Μ	Ν		Ο	Φ			Ρ	Σ	Τ
Latin	A	B	G	D		V	Z	H		E	K	L	M	N		O	F			R	S	T

son apogée, comme le prouvent les mariages de la princesse Ahatmilkou et de la fille du roi Benteshina avec des rois d'Ougarit.

La ville insulaire d'Arouad, située en face de la côte, est elle aussi mentionnée dans les archives d'Amarna et d'Ougarit ; mais cela ne permet pas de tirer des conclusions sur son influence politique dans la région. Comme la ville est entièrement recouverte par les strates de l'occupation médiévale et moderne, on ne peut pas s'attendre à ce que des fouilles puissent élucider totalement cette question dans un délai prévisible.

À proximité, environ à vingt kilomètres au nord de Tripoli, le puissant Tell Arqa abrite les ruines de la ville antique d'Irqata, dont le rôle, à cette époque, ne paraît pas avoir été trop significatif. Cela dit, les fouilles qui ont été reprises sur le terrain en 1992 pourraient corriger cette image dans un avenir proche.

Sur une tablette rédigée peu avant la destruction d'Ougarit, Byblos (également nommée Gebal ou Goubla) est désignée comme une puissance maritime dont le roi fournit quatorze (?) navires à son « frère » Hammourabi, prince d'Ougarit (1200–1185 av. J.-C.). À l'exception d'une mention liée au commerce du tissu, le port gyblite (le port de Byblos) est cependant rarement mentionné dans les sources ougaritiques et égyptiennes de l'époque. Cet événement pourrait expliquer l'interruption soudaine des activités de construction sur place, vers la fin du Bronze ancien. De la Byblos de cette époque, on connaît exclusivement les offrandes funéraires provenant des tombes souterraines situées en dehors de l'enceinte de la ville, tombes qui possédaient une ou deux chambres.

Ill. page ci-contre, en haut

Statuette du dieu Ba'al, Ougarit
XIVe–XIIe siècle av. J.-C.
Bronze plaqué d'or ; h 12,2 cm
Musée national de Damas

Le motif du dieu masculin brandissant la foudre (Ba'al) est utilisé dans les ateliers phéniciens jusqu'au VIIe siècle av. J.-C.

Ill. en haut à gauche

Statuette du dieu El, Ougarit
XIVe–XIIIe siècle av . J.-C.
Bronze plaqué d'or ; h 13,5 cm
Musée national de Damas

La reproduction de la divinité sur un trône (ici, le dieu principal, El) se retrouve jusqu'à la conquête romaine. Par la suite, il sera remplacé, comme d'autres, par les dieux du panthéon romain.

Les autres partenaires commerciaux sur la côte syrienne

Sîannou, où la Direction générale des Antiquités syrienne avait commencé ses fouilles en 1990, de même que Soukas, explorée par une mission danoise, peuvent aujourd'hui être ajoutées à la liste de ces villes côtières qui disposaient d'une autonomie (relative ?) sur le plan des échanges internationaux. Jusqu'alors, la recherche n'avait pu établir ce rôle que pour le comptoir plus septentrional d'al-Mina, situé à l'embouchure de l'Oronte.

Cela vaut aussi pour Soumour (Simyra), qui n'est pas encore localisable avec certitude ; la cité phare du royaume d'Amourrou marquait l'épicentre d'une région tampon entre les zones d'influence hittite et égyptienne. Les fouilles menées par l'Université américaine de Beyrouth apportent chaque année de nouvelles preuves rendant de plus en plus vraisemblable la localisation de ce centre dont l'histoire est racontée par le menu dans les archives de Tell el-Amarna (dites « lettres d'Amarna ») sur le Tell Kazel. Les rois de Soumour, dont certains portaient des noms hittites, consolidèrent leurs liens avec Ougarit, alors à

Couvercle d'une pyxide : Déesse entre des bouquetins, Ougarit
XIVe siècle av. J.-C.
Ivoire ; h 13,7 cm
Musée du Louvre, Paris

Compte tenu du commerce international, l'art de la fin de l'âge du bronze à Ougarit anticipe déjà l'éclectisme de l'iconographie phénicienne. Dans cette composition orientale, ce sont ainsi les influences mycéniennes qui prédominent.

Les métropoles commerciales de la côte phénicienne

Au XIIIe siècle av. J.-C., Beyrouth était impliquée dans des querelles commerciales avec Ougarit et maintenait des contacts directs ou indirects avec l'Égypte, comme l'ont montré les fouilles du centre-ville. C'était également le cas pour Sidon, où les dynastes Adoummou et son fils Annipi, contemporains des souverains ramessides, utilisaient des sceaux cylindriques dont l'ornementation reflète fidèlement l'iconographie égyptienne de cette époque. Sur les deux sceaux, le dieu Seth occupe une position dominante. Cela s'explique par l'assimilation du dieu égyptien des déserts et du climat, Seth, dieu protecteur des Ramessides, avec le dieu levantin du climat et de la fécondité, Ba'al. Ces deux cylindres apportent la preuve que ce même Seth, ainsi que les dieux Reshef et Horus-Rê, à Sidon – comme ce fut aussi le cas jadis à Byblos – prirent un statut comparable, eux-mêmes vénérés dans des sanctuaires de la capitale égyptienne de l'époque, à Pi-Ramsès. Tyr, elle aussi, jouait manifestement déjà à cette époque un rôle dans le commerce méditerranéen. Plusieurs récipients découverts dans le delta égyptien du Nil révèlent la main d'artistes levantins qui ont travaillé dans cette région. Les caractéristiques stylistiques de ces œuvres ne sont pas seulement attestées à Ougarit, mais aussi sur un élément de harnais de cheval de Tyr. Comme les centres mentionnés ci-dessus, la région des environs de Tyr affiche elle aussi une concentration élevée de céramiques chypriotes et mycéniennes. Ces importations corroborent l'information des archives d'Ougarit, qui concordent à désigner Tyr comme plaque tournante du commerce.

Deux sceaux-cylindres portant les noms du roi Annipi (en haut) et de son père Adoummou, Sidon.
XIIIe siècle av. J.-C.
Verre bleu ; h 2,7–2,6 cm
Musée du Louvre, Paris

Les ornementations des deux sceaux sidoniens prouvent les contacts durables de la ville côtière avec l'Égypte. L'analyse par microfluorescence a établi que ces deux cylindres en verre avaient été colorés au cobalt. Ce procédé inhabituel pourrait indiquer que les ateliers sidoniens s'étaient spécialisés dans la production d'une imitation du lapis-lazuli, très recherché à cette époque.

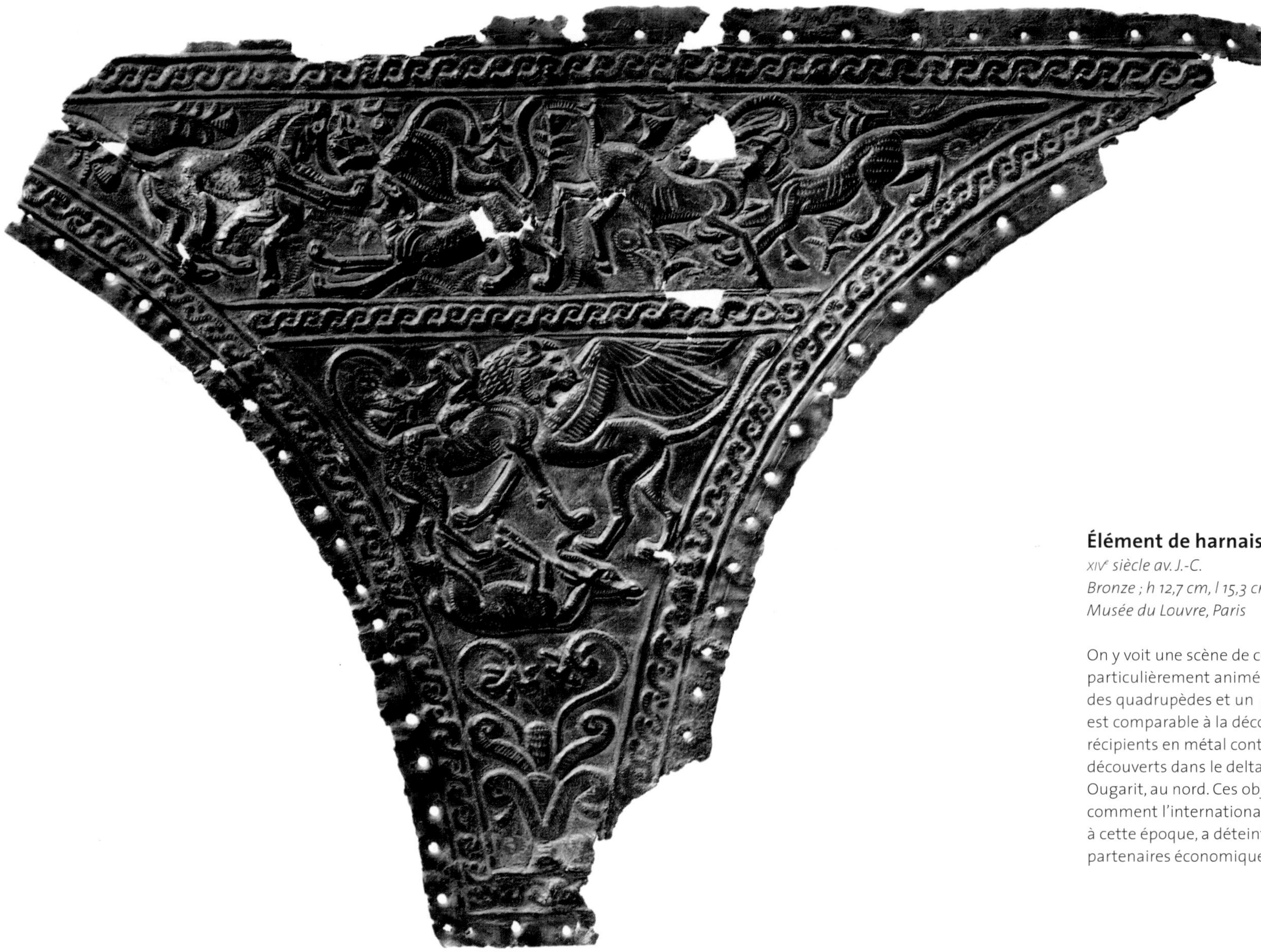

Élément de harnais de cheval, Tyr

XIVe siècle av. J.-C.
Bronze ; h 12,7 cm, l 15,3 cm
Musée du Louvre, Paris

On y voit une scène de combat particulièrement animée entre des fauves, des quadrupèdes et un griffon ailé. Le style est comparable à la décoration de certains récipients en métal contemporains que l'on a découverts dans le delta du Nil, au sud, et à Ougarit, au nord. Ces objets montrent comment l'internationalisation du commerce, à cette époque, a déteint sur l'art des partenaires économiques.

Il ressort aussi de ces textes que vers la fin du XIIIe siècle, les propriétés de la ville insulaire sur le continent – celle-ci ne fut reliée à la terre ferme par une digue que sous Alexandre le Grand –, comprenaient au moins la région que l'on appelait « l'Échelle de Tyr ». L'argent, le cuivre, les tissus bariolés, le poisson séché et le cumin sont cités comme produits d'exportation. Par ailleurs, les archives d'Ougarit livrent des renseignements sur les relations entre Tyr et Ougarit. Un roi de Tyr, que l'on ne cite pas nommément, réclamait justice pour l'un de ses sujets installé dans l'actuelle Ras Ibn Hani. Dans un troisième document, il se donne la fonction d'un juge suprême qui règle une dispute autour d'une marchandise que son surveillant avait confisquée en tant que préposé aux épaves.

On peut dire, pour résumer, que le profil culturel dans la Phénicie de la fin de l'âge du bronze peut être, pour l'essentiel, esquissé à l'aide de deux types de sources qui ne vont pas sans poser de problèmes : les sources écrites externes, essentiellement ougaritiques, d'une part, et les tombes, d'autre part, dont le nombre est supérieur à celui des lieux d'habitation que l'on a relevés. On ne dispose donc que de rares sources sur la vie quotidienne de la population proprement dite. Pourtant, l'image qui en résulte montre une société qui, malgré le déclin de la civilisation palatiale qui s'était développée dans le Levant au cours du Bronze récent, exerçait un contrôle sur le commerce international. En témoignent les découvertes isolées d'œuvres d'art de style paléophénicien remontant à cette époque, dans l'espace méditerranéen. La rareté des témoignages de la culture matérielle nous empêche cependant de reconnaître dans cette série d'objets orientaux exhumés dans des sites égéens, les traces d'activités d'exportation des ports phéniciens, plutôt que du rayonnement d'un centre comme Ougarit.

Pointes de flèche, Sud-Liban
1200–1100 av. J.-C.
Alliage de cuivre ; lg 6,6 cm/10,4 cm/7,8 cm
Direction générale des Antiquités, Beyrouth

Les inscriptions citent les noms de Zakkour, fils de Binana, de Zakarba'al, roi d'Amourrou, et de Gerbaal « le Sidonien » (de haut en bas) ; ce sont les plus anciennes inscriptions phéniciennes. Les voisins des Phéniciens utilisèrent les 22 lettres de l'écriture linéaire gravées sur les pointes de flèches pour transcrire l'araméen, l'ammonite, le moabite, l'édomite et l'hébreu.

« L'âge obscur »

Plusieurs sources écrites se font l'écho des invasions dévastatrices de ceux que l'on appelle les « Peuples de la Mer », une coalition de peuples migrants qui, vers 1185 av. J.-C., firent irruption dans la partie orientale de l'espace méditerranéen. Leur apparition marque une coupure dans l'histoire de l'ensemble de la région. La capitale du royaume hittite, Hattousas, mais aussi Ougarit et de nombreuses autres villes, furent détruites. On ne connaît cependant pas encore avec précision le degré des destructions subies par de nombreuses villes côtières phéniciennes. Toutefois, l'invasion provoqua manifestement dans la région des transformations qui remplirent le vide politique laissé par la disparition d'Ougarit, le cœur du commerce international.

Le royaume d'Amourrou

Avant que l'on ne tire ici des conclusions hâtives, il convient de se tourner vers les maigres résultats de l'archéologie. L'invasion des Peuples de la Mer fit perdre au royaume d'Amourrou, au nord, l'atout que constituait sa position privilégiée entre les zones d'influence hittite et égyptienne, les grandes puissances hostiles étant engagées dans des combats parfois désespérés contre les Peuples de la Mer. L'instabilité politique qui affaiblit cette région dans la phase précédant l'invasion dans le royaume d'Amourrou est illustrée par le repli manifeste de la plupart des centres prospectés dans la plaine du Akkar autour du Tell Kazel (Soumour), la capitale supposée d'Amourrou. Et si l'on en croit les *Annales* du pharaon Ramsès III dans le temple de Médinet Habou, ce bastion fut lui aussi victime d'une attaque des Peuples de la Mer vers 1185 av. J.-C. Des peuples nommés Philistins, Tjekker (pirates), Sikèles, Adanéens et Oua-Shasha érigèrent alors un camp en *Amor* (Amourrou), massacrèrent la population locale et transformèrent leur terre en un pays qui, selon l'inscription, semble n'avoir jamais existé auparavant.

Ce récit ne reflète cependant que le style de la propagande égyptienne et servait à mettre en valeur les succès guerriers de Ramsès III sur les Peuples de la Mer, par comparaison avec la défaite de ses concurrents dans le nord. Même si les fouilles d'Ougarit et de Tell Kazel ont effectivement mis au jour des témoignages importants sur une destruction violente survenue à cette époque, ses effets n'ont cependant pas pu être aussi durables que veut le faire croire la formulation égyptienne. Une source plus récente d'à peine deux générations permet de conclure à une résurrection rapide du royaume. Il s'agit de deux pointes de flèche pourvues du nom de Zakarba'al ; l'une le désigne comme le « roi d'Amourrou ». À l'aube du Ier millénaire av. J.-C., la ville de Soumour (Tell Kazel) retrouve enfin, elle aussi, son ancien dynamisme.

Cette évolution alla manifestement de pair avec la création d'un comptoir phénicien fondé sur le Tell Kazel et qui, peu de temps après, renoua des contacts avec Chypre. Deux autres sources importantes, la « stèle d'Amrit », qui provient en réalité du débouché du Nahr el-Abrach voisin, ainsi que la stèle trouvée en 1988 à Qadboun, située dans la partie septentrionale du royaume, portent toutes les deux des traits caractéristiques de l'art de la fin de l'âge du bronze, avec une représentation du dieu de la foudre. Mais chacune de ces stèles préfigure aussi déjà des éléments phéniciens, représentant une étape décisive dans cette phase du processus d'acculturation phénicienne.

L'île d'Arouad

Arouad semble avoir elle aussi souffert, vers 1185 av. J.-C., de l'invasion des Peuples de la Mer, bien que sa situation insulaire l'ait moins exposée aux attaques, en général menées sur la terre ferme. Mais comme de nombreuses circonstances empêchent la vérification archéologique de cette hypothèse, elle se fonde exclusivement sur le fait qu'Arouad est citée parmi les villes conquises par les Peuples de la Mer dans les inscriptions de Ramsès III. Le géographe grec Strabon évoque cependant une rapide recolonisation par les gens de Sidon. L'extension du pouvoir d'Arouad dans la région côtière et, plus tard, à l'aube du IIe millénaire, la présence de Phéniciens sur le Tell Kazel voisin en Syrie du Nord, apportent une meilleure crédibilité aux faits rapportés par Strabon.

Mais par la suite, le Levant s'est révélé une nouvelle fois être à la merci des grandes puissances. Les Assyriens qui, depuis le XIIIe siècle, jouaient le rôle de puissance majeure en Mésopotamie, n'ont cessé, à partir de la fin du XIIe siècle, d'intervenir dans les rapports de pouvoir dans le Levant. Vers l'an 1100 av. J.-C., le roi Teglath-Phalasar Ier reçoit le tribut de d'Arouad, de Byblos et de Sidon. Peu avant 875 av. J.-C., l'expédition relatée par un rapport assyrien sur cette première campagne en Syrie avait manifestement pour objectif des comptoirs phéniciens installés pour sécuriser le commerce des caravanes jusque dans le nord de la Syrie, et revêtait un caractère plutôt commercial. En effet, Teglath-Phalasar Ier évoque la réception de précieux cèdres du Liban. Par ailleurs, un voyage en mer à Soumour permet au souverain assyrien de chasser et tuer un *nahirou*, c'est-à-dire un hippopotame ou un phoque. Avant même 875, sous Assournasirpal II, Arouad se vit de nouveau contrainte de payer son tribut aux Assyriens. C'est de l'an 853 av. J.-C. que date la première désignation nominale d'un roi d'Arouad dans les sources assyriennes. Ce Matinouabali appartenait, en même temps que les rois de Sîannou, Soumour et Irqata, à une coalition de souverains araméens et phéniciens qui s'étaient ligués contre les Assyriens, mais qui, selon la propagande assyrienne, furent vaincus par les troupes de Salmanasar III lors de la bataille de Qarqar.

Stèle dite « d'Amrit », embouchure du Nahr el-Abrach, dans la région de Soumour
850–750 av. J.C.
Calcaire ; h 178 cm
Musée du Louvre, Paris

La stèle, trouvée sur l'embouchure du Nahr el-Abrach, au pied de Soumour (Tell Kazel) montre un dieu de l'Orage debout sur un lion. Dans une main, un *scimitor* ; dans l'autre, le corps d'un lion. Le style montre une forte influence phénicienne, que la domination assyrienne sur la région allait bientôt éliminer. À l'époque perse, cette stèle fut usurpée et dédiée au dieu de la guérison, Shadrapa, l'une des divinités que l'on adorait dans le sanctuaire d'Amrit.

Qui dominait la plaine du Akkar méridional ?

Si l'on traverse le Nahr el-Kébir vers le sud pour gagner la plaine du Akkar méridional, caractérisée au Liban par de singuliers *tumuli* bordant la route du littoral, on se demande quel royaume revendiquait ce territoire après que le royaume d'Amourrou se fut replié dans ses frontières. Il est difficile de répondre à cette question, aussi bien pour le Bronze récent que pour la phase suivante, qui précède de loin la fondation de Tripoli comme centre du pouvoir phénicien dans le Akkar méridional.

Le récit d'Ounamon, conservé sur un papyrus égyptien, peut nous renseigner sur ce point. Il raconte le voyage à Byblos de cet envoyé d'une cour pharaonique affaiblie, vers l'an 1150 av. J.-C. Hérihor, grand prêtre d'Amon à Thèbes, confia à Ounamon la mission d'acheter au Liban du bois de cèdre. Comme l'or et l'argent du malheureux envoyé fut volé lors d'une étape à Tyr, il tenta, en invoquant le pouvoir (agonisant) de l'Égypte, d'obtenir le bois sous forme de tribut. On raconte sur le mode satirique à quel point, dans cette entreprise désespérée, il se vit confronté aux puissantes structures du pouvoir – il dut par exemple attendre très longtemps l'audience que le roi de la ville de Byblos accordait d'ordinaire sans difficulté Curieusement, le nom de ce roi de la ville est aussi Zakarba'al. Est-il possible que le Zakarba'al de l'époque qui, sur la pointe de flèche datant de cette période, se nomme « roi d'Amourrou », ne porte pas seulement le même nom, mais qu'il s'agisse aussi d'une seule et même personne ? Byblos avait-elle finalement acquis, à la suite d'une confrontation des puissances, une sorte d'hégémonie sur cette région correspondant aux territoires du royaume d'Amourrou d'antan ? Ce serait d'autant plus remarquable que trois siècles plus tôt, le roi Rib-Addi de Byblos s'était plaint de l'expansion de ce royaume dans de nombreuses lettres au Pharaon. Certains scientifiques interprètent ces sources comme une homonymie fortuite entre deux souverains différents portant le nom de Zakarba'al, mais est-ce là un choix judicieux ? Ne faut-il pas s'étonner aussi d'une autre coïncidence que l'on trouve dans le récit du brave Ounamon : la présence d'un homme portant le nom égyptien de Penamon à la cour du prince de Byblos ? Bien sûr, cette personne peut être un courtisan local qui avait adopté un nom égyptien. Mais ce nom réapparaît aussi sur un objet de fouille instructif. Il s'agit du fragment d'un autel égyptien qui a été trouvé dans la plaine du Akkar, en face d'Arouad, sur un territoire qui n'était gouverné par nul autre que Zakarba'al, roi d'Amourrou (et de Byblos ?)

Mais on ne peut s'attarder ici plus longtemps sur ces spéculations : les données topographiques n'apportent pas de réponse à cette question : à quel royaume le Akkar méridional a-t-il été rattaché après l'invasion des Peuples de la Mer ? Dans des villes comme Enfé, Batroun (Botrys) ou Amioun, qui donneront peut-être des indications sur ce point, on n'a malheureusement pas pu entreprendre, jusqu'ici, de fouilles régulières. Et de nombreux autres ports, par exemple Qalamoun, ou de plus petites zones d'habitation, ont été rasés peu avant ou pendant la guerre civile libanaise, avant qu'une prospection archéologique ait pu en établir l'âge.

Byblos – « Quand je commande d'une voix forte au Liban... »

Et qu'en est-il de Byblos elle-même, cette ville qui fournit des témoignages sur de nombreuses époques dont on ne trouve aucune autre indication sur le sol phénicien ? Les indices matériels mis au jour *in situ* sont extrêmement rares. On sait que l'envoyé Ounamon s'y est retrouvé face à une structure politique gouvernée par le *diktat* d'une tradition millénaire. Les destructions provoquées par les Peuples de la Mer, que l'on a constatées ou supposées ailleurs, paraissent ne presque rien avoir changé ici. Ounamon eut du reste l'occasion d'apprécier l'autorité du roi Zakarba'al, lorsque celui-ci déclara : « Quand je commande d'une voix forte au Liban, le ciel s'ouvre, et les arbres [commandés par la cour pharaonique] se trouvent étendus au bord de la mer. » Si l'on considère l'importance de ce souverain, dont le nom était suffisamment fameux pour qu'il entrât dans la littérature égyptienne, on peut peut-être lui attribuer (ou du moins à un membre de la famille) ce sarcophage anonyme qui, par la suite, fut usurpé par le roi Ittobaal de Byblos pour l'enterrement de son père Ahiram.

Un peu plus tard, l'entrée en scène de la nouvelle puissance assyrienne fit la clarté dans les rela-

Sarcophage d'Ahiram, Byblos
Env. 1300–1200 av. J.-C.
Calcaire avec peinture rouge
Lg 297 cm, p 115 cm, h 140 cm.
Direction générale des Antiquités, Beyrouth

Le roi Ittobaal, qui a fait porter sur le couvercle du sarcophage une inscription en l'honneur de son père Ahiram, mort vers 1000 av. J.-C., n'était vraisemblablement pas le premier souverain de Byblos à avoir usurpé ce sarcophage anonyme. Le décor renvoie au XIIe, voire au XIIIe siècle av. J.-C. Les meubles représentés, l'alternance de guirlandes de lotus et de boutons, les lions au pied du sarcophage annoncent déjà certaines caractéristiques de l'art phénicien du premier millénaire.

tions entre les Gyblites et l'Égypte. Après que Byblos eut été forcée, vers l'an 1100 av. J.-C., de payer son tribut à Teglath-Phalasar Ier, les Gyblites ont certainement tenu à ranimer leur alliance avec la cour égyptienne, qui siégeait désormais à Tanis. Byblos s'assura ainsi un dynamisme politico-économique qui pourrait aussi expliquer la contribution importante de l'écriture gyblite archaïque dans le processus de mise au point de l'écriture alphabétique phénicienne. Jusqu'à ce que l'on en possède la preuve tangible, d'autres événements conduisent cependant à dater d'environ un siècle et demi plus tard cette renaissance culturelle, lorsque Byblos mit à la disposition de Salomon des cèdres et des artisans pour la construction du Temple de Jérusalem. Que ces livraisons aient été réalisées par l'intermédiaire de Tyr, comme on le verra plus tard, ou qu'elles aient été la conséquence d'un contact direct avec la monarchie israélite, cette transaction montre que Byblos avait manifestement retrouvé au début du Ier millénaire, sa puissance d'antan. Entre 945 et 850 av. J.-C., les pharaons Chéchonq Ier, Osorkon Ier et Osorkon II envoyèrent des bustes et des statues de granit en guise de cadeaux diplomatiques, confirmant ainsi la position privilégiée de la ville. Les inscriptions secondaires en langue phénicienne gravées ajoutées aux hiéroglyphes donnent l'ordre de succession au trône de leurs pairs de l'époque, Abibaal, Élibaal et Shipitbaal de Byblos.

À cette époque – nous y avons déjà fait allusion –, il semble avoir existé une sorte d'entreprise conjointe entre Byblos et Tyr, destinée à améliorer les profits tirés de l'exploitation du cèdre. Selon l'historien Flavius Josèphe (*Antiquités juives*), Ittobaal de Tyr parvint, peu avant 850 av. J.-C., à transformer en comptoir tyrien une ville voisine de Byblos, Batroun. Comme l'économie gyblite se trouvait encore en plein essor à cette époque, il est peu vraisemblable que ce point d'appui ait servi à contrôler une ville de Byblos trop autonome, si bien que l'on doit conclure qu'il existait une coopération entre Tyr et la dernière. Peu après, Byblos perdit cependant son rôle d'avant-plan.

Les fouilles réalisées depuis 1994 dans le centre-ville de Beyrouth ont réfuté d'une manière spectaculaire l'idée jusqu'ici en vigueur, selon laquelle la ville avait perdu toute importance après l'invasion des Peuples de la Mer. Même si la majorité des découvertes attend encore une étude minutieuse, il est désormais clair que l'horizon céramique y est tout proche de celui de la Phénicie méridionale, qui fut peuplée en continu. On peut donc également supposer que les habitations de Beyrouth ont survécu à l'invasion des Peuples de la Mer. À Khaldé, la nécropole d'une zone d'habitat (pas encore localisée), dans une période située entre le Xe et le début du VIIe siècle, a fourni d'autres exemples de la céramique bichrome typique de cette époque. Vers 850 av. J.C., elle y fut remplacée par une céramique fine à engobe rouge (*red slip*). Les objets en terre cuite, les bronzes d'une déesse trônant et, pour finir, l'un des plus anciens exemples de la glyptique phénicienne, donnent un bon aperçu du profil culturel local.

Vue sur la colline aux ruines, au sud de Byblos

Il est frappant de constater que seuls quelques rares reliques d'une architecture de l'âge du fer ancien ont été inventoriées au cours des fouilles sur le tell de Byblos, bien que la tradition évoque des princes locaux comme Yehawmilk (vers 925 av. J.-C.) et Shipitbaal Ier (vers 850 av. J.-C.). Cela pourrait-il signifier que les restes de cette époque se trouvent sous les fondations de la ville moderne, aux pieds de l'acropole.

Relief : « Transport de bois avec bateaux » provenant du palais de Sargon, Khorsabad
VIIe siècle av. J.-C.
Calcaire ; détail (longueur totale 2,44 m)
Musée du Louvre, Paris

Du temps de la domination assyrienne, les poutres de cèdre provenant du Mont Liban étaient transportées par mer jusqu'aux rives de l'Euphrate. Les deux citadelles que l'on distingue dans la partie supérieure sont généralement interprétées comme une représentation des villes côtières phéniciennes (Tyr, Arouad ou Byblos).

Sidon la brillante

Sidon se distingue lors de cette période mouvementée comme un site phare de la civilisation phénicienne. La tradition antique lui attribue la « refondation » des villes d'Arouad et de Tyr, détruites par les Peuples de la Mer. Vers 1050 av. J.C., sa prédominance apparaît aussi dans le récit d'Ounamoun. Selon lui, cinquante navire effectuaient le trajet Tanis-Sidon, tandis que la ligne de Byblos, partenaire traditionnel de l'Égypte, n'était assurée que par une vingtaine de navires.

C'est de la même époque que provient le tribut payé conjointement par Sidon, Arouad et Byblos à Teglath-Phalasar Ier. Mais le retour de Sidon dans l'histoire est aussi illustré par les découvertes archéologiques. C'est à cette période que remonte une pointe de flèche portant le nom de Gerbaal « le Sidonien ». Cet objet fait partie d'une série d'environ cinquante pointes de flèches analogues qui appartenaient aux *ash*, des mercenaires au service des *rabbif*, les commandants des roitelets levantins. Une autre pointe de flèche trouvée à Louweisé porte le nom d'un guerrier de la ville d'Akko (Acre) qui fut enterré à la fin du XIe siècle av. J.-C. à proximité de Sidon. La métropole semble avoir joué un rôle prépondérant dans l'exploration de la Méditerranée entreprise par les villes phéniciennes à partir de la fin du IIe millénaire. Cette exploration du marché, qui entourait au bout du compte toute la Méditerranée, se concentra d'abord sur la mer Égée. Les sources de l'époque classique désignent Sidon comme fondatrice de plusieurs comptoirs. Cela explique pourquoi les Phéniciens, dans la tradition homérique, sont désignés comme les « Sidoniens ». Ce nom fut de nouveau et à plusieurs reprises utilisé dans les sources assyriennes et bibliques qui vantent l'éclat de la ville. L'utilisation de cette *pars pro toto* a peut-être son origine dans une coalition de Sidon avec Tyr, sous la forme d'un royaume bicéphale qui se constitua vers 850 av. J.-C. sous le règne d'Ittobaal. À Sidon, le « roi des Tyriens et Sidoniens » exerçait auparavant les fonctions de grand prêtre de la déesse de l'Amour et de la Guerre, Astarté.

La thèse d'un double royaume constituerait en outre une bonne explication à l'absence de tout nom dynastique à Sidon avant Loulî, le dernier souverain de cette double monarchie vers la fin du VIIIe siècle av. J.-C.

Tyr la couronnée

La ville de Tyr, siège royal depuis le Bronze récent, paraît avoir été épargnée par les ravages des Peuples de la Mer. Dans les sources antiques, on mentionne sans doute la « refondation » de Tyr par Sidon, mais de nombreux historiens y voient ou bien la recolonisation de la partie continentale de la ville (Palætyros), ou bien la refonte des plans de la ville insulaire. Celle-ci servait sûrement d'ultime refuge à la population de l'habitat continental, à laquelle s'ajoutaient désormais les réfugiés de Sidon, contre les attaques menées depuis les terres.

Rares sont les sources donnant des renseignements sur Tyr. Vers 1050 av. J.-C., l'envoyé pharaonique Ounamon fit étape dans le port de Tyr. Un peu plus tard, un chef de guerre tyrien du nom de Chafat fait graver son nom sur une pointe de flèche. La comparaison avec la flèche de Gerbaal « le Sidonien » ne laisse aucun doute sur le fait que Tyr et Sidon étaient à cette époque considérées comme deux entités politiques distinctes. L'absence de Tyr dans la liste des villes phéniciennes payant le tribut à Teglath-Phalasar Ier vers 1100 av. J.-C. n'implique donc pas nécessairement qu'elle se trouvait sous hégémonie sidonienne.

Bien au contraire, on peut supposer que Tyr se savait suffisamment bien protégée pour ne pas avoir à amadouer un envahisseur bien lointain. Le récit d'Ounamon, la tradition biblique (le *Livre des Juges* 10, 11-12 ; *Psaumes* 83,3 sq.) et Flavius Josèphe partent de l'idée que Tyr fit cause commune avec les Philistins, une des tribus des Peuples de la Mer, qui s'était entre-temps fixée en Palestine. Tyr, pensait-on, avait conclu ce pacte pour s'assurer un couloir maritime vers la Palestine et l'Égypte – et elle y réussit apparemment, puisque la ville de Kition, sur l'île de Chypre, devint une colonie tyrienne vers la fin du XIe siècle av. J.-C. Mais sur le continent, la défaite des Philistins contre David aurait forcé Tyr à revoir sa politique expansionniste.

Sous le règne du roi David, le royaume d'Israël s'étendait désormais jusqu'à la frontière méridionale du royaume tyrien d'Abibaal. La recherche suppose, certainement à juste titre, que les livraisons de cèdres du Liban pour le projet de construction du Temple de Yahvé (1 *Chroniques* XXII, 4) s'inscrivaient dans une vaste offensive diplomatique qui devait garantir les bonnes relations entre les deux nouveaux voisins.

Une génération plus tard, Hiram Ier de Tyr (970–936 av. J.-C.) et Salomon de Jérusalem confortèrent ces relations diplomatiques. Salomon céda à Hiram une série de villages du pays d'Asher, et tous deux établirent des relations économiques qui n'ont pas encore été étudiées dans tous leurs détails. Il est clair, en tout cas, que ces relations diplomatiques dépassaient largement un simple échange de cèdres du Liban contre des céréales et de l'huile.

Dans l'Ancien Testament, on parle en outre d'une expédition maritime dans le lointain pays d'Ophir (l'Afrique orientale ?), d'où la flotte tyro-israélite rapporta de l'or et peut-être même de l'ivoire et des pierres précieuses.

Hiram envoya de nouveau du bois pour la construction du Temple de Jérusalem, et des artisans travaillant sous la direction d'un architecte qui portait le même nom. Différentes sources laissent

Vue de la ville de Jérusalem

Il ne reste pas grand chose aujourd'hui des bâtiments grandioses mis en chantier par David et son fils Salomon au début du Ier millénaire. Les sources bibliques ne laissent toutefois aucun doute sur un point : les premiers monarques du jeune royaume d'Israël devaient la réalisation de leurs projets prestigieux au savoir-faire de spécialistes phéniciens dépêchés à Jérusalem par leur allié, le roi Hiram Ier de Tyr. À l'époque perse, ce sont de nouveau des Sidoniens et des Tyriens qui participent à la reconstruction du Temple de Yahvé.

supposer que le jeune État d'Israël s'est laissé guider par l'expérience des Tyriens en matière d'architecture et d'urbanisme.

À Tyr, Hiram avait créé, en reliant quelques îlots rocheux, un nouveau sanctuaire dédié à Melqart et Astarté, en plus d'un autre temple dans la partie orientale de l'île, où l'on vénérait une divinité correspondant au Zeus Olympien.

Faute de sources, il est malheureusement impossible de dire si l'alliance politique et économique entre les deux États fut de longue durée. Les successeurs des deux partenaires furent confrontés à des querelles dynastiques ; Israël et Juda durent même faire face, vers 930 av. J.-C., à une invasion égyptienne dirigée par le pharaon Chéchonq Ier. Celui-ci se garda cependant de pousser ses chars plus au nord, car il n'était pas en mesure d'évaluer la combativité d'une cité dont la flotte régnait sur la mer. Est-ce donc dans le but de briser le monopole maritime de Tyr que le Pharaon favorisera Byblos comme nous l'avons mentionné plus haut ?

Un coup d'État, vers 887 av. J.-C., porta sur le trône tyrien un prêtre sidonien que nous avons déjà mentionné. Ittobaal, « roi des Sidoniens » ou « roi des Tyriens et des Sidoniens », régna trente-deux ans. C'est à lui qu'on attribue la fondation des villes d'Auza, en Lybie, et de Botrys, au nord de Byblos. En 879, Assournasirpal II le reçut pour l'inauguration de son nouveau palais à Nimroud en Assyrie. Mais il entretenait aussi de remarquables relations avec les États araméens. Le poids du commerce tyrien dans ces États, rendu possible par un tribut payé en 883 av. J.-C. aux Assyriens, transparaît dans l'emploi de l'écriture phénicienne. Les dieux phéniciens trouvèrent aussi des adeptes parmi les Araméens, comme le prouve une stèle de Melqart dans la région d'Alep. Tyr dut payer en 858 av. J.C. un nouveau tribut à Salmanasar III, lorsque celui-ci prit position devant la ville. Mais dans le même temps, Ittobaal maintint ses bonnes relations avec Israël en donnant sa fille Jézabel en épouse au roi Achab (871–852 av. J.-C.).

Peu avant la bataille de Qarqar, Ittobaal mourut dans une ville dont nul n'a mieux décrit l'apogée que le prophète Ézéchiel (27 : 2-24). Mais c'est Isaïe qui évoque son déclin : « Qui donc en a décidé ainsi contre Tyr la couronnée, dont les trafiquants étaient princes et les marchands, des grands de la terre ? » (Isaïe 23,8).

Déesse bénissante,
lieu de découverte inconnu
900–800 av. J.-C.
Bronze plaqué d'argent
h 20,1 cm, l 4,8 cm
Musée du Louvre, Paris

Statuette d'une déesse faisant le geste de la bénédiction : les bras levés, la main ouverte, paume tournée vers l'observateur. La tête est argentée à la feuille, selon une ancienne technique apportée en Égypte par les Phéniciens. Les oreilles sont percées, car elles portaient des boucles aujourd'hui disparues.

ill. page ci-contre, en bas

Vue aérienne de l'île d'Arouad

Selon des sources assyriennes, la ville insulaire d'Arouad n'était pas à l'origine dirigée par un roi, mais par une alliance politique formée par ses principaux marchands. À partir du début du premier millénaire, la présence sur l'île de rois portant des noms phéniciens est attestée ; ils ne disposaient cependant que d'une autorité relative par rapport au continent, ce dont témoignent les annales des souverains assyriens. Sa situation privilégiée mit aussi l'île à l'écart de nombre de confrontations militaires qui eurent lieu sur le continent. Les habitants d'Arouad enterraient leurs morts sur le continent, face à l'île, dans la plaine située au sud de la ville de Tartous. On y trouve aussi des témoignages de l'artisanat local.

Fragment des portes de Balawat
IXe siècle av. J.-C.
Bronze ; h 27 cm
British Museum, Londres

Salmanasar III entreprit lors de sa première année de règne (858 av. J.-C.) des campagnes à l'ouest, en se faisant payer des tributs par les habitants de Sidon et de Tyr. Les conquérants assyriens utilisèrent la flotte phénicienne ; leurs navires leur permirent aussi de rapporter le tribut de l'île de Tyr.

« L'âge d'or »

Ce bref aperçu historique sur ce que l'on a appelé « l'âge obscur » a montré avec quelle vigueur quelques villes se sont lentement redressées d'une crise profonde. Pourtant, certains auteurs classiques situent la fondation des premières colonies phéniciennes dès le début de cette période. Ainsi, Cadix en Espagne, Utique en Tunisie, et Lixus au Maroc, auraient été fondées à la fin du XIIe siècle av. J.-C., fonctionnant dès lors comme sources d'approvisionnement en or, matières premières et autres richesses naturelles provenant de l'arrière-pays. Or, ces indications ne sont pas seulement contredites par la situation politique en Phénicie, mais aucune inscription, aucun objet archéologique ne vient les corroborer. Les objets les plus anciens que l'on ait trouvés ne remontent guère avant la fin du IXe siècle av. J.-C., c'est-à-dire, l'époque de la fondation de Carthage. Les quelques exceptions signalent tout au plus l'exploration maritime de routes de navigation, ainsi que les premiers échanges encore sporadiques d'une phase pré-colonisatrice, lors de laquelle un bilan des marchés potentiels fut dressé. Des traces précoces d'échanges commerciaux avec l'Égée, et un transport de fret opéré par des armateurs phéniciens vers l'Égypte, mentionné dans le récit d'Ounamon, n'incitent pas à considérer l'expansion phénicienne dans l'espace méditerranéen – contrairement à ce que l'on faisait souvent jusqu'ici dans la recherche – comme une conséquence directe de la menace assyrienne, mais plutôt comme une intensification de ce type d'expéditions commerciales menées par les Phéniciens eux-mêmes.

À l'est de l'espace méditerranéen, on relève de nombreuses importations datant de la première phase d'expansion, au début du premier millénaire av. J.-C. Les potentats syro-palestiniens de l'ex-protectorat égyptien du Levant, mentionnés jadis dans la correspondance d'Amarna, avaient jalousement entretenu leurs relations avec le monde égéen, pendant les derniers temps de l'âge du bronze. Les recherches archéologiques n'ont cessé de révéler de nouvelles traces du passage des Phéniciens dans le sillage de leurs pavillons prospectant les marchés de la Crète, de Chypre ou de Grèce continentale, afin de récupérer les profits laissés par l'effondrement de la thalassocratie mycénienne. On ne peut affirmer en toute certitude que les coupes en métal et les parures retrouvées en Attique (Éleusis, Athènes) et à Lefkandi, sur l'Eubée, ont été introduites directement par les Phéniciens ou par l'intermédiaire de marchands de l'Eubée. Ces objets plaident plutôt en faveur de la deuxième hypothèse. Dans le Levant, on a certes vu apparaître de la céramique eubéenne à partir de la seconde moitié du Xe siècle av. J.-C., mais il a fallu attendre la deuxième moitié du siècle suivant pour que fussent exportées en Égée (Crète, Cos) les cruches à « arête sur le col » caractéristiques du commerce phénicien. Il convient ainsi de fixer le début de l'avancée phénicienne en Méditerranée orientale aux alentours de 850, c'est-à-dire vers la fin de « l'âge obscur ».

À Chypre, en revanche, l'implantation de Phéniciens remonte avant 900 av. J.-C., au terme d'une période de transition qui débuta avec la vague d'immigration déclenchée par l'invasion des Peuples de la Mer. Ces mouvements migratoires, inscrits dans la proximité géographique avec le Levant, expliquent pourquoi les Phéniciens ont pu s'y établir plus tôt que dans les autres régions.

Sur le continent même, la diffusion de ce que l'on a appelé la céramique bichrome (peinte en deux couleurs) et de l'écriture phénicienne montre l'expansion du commerce en direction des villes araméennes du nord de la Syrie, d'une part, et de la Galilée, au sud, d'autre part. Quelques rares indices nous autorisent à croire à l'existence d'une *diaspora* phénicienne en Palestine et marquent les étapes d'un itinéraire caravanier parallèle à la route maritime, la *via maris*, existant depuis le IIIe millénaire, et qui s'achevait, comme celle-ci, dans le delta égyptien du Nil. Là encore – comme dans les métropoles égyptiennes de Memphis, Hérakléopolis, et peut-être même Thèbes – la céramique importée laisse penser que les Phéniciens étaient présents avant la fin de cette période, soit avant 900 av. J.-C. L'archéologie confirme donc les données que l'on trouve dans l'histoire d'Ounamon. Selon son récit, les armateurs phéniciens entretenaient de véritables filiales qui assuraient déjà depuis la capitale égyptienne, Tanis, le commerce maritime avec Byblos, mais surtout, semble-t-il, vers Sidon. On a vraisemblablement raison de penser à ces communautés marchandes lorsque l'on veut expliquer la propagation soudaine de l'industrie du métal dans l'Égypte des pharaons libyens. Et pour finir, rappelons que le tribut payé par les villes phéniciennes à Téglath-Phalasar Ier comprenait aussi des animaux exotiques importés d'Égypte, notamment des singes et des crocodiles

Ill. page ci-contre

Statuette de la déesse Astarté Hor, El Carambolo (Espagne)
Env. VIIe siècle av. J.-C.
Bronze ; h 16,5 cm
Museo Arqueológico Provincial, Séville

Cette statuette représente la déesse Astarté Hor ; elle témoigne des activités commerciales des marchands qui voyageaient sur les navires du fils du roi Banaa de Sidon.

Pendentif, Carthage
IVe–IIIe siècle av. J.-C.
Pâte de verre en couleur ; h env. 3 cm
Musée du Louvre, Paris

Vers la seconde moitié du nouveau millénaire, les perles à masques phéniciens signalent le trafic commercial phénicien en Méditerranée occidentale. Au début du Ier millénaire av. J.-C., ce phénomène est surtout illustré par les restes de céramiques, les coupes en métaux précieux, les verseuses en bronze, les bijoux et les sceaux.

Stèle rupestre rappelant une victoire de Ramsès II, au sud du Nahr el-Kelb

Le promontoire rocheux situé au sud du Nahr el-Kelb (entre Byblos et Beyrouth) est depuis le début de l'histoire un lieu de passage d'une importance stratégique cruciale sur le plan militaire. De nombreux souverains provenant de pays lointains ont cherché à assurer la stabilité dans le Levant, zone tampon pour les superpuissances de l'époque, et y ont laissé leurs traces. La stèle rocheuse reproduite ici rappelle une victoire du Pharaon Ramsès II (1279–1212 av. J.-C.), consacrée par le dieu suprême thébain Amon-Rê. Il s'agit d'une des trois stèles que Ramsès fit graver suite à sa première campagne asiatique dans sa quatrième année de règne, puis l'année suivante après la bataille de Qadesh et, enfin, dans sa huitième ou dixième année. La stèle cintrée de gauche représente un roi assyrien barbu coiffé d'une tiare et vêtu d'une longue robe. Le bras levé en signe d'adoration rappelle une attitude qu'adopte aussi Assarhaddon sur une stèle voisine gravée autour de 677 av. J.-C. L'inscription est malheureusement trop érodée pour que l'on puisse encore discerner le nom du roi assyrien.

La menace assyrienne.

« Grâce à la puissance d'Assour, de Sin, de Samas, de Nabou, de Marduk, d'Ishtar de Ninive et d'Ishtar d'Arbèles, je conquis tous mes vaniteux ennemis : sur leur ordre divin, les princes ennemis tremblèrent comme des roseaux dans la tempête. Les rois qui habitent la mer, dont les remparts sont la mer elle-même, pour qui la marée est le mur d'enceinte, qui chevauchent un bateau comme si c'était un char et attellent des rameurs au lieu de chevaux, vivent dans une angoisse incessante, leur cœur palpite et ils crachent de la bile. »
(*Prisme A d'Assarhaddon* ; IV, 78-V, 25)

Lors de la première avancée assyrienne en Syrie du nord sous Assournasirpal II (866 av. J.-C.), puis sous Salmanasar III (838 av. J.-C.), Byblos, Sidon et Tyr ont pu garder leur espace de manœuvre en versant le tribut aux envahisseurs. Les dynastes des villes marchandes préfèrent assurer la libre circulation de leurs caravanes plutôt que de prendre le risque d'une confrontation politique, voire militaire – ils ne sont d'ailleurs pas équipés pour l'assumer. Mais la pression s'accroît à partir du VIIIe siècle av. J.-C. Le royaume d'Amourrou, jadis gouverné par la dynastie phénicienne de Zakarba'al, est apparemment passé sous le contrôle des dynasties de Hama dès le début du IXe siècle, avant que Téglath-Phalasar III, en 738 av. J.-C., n'en fît une province assyrienne.

La rébellion des provinces « araméennes » de la Syrie – y compris cette dernière – fut implacablement écrasée par Sargon en l'an 720 av. J.-C. Si l'on considère les relations étroites et anciennes entre le royaume d'Amourrou devenu province de Soumour et la ville de Byblos – elles sont établies pour la période d'Amarna, et sous le (ou les) règne(s) de Zakarba'al – on discerne un lien possible entre l'affaiblissement de l'économie de Byblos et la perte de son partenaire commercial. La politique assyrienne provoqua en tout cas un recul des activités phéniciennes en Syrie.

Au sud, la pression assyrienne constitue un facteur croissant de déstabilisation politique, qui oblige les rois successifs à se consacrer de plus en plus à l'exploitation des marchés en Égée et dans la Méditerranée occidentale. C'est aussi dans ce contexte qu'il faut interpréter la légende de la fondation de Carthage. C'est probablement en 814 av. J.-C. que des réfugiés tyriens fondèrent cette métropole, pour en faire la ville-mère du monde occidental. Ces événements sont restitués sous forme d'une légende chez l'auteur romain Justin : Elissa (Didon), sœur du roi Pumayyaton (Pygmalion) de Tyr (831–785 av. J.-C.) prit la fuite pour échapper à la persécution de son frère et fonda avec ses fidèles la ville de Carthage. À la fin, elle se jette dans un bûcher funéraire pour échapper à un mariage non désiré. La version restituée dans l'*Énéide* de Virgile, où Didon brûle d'amour pour Énée, se résume à une adaptation poétique.

L'augmentation des tributs réclamés par les Assyriens, ainsi que des problèmes internes, ébranlèrent le royaume bicéphale. Sidon, Akko et Palætyros prennent en 727 av. J.-C. le parti de Salmanasar V contre le roi Loulî à Tyr. Loulî, le « roi des Sidoniens », doit en outre organiser une expédition punitive à Chypre pour y mater une insurrection de la colonie tyrienne de Kition (certains auteurs situent cette expédition en 701 av. J.-C.). Bien qu'il sortît victorieux de la bataille navale contre les alliés phéniciens du gouvernant assyrien, le roi dut affronter pendant cinq ans, à Tyr, un blocus continental qui ne fut assoupli qu'au cours du règne de Sargon II (721–705 av. J.-C.).

Pour Sargon, la flotte tyrienne présentait de nombreux intérêts : pour le transport du bois dans sa nouvelle capitale, Khorsabad, au nord de Ninive, ou pour la lutte contre les pirates grecs (717–716 av. J.-C.). En 707 av. J.-C., Sargon fit édifier à Kition une stèle de la victoire qui devait proclamer le pouvoir assyrien, y compris sur ce territoire « colonial » des Phéniciens.

L'autonomie retrouvée par les villes phéniciennes après la mort de Sargon fut de courte durée. En 701 av. J.-C., les villes d'Arouad, Byblos et de Sidon eurent l'occasion de confirmer leur fidélité à Sennachérib, tandis que Loulî dut quitter Tyr et fuir vers Chypre, où il mourut en exil. Sennachérib place alors sur le trône de Sidon un homme de paille nommé Ittobaal, mettant ainsi un terme à l'existence du royaume bicéphale tyro-sidonien. La zone d'influence de Tyr fut ainsi cantonnée à la ville insulaire. Le déplacement du pouvoir de Tyr à Sidon qui en résulta est cependant provisoire : le successeur de Sennachérib, Assarhaddon (681–668 av. J.-C.) rasa en l'an 676 av. J.-C. la ville de Sidon, dont le prince Abdimilkouti n'avait pas fait preuve d'une grande docilité. Malgré les effets dramatiques de cet événement, auquel succède peu de temps après une restriction des pouvoirs de la ville de Tyr, gouvernée par Baal Ier, cette conquête se traduisit uniquement par une démilitarisation de la région. Le commerce se poursuivit imperturbablement, même si quelques itinéraires de transport étaient désormais contrôlés par les représentants assyriens eux-mêmes. Assourbanipal (668–626 av. J.-C.) allait finalement être le dernier roi assyrien à devoir « pacifier » la région en limitant encore les pouvoirs de Baal Ier de Tyr et de Yakinloû d'Arouad.

L'analyse des listes de butins et de tributs assyriennes est extrêmement instructive quant à la diversification des articles importés ou produits par les villes phéniciennes. À partir du IXe siècle av. J.-C., on trouve dans ces listes des barres d'or, d'argent, d'étain, de cuivre et de bronze, ainsi que des récipients en métal. Les quantités indiquées (par exemple les 4 300 kilos d'or livrés par Tyr à Téglath-Phalasar III) sont peut-être exagérées, mais elles reflètent le prestige des villes côtières. Les peaux d'éléphants et les dents (sans doute du même animal) rappellent la renommée du travail de l'ivoire au Levant, tandis que les vêtements colorés en lin et en laine pourpre-violette ou rouge renvoient à une autre tradition millénaire. On trouvait aussi, pour finir, différentes espèces de bois ainsi que des animaux exotiques parmi les marchandises inventoriées par les scribes assyriens en raison de leur intérêt particulier.

Cette richesse en matières premières s'explique par le bon fonctionnement du réseau commercial en Méditerranée, que les Phéniciens furent les premiers à convertir en mer intérieure par une politique d'expansion commerciale. Outre les têtes de pont déjà mentionnées, on relevait de nombreux comptoirs à Malte, en Sicile et en Sardaigne. Le réseau commercial phénicien atteignit ces dimensions impressionnantes avant même la fin du VIIIe siècle av. J-C., date à laquelle les relations phéniciennes avec les Étrusques allaient atteindre leur apogée. Mais la fondation d'une première colonie carthaginoise aux Baléares, vers la fin du siècle suivant, annonça finalement l'épuisement de la ville de Tyr. La ville qui lui succéda, Carthage, reprit ensuite le contrôle de la Méditerranée occidentale « punique », où elle entra de plus en plus souvent, à partir de la fin du VIe siècle, en conflit ouvert avec les Grecs, puis avec les Romains.

Pendentif avec scarabée en cornaline serti dans un anneau d'or (détail ci-dessus), Bolsena (Étrurie)
2nde moitié du VIe siècle av. J.-C.
Cornaline ; l 3,1 cm
Staatliches Museum Preussischer Kulturbesitz, Berlin

Des échanges culturels extrêmement animés et fructueux liaient Phéniciens et Étrusques dans le domaine économique et artistique. En témoigne ce sceau phénicien serti dans une bague étrusque. Le sceau représente le jeune dieu du soleil, Horus, assis dans un paysage marécageux sur un autel en forme de pylône. Isis aurait jadis caché le jeune dieu Horus dans les nilotiques.

L'art de l'âge d'or

Dans un premier temps, les concessions commerciales au nord, dotées de petits sanctuaires, installés à Soumour (Tell Kazel) et Irqata (Tell Arqa) avaient connu un certain essor. Celui-ci fut étouffé par l'annexion assyrienne du royaume d'Amourrou, en 738 av. J.-C., et par la répression de l'insurrection de 720 av. J.-C. Ici, la politique de déportation et le régime rigoureux du conquérant n'ont guère laissé de place au développement d'un style régional révélateur d'une tradition phénicienne. Les monuments d'Arouad, en revanche, reflètent cette tradition d'une manière spectaculaire. Bien qu'ils remontent effectivement à cette période de menace assyrienne, les reliefs témoignent de l'indépendance dont put faire preuve la ville insulaire. À Byblos, il n'est resté de cette période que quelques inscriptions et une poignée de tessons de la « nécropole K », comparables à la céramique des nécropoles situées autour de Sidon, de Tyr et de la plaine d'Akko. Jusqu'à ce que le résultat des fouilles entreprises à Beyrouth soient étudiés définitivement, il faut se rendre dans la région située au sud de Sidon pour trouver des sites archéologiques phéniciens. Ceux-ci présentent une architecture typique qui permet de suivre l'influence phénicienne bien au-delà des frontières des cités-États de la Phénicie méridionale. À Sarepta, on a pu dégager partiellement un temple et un quartier artisanal. Mais la précieuse maçonnerie en pierre de taille apparut aussi, au Ier millénaire av. J.-C., en d'autres points de la côte syro-palestinienne. Dans le temple phénicien de Kition (Chypre) et dans la citadelle phénicienne de Hourvat Rosh Zayit (Kaboul), les blocs de pierre taillés sont soit disposés alternativement dans un sens et dans l'autre des assises, soit disposés entre des piliers qui les retiennent – cette dernière technique a été mise au point en Syrie du Nord pendant le Bronze récent. En Juda et en Israël, on trouve fréquemment ces murs associés à des chapiteaux à palmettes (dits « chapiteaux proto-éoliens »), d'un type que l'art phénicien copiera fréquemment. Cela vaut aussi pour les fenêtres à triple encadrement en saillie, ornées d'une balustrade soutenue par des colonnes couronnées de floraisons, et aux fûts interrompus de trois corolles florales.

Faute de sites suffisamment fouillés dans les villes-mères phéniciennes, il faut donc se tourner vers les témoignages mis au jour dans les terres de leurs partenaires commerciaux ou retrouvés dans les ruines palatiales des conquérants assyriens, qui les avaient conservés comme tribut ou trophées de guerre. Dans le premier cas, l'attention est surtout attirée par Chypre et le monde égéen. Salamine, Kition, Amathonte, Kourion, Paphos, Tamassos et Idalion ne sont que quelques-uns des sites chypriotes ayant livré des indices matériels de la présence phénicienne. Ses traces se présentent soit sous forme d'une architecture religieuse (Kition) ou funéraire (Tamassos), soit sous forme d'ensembles richissimes d'objets de luxe, comme des meubles ou accessoires incrustés d'ivoire (Salamine), ou par des coupes en métaux précieux (Kourion, Idalion, etc.), que l'on a aussi retrouvés en grand nombre dans les palais assyriens. Pour ce qui concerne les sites de Crète, il faut mentionner les objets importés d'Orient et entreposés dans la grotte du mont Ida, les bétyles découverts à Kommos, les bols et bijoux de Knossos (Tekké) et de Fortetsa. Ces objets sont souvent ornés de motifs héraldiques qui furent certainement partagés par plusieurs villes de la Phénicie, résolument colonisatrices à cette époque.

On trouve ainsi de plus en plus de lieux portant la trace du commerce phénicien, notamment les îles égéennes de Rhodes et de Samos, en Cilicie (Anatolie du sud) ou dans le delta du Nil égyptien. Pourtant, le véritable caractère des communautés de commerçants, d'artistes et d'artisans (on ignore aujourd'hui s'ils étaient itinérants ou sédentaires) demeure l'objet d'interprétations hasardeuses.

Ill. page de droite

Dame à la fenêtre, Arslan Tash
Env. 900–800 av. J.-C.
Ivoire ; h 5,9 cm, l 4,2 cm
Musée national d'Alep

Dans les palais assyriens de Nimroud, Khorsabad, Arslan Tash et autres sites du royaume où l'on conservait les tributs des villes conquises, des centaines de sculptures sur ivoire, dont beaucoup servaient jadis à la décoration de meubles somptueux, ont été trouvées. Dans une fenêtre équipée d'une balustrade posée sur de petits piliers à chapiteaux floraux, on a représenté la tête d'une femme, vraisemblablement prêtresse et prostituée sacrée du temple.

Relief d'Arouad
Env. 850–700 av. J.-C.
Calcaire ; h 50 cm
Musée du Louvre, Paris

Cette dalle sculptée, ainsi que deux autres actuellement au Louvre et au musée des Beaux-Arts de Genève, proviennent d'un monument public ou sacré. Décorés de griffons et de sphinx ailés, ces reliefs rappellent l'importance de l'arbre de vie sacré dans la culture phénicienne. Siège de l'harmonie universelle, l'arbre est gardé par des animaux et des créatures mythologiques aidant les rois des villes phéniciennes à assumer leur pouvoir.

Ill. page ci-contre

Coupe d'Idalion (Chypre)
Début du VIIe siècle av. J.-C.
Argent doré, d 13,5 cm
Musée du Louvre, Paris

La fresque narrative et le médaillon de cette frise contiennent différents motifs qui permettaient au propriétaire de ce chef d'œuvre de s'identifier au dieu de la ville de Tyr, Melqart, ou à celui de Sidon, Reshef. Dans le médaillon central, le Pharaon abat des ennemis en fuite. L'un de ses auxiliaires se tient derrière lui. Les sphinx de l'intérieur protègent les guerriers tombés. Sur la frise extérieure, on voit des personnages luttant avec des lions et des griffons, et le dieu Bès en alternance avec un héros vêtu du *shanti* égyptien.

Trône d'ivoire de Salamine
Fin du VIIIe siècle av. J.-C.
Ivoire ; h 90 cm
Musée de Nicosie, Chypre

Dans une tombe royale de Salamine (Chypre), on a découvert un trône orné d'ivoire et un lit qui avaient vraisemblablement été offerts au prince local comme dot de mariage d'une princesse phénicienne. Les tablettes d'ivoire situées entre l'assise et l'accoudoir représentent un sphinx et l'arbre de vie, éléments typiques des trônes cultuels phéniciens en pierre, comme on peut en voir sur la page suivante.

Compte tenu des conditions dans lesquelles il s'est développé, l'art de cette période d'expansion est essentiellement cosmopolite. Les œuvres sont une combinaison d'idées empruntées et d'éléments issus d'une tradition autonome ; ils sont adaptés au goût du marché local, adoptent même parfois des éléments issus de l'artisanat d'art non phénicien. Des centaines de petites tablettes d'ivoire qui ornaient jadis les meubles de luxe en fournissent des preuves convaincantes. Outre plusieurs séries provenant d'ateliers sans doute sud-phéniciens, on a identifié d'autres groupes comme des produits des régions araméennes et palestiniennes fortement marquées par la culture phénicienne. Compte tenu de l'intensité des échanges commerciaux et de la présence d'artistes itinérants, les ateliers locaux ont été très influencés par le modèle phénicien. Ils ont repris des éléments d'inspiration phénicienne dans la sculpture locale – par exemple les reliefs de Karatépé, en Cilicie –, dans le traitement du métal ou dans la glyptique. Par ce biais, les artistes des partenaires politiques et économiques des Phéniciens ont repris une caractéristique de leur art : l'ornementation d'objets usuels et de bijoux avec des motifs toujours récurrents qui soulignent le statut privilégié de leur possesseur. Jusqu'ici, on croit pouvoir dégager à partir du choix des thèmes présentés ou des inscriptions des indices sur la fonction religieuse ou profane des commanditaires. Pourtant, la détermination de l'origine et de la signification précises des motifs demeure problématique tant que l'on ne dispose pas d'exemples provenant de Phénicie et permettant une comparaison. Aussi, l'étude de courants artistiques régionaux qui peut d'ores et déjà se vanter de quelques succès dans l'univers du monde « colonial », ne saurait être entamée avant la reprise de la prospection archéologique des centres urbains du littoral phénicien.

Trône de culte de la tribune d'Echmoun, Bostan esh-Sheikh

Le sanctuaire de Bostan esh-Sheikh, à deux kilomètres au nord-est de Sidon, remonte vraisemblablement à l'époque néo-babylonienne (fin du VIIe/début du VIe siècle av. J.-C.). Ce lieu de culte, situé à proximité de la source du Nahr el-Aouali (en pénicien, *Ydal*, puis « Fleuve d'Asklépios ») ne prit de signification qu'au cours des siècles ultérieurs On y consacra un important sanctuaire au culte du dieu de la guérison, patron de la dynastie royale sidonienne, Echmoun. Le trône de culte du sanctuaire, qui date du Ve siècle av. J.-C., avec deux sphinx ailés sur les deux côtés, repose sur un socle imitant un pylône égyptien, et qui se trouve dans ce que l'on appelle la « piscine d'Astarté ». Il se situe au-dessous de la monumentale tribune d'Echmoun. Sur les grands blocs de cette chapelle, au-dessus du dos du trône, on distingue sur des bas-reliefs (IVe siècle av. J.-C.) le motif d'une chasse divine.

Ill. pages 72–73

Tours funéraires, Amrit

Les monuments les plus importants d'Amrit (en grec, Marathos) ont été construits peu avant le début, voire à la fin du VIe siècle av. J.-C. Les *méghazîls* (arabe, « fuseaux »), deux tours funéraires d'une dizaine de mètres de haut, sont couronnés l'un d'un dôme, et l'autre d'un pyramidion. Ils comptent parmi les vestiges qui ont le plus impressionné les voyageurs et les savants de passage. Quatre lions debout ornent la basent de la première tour funéraire, qui recouvre, comme son voisin, des hypogées creusés dans le roc, et qui contint jadis plusieurs sarcophages en pierre ou en terre cuite.

La fin du pouvoir phénicien

L'Assyrie, qui n'avait cessé de s'affaiblir, finit par s'effondrer totalement. Cette chute ouvrit la porte aux Mèdes et aux Babyloniens ; elle permit aussi une recrudescence de l'influence égyptienne dans le Levant. La diffusion des objets caractéristiques de la XXVIème dynastie égyptienne (664–525 av. J.-C.) en Orient et en Méditerranée s'intègre bien dans le tableau historique. Si l'on en croit les sources, l'empire des Pharaons avait préparé ce retour dans ses anciennes provinces du nord-est en soutenant activement les révoltes qui y éclatèrent entre les VIIIe et VIIe siècles. À la fin du siècle suivant, le pharaon Psammétique de Saïs lança des interventions dans le Levant, et son fils Néchao II remporta plusieurs victoires sur les Babyloniens, avant que Nabuchodonosor II ne lui fît subir une sévère défaite près de Karkémich, en 605 av. J.-C. Les villes phéniciennes n'ont apparemment pas pris une part active dans ces campagnes. Le bon rapport entre les Phéniciens et les Égyptiens apparaît cependant à travers l'octroi d'une colonie phénicienne à Memphis (le « camp des Tyriens ») et la création d'un territoire pharaonique au Liban pour l'exploitation des cèdres. Les stèles rupestres laissées par Nabuchodonosor dans le wadi Brisa et le wadi el-Sabra sont cependant l'expression de l'hégémonie babylonienne sur les petits princes des villes côtières. C'est aussi le cas de la stèle qu'il fit édifier au cours de l'une de ses multiples campagnes à l'embouchure du Nahr el-Kelb.

Mais l'Égypte poursuivit ses efforts pour exercer une influence dans le Levant. Néchao II rassembla des marins phéniciens auxquels l'historien grec Hérodote attribue le contournement de l'Afrique par la mer. Le fils de Néchao, Psammétique II (595–589 av. J.-C.) engagea des Phéniciens comme mercenaires. Peu après sa période de règne, son successeur Apriès (589–570 av. J.-C .) aurait conduit victorieusement une armée contre Sidon et une flotte contre Tyr ; cette dernière fut en outre aussi assiégée de 585 à 572 par Nabuchodonosor. Même si la ville ne capitula pas devant Nabuchodonosor, elle dut reconnaître la domination babylonienne, qui dura jusqu'à la reprise du pouvoir par les Perses, dans la foulée de la conquête de Babylone par Cyrus II.

La révision de la constitution tyrienne que l'on opéra à l'époque fut peut-être elle aussi dictée par la cour de Babylone : pendant sept années, la succession dynastique traditionnelle fut remplacée par l'élection de « suffètes » (juges) qui gouvernaient la cité insulaire.

Le retour à la royauté, en 556 av. J.-C., ne fut cependant pas un retour à l'éclat des temps passés.

L'Égypte n'avait pas seulement su briser le monopole maritime phénicien, elle avait aussi donné la priorité au commerce avec les Grecs. Le commerce grec ne cessa de se développer, y compris dans les eaux où les pavillons carthaginois avaient remplacé ceux de Tyr, la ville-mère.

Les interventions diplomatiques et militaires de l'Égypte en Phénicie transparaissent aussi, sur le plan archéologique, dans quelques objets d'art pharaonique découverts à Arouad, Byblos, Sidon, Tyr ou Akko. Des centaines d'amulettes et de sceaux égyptiens témoignent de l'impact égyptien sur l'art et sur les croyances populaires autochtone ; on peut en dire autant de leurs imitations locales, que l'on a retrouvées sur le sol phénicien ou qui furent exportées en Occident. La présence babylonienne, plus durable et imposante sur le plan politique, n'est en revanche attestée que par les trois stèles déjà mentionnées et par une série de sceaux coniques octogonaux caractéristiques de cette époque. Dans le domaine architectural, le cœur pyramidal du temple d'Echmoun à Sidon (Bostan esh-Sheikh), pourvu d'une rampe d'accès et d'un réservoir d'eau, est daté de cette époque, même si certaines questions restent posées quant à son interprétation.

Compte tenu du faible nombre de témoignages matériels, un motif particulier de la glyptique locale semble avoir connu une popularité éphémère : les représentations de divinités debout sur un taureau ou sur un lion. Une stèle provenant d'un sanctuaire de Tell Daphnae, dans le delta oriental du Nil, reproduit le même motif, reflétant plus l'influence de l'art néo-babylonien qu'un caractère phénicien archaïque. Aussi maigre que soit le dossier sur la production artistique de cette époque, on doit constater que l'apport mésopotamien a été assez puissant pour affecter un domaine aussi conservateur que celui de l'iconographie religieuse.

Cippe monumental du sanctuaire d'Echmoun, Bostan esh-Sheikh

Ce cippe monumental porte un chapiteau réutilisé orné de protomés de taureaux – symbole traditionnel de la virilité et de la fertilité. On a trouvé des chapiteaux semblables à Sidon même et sur l'île d'Arouad. Ils illustrent l'influence de l'ornementation architecturale à la cour des Achéménides.

L'époque perse

L'intégration du Levant dans la 5e satrapie de l'Empire perse marque le début d'une nouvelle période de floraison de la vie artistique et culturelle, malgré les nombreuses difficultés politiques internationales et régionales : cet essor tient au rôle stratégique important que prit la Phénicie parmi les colonies perses. Base des opérations contre les Égyptiens et les Grecs, les villes phéniciennes furent traitées avec une relative mansuétude, et l'on encouragea leurs activités commerciales. Au niveau local, elles disposaient d'une certaine indépendance politique. La flotte phénicienne était un élément essentiel de l'armée perse engagée contre l'Égypte et les Grecs, et les rois des cités commandaient eux-mêmes leurs contingents. Les navires phéniciens recommencèrent à parcourir la Méditerranée, les relations avec les colonies s'intensifièrent. La présence sur l'île de Chypre, un point stratégique important, fut particulièrement renforcée – avec des intentions manifestement hostiles aux Grec. Au nord, Arouad reprit un rôle de centre dominant. La ville est mentionnée, avec Tyr et Sidon, comme fondatrice de Tripoli. Sa flotte soutint la cause achéménide, aussi bien dans les guerres médiques (490–449/448 av. J.-C.) que par la suite. Sous Xerxès Ier, le roi Azzibaal aurait même personnellement commandé ses propres pavillons.

En face d'Arouad, sur le continent, se trouvait Amrit, avec son imposant sanctuaire de source dont l'effet curatif attirait d'innombrables pèlerins. Le *ma'abed* (autel), un *naos* monolithique en style égyptien se situait au centre d'un lac artificiel. Le bassin alimenté par la source était entouré de galeries couvertes accessibles par un portique d'entrée monumental. L'identité des dieux vénérés ici a pu être établie grâce aux fouilles effectuées dans les fosses de dépôt des dons votifs, les *favissae*.

Les inscriptions qui y figurent sur des statues de style chypriote et égyptien mentionnent Echmoun, le dieu sidonien de la guérison, et Melqart,

Sanctuaire de source, Amrit

Le *ma'abed* (arabe, « autel ») d'Amrit est un sanctuaire de source dont la chapelle centrale, entourée de galeries sur trois côtés et accessible par un portique en façade, a été taillée sur place, dans la roche. Le *naos* ou la « niche à l'égyptienne » surmonte la masse rocheuse. Selon une tradition orientale, il était orné de merlons syriens et d'une architrave ornée d'un disque solaire ailé. Si l'on en juge par les sculptures consacrées que l'on a retrouvées aux environs de ce sanctuaire dans des fosses sacrées, les pèlerins se rassemblaient en ce lieu pour prier les dieux de la guérison, comme Echmoun, le grand dieu de Sidon, Asklépios, le dieu de la médecine populaire égyptienne, ou encore Héraclès-Melqart, une forme syncrétique du dieu tutélaire de Tyr et de son homologue, le héros grec. Faute de preuves archéologiques, on fait remonter la date de fondation au commencement de l'époque perse.

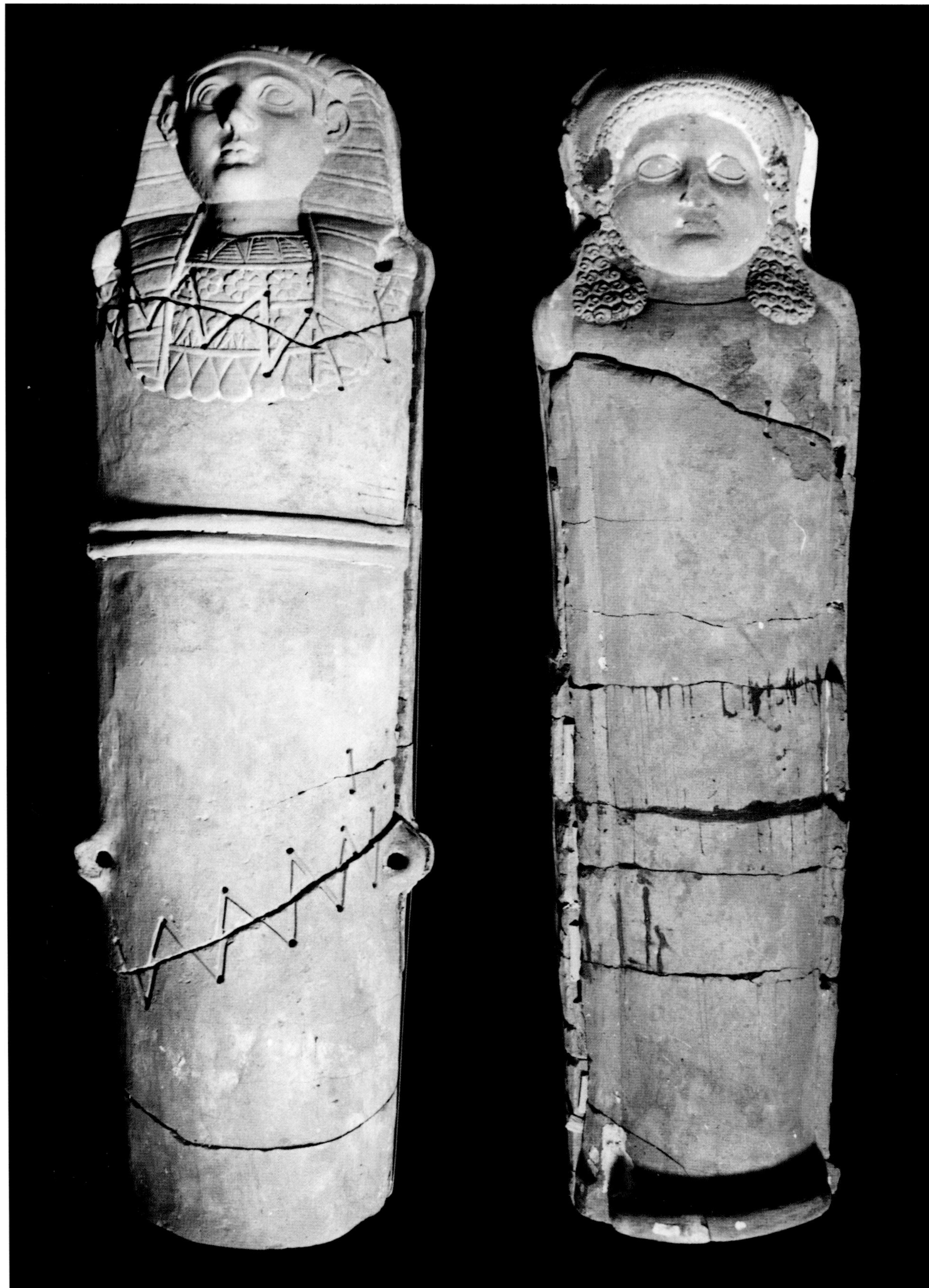

Sarcophages en terre cuite, Amrit
1re moitié du ve siècle av. J.-C.
Terre cuite ; h 179 cm, l 47 cm (g.)
h 187 cm, l 50,5 cm (dr.)
Musée de Tartous

La découverte de ces sarcophages en terre cuite, en 1996, dans une tombe située au nord d'Amrit, a permis d'attribuer aux ateliers d'Arouad la production d'un nouveau groupe de sarcophages. On avait déjà trouvé des exemplaires en basalte et en marbre, ainsi qu'un fragment en terre cuite. La production de cette nouvelle série débuta vers la fin du ve siècle. On peut y discerner l'apport des artisans d'art locaux, parmi lesquels on comptait peut-être aussi des Chypriotes.

le dieu protecteur de Tyr. On trouve aux environs de nombreuses tombes contenant des sarcophages en basalte, en marbre de Paros ou en terre cuite. Des monuments funéraires ont été édifiés au-dessus de certaines de ces tombes. Comme pour les exemplaires ensevelis dans les nécropoles disséminées dans la périphérie de Tartous (Antarados) et dans son arrière-pays, le style de ces œuvres révèle l'apport de sculpteurs ioniens, dont le travail a aussi fait école à Sidon. Les sarcophages en terre cuite, dans le style égyptien, suggèrent en revanche l'influence de maîtres artisans chypriotes.

Podium de l'époque perse, Byblos

Byblos connut sous les Achéménides une nouvelle période de prospérité dont témoignent les œuvres d'art connues dans le monde entier, mais aussi et surtout les vestiges d'une architecture grandiose. Même si le portique construit par Yéhawmilk est uniquement connu grâce à l'inscription sur la fameuse stèle, on peut toujours y admirer aujourd'hui le podium de la citadelle, bâti à la même époque. Sur la photo, on voit l'un des angles avancés de la façade, orné d'une tête de lion, le symbole traditionnel de la souveraineté royale. Il est omniprésent dans l'art de la ville phénicienne de Byblos, depuis la fin du IIe millénaire.

Ill. ci-dessous

Stèle de Yéhawmilk, Byblos

Ve siècle av. J.-C.
Calcaire ; h 114 cm
Musée du Louvre, Paris

Yéhawmilk apporte ici une coupe à sa souveraine, la « dame de Byblos » (Ba'alat Gebal), la déesse Astarté du panthéon gyblite. L'inscription – l'une des plus longues que l'on ait trouvées en Phénicie – raconte la restauration du portique dans le temple consacré à la déesse. Il semble s'agir du temple reproduit sur un tableau votif qui se trouve aujourd'hui au Musée du Louvre. Il reste à noter que le roi de Byblos n'était pas le seul, à l'époque, à porter une tenue perse. Les monnaies de l'époque (ve siècle av. J.-C.) montrent aussi le roi de Sidon habillé à la mode achéménide.

Ill. page ci-contre

Rhyton en forme de tête de sanglier, Sheikh Zenad

ve siècle av. J.-C.
Céramique attique à figures rouges
h 17,8 cm, d 12 cm
Direction générale des Antiquités, Beyrouth

La domination perse coïncida, dans la plaine du Akkar, en Phénicie du Nord, avec une période de paix et de prospérité. Des centres urbains comme Soumour (Tell Kazel) et Irqata (Tell Arqa) retrouvèrent leur ancien dynamisme économique. Bien que les navires phéniciens eussent participé aux attaques des Perses sur la côte grecque, les villes phéniciennes avaient ouvert leurs portes au monde grec. Cette jolie « corne » à boire en céramique attique à figures rouges témoigne de cette influence culturelle. Elle provient d'une tombe du ve siècle av. J.-C., qui se trouvait dans une nécropole rurale, près du Nahr el-Kebir.

Si l'essor politique d'Arouad s'explique surtout par la réputation millénaire que la cité insulaire avait acquise en tant que puissance maritime, il aurait été moins spectaculaire sans le renouveau de l'agriculture dans ses terres continentales (*peraia*). Les fouilles du Tell Soukas, au nord de Tartous, ou du Tell Kazel, au sud, offrent une image exemplaire de ces centres en expansion dans lesquels les riches fabricants se laissaient rapidement inciter à acheter (et à revendre) la vaisselle de luxe attique. Le même phénomène se produit dans la plaine libanaise du Akkar, où l'on devine, dans la culture matérielle de sites comme Tel Arqa et Tripoli, l'ouverture à l'égard de l'hellénisme. Ce dernier site n'est cependant jusqu'ici connu, d'un point de vue archéologique, que par les fouilles sous-marines menées dans des épaves coulées au large de ces deux ports maritimes.

Plus au sud, Byblos connut enfin, elle aussi, une renaissance qui s'exprime surtout dans l'architecture monumentale. En témoignent la restauration du temple de la Ba'alat Gebal par le roi Yéhawmilk, ou la construction d'une imposante forteresse de type achéménide. Ce souverain a été représenté sur une stèle monumentale, où il figure revêtu d'un habit à la mode perse. Ses successeurs ont choisi pour leurs représentations héraldiques sur les monnaies et les sceaux un style et une iconographie résolument plus autochtones. L'art

Trône dit d'Astarté, Aïn Ba'al

IIe siècle av. J.-C.
Calcaire, h 73 cm, lg 39 cm, p 39 cm
Direction générale des Antiquités, Beyrouth

Le prototype de ce trône provenant d'Aïn Ba'al, dans la région de Tyr, est représenté sur le sarcophage d'Ahiram (*voir* page 56). Il illustre très bien le prolongement des conceptions religieuses traditionnelles à l'époque hellénique. L'inscription figurant sur un autre exemplaire de la même région, et des représentations sur des sceaux, laisse penser que ce type de meubles sacrés était aussi utilisé pour le culte d'Astarté.

Anneau d'argent avec scarabée en améthyste, Magharat Tabloun

Vers 500 av. J.-C.
Argent, améthyste, or ; d 7 cm.
Direction générale des Antiquités, Beyrouth

Malgré ses matériaux nobles, le décor situé sur la partie inférieure du scarabée est un motif courant de la glyptique phénicienne à la fin du VIe et au début du Ve siècle av. J.-C. : la divinité, flanquée d'un sphinx, salue depuis son trône une adoratrice (peut-être une prêtresse) et qui s'approche d'un encensoir. Au-dessus, on voit un disque solaire ailé et des étoiles.

reflète ainsi, de différentes manières, l'autonomie relative que les souverains perses accordèrent dans un premier temps aux administrations municipales des villes phéniciennes.

Les fouilles entreprises dans le centre-ville depuis 1994 permettent de compter Beyrouth parmi les agglomérations qui connurent un essor à l'époque perse. Aux environs du port méridional, mentionné vers le début du Ve siècle par le récit du navigateur Pseudo-Skylax, des archéologues libanais ont mis au jour les traces d'un quartier d'habitation.

Sidon utilisa ce contexte favorable pour reprendre son rôle de métropole principale. La ville profita du siège lancé par les Babyloniens contre Tyr, sa concurrente, en renforçant son économie, dont le rôle était notoire dans la production de verre et de pourpre. Le soutien que la flotte d'Eshmounazar Ier accorda aux Perses dans leur guerre contre les Grecs fut récompensé par divers dons et privilèges. Paradoxalement, ce conflit militaire avec ses concurrents grecs dans le commerce maritime n'empêcha pas Sidon d'ouvrir largement ses portes à l'hellénisme, comme en témoigne l'art de cette époque. Dans l'architecture sacrée, ce phénomène apparaît entre autres sur les reliefs de ce que l'on a appelé la « tribune d'Echmoun », dans le sanctuaire de Bostan esh-Sheikh. Mais on le retrouve aussi dans l'ornementation de sarcophages, dont quelques exemplaires particulièrement remarquables ont peut-être appartenu aux derniers dynastes de la ville. Malgré tout, les sculpteurs – tout comme les coroplastes et les graveurs de sceaux – ont conservé le style, l'iconographie et la typologie de la création de leurs ancêtres. Le style autochtone connut même un nouvel apogée, dont témoignent les genres artistiques que nous avons cités. Il est d'autant plus remarquable que l'art sidonien ait conservé une tradition millénaire, compte tenu des destructions multiples subies par la ville. Aux guerres désastreuses de l'époque assyrienne suivirent celles de l'époque perse. En 346–354 av. J.-C., Artaxerxès III Ochos écrasa une révolte menée par le roi Tabnit II avec l'aide du pharaon Nectanébo II.

Contrairement à Sidon, Tyr se refusa à se soumettre à Alexandre le Grand lorsque celui-ci atteignit la côté phénicienne, en 331 av. J.-C. Au début de l'époque perse, la ville était d'abord entrée dans l'histoire biblique, pour avoir participé avec Sidon à la nouvelle reconstruction du Temple de Jérusalem. La circulation de pièces de monnaie tyriennes en Palestine confirme la tradition biblique, qui parle d'une reprise des activités commerciales phéniciennes en Palestine. Celles-ci paraissent être allées de pair avec le rétablissement de l'autorité tyrienne dans cette région ; le pouvoir de Tyr s'étendait alors jusqu'à Sarepta, au nord, et au mont Carmel, au sud. La ville joua aussi un rôle important comme élément de la puissance militaire perse. Elle avait certes refusé, sous le roi perse Cambyse (530–522 av. J.-C .) d'engager ses navires contre Carthage. Mais on retrouve les rois de Tyr comme commandants de la flotte lancée au Ve siècle contre les Grecs. On sait peu de choses sur la période qui précéda la conquête par Alexandre le Grand. La jetée qui permit aux troupes macédoniennes d'Alexandre de relier la ville au continent et qui scella sa défaite, fut un véritable trait d'union avec une nouvelle civilisation, qui ne garda que de rares souvenirs isolés de son passé glorieux.

Ill. page ci-contre

Statue d'un jeune prince, temple d'Echmoun, Sidon

Ve siècle av. J.-C.
Marbre ; h 48 cm, lg 42 cm, d 58,5 cm
Direction générale des Antiquités, Beyrouth

Cette statue de marbre a été découverte dans une *favissa* du temple d'Echmoun, au nord de Sidon. Si l'on en croit l'inscription, elle représente Baal-Chillem, fils du roi Banaa de Sidon. Elle demande la bénédiction de son seigneur, Echmoun, par la source Ydlal.

Jean-Baptiste Yon

L’époque gréco-romaine

La fusion des cultures sous l’égide hellénique

323 av. J.-C.–337 apr. J.-C.

L’Antiquité : la fusion des cultures
L’époque hellénistique
Influence de l’hellénisme et urbanisme après la conquête par Alexandre
Villes anciennes et nouvelles agglomérations
La fin des Séleucides
Pax romana
Une hellénisation inégale
L’organisation de la région
La crise
L’apogée de la vie urbaine
Éducation et culture : écrivains et philosophes
La conception monumentale des villes
Les facteurs de l’épanouissement économique
La diversité de l’art – Les tenues palmyréniennes
L’onomastique et les langues du Levant romain
La force des traditions indigènes hors des villes
Le rôle de l’agriculture
Nécropoles et sanctuaires
Les nécropoles, miroirs de la société
Les caractéristiques des temples et des sanctuaires du Levant
Diversité religieuse – Les panthéons du Levant
Palmyre et Gerasa : les grands sanctuaires
Le sanctuaire de Baalbek
Tradition et progrès

Arrière du temple de Bêl, Palmyre

La cité antique, dans le nord de la Syrie, se trouve au cœur du désert. Sa situation en bordure de la route des caravanes entre l’Euphrate et Damas, en faisait une ville commerciale de premier plan. Le temple de Bêl (32 apr. J.-C.) était entouré d’une colonnade dont les chapiteaux, aujourd’hui disparus, étaient en bronze doré. Les merlons triangulaires au sommet de l’entablement sont le reflet d’influences mésopotamiennes.

Sarcophage dit « d'Alexandre » (détail), Sidon
Dernier quart du IVe siècle av. J.-C.
Marbre coloré, longueur totale 318 cm, hauteur de la partie sculptée 58 cm
Musée archéologique d'Istanbul

Ce sarcophage découvert à Sidon représente le combat entre Alexandre et le roi perse Darius. Il est un signe de la popularité du mythe d'Alexandre dans les années qui suivirent sa mort, même dans une ville aux traditions phéniciennes fortes.

L'Antiquité : la fusion des cultures

La conquête de la région par Alexandre le Grand (356–323 av. J.-C.) a constitué une rupture considérable pour l'ensemble du Levant Même si les Grecs de la période classique entretenaient déjà des rapports nombreux et étroits avec l'Orient, c'est l'arrivée des armées gréco-macédoniennes conduites par Alexandre qui constitua l'élément décisif de l'intégration de la région dans le monde gréco-romain. C'est à cet univers, d'abord dominé par le monde gréco-macédonien, puis par l'Empire romain, qu'appartint le Levant jusqu'à la conquête arabe du VIIe siècle, et il y occupa une place culturelle et politique importante pendant presque toute la période.

Le plus passionnant est peut-être d'observer comment les populations locales ont reçu la civilisation grecque, puis gréco-romaine, l'ont transformée, acceptée ou rejetée – parfois les trois à la fois, en fonction du contexte. Il est vrai que les conquérants n'arrivaient pas dans une région dépourvue d'histoire : ils avaient été précédés par des civilisations d'une grande richesse, qui exercèrent elles aussi en retour une certaine influence sur l'hellénisme. Les cultures locales, dont certaines restent inaccessible en raison du manque de sources historiques, apparaissent sous différents aspects : religion, art, architecture, politique. Les monuments de cette époque mêlent ainsi les caractéristiques indigènes à celles de l'architecture grecque, à laquelle ils appartiennent pleinement. L'interaction de toutes ces conditions a finalement conduit à l'épanouissement de cultures nouvelles. C'est dans un tel contexte, pour ne prendre qu'un exemple, qu'a pu naître le christianisme, qui s'imposa à la fin de la période et dont on peut dire qu'il s'agit du résultat original de la rencontre des civilisations au Proche-Orient.

Décrire cette région pendant une période de six siècles, c'est ainsi avant tout étudier la coexistence, le mélange et la fusion de différentes cultures. Mais la région a également vu l'émergence de nouveaux courants qui ont mené à la naissance de cultures autonomes, lesquelles se sont pour leur part transformées et affirmées.

La période hellénistique

Le Levant, qui faisait partie de l'Empire perse achéménide, tomba assez facilement entre les mains des conquérants venus de Macédoine et de la Grèce. La mort d'Alexandre (323 av. J.-C.) entraîna cependant la décomposition du nouvel empire gigantesque qui s'étendait de la Grèce à l'Indus. Au bout d'une trentaine d'années de combats entre les successeurs d'Alexandre, la situation se stabilisa au début du IIIe siècle av. J.-C. Le Levant était alors divisé en deux parties : le nord appartenait aux Séleucides, dont le royaume s'étendait de l'Asie Mineure à l'Inde ; le sud revenait aux Lagides (Ptolémées), qui régnaient essentiellement sur l'Égypte. Cette situation perdura pendant presque tout le siècle, malgré les relations conflictuelles entre les deux royaumes, chacun tentant d'unifier la région sous sa coupe. Le roi séleucide Antiochos III le Grand (223–187 av. J.-C.) parvint finalement, à l'issue de la cinquième guerre de Syrie, à prendre le contrôle de la Syrie du Sud. Son règne marqua l'apogée de la dynastie.

La capitale du royaume séleucide, qui fut d'abord Séleucie du Tigre (près de Babylone) fut très rapidement transférée à Antioche, sur l'Oronte, dans le nord de la Syrie. Le royaume, dont la Mésopotamie et la Babylonie avaient été le centre, se tourna alors prioritairement vers le monde méditerranéen, d'où étaient issus ses souverains et leurs sujets grecs. Ce territoire extrêmement hétérogène se réduisit progressivement avec la perte des provinces orientales (la Bactriane, puis l'Iran), puis occidentales (Asie Mineure), pour se réduire finalement à la Syrie. À partir du milieu du IIe siècle, le royaume fut encore affaibli par l'installation en Iran des Parthes de la dynastie arsacide. Les tentatives de reconquête, notamment celle conduite par Antiochos III, qui mena une campagne jusqu'en Bactriane, en Asie centrale (212–205 av. J.-C.), n'eurent pas de succès. La conquête de la Mésopotamie, entre 141 et 129 av. J.-C., permit finalement aux Parthes d'avancer jusqu'à l'Euphrate, mais ils ne pénétrèrent jamais durablement en Syrie. Le royaume séleucide, déstabilisé par ses querelles dynastiques, y était exposé à la montée des puissances locales. Les cités, mais surtout les dynastes, entrèrent en concurrence avec les Séleucides au pouvoir, jusqu'à ce que le royaume disparût de la carte en 63 av. J.-C ; le général romain Pompée le transforma alors en province romaine. Cet acte ne fut du reste que le dernier épisode d'un engagement progressif de Rome dans les affaires orientales depuis la fin du IIIe siècle.

Influence de l'hellénisme et urbanisation après la conquête par Alexandre

Le début de la période hellénistique est marqué par un certain nombre de fondations et de refondations de *poleis*, en particulier par les Séleucides en Syrie du Nord. Ces villes nouvelles étaient des centres urbains entourés d'un territoire qui leur appartenait, la *chôra*. Elles remplacèrent parfois des villages indigènes préexistants ou se juxtaposèrent à eux, et reçurent un nom grec.

L'économie antique étant essentiellement agricole, le territoire appartenant à la *polis*, et qui assurait sa subsistance, jouait un rôle capital. Les principales fondations des Séleucides en Syrie du Nord (Antioche, Apamée, Laodicée, Séleucie de Piérie) sont ainsi entourées d'un territoire agricole, dont une partie était sans doute distribuée aux nouveaux arrivants, les colons originaires du monde grec. Au total, on estime qu'une trentaine de *poleis* ont été fondées jusqu'au milieu du IIIe siècle, date à laquelle le mouvement semble prendre fin. Ces villes ne furent pas seulement créées pour des motifs militaires ou économiques : on les concevait aussi comme des cellules de la civilisation grecque. Elle formaient le cadre de vie indispensable pour les colons ; mais elles constituaient également un foyer d'intégration pour les indigènes.

Ill. ci-dessous à gauche

Vue de la façade, Iraq el-Amir

La frise des fauves ainsi que la forme générale du bâtiment se rattachent à l'influence hellénistique. Toutefois, l'appareil de construction mégalithique évoque plutôt des influences iraniennes.

Ill. ci-dessous à droite

Frise dans la tombe I, Marisa

La présence du cerbère à trois têtes sous une inscription grecque est typique du milieu hellénisé qui utilisait cette nécropole.

Frise des fauves (détail), Iraq el-Amir

Cette frise ornée de fauves faisait le tour du bâtiment ; elle mesurait environ 20 mètres sur 40. Le « manoir » se trouvait au milieu d'un plan d'eau.

On sait peu de choses sur le début de cette période, si ce n'est le fait même de la conquête, si bien que des historiens, face au manque de sources, ont pu parler d'un « problème de la Syrie hellénistique ». Le modèle de la civilisation grecque paraît avoir exercé un attrait certain sur les populations locales ; le meilleur exemple en est la transformation rapide des villes, sur la côte phénicienne, en *poleis* grecques. Pourtant, dans cette zone, malgré une hellénisation très rapide favorisée par des contacts établis depuis longtemps, les villes gardèrent leur nom indigène, et la langue locale, le phénicien, fut vraisemblablement parlée jusqu'à l'époque romaine. Dans ces villes, la conscience du passé propre aux cités est également demeurée très vivante.

Villes anciennes et nouvelles agglomérations

Malgré les éléments phéniciens, Sidon, Byblos ou Tyr se transformèrent très rapidement en *poleis* grecques, puis gréco-romaines de type classique. La découverte de tombes à Tell Marécha (la Marisa hellénistique, située à environ 35 km au sud-ouest de Jérusalem). Les peintures murales que l'on y découvre témoignent d'une forte influence de l'Égypte lagide, mais les inscriptions prouvent que la nécropole a servi, entre autres, à une colonie de Sidoniens de culture grecque. Les noms sont grecs et phéniciens, avec sans doute une influence plus proprement locale (iduméenne), mais c'est principalement la langue grecque qui est utilisée. L'existence d'une colonie sidonienne comme celle de Marisa au IIe siècle av. J.-C. permet finalement aussi de conclure à la vitalité des cités-États phéniciennes de la côte.

Une autre illustration de ces phénomènes d'hellénisation est le « manoir » d'Iraq el-Amir, à une vingtaine de kilomètres d'Amman, que l'on a étudié en détail à partir de 1976 grâce aux fouilles franco-jordaniennes. Cet étrange bâtiment, qui mêle les traditions architecturales, fut construit par un dynaste juif de la famille des Tobiades, Hyrcan, dans les premières années du IIe siècle av. J.-C., peu avant la conquête séleucide de la Syrie du Sud. Le bâtiment, abandonné avant son achèvement, reflète l'influence hellénistique sur l'architecture de la région ; mais il s'en éloigne aussi par certaines caractéristiques, notamment la structure mégalithique, qui prouvent l'existence d'une civilisation mixte.

Les traces archéologiques de cette période ne sont pas très nombreuses, souvent parce que les

Frise dans la tombe I, Marisa

Le décor est influencé par la peinture alexandrine contemporaine. Cette frise se distingue en particulier par les inscriptions grecques qui donnent le nom des animaux représentés – ici, un léopard, représenté dans une scène de chasse.

Vue de la ville de Sidon

Les vestiges antiques, au premier plan, témoignent de la continuité de l'occupation du site au fil des siècles, ce qui ne facilite pas toujours la recherche archéologique.

Balsamier fusiforme, Doura-Europos
Env. 140–125 av. J.-C.
Verre ; h 17,5 cm, d max. 2,7 cm
Yale University Art Gallery, New Haven

Ce vase à parfums, utilisé à des fins cosmétiques, a été trouvé dans les ruines de Doura-Europos. Il appartient à un groupe de formes que l'on connaissait aussi à Chypre ou en Égypte, à l'époque impériale – une preuve d'échanges fréquents.

installations hellénistiques ont été recouvertes par les agglomérations, qui ont subsisté jusqu'à notre époque. La situation est à peine meilleure dans le cas de Doura-Europos, fondation des premiers Séleucides sur l'Euphrate. La ville fut abandonnée après avoir été prise par les Perses, en 256 ap. J.-C., soit environ six siècles après sa fondation. L'absence de réoccupation ultérieure a permis un certain nombre de découvertes, qui concernent principalement les périodes parthe et romaine. L'essentiel de l'ancienne Doura-Europos consiste dans la muraille et le plan général de la ville. Pour le reste, on dispose de très peu de traces des monuments de cette époque. Le plan en damier, également appelé plan « hippodamien » (du nom de l'architecte Hippodamos de Milet), est typique des fondations coloniales hellénistiques. Les Grecs l'utilisèrent au plus tard à partir du ve siècle : une soixantaine d'îlots identiques (*insulae*) étaient créés autour d'une agora que bordait la rue principale. Il semble qu'à l'origine, chacun des colons (peut-être des vétérans de l'armée d'Alexandre) recevait un lot identique. La ville était entourée d'une muraille qui entourait un territoire d'une superficie d'environ 40 hectares.

La muraille n'a certainement pas été édifiée à l'époque de la fondation, mais environ un siècle et demi plus tard. À l'origine, la citadelle qui surplombait l'Euphrate servait à défendre la ville et à contrôler la route qui longeait le fleuve. Le danger parthe conduisit, à partir de la fin du IIIe siècle, à la construction du rempart. Il ne permit cependant pas aux Séleucides d'empêcher la conquête de la ville, vers 135 av. J.-C. – conséquence de la perte de la partie orientale de leur royaume.

Doura-Europos était une ville relativement petite, si on la compare aux fondations de la Syrie du Nord (comme Apamée ou Antioche), qui occupaient généralement une superficie d'environ 200 ha. La ville a exercé une fonction militaire et a servi de centre commercial. Comme dans les autres villes, les colons qui y étaient installés ont sans doute reçu des parcelles de terre agricole dans les environs.

Il faut attendre le milieu de l'époque hellénistique pour trouver des vestiges archéologique en nombre relativement important. L'ensemble de la documentation montre que l'influence hellénistique est manifeste dans les villes et leur entourage immédiat. Pour ce qui est des zones rurales, dans lesquelles vivait la plus grande partie de la population syrienne, les documents sont beaucoup plus rares. On est donc condamné à n'avoir qu'une image partielle de la situation réelle.

La fin des Séleucides

Les voisins des Séleucides, ainsi que les petits dynastes au sein de leur royaume, ont joué un rôle décisif dans la fin de leur pouvoir. Ce sont essentiellement les cités grecques les plus puissantes – Apamée, Séleucie, Sidon et Tyr – qui profitèrent de l'affaiblissement du pouvoir des Séleucides au cours des dernières années de leur règne. Mais surtout les royaumes qui apparaissent dans les zones marginales et les moins hellénisées. Chronologiquement, c'est la révolte des Maccabées qui

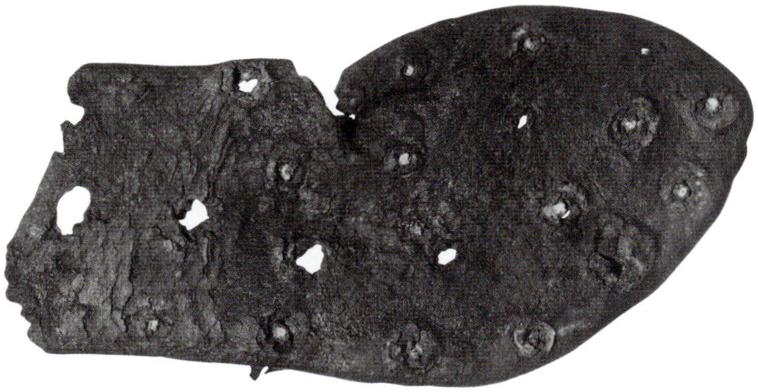

Chaussure d'enfant, Doura-Europos
Env. 200–160 av. J.-C.
Cuir, pièces de fer dans la semelle ; lg 17 cm
Yale University Art Gallery, New Haven

Le climat relativement sec et l'enfouissement dans le glacis construit par les Romains ont permis la conservation de différents objets, comme cette chaussure, mais aussi des documents sur parchemin et papyrus.

apparaît comme la première grande crise anti-hellénique. Elle aboutit en 152 à l'indépendance *de facto* de la Judée, sous le pouvoir de la dynastie des Hasmonéens, laquelle mena ensuite une politique expansionniste. Cette politique la plaça souvent en conflit avec les peuples voisins. On se contentera de rappeler ici la montée du royaume nabatéen qui eut lieu à peu près à cette époque et qui est traitée dans un autre chapitre de ce livre. Les auteurs antiques citent cependant d'autres dynastes d'origine arabe ou araméenne dans l'ensemble du royaume séleucide (Ituréens dans les montagnes du Liban, dynastie de Sampsigéramos autour d'Emèse, d'Abgar à Édesse, etc.). La montée de ces petits royaumes est un indice de la croissance des puissances locales, qui profitèrent de l'affaiblissement du pouvoir gréco-macédonien.

La part de la culture indigène apparaît très peu dans les sources de l'époque hellénistique, ce qui ne signifie pas qu'elle ait disparu. Au contraire, la population rurale ainsi qu'une bonne partie de la population urbaine parlaient une langue sémitique (l'araméen, divisé en différents dialectes) bien que l'influence arabe se fût faite elle aussi sentir, comme en Nabatène. Des témoignages comme ceux de l'onomastique ou de la religion prouvent que les Arabes, au fur et à mesure qu'ils pénétraient dans cette région, y ont joué un rôle de plus en plus important, même s'ils étaient dans leur majorité « aramaïsés ». D'autre part, à la fin de l'époque hellénistique, les informations se multiplient sur l'existence de peuples nomades d'origine sémitique en périphérie des zones urbanisées et hellénisées.

Dans les sources dont nous disposons, elles-mêmes essentiellement d'origine gréco-romaine, on a donc tendance à surestimer tout ce qui relève de l'hellénisation de la région. Il s'agit en fait plutôt d'un phénomène marginal et plutôt urbain – au moins à la fin de l'époque hellénistique. Il ne fait aucun doute qu'aux portes mêmes des grandes cités grecques, comme Antioche, prédominaient des populations sémitiques qui ne furent que très superficiellement touchées par la culture grecque.

Dès le début du Ier siècle av. J.-C., l'ensemble de la région dut faire face à l'avancée rapide de Rome. Ses généraux vainquirent Mithridate, le roi du Pont, au sud de la mer Noire, avant de se rendre maîtres de toute l'Asie Mineure, à l'issue de deux guerres (entre 88 et 63 av. J.-C.). À la même époque, les habitants d'Antioche, las des querelles dynastiques, firent appel au roi d'Arménie, Tigrane, qui annexa alors la Syrie (83 av. J.-C.). Mais son royaume ne résista pas longtemps aux Romains (défaite contre Lucullus, 69 av. J.-C.), et après quelques péripéties (dont un ultime retour des Séleucides), Pompée fit de la Syrie une province romaine. Ce fut le début d'une période d'au moins trois siècles qui a laissé de nombreux témoignages de la grande prospérité de la région. À l'est, on fixa la frontière sur le cours supérieur de l'Euphrate ; elle ne sera pas modifiée avant la fin du IIe siècle apr. J.-C. Plus au sud, à partir de la boucle du fleuve, la frontière du royaume coupait à travers le désert jusqu'au royaume nabatéen. Palmyre ne fut intégrée que de manière formelle à l'Empire jusqu'au début du Ier siècle apr. J.-C., mais le statut du désert qui la borde à l'est demeure incertain. D'une manière générale, la frontière du désert est assez mal connue : cette zone était aux mains de peuples nomades difficilement contrôlables, aussi bien par les Romains que par les Parthes.

Citadelle hellénistique, Doura-Europos

Derrière la citadelle, on distingue la vallée de l'Euphrate, qu'elle surveillait. C'est à cet endroit – un site occupé depuis la période assyrienne – qu'était installée la première garnison grecque.

Vue de la ville de Césarée

La cité de Césarée, en bord de mer, a dû une partie de sa fortune au roi Hérode. C'était une ville en majorité grecque, dont les habitants fournissaient des troupes au gouverneur.

Pax romana

Le territoire de la province romaine de Syrie ne correspondit d'abord que partiellement à ce qu'il était sous les Séleucides. Pompée et ses successeurs, de même que, plus tard, les premiers empereurs, ne menèrent pas d'action visant à éliminer les royaumes et les principautés qui morcelaient la province et correspondaient à ses parties les moins hellénisées. Les Romains se servirent au contraire des souverains locaux afin que ces derniers menassent à leur place une politique de romanisation qui demeurait *de facto* une politique d'hellénisation. Les Romains ont eu recours à cette stratégie en Asie Mineure, qui eut pour conséquence une intégration progressive dans l'Empire romain.

Les plus importants de ces royaumes situés dans la zone d'influence de l'Empire romain se trouvaient au sud : ce sont les États hérodiens et le royaume nabatéen. L'annexion définitive des premiers en 92-93 apr. J.-C., est la conséquence de la politique d'hellénisation, c'est-à-dire de la pacification et de l'urbanisation menée par des souverains dont le plus connu est Hérode le Grand (roi de 41 à 4 av. J.-C.). La fondation de la ville portuaire de Césarée par Hérode est un bon exemple de processus : le nom de Césarée atteste l'allégeance du royaume à Rome, dont il dépendait, même s'il disposait d'une autonomie théorique. Hérode décida de transformer la ville, qui portait jusqu'alors le nom de Stratônos Pyrgos (« Tour de Straton ») et la rebâtit de manière monumentale. Son port, aménagé à cette époque grâce à une digue, est l'un des plus importants de la région. C'est de là que l'apôtre saint Paul, prisonnier, est envoyé à Rome. On a également trouvé à Césarée une inscription latine dans laquelle on mentionne Ponce Pilate, le procurateur romain de Judée, célèbre pour avoir participé à l'exécution de Jésus. En effet, la Judée fut rattachée à la province de Syrie en l'an 6 apr. J.-C. ; le procurateur qui la gouvernait y résidait avec une importante garnison.

La politique d'hellénisation menée par les rois clients a une autre facette, elle aussi illustrée par l'action d'Hérode le Grand : leur rôle est aussi de pacifier des régions difficiles d'accès (une tâche que pouvaient difficilement accomplir les cités grecques) et de préparer ainsi leur intégration à l'Empire romain. Hérode fit ainsi bâtir sur son territoire un certain nombre de forteresses qui lui permirent de contrôler les zones les moins sûres de son royaume. L'un de ces bâtiments fut édifié à proximité immédiate de Jérusalem, c'est-à-dire au centre de son royaume – ce qui prouve que sa politique pro-hellénique ne lui a pas seulement valu des sympathies auprès de la population juive.

La dernière étape de l'intégration des rois clients à l'ouest de l'Euphrate se déroula en 106 apr. J.-C., avec l'annexion du royaume nabatéen, transformé en province d'Arabie. À cette période, la politique de paix romaine détermina *grosso modo* le destin de cette région et apporta développement et prospérité. Certes, des problèmes se sont constamment posés dans les relations avec ses partenaires ; mais depuis 53 apr. J.-C. et la défaite du proconsul romain Crassus à Carrhae (au sud-est de l'actuelle Turquie), la paix avec les Parthes avait été rétablie, même s'il s'agissait d'une paix armée, et les agressions étaient plutôt le fait des Romains que des Parthes. À l'intérieur de l'Empire, les annexions se déroulaient le plus souvent sans remous ni troubles majeurs. La Judée fut cependant le centre des troubles qui culminèrent entre 66 et 70 apr. J.-C. par une révolte à laquelle les Romains mirent un terme en prenant Jérusalem, puis Massada.

Forteresse, Massada

Ce piton rocheux, qui avait déjà servi à Hérode pour contrôler la région, fut de nouveau utilisé pendant la première guerre juive. La forteresse, profitant de la situation sur un site très escarpé, résista aux armées romaines, lors d'un siège long et difficile qui dura jusqu'en 74 apr. J.-C.

Complexe avec piscine, Hérodion

Devant une colline où se situait la forteresse proprement dite, on trouve ce complexe avec piscine qui appartenait à la partie basse de l'installation hérodienne.

Ill ci-dessus

Arc romain, Damas

Cet arc romain, situé en face du sanctuaire de Jupiter (aujourd'hui Grande Mosquée des Omeyyades) est l'un des derniers vestiges de la période romaine à Damas.

Ruines, Scythopolis

La ville était aussi appelée Nysa, car c'est ici que Dionysos aurait enterré sa nourrice du même nom. On vouait à Scythopolis un culte particulier à ce dieu. Les colonnes ont sans doute été renversées par le séisme de 749.

Une hellénisation inégale

Au début du IIe siècle apr. J.-C., souvent considéré comme la grande époque de la Syrie romaine, la région est toujours inégalement hellénisée. On comptait, pour l'essentiel, trois zones urbanisées : tout d'abord, la côte phénicienne, avec des prolongements vers le sud, jusqu'à Gaza et Ascalon ; puis, les *poleis* de Syrie du Nord, entre l'Euphrate et la côte ; et pour finir, au sud, la Décapole, qui était à l'origine un ensemble de dix cités, principalement situées à l'est du Jourdain, mais qui comprenait aussi Scythopolis, à l'ouest, et Damas, au nord. Contrairement aux fondations des Séleucides, la tradition indigène y était généralement restée dominante : les notables furent donc suffisamment hellénisés pour que Rome pût leur confier l'administration des *poleis* ; car, de la même manière que dans toute la partie orientale de l'Empire romain, la romanisation apparaissait, là aussi, sous la forme d'une hellénisation. La langue de la partie orientale de l'Empire romain était le grec ; seule l'armée romaine et quelques colonies, comme Beyrouth, utilisaient la langue latine dans les textes officiels.

En dehors de ces espaces hellénisés il subsistait toujours des zones où l'urbanisation était faible et dans lesquelles les cultures indigènes étaient prépondérantes. Il s'agissait essentiellement de régions montagneuses ou désertiques, ou encore de territoires reculés tels que la Syrie centrale ou la Palestine. Il y existait, certes, un petit nombre de villes, mais elles possédaient souvent une culture originale. C'était par exemple le cas de Palmyre, au milieu de la steppe syrienne.

L'organisation de la région

Un facteur a pourtant permis une relative unification de la région et, en tout cas, facilité sa prise de contrôle par Rome. Il s'agit de la construction des routes. Elles apparurent d'abord le long de la côte, mais aussi dans le désert, en direction de Palmyre (à l'époque flavienne, de 69 à 96 apr. J.-C.), puis, à partir de l'annexion de l'Arabie (106 apr. J.-C.), au sud, en direction de la mer Rouge. Les travaux se succédèrent très rapidement, notamment aux moments où l'activité militaire était importante, sous les empereurs Trajan, Marc Aurèle et Lucius Verus, Septime Sévère et ses successeurs. C'est principalement contre le royaume parthe que sont dirigées les expéditions menées par les empereurs et leurs généraux ; ce fut le cas de Trajan (98–117 apr. J.-C.), qui reprit une politique offensive plus ou moins oubliée depuis le Ier siècle av. J.-C.

Sa campagne de Trajan contre le « royaume parthe » le conduisit jusqu'au golfe Arabo-Persique, mais ses conquêtes au-delà de l'Euphrate sont abandonnées par Hadrien, son successeur (117–138 apr. J.-C.). L'Arabie fut en revanche annexée sans guerre. La paix dura jusqu'en 162, date à laquelle une expédition parthe en Syrie entraîna une contre-attaque romaine qui aboutit, en 165, à une nouvelle et éphémère conquête de la Mésopotamie par le général romain Avidius Cassius. Mais cette fois, Rome conserva le contrôle des rives de l'Euphrate, avec en particulier l'occupation définitive de Doura-Europos. L'annexion de la Mésopotamie eut lieu à l'époque de Septime Sévère. Celui-ci réorganisa la Syrie en séparant, au nord, la *Coelésyrie* – avec comme capitale Laodicée, puis Antioche – et, au sud, la *Syria Phoenicé* – avec Tyr pour capitale.

Même si la *pax romana* subsista pratiquement jusqu'au IIIe siècle au sein de ces frontières, cette paix fut troublée par quelques événements. La région connut ainsi un deuxième soulèvement des Juifs (sous Bar Kokhba, 132–135), qui entraîna une forte émigration, mais aussi une lutte pour le pouvoir entre Pescennius Niger et Septime Sévère, qui prétendaient tous deux à la succession de Commode. C'est Septime Sévère qui, en 193 apr. J.-C., sortit vainqueur de ce combat et devint le nouvel empereur.

Buste d'Isis accompagnée d'Horus, Ascalon

Ce buste d'Isis accompagnée d'Horus servait à décorer le forum du IIIe siècle apr. J.-C. Le culte de cette déesse égyptienne aurait conquis l'ensemble du monde gréco-romain oriental. Ascalon, dont la culture grecque était célèbre, ne faisait pas exception sur ce point.

Arc de la rue à colonnades, Tyr

Tyr, une antique cité phénicienne, fut aussi une capitale provinciale de l'Empire romain. Ces vestiges appartiennent à un arc monumental sur la rue à colonnades qui longeait la nécropole située à la sortie de la ville.

Exèdre du sanctuaire impérial de Shahba (Philippopolis)

Le sanctuaire, dédié au père de l'empereur Philippe l'Arabe, dominait avec son parvis l'agglomération de Shahba, devenue une *polis* après l'accession au pouvoir de Philippe.

Monnaie frappée du portrait de Zénobie
Env. 272 av. J.-C.
Bronze
Bibliothèque Nationale, Paris

Le destin de la reine de Palmyre est à l'origine de légendes dont se font l'écho les historiens arabes de l'époque islamique. Elles reflètent les luttes entre nomades qui constituent la toile de fond de la montée de Palmyre au cours du IIIe siècle.

La crise

Contrairement au IIe siècle apr. J.-C., le IIIe siècle est resté comme une période d'instabilité à l'intérieur, et une époque de luttes continues contre les Parthes, puis contre les Sassanides à la frontière orientale de l'Empire. La nouvelle dynastie sassanide qui prit le pouvoir en Perse en 224 apr. J.-C. mena à partir de 239 une politique beaucoup plus agressive dans cette partie de l'Empire, et conduisit son armée jusqu'à Antioche. C'est dans ce contexte que fut prise Doura-Europos, après un siège (en 256 pr. J.-C.) qui a laissé de nombreuses traces archéologiques. De fait, à partir de 235 apr. J.-C., plusieurs facteurs menèrent à la déstabilisation de l'Empire : les frontières n'étaient pas seulement menacées à l'est ; celles du nord et de l'ouest étaient soumises aux attaques des Germains. Ces offensives simultanées se heurtèrent à une armée romaine dont les chefs se disputaient le pouvoir. Comme on rendait les empereurs responsables des défaites militaires, la situation favorisa les usurpations par des généraux qui tentaient de rétablir la situation. Dans ces conditions, et en raison de la menace sassanide, les empereurs se rendaient souvent en personne dans les provinces orientales afin de réaffirmer leur autorité.

À cette époque, l'Orient était d'autant plus au centre des préoccupations que, pour la première fois, certains empereurs étaient originaires de Syrie. Septime Sévère (empereur de 193 à 211 apr. J.-C.) était marié à une Syrienne issue d'une grande famille d'Émèse, et ses successeurs (son fils Caracalla et ses petits-neveux, Élagabal et Alexandre Sévère) étaient descendants de dignitaires et de prêtres du culte du Soleil à Émèse. L'empereur Philippe l'Arabe (244–249 apr. J.-C.), au surnom révélateur, provenait lui aussi de la petite ville de Shahba, dans le Hauran. Il fit de Shahba une *polis*, lui donna son nom (Philippopolis) et organisa son développement monumental.

Entrer dans les détails de la crise de l'Empire au IIIe siècle nous mènerait trop loin dans le cadre de cet exposé. Il est toutefois intéressant de signaler le destin tragique de l'empereur Valérien (253–260 apr. J.-C.), qui fut capturé en 259 par les Perses sassanides après une défaite, et qui mourut en captivité. Les habitants de la province jouèrent un rôle de plus en plus important dans le combat contre les Perses. D'une manière analogue, la Gaule connut l'usurpation du Gallo-Romain Postumus, qui ne voulait certes pas se séparer de Rome, mais vaincre seul les « Barbares » (Germains) qui tentaient d'envahir le pays. En Orient, ce sont les princes de Palmyre qui tentèrent l'usurpation, d'abord avec Odeïnath. Après 267 apr. J.-C., son épouse Zénobie, une femme de grande culture, reprit la régence au nom de son fils mineur Wahballat, et mena à partir de 270 le combat de son propre chef. Maîtresse de Syrie, elle entreprit la conquête de l'Égypte, de l'Arabie et de l'Asie Mineure, et finit par rompre avec Aurélien, empereur depuis 270. Celui-ci avait vaincu l'empire gaulois en Occident ; il conduisit alors une campagne en Orient. Il parvint non seulement à battre les troupes palmyréniennes et à mettre fin à l'usurpation de Zénobie, qui n'était pas parvenue à résoudre par la diplomatie le conflit qui menaçait d'éclater avec Rome (272–273 apr. J.-C.). Le règne d'Aurélien (270–275 apr. J.-C.) marquait d'une certaine manière la fin de la crise en Orient, même si les guerres avec les Sassanides continuaient. À cette époque, la frontière orientale se situait sur le Tigre, si bien que la Syrie romaine se trouvait à distance des zones de combat.

L'arrivée au pouvoir d'un souverain d'origine illyrienne, Dioclétien (284–305 apr. J.-C.), marqua la véritable rupture, du point de vue de l'Empire romain. Pendant la période de la Tétrarchie (un système qu'il avait inauguré, fondé sur le règne commun de deux Augustes avec deux Césars), eut lieu une réorganisation administrative et militaire complète. Les provinces furent ainsi refondues (*voir* le chapitre sur l'époque proto-byzantine) et l'on mena le long des frontières un programme de construction de fortifications, qui concerna aussi Palmyre. On connaît particulièrement la *strata diocletiana* (route de Dioclétien), jalonnée de forts, qui allait de l'Euphrate à la région de Damas, en passant par la Palmyrène.

D'autres branches couraient aussi au sud de Damas, vers l'Arabie et jusqu'à la mer Rouge. Ces routes existaient avant Dioclétien, mais il est clair que le projet d'ensemble date de la tétrarchie et qu'il révèle une forte activité militaire dans cette région. L'objectif était de surveiller, dans la steppe, les agissements des nomades probablement devenus audacieux après la disparition de la puissance pamyrénienne qui les avait dominés jusqu'en 272.

À l'époque de la tétrarchie, on assiste également à la dernière persécution des chrétiens, entre 303 et 305 apr. J.-C. Le christianisme s'était en effet rapidement détaché du judaïsme, pour essaimer dans l'ensemble du bassin méditerranéen, malgré les persécutions de Trajan, Dèce et Dioclétien. Mais Constantin le Grand (324–337 apr. J.-C.), qui rétablit l'unité du pouvoir dans l'Empire à son profit (tout en poursuivant certaines réformes de ses prédécesseurs), mit en œuvre une autre politique religieuse. L'édit de Milan accorda à partir de 313 apr. J.-C. la liberté de culte. La rupture avec la période précédente était marquante. Malgré une continuité manifeste, elle introduisait une nouvelle phase dans l'histoire du Levant.

Camp de Dioclétien, Palmyre

Entrée de la *principia* (siège de la garnison romaine) en haut d'un escalier monumental. Le monument date de 301 apr. J.-C. Son importance reflète le nouveau rôle militaire de Palmyre.

Théâtre, Gadara

Des témoignages antiques attestent la réputation intellectuelle de la *polis* comme « ville lettrée ». L'existence du théâtre confirme l'hellénisation de Gadara à l'époque romaine.

L'apogée de la vie urbaine

Comme à l'époque hellénistique – et même sans doute de manière plus marquée –, le développement urbain alla de pair avec l'hellénisation de la région. Si l'on dresse un rapide bilan des réalisations culturelles, il faut d'abord noter que la Syrie était bien intégrée dans les courants culturels qui ont marqué le monde gréco-romain. En fait, cette intégration avait déjà eu lieu avant le début de l'époque hellénistique, dans l'ensemble du royaume séleucide. Les quelques inscriptions que l'on connaît à l'est de l'Euphrate utilisent la même langue et la même écriture que celles découvertes dans le monde méditerranéen. Il en va de même pour la littérature.

Éducation et culture : écrivains et philosophes

La continuité culturelle dans les différents royaumes hellénistiques s'explique d'abord par l'origine commune des colons, mais aussi par l'échange culturel permanent entre les royaumes. Si l'hellénisme oriental dans les régions situées dans le nord de l'Inde n'a pu se maintenir que quelques années, c'est-à-dire au moins jusqu'au moment où les Parthes ont rompu les communications avec le reste du monde grec, il en est évidemment allé tout autrement de la Syrie, qui a toujours maintenu le contact avec la Méditerranée et l'a encore renforcé après la conquête romaine. On ne s'étonnera donc pas du nombre de savants et d'écrivains qu'a produits le Levant dès l'époque hellénistique. Beaucoup ne sont pour nous que des noms figurant dans les œuvres des auteurs ultérieurs ; mais leur existence même témoigne de la présence d'écoles philosophiques dans des villes comme Apamée, c'est-à-dire d'un système éducatif qui permit une certaine floraison intellectuelle. Il faut souligner le rôle de l'éducation dans la diffusion de l'hellénisme. Elle se déroulait dans les gymnases que l'on trouvait dans de nombreuses *poleis* de l'Orient. Les villes contribuaient ainsi à conserver et à propager une culture certes réservée à une élite, mais qui n'en touche pas moins, de manière parfois indirecte, une grande partie de la population indigène. On peut ainsi se demander à juste titre si la langue maternelle de l'un des écrivains les plus célèbres de l'époque impériale, Lucien de Samosate (de 119 à env. 180 apr. J.-C.), n'était pas l'araméen. Originaire de Commagène, province située dans le nord de la Syrie, il a laissé nombre de témoignages sur le Levant, en particulier à propos de la *Théa Syria* (la « Déesse syrienne ») à Hiérapolis, près des rives de l'Euphrate.

On peut citer de nombreux autres écrivains et philosophes. Peut-être étaient-ils moins nombreux qu'en Asie Mineure ou en Grèce, mais ils furent toujours intégrés aux courants intellectuels qui marquèrent l'ensemble de la période. Antioche n'avait certes pas le rang d'Alexandrie et elle n'a pas donné beaucoup de grands noms avant le IVe siècle (il faut rappeler ici le rhéteur Libanios, qui vécut de 316 à 393 apr. J.-C.). En revanche, deux philosophes de premier plan apparurent à quelques siècles d'intervalles dans la cité voisine d'Apamée : Posidonios (135–51 av. J.-C.), historien et philosophe stoïcien, contemporain et ami de Cicéron, et Nouménios (seconde moitié du IIe siècle apr. J.-C.), aux origines du néoplatonisme. En revanche, des villes phéniciennes et méridionales de la région virent naître de nombreux écrivains et gens de lettres. Comment ne pas citer l'exemple de Gadara (Oumm Qeis), surnommée l'« Attique des Syriens » par le poète Méléagre, qui en était issu. Cette ville de la Décapole a vu la naissance de plusieurs noms de la littérature antique, dont Philodème, un philosophe épicurien, autre ami de Cicéron, et Oïnomaos, un philosophe cynique du IIe siècle apr. J.-C. Il est remarquable que la tradition intellectuelle de la région ait pu se maintenir à la fin de la période hellénistique, à une époque où la situation politique n'avait rien de stable. Dans ces conditions, il n'est peut-être pas étonnant qu'on retrouve un autre philosophe originaire du Levant à Athènes, en 79 av. J.-C. : Antiochos d'Ascalon, dont Cicéron fut l'élève dans la cité grecque. Son déménagement en Grèce est un signe de vitalité intellectuelle, car il devint le chef (le « scholarque ») de l'Académie.

Mais il s'agissait peut-être aussi de s'éloigner prudemment d'une région que les guerres permanentes avaient rendue dangereuse. Pour les années qui suivent, il faut surtout citer deux historiens : d'abord Nicolas de Damas (né vers 64 av. J.-C.), qui vivait dans l'entourage d'Hérode le Grand, et surtout le fameux Flavius Josèphe (37–100 apr. J.-C.) qui, descendant d'une famille de prêtres juifs, fut d'abord opposé aux Romains, mais se rallia ensuite à eux. Dans la capitale de l'Empire romain, il rédigea une partie de son œuvre historique : *Guerre des Juifs* et *Antiquités judaïques*, ainsi que son *Autobiographie*, l'un des premiers exemples du genre.

Mais les textes les plus célèbres provenant de la région sont les différentes œuvres rédigées en grec au cours des Ier et IIe siècles apr. J.-C. qui composent le Nouveau Testament. Leur statut et leur qualité littéraires sont incertains, mais leur influence surpassa celle des autres œuvres contemporaines. Il ne sont au fond que les premiers textes d'une tradition qui se développa par la suite avec les œuvres d'Apologistes comme Justin de Néapolis (Naplouse) en Palestine, ou Tatien, peut-être originaire de Mésopotamie, et qui annonçait la floraison de la période protobyzantine.

Il faut attendre la fin du IIe siècle pour retrouver une activité littéraire aussi intense qu'au dernier siècle des Séleucides. Les mêmes citées étaient encore présentes à cette époque : à Tyr vivait Maxime, auteur de tendance platonicienne ; cent ans plus tard, Porphyre, né en 233, lui aussi citoyen de Tyr et dont le nom local était Malchos, implanta définitivement le néoplatonisme, dont Jamblique de Chalcis est un autre représentant syrien. C'est d'Émèse que provenait Fronton, un rhéteur qui fit carrière à Athènes ; son neveu, le philosophe Longin, fit un long séjour à l'Académie locale ; son principal élève fut Porphyre, que nous avons déjà cité. C'est peut-être aussi à cette époque que vécut le romancier Héliodore, auteur des *Éthiopiques*, lui aussi originaire d'Emèse. Tous ces écrivains ont écrit en grec. On trouve cependant aussi des œuvres en latin, comme celle d'Ulpien, un juriste né à Tyr mais qui reçut sa formation dans la fameuse école de droit de Beyrouth, une colonie de langue latine. Cette école joua elle aussi un rôle dans ce contexte culturel ; on retrouve ses élèves dans tout l'Empire romain.

Grande colonnade, Apamée

Apamée – ici, la partie nord de la grande colonnade qui fut partiellement financée par de riches notables de la ville – était la ville natale du philosophe stoïcien Posidonius.

Théâtre, Bosra

La capitale de la province d'Arabie possède un théâtre depuis le début du IIe siècle apr. J.-C. Sa transformation en citadelle, à l'époque islamique, a protégé jusqu'à nos jours cet édifice qui reste l'un des meilleurs témoignages de l'architecture théâtrale antique.

Que beaucoup de ces philosophes, historiens ou rhéteurs aient pu accomplir la majeure parie de leur carrière hors de la Syrie, et principalement dans les capitales intellectuelles qu'étaient Athènes ou Rome, est le signe du niveau d'éducation que l'on pouvait recevoir dans les cités syriennes. Mais c'est peut-être aussi le signe que pour faire carrière, il fallait quitter ces régions pour se rendre dans des centres dont la réputation intellectuelle était mieux établie.

La culture grecque dans le Levant était cependant visiblement vigoureuse, et le mouvement débuta quelques décennies seulement après l'arrivée des conquérants gréco-macédoniens. Que les noms qu'on vient de citer aient été ceux de descendants de ces émigrés ou au contraire de Syriens de souche importe peu pour la culture hellénistique. Comme le dit Plutarque dans sa *Fortune d'Alexandre*, Alexandre eut une action éducatrice sur l'Asie. Certes, elle ne toucha véritablement qu'une mince couche de la population, celle qui détenait aussi le pouvoir économique ; pourtant, les œuvres de la culture grecque eurent une influence considérable, qui perdura même après la fin de l'Empire romain, par le biais de traductions en syriaque et en arabe.

La conception monumentale des villes

L'absence de théâtres de l'époque hellénistique en Syrie est peut-être le signe que l'hellénisation était réservée à une élite relativement peu nombreuse. D'autres arguments vont dans le même sens, comme le petit nombre d'inscriptions grecques datables de cette époque, ou l'inexistence de concours grecs (sauf à Sidon et Tyr) avant la période romaine. Mais ensuite, les édifices de spectacles se développèrent soudainement sur l'ensemble du territoire. Les mieux connus sont les théâtres de Bosra – l'un des plus complets du monde romain –, celui de Palmyre, sans doute inachevé, et le théâtre d'Amman, avec sa pente impressionnante. Les sources littéraires et les vestiges archéologiques attirent notre attention sur l'existence de plus de cinquante édifices de spectacles d'époque romaine dans le Levant. On peut citer les villes d'Apamée, avec l'un des plus grands théâtres de la période romaine, Laodicée (Lattaquié), Antioche, avec plusieurs théâtres, Cyrrhus ou Gabala (Djéblé) en Syrie du Nord, Beyrouth et les cités de la côte, Philippopolis (Shahba), Canatha (Qanawat) ou encore Gerasa (Djerash), avec trois théâtres. Parmi les autres édifices de spectacles les plus connus, on compte, par ailleurs, le stade de Tyr, l'un des mieux conservés et étudiés ; on en connaît également un à Antioche où l'on a également repéré un hippodrome, comme à Bosra et à Gerasa.

Dans les zones les plus urbanisées se déroulèrent de plus en plus souvent des concours nécessitant de tels édifices ; mais en Arabie (sauf à Bosra) et dans le désert (Palmyre), ce type de manifestations était inconnu. Pourtant, des personnes de tout l'Empire venaient participer à certains concours des villes syriennes ; et, inversement, des Syriens participaient à des concours dans tout le monde gréco-romain – un nouveau signe de l'intégration de la Syrie à l'époque romaine.

Les édifices de spectacle ne sont qu'un exemple de la parure monumentale qui vient couvrir l'Orient romain. Ils ont permis d'établir un lien entre la culture intellectuelle et ce qui en fut visible pour l'ensemble de la population des villes levantines. Ils ne représentaient cependant qu'un aspect de la mutation qui affecta les villes de cette région. Les vestiges conservés jusqu'à nos jours prouvent suffisamment la prospérité et le développement rapide qui ont accompagné la conquête romaine.

Théâtre, Amman

Le théâtre d'Amman, situé au pied de la citadelle, au cœur de la ville moderne, offre un bel exemple d'utilisation du terrain par l'architecture romaine, ce qui donne une pente vertigineuse à cette *cavea*.

Théâtre, Philippopolis

Le théâtre se situe à proximité du sanctuaire impérial ; il a été très bien préservé. Il se caractérise par sa petite taille et une certaine austérité.

Théâtre sud, Gerasa

La scène (*scaenae frons*) du théâtre (fin du Ier siècle apr. J.-C.), divisée en trois exèdres, a connu de nombreux remaniements. Sa complexité et son décor sont comparables à ceux d'autres théâtres syriens, comme Apamée ou Palmyre.

Stade, Tyr

Le stade, situé à proximité de l'arc monumental, était relié à la rue en colonnades par des arcades qui permettaient son insertion dans le tissu urbain.

Théâtre, Byblos

Le petit théâtre de Byblos après sa restauration qui le déplaça jusqu'au bord de mer. La façade à niches alternées au pied de la scène est typique des théâtres du Levant.

Apamée (Qalaat el-Moudiq), dont la rue principale dépasse les 2 km de long et les 35 m de large, offre un brillant exemple de l'architecture monumentale. Il s'agit d'une rue orientée nord-sud, bordée d'une colonnade corinthienne latérale qui fut construite par tranches successives entre l'époque de Trajan et celle de Marc Aurèle, dans le cadre de la reconstruction qui suivit le tremblent de terre de 115 apr. J.-C. Le recensement mené dans les années 6 et 7 apr. J.-C. par Quirinus, gouverneur de Syrie, donnait le nombre de 117 000 citoyens, ce qui permet d'établir que la ville et le territoire qui l'entourait comptait au début de l'ère chrétienne une population d'environ 500 000 habitants. On possède peu de chiffres aussi précis pour le monde antique. Le cadre de vie de cette population est assez bien connu, par les monuments (thermes, nymphées) et les maisons. Ils témoignent de la richesse de la ville, mais il paraît clair que les maisons situées à proximité du centre monumental appartenaient à la frange aisée de la population.

À Apamée comme à Antioche, l'existence de somptueuses mosaïques illustrent cette richesse, mais il faut rappeler que dans ce domaine comme dans bien d'autres, la période hellénistique n'est pas représentée. Il faut attendre la période proto-byzantine pour en trouver des exemplaires nombreux. Pour la période romaine, on possède des exemples de mosaïque à Apamée (à partir du Ier siècle apr. J.-C.), mais aussi à Palmyre, à Philippopolis et à Echmoun, près de Sidon.

Une ville comme Gerasa frappe là encore par son caractère monumental ; ses rues à colonnades, sur le modèle de celle que Tibère fit construire à Antioche, constitue un trait caractéristique des sites syriens romains, où ce type d'édifice a peut-être été créé. Il y est en tout cas très fréquent, comme l'attestent Palmyre, Bosra, Damas et Gerasa. Autour de ces rues s'organisait la vie des cités, car elles étaient bordées de bâtiments publics : des temples (Gerasa), un théâtre (Palmyre) ou encore des fontaines, les nymphées. Les rues à colonnades reliaient les principaux monuments et permettaient une réorganisation de l'espace public, tout en affichant à la vue de tous la richesse de la ville.

Rue à colonnades, Gerasa

Le spectacle qu'offre cette rue parmi d'autres permet de comprendre pourquoi Gerasa fut surnommée « la ville aux mille colonnes ».

Grande colonnade, Palmyre

Les consoles que l'on discerne à mi-hauteur des colonnes recevaient les statues des bienfaiteurs et des donateurs. En dessous, une brève inscription retraçait leurs mérites et donnait généralement leur généalogie. La colonnade secondaire que l'on voit aussi, transversale à la rue principale, aboutit sur le tétrapyle qui en marque l'une des articulations.

Ill. ci-contre

Mosaïque, Echmoun

Les vestiges d'une mosaïque en bonne partie détruite aujourd'hui, que l'on peut sans doute dater du début du IVe siècle apr. J.-C., et qui représentait vraisemblablement les Quatre Saisons.

Grande colonnade, Apamée

Ces colonnes (milieu du IIe siècle apr. J.-C.) à cannelures torses, à proximité de l'agora et du temple de la Fortune de la cité, constituent l'un des aspects les plus originaux du décor urbain d'Apamée.

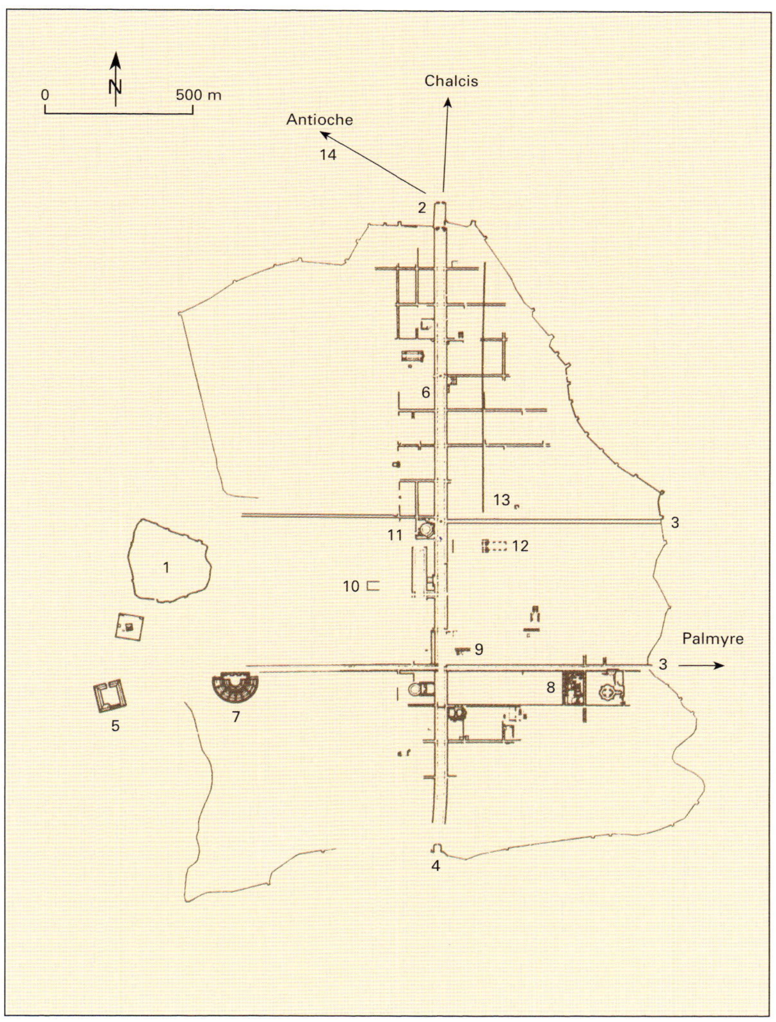

Plan de la ville d'Apamée

La rue centrale d'Apamée, orientée nord-sud, mesure plus de deux kilomètres ; elle est bordée de colonnades corinthiennes latérales. Maisons, thermes et aqueducs se trouvent à proximité immédiate. On distingue également nettement le théâtre, à l'ouest de la ville.

1. Acropole, 2. porte nord, 3. porte est,
4. porte sud, 5. caravansérail,
6. grande rue à colonnades, 7. théâtre,
8. bâtiment avec triclinium,
9. maison avec atrium,
10. temple de Zeus-Belos, 11. rotonde,
12. thermes, 13. aqueduc, 14. nécropole.

III. ci-contre

Plan de la ville de Palmyre

1. Muraille de Dioclétien, 2. musée,
3. maisons à péristyle, 4. églises,
5. basilique (nouvelle fouille),
6. sanctuaire de Baalshamin,
7. grande rue à colonnades, 8. sanctuaire d'Allât,
9. « colonnade transversale »,
10. temple d'Arsou, 11. tétrapyle,
12. « Caesarum », 13. agora,
14. annexe de l'agora, 15. sénat, 16. théâtre,
17. thermes de Dioclétien,
18. sanctuaire de Nabu, 19. sanctuaire de Bêl,
20. nécropoles.

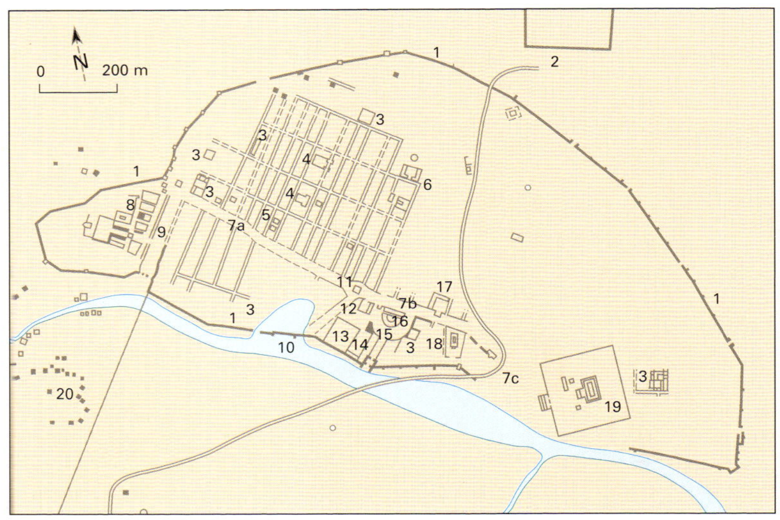

Triple arc, Palmyre

Cette création originale permet de relier sans rupture deux tronçons de la grande colonnade à un endroit où cette dernière modifiait sa direction pour se diriger vers le sanctuaire de Bêl.

Les arcs, les portes monumentales ou les places qui rythment la longueur souvent importante des rues et en brisent la monotonie, leur conféraient aussi un caractère décoratif et esthétique. Sous leurs colonnades, elles abritaient également des commerces. Combiné avec la présence d'édifices publics, ce fait explique que les rues à colonnades devaient constituer le lieu où toute la population des villes se croisait et se côtoyait. Ce nouveau cadre de vie architectural a sans aucun doute contribué à ancrer l'hellénisme dans les mœurs de la population urbaine, notamment grâce aux thermes, véritable lieu de convivialité. On est cependant en droit de se demander si, dans certains cas, l'influence romaine ne l'emporte pas sur les éléments véritablement helléniques de l'urbanisme, avec le choix de deux axes principaux autour desquels était organisée la ville (au lieu d'un quadrillage hellénistique autour d'une agora centrale). Il faut cependant se garder de trop simplifier.

Parmi les éléments qui ont contribué à façonner le décor urbain, on peut en outre citer les aqueducs, nécessaires pour les villes, parfois fortement peuplées, ou les murailles, dont les portes ouvraient sur les artères principales. Ces remparts furent souvent mal entretenus pendant la *pax romana*, jusqu'au IIIe siècle apr. J.-C., alors qu'ils étaient constitutifs de la fierté des cités sous les Séleucides, sans doute parce qu'ils devaient souvent être mis à rude épreuve pour défendre la population.

Ill. page ci-contre en haut

Sanctuaire de Baalshamin, Palmyre

Le petit temple en prostyle qui se dresse au milieu de la cour du groupe de bâtiments date du début du IIᵉ siècle apr. J.-C.

Thermes sud, Bosra

Comme toute ville gréco-romaine, la capitale de la province d'Arabie disposait de bains – un élément indispensable de la civilisation classique.

Mosaïque de Gè-Aiôm, Philippopolis

2nde moitié du IIIᵉ siècle apr. J.-C.
h 272 cm, lg 332 cm
Musée national de Damas

Cette très fameuse mosaïque de Shahba (Philippopolis) présente tout un ensemble de figurines allégoriques : au centre, l'incarnation de la Terre, représentée par une femme avec ses enfants, symbole de la terre et de ses fruits. Elle est flanquée de la personnification du Temps, qui a la roue pour attribut.

Nymphée, Gerasa

Le nymphée se situe à mi-chemin entre les deux extrémités de la rue principale ; il dresse sa façade en exèdre de 22 m de large comme une scène de théâtre, dont des statues peuplent les niches.

Place ovale et sanctuaire de Zeus, Gerasa

La place ovale que borde, au sud, le sanctuaire de Zeus (au premier plan) s'ouvre, au nord, sur la perspective de la rue principale. On distingue au nord-ouest le sanctuaire d'Artémis.

Aqueduc, Césarée

Césarée était approvisionnée en eau par deux aqueducs de l'époque hérodienne. Le plus monumental des deux a été rénové sous Hadrien. Il est aujourd'hui dégagé du sable qui l'entourait.

Les facteurs de l'épanouissement économique

On peut s'interroger sur les conditions qui ont permis un tel déploiement de richesses dans les villes. Mentionnons d'abord l'activité de Hérode le Grand, à l'intérieur comme à l'extérieur de son royaume. Sa politique pro-hellénique, déjà mentionnée, l'avait conduit à faire embellir un certain nombre de villes, dont Antioche, Beyrouth, Tyr, Byblos et Ascalon. Si l'on connaît d'autres cas pour lesquels l'intervention des autorités impériales est attestée, ainsi à Antioche selon Flavius Josèphe, l'épigraphie indique en revanche que ce sont souvent des « évergètes » (bienfaiteurs) locaux qui finançaient l'édification des monuments qui ornaient leurs cités.

Après Hérode, et tout particulièrement au IIe siècle apr. J.-C., période où la prospérité de la région connut son apogée, les villes s'emplirent de monuments offerts à leurs concitoyens par de riches notables. Cette générosité – que l'on qualifie habituellement d'« évergétisme »–, n'est qu'un aspect d'une vie civique active, sur le modèle de ce qui se passe à la même époque en Asie Mineure. L'épigraphie de la Syrie est certes moins riche de ce point de vue ; il existe cependant suffisamment d'inscriptions en l'honneur des bienfaiteurs pour conclure à l'existence de phénomènes de rivalités entre notables visant à détenir la première place dans leur cité. De même, il est clair que le développement monumental dont nous avons donné quelques exemples, ne peut se comprendre sans tenir compte du désir des citoyens de voir leur ville occuper la première place. C'est aussi ce que montre l'existence d'institutions civiques, attestée jusque dans les petites cités du Hauran. Il ne s'agit pas de nier les énormes différences dans le

Inscriptions latines, aqueduc, Césarée

Cette inscription latine rappelle le travail d'un détachement de la 2e légion trajane qui, sous l'empereur Hadrien, a construit ou réparé l'aqueduc qui alimentait la ville en eau.

degré d'hellénisation, on le verra plus clairement encore à propos des espaces ruraux. Même quand ils n'adoptent pas de noms gréco-romains, les notables, qui sont magistrats ou membres des conseils de ces cités, participent à une vie civique comparable, tout au moins dans les principes, à celle d'Antioche ou d'Apamée.

Les *poleis* devaient leur richesse matérielle aux espaces ruraux qui les entouraient – celles-ci fournissaient les produits consommés, transformés et échangés. On souligne souvent le rôle de place commerciale qu'a joué la Syrie, et l'on rappelle à juste titre les précédents phéniciens. À l'époque romaine, la fortune d'une ville comme Palmyre reposait en grande partie sur son rôle d'intermédiaire commercial entre l'Orient (jusqu'à l'Indus) et Rome. Mais ce n'est là qu'un aspect de ce qui a fait la richesse de la Syrie. Les villes de la région étaient des centres économiques importants, soutenus par les conditions favorables fournies par l'Empire romain (nouveaux marchés, *pax romana* et croissance démographique), ainsi que par la présence de nombreux ports. Elles purent ainsi connaître le développement qui apparaît encore aujourd'hui sous la forme de vestiges archéologiques. On sait également que des marchands syriens se rendaient dans les provinces de l'Empire romain ; ce fait est attesté pour l'Italie, mais aussi pour l'Espagne ou la Gaule (notamment à proximité de Lyon). Des fouilles entreprises sur des sites hors de Syrie prouvent, certes, que les produits du Levant étaient exportés, mais aussi que la majeure partie de la production était sans doute destinée au marché local. Le Levant était connu pour la qualité des produits de luxe fabriqués sur place, notamment le verre (Sidon), les métaux (Antioche) et les textiles (Damas, Gerasa, Laodicée). Les teintures pourpres obtenues à partir d'un coquillage, le murex, avaient depuis longtemps contribué à la richesse et la renommée de Tyr. Une part de la céramique était importée, même si les dernières recherches montrent qu'un certain nombre d'ateliers de la céramique dite sigillée orientale, courante à l'époque romaine, devaient se trouver en Syrie ou à proximité.

Inscription funéraire de Thaïm, Genay

Env. IIIe siècle apr. J.-C.

Pierre ; h 112 cm, lg 53 cm, p 42 cm

Musée de la Civilisation gallo-romaine, Lyon

Cette épitaphe rappelle Thaïm, fils de Julien. Ce Syrien, issu de Kanatha (Qanawat) dans le Hauran, exerçait son activité commerciale en Gaule, dans la seconde moitié du IIIe siècle.

Arc d'Hadrien, Gerasa

Le monumental arc d'Hadrien, situé à 500 mètres de la porte sud, signale l'entrée dans l'espace urbain, à l'extrémité d'une zone où l'on prévoyait une extension de la ville, qui ne fut jamais réalisée.

Ill. ci-contre

Buste d'une femme, hypogée de Shalamallat, Palmyre
Fin du IIe siècle av. J.-C.
Musée national de Damas

Ce buste représente une femme riche, comme le prouvent l'abondance de ses bijoux et les tissus qui composent ses vêtements. On notera la finesse du traitement des détails.

La diversité de l'art – Les tenues palmyréniennes

Les sculptures de Palmyre reflètent la richesse de l'artisanat syrien – notamment celui de Palmyre – pendant les trois premiers siècles apr. J.-C. Les nécropoles de cette oasis ont révélé aux chercheurs l'un des ensembles artistiques les plus importants fournis par la Syrie, et même par l'Empire dans son ensemble. La vogue dont jouit la sculpture palmyrénienne depuis sa redécouverte au XVIIe siècle nous permet d'admirer dans les musées du monde entier des bustes et reliefs provenant de Palmyre. Il s'agit dans la plupart des cas de reliefs de bustes utilisés comme plaques pour obturer les niches où l'on plaçait les défunts. On y trouve aussi des reliefs sur sarcophages et quelques statues en ronde-bosse, souvent funéraires également. Les dates qui figurent sur certaines des pièces découvertes ont permis, depuis le début du XXe siècle, d'établir un classement et de retracer l'évolution de cet art. Les éléments les plus caractéristiques sont l'évidente stylisation et l'usage de la frontalité, probablement un héritage des canons orientaux.

Mais cet art permet aussi de toucher du doigt certains aspects de la civilisation de la Syrie

Hypogée de Iarhai, Palmyre

Cet hypogée richement décoré a été reconstitué au musée de Damas. On a ainsi pu comprendre comment étaient disposés les bustes funéraires et les sarcophages souvent découverts isolés de leur contexte.

Relief représentant un convive lors d'un banquet, Palmyre
Début du IIIe siècle apr. J.-C.
Calcaire ; h 55 cm
Musée de Palmyre

Cette personne, représentée lors d'un banquet alors qu'un serviteur lui sert à boire, porte la tenue typique des nobles palmyriens. On notera la richesse de l'ornementation de son costume.

romaine. Ainsi, les bustes féminins fournissent de nombreuses illustrations de l'art des bijoux ; de même, les vêtements ornés que portent les personnages sculptés, combinés aux plus rares découvertes de vestiges de textiles dans les tombeaux de Palmyre et Doura-Europos, nous renseignent sur le luxe de certains costumes.

Palmyre est un exemple tout à fait représentatif d'une culture mixte où se mêlent les influences grecques, sémitiques, mais aussi iraniennes. Certains membres des classes supérieures palmyréniennes se font ainsi représenter en tunique à manches longues et en pantalons, un costume d'origine iranienne, d'autres en revanche en tunique grecque à manche courte descendant jusqu'aux genoux ; on peut porter par-dessus l'*himation*, un manteau couvrant tout le corps. Un costume plus local est souvent représenté dans les sculptures montrant des hommes en armes que l'on a retrouvées à Palmyre et aux alentours. La tunique à manches longues y est portée au-dessus d'une grande pièce d'étoffe roulée autour de la taille ; elle tombe sur les jambes, mais elle est ouverte sur le devant, ce qui permet de monter à cheval. Le costume féminin d'origine locale était plus simple. L'élément typique est ici un foulard, une sorte de voile qui recouvrait les cheveux, eux-mêmes souvent retenus par un diadème. Il devait sans doute être possible de s'en servir pour se cacher le visage, mais l'on ignore comment on l'employait dans la vie quotidienne.

Palmyre ne représente qu'un aspect de la culture du Levant. Dans les villes de culture hellénique, comme Antioche ou Gerasa, la tenue grecque était sans doute prédominante. Mais sous divers aspects, la culture de la Syrie était bien mixte, ne serait-ce que parce qu'elle faisait coexister, parfois dans la même cité, des traditions artistiques très différentes qui produisirent des œuvres particulièrement originales. Outre Palmyre, la sculpture du Hauran, par exemple, avait ainsi des caractéristiques stylistiques particulières. On verra dans les pages qui suivent que les sanctuaires et les temples constituaient le domaine privilégié de cet art qui empruntait ses éléments aux différentes traditions. Le décor urbain civil est pour sa part moins mélangé, même si certaines formes, comme la rue à colonnades, sont peut-être des créations locales qui ont, par la suite, essaimé dans l'Empire.

Tissu de laine faisant partie d'un vêtement, Doura-Europos
Début du IIIe siècle apr. J.-C.
Laine ; l 11,9 cm, lg 24,6 cm
Yale University Art Gallery, New Haven

Ce tissu de laine provient d'un vêtement porté à Doura-Europos dans les premières années du IIIe siècle après J.-C. Les habitants de Doura-Europos utilisaient vraisemblablement moins de tissus de luxe que ceux de Palmyre.

Linteau du jugement de Pâris, Souweida

IIe siècle apr. J.-C.
Basalte : lg 1316 cm, h 52 cm ; p 18,5 cm.
Musée du Louvre, Paris

Cette scène typique de la mythologie gréco-romaine est traitée dans un style caractéristique du sud de la Syrie.

L'onomastique et les langues du Levant romain

L'onomastique (science des noms) est un bon indicateur du degré d'hellénisation, même si l'on ne tient compte ici que des inscriptions grecques. Celles-ci montrent que l'hellénisme était ancré le plus solidement là où les secteurs avaient été touchés les premiers par l'influence grecque : dans les villes de Syrie du Nord, et surtout dans la Décapole. Les indigènes qui ont adopté la culture grecque ne peuvent plus être distingués des colons de la période d'Alexandre. Ailleurs, même quand ils parlaient le grec, les habitants conservaient leur nom traditionnel. Parfois, comme à Palmyre, les noms sont doubles ; on sait par exemple que le nom de Zénobie (en grec) était Bat Zabbaï (en araméen). Selon la langue que l'on parlait ou que l'on employait, on utilisait l'un ou l'autre nom. De toute façon, les inscriptions sur pierre étaient le privilège des plus riches ; il est donc pratiquement impossible de savoir combien d'habitants de la Syrie parlaient effectivement le grec. Mais il existait visiblement une corrélation entre la connaissance de la langue grecque et l'appartenance au groupe des notables ; cela valait même pour Palmyre. On peut se demander si la croissance progressive des noms indigènes dans l'épigraphie n'était pas liée à l'élévation générale de la prospérité. Alors qu'au début de l'Empire, seule une partie infime de la population avait accès à l'écriture – les riches citadins qui détenaient le pouvoir économique –, l'accroissement de l'urbanisation et l'essor des activités commerciales permirent aussi à des personnes moins hellénisées de participer à cette culture écrite qui caractérisait le monde antique.

Selon des témoignages contemporains, il semble pourtant que la plus grande partie de la population, des Juifs aux Arabes nabatéens, ait parlé l'araméen. Les langues et les écritures locales sont en revanche surtout utilisés dans les marges du pays : l'araméen dans le royaume nabatéen et à Palmyre, le safaïtique, un dialecte ancien du nord de l'Arabie, à l'est du Jourdain. Le syriaque, un dialecte araméen de Mésopotamie, était la langue de culture d'une partie du Proche-Orient chrétien, au même titre que le grec. Il connaît un certain développement dès le IIe siècle, avec Bardesane d'Édesse dont les doctrines sont aux limites du christianisme et de l'hérésie. À Palmyre, l'épigraphie est de manière prédominante écrite dans l'al-

Fragment du *Livre d'Hénoch*, Qoumran, grotte 4

Copie de la 1re moitié du IIe siècle apr. J.-C.
Cuir de chèvre ; l 17,5 cm, h 17,5 cm
Musée archéologique de Palestine (Rockefeller), Jérusalem

Le *Livre d'Hénoch* est l'un des principaux apocryphes, c'est-à-dire l'une des œuvres n'appartenant pas au canon de l'Ancien Testament. Il a d'abord été écrit en langue araméenne ; le texte d'origine a été perdu pendant l'Antiquité. C'est à Qoumran que l'on a trouvé pour la première fois des fragments de la version originale.

phabet araméen local. Aux portes mêmes de la capitale provinciale, Antioche, si l'on en croit des témoignages plus tardifs, les paysans ne connaissaient pas le grec et ne parlaient que l'araméen.

De Hiérapolis, au nord, jusqu'à Qoumran, au nord-ouest de la mer Morte, il existait une zone dans laquelle les usages indigènes se maintenaient et dominaient par secteurs. Ces différentes régions ont aussi produit une importante documentation qui aide à comprendre comment fonctionnait la coexistence entre les cultures. Les manuscrits découverts à Qoumran sont ainsi l'une des sources les plus importantes sur les mouvements doctrinaux qui secouaient le judaïsme à cette époque. Même s'ils ne concernaient au fond qu'une secte parmi d'autres, ils fournissent pourtant à l'histoire générale d'importants renseignements sur les langues employées dans la région. D'autres documents de la même zone (appelés « archives de Babatha ») montrent que l'araméen (sous ses différents dialectes, dont le nabatéen) coexistait avec l'hébreu et le grec, et même que dans certains cas l'influence gréco-romaine était visible, en particulier dans le domaine du droit.

Massif rocheux, Qoumran

C'est dans ce massif rocheux que s'ouvrent les grottes où furent découverts les fameux Manuscrits de la mer Morte. La colonie d'une communauté religieuse juive (vraisemblablement les esséniens) est toute proche.

La force des traditions indigènes hors des villes

Dans nos sources, la population indigène de l'époque romaine apparaît de plus en plus clairement. Il convient de mettre ce fait en rapport avec un phénomène dont les origines remontent au moins jusqu'au Ier millénaire av. J.-C. : la pénétration en Syrie de peuples venus de la péninsule Arabique. Ces « Arabes » (entendus ici au sens linguistique) formaient différents groupes dont les Nabatéens sont sans doute les plus connus. Il faut aussi mentionner les Ituréens qui, à la fin de la période hellénistique, s'installèrent près de Damas. Les témoignages de l'onomastique et des cultes montrent qu'une partie de la population de Palmyre avait aussi des origines arabes. Comme les Nabatéens, ils subissaient une très forte influence araméenne, et l'épigraphie de ces deux peuples n'est pas rédigée en arabe, mais en araméen. Beaucoup d'éléments laissent penser que leur langue quotidienne, y compris pour les Nabatéens, était l'araméen. Il existait d'autres populations arabes en Mésopotamie, notamment dans une zone de steppes, dans le sud de la Syrie et au nord-est de l'Arabie. On qualifie généralement ces tribus de « safaïtiques », bien qu'il ne s'agisse pas d'une communauté homogène. Elles sont surtout connues parce qu'elles ont laissé des milliers d'inscriptions, précisément dans cette région de la steppe, mais aussi, parfois, dans des villes comme Bosra, et jusqu'à Palmyre. Il s'agissait de groupes nomades qui pratiquaient occasionnellement l'agriculture dans la mesure où les conditions climatiques étaient favorables. On retrouve le même mode de vie chez les Bédouins jusqu'à une époque récente. Mais leur mode de vie reposait surtout sur l'élevage transhumant de dromadaires, de chevaux et de moutons. Ce mode de vie était à peu près celui de tous les nomades, même s'ils n'étaient pas forcément tous d'origine arabe. Il arrivait souvent que les tribus se sédentarisent, au moins partiellement ; dans le cas de Palmyre, par exemple, cela contribua indirectement à la prospérité de la ville. L'existence durable de relations entre les nomades et les nouveaux sédentaires permet d'expliquer pourquoi les commerçants de Palmyre pouvaient contrôler les voies de communication à travers le désert, entre Palmyre et l'Euphrate, et pratiquer normalement leur commerce. Comme chez les Safaïtiques, l'élevage jouait un grand rôle dans ces tribus. Dans la région montagneuse située au nord-est de Palmyre, on a découvert un certain nombre d'installations rurales. C'est peut-être là qu'étaient établis les haras qui fournissait les montures et les bêtes de somme pour les caravanes.

Galet avec inscription safaïtique, Safa
Ier siècle apr. J.-C.
Basalte, h 50 cm, l 40 cm
Musée du Louvre, Paris

Au-dessus de l'inscription, on distingue une scène de chasse (chasseurs et lion). L'inscription mentionne le nom du graveur.

Le rôle de l'agriculture

Même si l'on sait fort peu de choses sur le monde rural, sa prédominance à cette époque n'est pas à mettre en doute. La majorité de la population vivait dans les campagnes et assurait sa subsistance par les travaux agricoles. Les nomades n'en étaient qu'une catégorie particulière. Une grande partie de ces terres agricoles dépendait des villes et de leurs habitants. On sait que certaines villes, comme Antioche, Apamée ou même Qanawat, dans le Hauran, possédaient un territoire immense – c'était aussi le cas pour la colonie romaine de Beyrouth.

Mais certaines terres n'appartenaient pas aux villes – c'était par exemple le cas des sanctuaires. Le plus célèbre est celui de Baetocaecé (Hosn Soleiman) dans la montagne qui domine Arados. Son autonomie par rapport à la cité avait été reconnue dès le début de l'époque des Séleucides et se maintint à l'époque romaine. D'autres terres faisaient partie du domaine impérial, notamment lorsqu'il s'agissait d'un héritage des rois séleucides. L'exemple le plus connu est la forêt du Liban, dont l'exploitation était partiellement confiée à des procurateurs impériaux. On a conservé un grand nombre de bornes de ce domaine, mises en place à l'époque d'Hadrien (117–138 apr. J.-C.). D'autres terres, enfin, dépendaient directement de villages autonomes dont l'existence et l'organisation interne sont surtout connues en Syrie du Sud. Ce n'est que plus tard, que les plus importants de ces villages sont devenus des *poleis*, ce que l'on peut considérer comme un signe du retard pris dans l'hellénisation de leurs habitants.

L'arrivée des Séleucides avait déjà provoqué des modifications de la propriété du sol autour des grandes fondations, comme Apamée. Mais c'est de la période romaine qu'il faut dater plusieurs opérations de cadastre qui peuvent être repérées à l'aide de bornes et de formes de parcelles, aussi

bien dans le Massif calcaire, entre Alep, Antioche et Apamée, que dans le Hauran, autour de la cité de Qanawat. Il s'agissait peut-être d'exploiter de nouveaux espaces et d'augmenter la production.

L'agriculture alimentait la Syrie romaine grâce à ses produits et fournissait une partie des exportations (vin, fruits et, grâce à l'élevage, textiles). Toutefois les régions dont on a déjà souligné la différence ont des atouts inégaux dans le domaine agricole. Il n'existait pas beaucoup de points communs entre une agriculture de type méditerranéen, près des côtes (céréales, olives et vigne), et la steppe qui atteint l'Euphrate à l'est et le désert d'Arabie au sud. L'agriculture sèche (sans irrigation artificielle) y était souvent possible : dans le Hauran et dans les plaines de Chalcidique (Qinnesrin), on cultivait ainsi des céréales. Les installations d'irrigation semblent avoir été rares, même si l'on en a quelques exemples, comme l'oasis de Damas, ou dans la région de Palmyre, où l'on a recensé plusieurs barrages. Les grandes vallées de cette région (essentiellement l'Oronte et l'Euphrate) devaient jouer un certain rôle pour l'agriculture. On sait que les territoires de Laodicée ou de Damas produisaient du vin, tout comme le Hauran et la Palestine. Une partie de la production était exportée. Le Massif calcaire du nord de la Syrie produisait de l'huile d'olive, mais son développement, entamé au cours du IIe siècle, ne connut son véritable essor qu'à la période suivante. Ce ne sont que quelques exemples d'une agriculture qui paraît avoir été riche et variée et avoir épargné au pays les difficultés de subsistance que connurent d'autres région de l'Empire. Cela ne signifie cependant pas qu'il n'y ait pas eu parfois, dans certaines cités, des problèmes de ravitaillement. Mais ils étaient davantage liés aux difficultés de transport qu'à de réelles catastrophes frumentaires.

Sanctuaire, Hosn Soleiman

Les ruines de ce sanctuaire sont les restes imposants d'un lieu sacré qui remonte à la période préhellénique. L'enceinte dans laquelle s'ouvre cette porte date cependant du IIIe siècle apr. J.-C.

Relief, Machnaqa

Le long d'un chemin taillé dans le rocher qui mène à un autel monumental se trouvent quelques reliefs dont celui-ci représentant une femme assise. Comme à Ghiné, où se retrouvent les mêmes caractères stylistiques, il s'agit d'un relief funéraire.

Nécropole, Tyr

Cette nécropole datant de l'époque impériale et byzantine était située le long d'une route. La découverte de nombreux sarcophages décorés l'a rendue célèbre. Certains d'entre eux étaient importés, notamment de Grèce (Attique)

Nécropoles et sanctuaires

Les nécropoles, qui étaient présentes dans toute la région, montrent bien comment la prospérité des notables rejaillissait sur les alentours des *poleis*. Elles constituaient souvent le lien entre les villes et les terres qui les entouraient. Elles sont aussi un lieu où pouvaient se mêler les diverses influences, car le domaine funéraire n'était pas seulement conservateur, il pouvait également être sensible aux modes. Les tombeaux servaient aux aristocrates locaux d'espace de représentation ou de mise en scène de leur propre personne, de lieu de rivalité où l'on mettait en jeu toutes les ressources de l'art et de l'architecture. Les tombeaux somptueux n'étaient pas une invention de cette époque, on en connaît des exemples plus anciens. Mais dans toute la région, on pouvait trouver alors un nombre élevé de monuments funéraires, à plus ou moins forte proximité des zones habitées. Le mausolée dit de Hermel, au Liban datant des dernières années qui précédèrent l'arrivée de Rome (Iᵉʳ siècle av. J.-C.) était sans doute le monument funéraire d'un dynaste local. La situation relativement isolée de ce monument indique peut-être le désir d'imprimer sa marque sur tout le territoire qu'il dominait. Ce type de construction est courant dans la région, aussi bien en Syrie du Nord, à l'est d'Antioche, que dans le sud (dans le Hauran) ou même à Jérusalem, avec le monument dit « d'Absalon », un cube monolithique en partie taillé dans le rocher. Le monument, que l'on date de la même époque que le mausolée de Hermel, servait vraisemblablement avant tout de mémorial pour la tombe dont il dissimulait l'entrée.

On a parfois douté du caractère funéraire de ces monuments. De fait, il existe parfois des

« Tombeau d'Absalon », Jérusalem

En partie construit (partie supérieure), en partie taillé dans le rocher, cet édifice est typique des monuments dits « *nefesh* », qui étaient davantage un mémorial pour le défunt qu'un tombeau au sens strict.

Relief funéraire, Ghiné

La scène de chasse représentée ici (un homme contre un ours ou un lion) s'inspire d'un modèle bien connu dans le domaine funéraire. La femme assise à droite n'a visiblement pas de rapport avec la scène.

motifs d'hésiter, dans l'interprétation, entre une fonction culturelle et une fonction funéraire. Les reliefs de Ghiné, dans la montagne libanaise, qui représentent le combat d'un animal et d'un personnage, avaient d'abord été compris comme l'image du combat d'Adonis et du sanglier ; on l'avait donc plutôt considéré comme un lieu de culte. Il s'agit en fait probablement de la représentation d'une scène de chasse – l'animal est sans doute un ours –, un épisode de la vie du notable enterré dans une tombe, quelques mètres plus loin. On a parfois supposé que l'autel monumental de Machnaqa, qui date du début de l'ère chrétienne, était consacré au culte d'Adonis, mais rien ne permet de le confirmer. La présence de reliefs sur ce site est, comme à Ghiné, à mettre en relation avec les tombes creusées à proximité. L'existence de monuments dédiés au culte d'Adonis est pourtant fort probable dans la montagne libanaise puisque, selon la légende, c'est là que serait mort le dieu.

« Mausolée », Hermel

Cet édifice d'environ 25 mètres de hauteur date du IIe ou du Ier siècle av. J.-C. Son décor, avec ses motifs de chasse, rappelle peut-être les activités du défunt, sans doute un prince local.

Tombe rupestre, Qatoura

Le sanctuaire de Zeus-Bômos est situé à proximité du village de Qatoura, au pied du Djebel Sheikh Barakat qui abrite quelques tombes de l'époque romaine, dont les reliefs représentent les défunts et leur famille.

Sarcophage, Beth Shéarim

Dans la nécropole de Beth Shéarim furent enterrés des juifs issus de nombreuses communautés du Proche-Orient. La découverte de ce sarcophage (début du IVe siècle apr. J.-C.) a montré que l'interdiction de représenter les créatures vivantes, strictement respectée par le judaïsme, souffrait tout de même quelques exceptions.

Les nécropoles, miroirs de la société

Dans la plupart des cas, les tombeaux, aux formes variées, sont regroupés dans de vastes nécropoles. Comme dans l'ensemble du monde classique, celles-ci sont situées à l'extérieur des villes et marquent une séparation distincte entre le monde des morts et celui des vivants.

Le type de tombe le plus courant est celui que l'on nomme hypogée : une tombe creusée, qui servait souvent de tombeau collectif ; généralement construite pour l'usage d'une famille, elle pouvait aussi être utilisée par des groupes divers, parfois simplement pour des raisons économiques. Un type particulier d'hypogée, creusé dans le rocher à flanc de colline, sans être proprement syrien, apparaît très fréquemment. On en a un exemple dans le Massif calcaire de la Syrie du Nord, à Qatoura, où l'on peut voir des tombes datables entre 100 et 250 apr. J.-C. Les figures assez grossièrement sculptées dans le rocher ont des parallèles dans toute la région, jusqu'en Mésopotamie, près du Tigre.

D'autres nécropoles réunissaient des individus dont le lien principal était la religion. L'exemple le mieux connu est celui de la nécropole de Beth Shéarim, qui connut un essor important au IIIe siècle. Sont enterrés à cet endroit des Juifs de

nombreuses communautés du Proche-Orient, jusqu'à la Mésène, en basse Mésopotamie. Curieusement, la majeure partie des inscriptions est rédigée en grec ; on y trouve cependant aussi des textes araméens ou hébraïques.

C'est à Palmyre que la documentation est la plus riche, tant par le nombre des hypogées connus que par la fréquence des inscriptions. Celles-ci nous renseignent notamment sur différentes pratiques telles que la vente d'une partie d'une tombe par son propriétaire. On a ainsi pu mettre en évidence de véritables opérations de spéculation.

Il arrivait aussi que les tombes fussent richement décorées, en particulier avec des peintures. On a vu l'exemple de Marisa, qui remonte à la période hellénistique, mais Palmyre fournit elle aussi une illustration de cette mode qui est également connue en d'autres lieux, comme à Sidon, sur la côte libanaise, dans la région montagneuse de Massyaf, ou encore à Séleucie-Zeugma, sur l'Euphrate.

À Palmyre, l'influence occidentale est manifeste, même si le respect de la frontalité dans la

Plafond de la tour d'Elahbêl, Vallée des tombeaux, Palmyre

Les caissons sont ornés d'une rosette. En leur milieu se détachent quatre bustes, dont ceux de prêtres reconnaissables à leur couvre-chef cylindrique au sommet plat.

Tombe des Trois-Frères, Palmyre

Entre les Victoires ailées qui portent les bustes des défunts, on distingue les niches destinées à recevoir les corps. L'ensemble des peintures imite un décor architectural.

Vallée des tombeaux, Palmyre

Par cette vallée, on arrivait à Palmyre depuis l'ouest. Les différents tombeaux étaient réservés à la famille du fondateur et à ses descendants, comme le précisent les inscriptions.

Tour funéraire d'Elahbêl, Palmyre

La tour funéraire d'Elahbêl (du nom de son fondateur) est l'une des mieux conservée de Palmyre. Datée de 103 apr. J.-C., elle se dresse à l'extrémité ouest de la nécropole

Ill. page ci-contre en bas

Temple funéraire, Palmyre

Bien qu'il emprunte des éléments à l'architecture religieuse, ce bâtiment est une tombe. Il est situé à l'extrémité de la grande colonnade, au point où la ville laisse place à la nécropole.

représentation de certains personnages rapproche ces peintures des reliefs funéraires de tradition locale. Ceux-ci ne sont pas seulement caractéristiques des hypogées dans lesquels ils ont été retrouvé en grand nombre. Ils apparaissent aussi dans les trois types principaux de monuments funéraires connus à Palmyre : les hypogées, donc, mais aussi les tours et, à partir du IIe siècle, les temples funéraires. Palmyre n'est pas la seule ville où l'on trouve ces types. Mais c'est là qu'on en a les exemples les plus nombreux.

La plus fameuse des grandes nécropoles de Palmyre est la Vallée des tombeaux. Celle-ci s'étend le long de la route qui mène à Émèse (Homs) et la Méditerranée. C'est le chemin qu'empruntaient non seulement les caravanes qui assuraient la richesse de la ville, mais aussi les visiteurs grecs et romains.

Les nécropoles qui se développèrent le long des routes étaient caractéristiques de l'Empire romain à son apogée. On en trouve des exemples en Syrie et en Asie Mineure, mais aussi en Italie, le

long des voies qui sortaient de Rome, ou encore à Ostie. On a tendance à établir un lien entre ce phénomène et la prospérité des *poleis* dans lesquelles les membres de la couche supérieure entraient en concurrence en faisant édifier dans des endroits particulièrement visibles des édifices funéraires représentatifs. À Palmyre, où les inscriptions présentes en grand nombre complètent les données architecturales, ce phénomène est confirmé. L'emplacement de certaines tombes, comme le temple funéraire qui clôt la perspective de la grande colonnade, prouve la position prééminente de l'aristocratie marchande locale, qui cherchait à marquer l'espace urbain. On peut interpréter comme une manifestation architecturale de la rivalité entre famille de notables la construction successive de plusieurs tombes sur une butte à la sortie de la ville, à un endroit qui, non seulement surplombe la route, mais est aussi visible depuis le centre de Palmyre.

Vallée des tombeaux, Palmyre

Plusieurs de ces tombeaux sont datées des années 80 du Ier siècle apr. J.-C., comme si les grandes familles de Palmyre avaient cherché à se surpasser les unes les autres.

Les caractéristiques des temples et des sanctuaires du Levant

La position relativement isolée de certains monuments funéraires tels que celui de Hermel, est comparable à celle de sanctuaires ruraux, dont certains sont eux aussi éloignés des zones urbaines. Il ne s'agit pas d'un phénomène unique : les régions rurales de la Grèce connaissent elles aussi ces lieux de culte isolés. Néanmoins, certains traits semblent typiquement sémitiques. Le plus grand ensemble cohérent de sanctuaires de ce type se trouve dans la chaîne du Liban, au nord de la plaine de la Beqaa, mais la Syrie du Nord fournit d'autres exemples, dans la zone du Djebel Narisha et Sheikh Barakat. Dans ces lieux sont attestés les cultes de plusieurs divinités, dont un dieu nommé Zeus-Bômos (« Zeus-Autel »). Leur isolement actuel peut être trompeur, car certains d'entre eux étaient certainement entourés d'une petite agglomération à l'époque de leur splendeur. Le sanctuaire de Hosn Soleiman a déjà été mentionné. Il jouissait d'une certaine autonomie par rapport à la cité voisine d'Arados. Par ailleurs, les plus importants lieux de culte sont à l'origine du développement d'agglomérations qui devinrent parfois des *poleis* ; on en trouve d'autres exemples en Syrie, avec le sanctuaire de Théa Syria/Atargatis à Hiérapolis, ou celui du Jupiter Héliopolitain à Baalbek, au Liban. Mais

Temple, Chhim

Ce petit temple, dans la montagne située à l'est de Sidon, est daté du IIe siècle apr. J.-C. Il a été transformé en pressoir à raisin à l'époque chrétienne, à un moment où une petite agglomération se développait sur le site.

Décor du temple de Chhim

Le décor du petit temple de Chhim se caractérise par la présence de reliefs autour de la porte et d'un disque ailé sur le linteau.

Temple, Hosn Soleiman

Le temple situé au milieu du sanctuaire a été édifié sur les vestiges d'une construction plus ancienne. On distingue dans le podium la fenêtre d'une crypte qui correspond peut-être à l'état le plus ancien.

Inscription, Qalaat Fakra

Cette inscription rappelle la construction du bâtiment par un certain Tholom, fils de Rabbomos. Les fonds nécessaires au financement ont été fournis par le sanctuaire du dieu « très grand » (anonyme).

contrairement à Hiérapolis, où tous les vestiges ont disparu, l'isolement a parfois contribué à la conservation des monuments. Celle-ci a aussi pu être favorisée par la réutilisation des temples à l'époque qui suivit, par exemple à Bziza, où le temple fut transformé en église.

Comme c'est en général le cas dans la région, les sanctuaires de la montagne libanaise regroupent à l'intérieur d'une enceinte plusieurs édifices : un temple, un ou plusieurs autels monumentaux, des salles de banquet pour les associations religieuses, diverses autres salles et bassins pour les ablutions rituelles. On y trouvait parfois un édicule à colonnes (*naïskos*), ou encore des bétyles (pierres sacrées, prenant parfois la forme de piliers ou de colonnes). À Qalaat Fakra, les différents éléments sont assez éloignés – l'autel est situé à une distance considérable du temple. On trouve en outre à proximité un bâtiment portant une dédicace à l'empereur Claude (datée de 43–44 apr. J.-C.), qui est interprétée comme une chambre au trésor. Parfois, comme à Sfiré, l'enceinte englobe plusieurs temples ; il arrive aussi que différents temples ayant chacun leur mur de péribole se dressent à proximité les uns les autres, notamment à Qasr Naos. Tous ces traits caractéristiques se retrouvent bien sûr aussi dans les très grands sanctuaires urbains, comme à Gerasa, Baalbek ou Palmyre, ou encore dans le Hauran (Si') ou plus au sud, dans le pays nabatéen (Khirbet edh- Dharîh, Khirbet et- Tannûr).

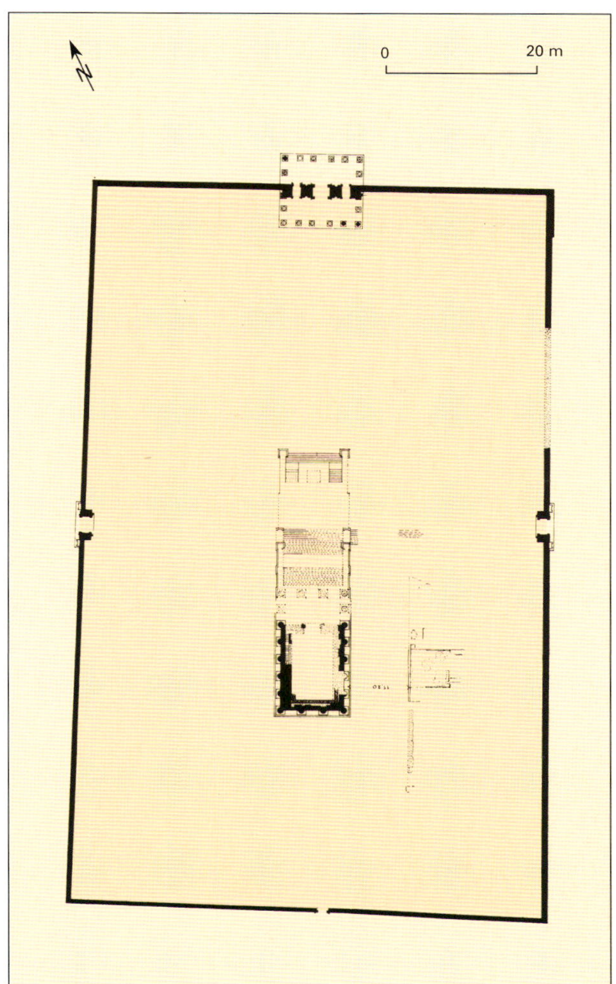

Plan du sanctuaire du temple, Hosn Soleiman

Le plan du sanctuaire de Hosn Soleiman est typique de la région. Le temple proprement dit se situe au centre d'une grande cour où furent également installés d'autres bâtiments nécessaires à l'exercice du culte.

Édicule à niches, Qalaat Fakra

Derrière le petit édicule à niches du premier plan, on distingue, à droite, l'autel monumental et à gauche, face à celui-ci, le « trésor » de ce sanctuaire dédié au dieu « très grand ».

Sanctuaire, Sfiré

On distingue nettement le tracé de l'enceinte et les ruines de deux temples datant de l'époque romaine. Le site situé en hauteur, dominant ainsi les environs, est caractéristique de ce type de sanctuaire.

L'importance des hauts-lieux dans les cultes sémitiques est connue depuis longtemps. On trouve des exemples de ce type de monuments notamment dans l'Ancien Testament (sous la forme de descriptions) ainsi que dans le monde nabatéen. Ils expriment le vœu de se rapprocher d'une divinité, y compris d'un point de vue topographique. C'est la raison pour laquelle des autels monumentaux ont été dressés de manière quasi-systématique, sur lesquels il était possible de monter pour accomplir les actes sacrificiels. Les temples eux-mêmes étaient parfois aménagés dans ce but, avec des escaliers dans les angles. Les rites avaient alors lieu sur les toits en terrasse ou dans les tours d'angle. On en a des exemples, entre autre, à Dmeir, près de Damas, ainsi qu'à Palmyre.

La formule qui voit les temples se dresser sur un podium précédé d'un escalier, est la marque de l'influence romaine. Le décor, lui aussi, permet souvent de conclure à une inspiration essentiellement gréco-romaine, avec des traits locaux, bien évidemment. Ceux-ci proviennent de l'insistance sur certains éléments décoratifs (comme les encadrements de portes) plutôt que de l'introduction de détails locaux issus d'autres genres artistiques. Il en va autrement lorsqu'on pénètre dans le temple. On remarque d'emblée l'existence d'une chapelle intérieure qui divise en deux la *cella*, et en sépare une partie, l'*adyton* ou *thalamos*. Ce « Saint des Saints » n'était pas forcément caché par une cloison, mais un rideau devait pouvoir le dissimuler aux regards indiscrets. Il arrive souvent que le *thalamos* soit surélevé, ce qui souligne encore la division entre les deux parties. Cela est vrai dans les temples de la montagne libanaise, mais aussi à Palmyre, où le temple de Bêl, notamment, présente une disposition très originale.

Sanctuaire de Nabou, Palmyre

Un édicule à niches, sans doute utilisé pour conserver les images de culte, se dressait entre les propylées monumentaux et le temple lui-même. Au fond se trouve le principal lieu de culte de la cité, le sanctuaire de Bêl.

Ill. page ci-contre

« Temple de l'Est », Qasr Naos

Le temple dit « de l'Est », dressé sur un podium, est reconnaissable aux deux rangées de colonnes qui précèdent sa façade.

Temple de Bacchus, Baalbek

Le célèbre portail du temple, qui a survécu aux siècles, a reçu une décoration très chargée à base de motifs végétaux, laquelle contraste avec l'aspect tout à fait classique de l'extérieur.

Ill. en bas à droite

Intérieur du temple de Niha

L'escalier monumental, devant la façade, mène à l'intérieur à une sorte de terrasse qui constitue l'*adyton*.

Reconstitution de l'intérieur du temple de Niha

Dans cette reconstitution, on discerne la division de la *cella* en deux parties. L'*adyton*, avec la figure de culte, était sans doute séparé du reste de la salle par un baldaquin.

Diversité religieuse – Les panthéons du Levant

Comme dans le reste du monde romain, les habitants du Levant manifestaient une grande fidélité envers les traditions religieuses et les divinités indigènes. Le cas de Hiérapolis, en Syrie du Nord, est particulièrement significatif ; on y trouvait déjà un sanctuaire de la « Déesse syrienne » (Atargatis), très bien connu grâce aux textes de Lucien de Samosate. La ville était dotée d'un conseil et d'institutions grecques (comme Palmyre), mais elle était étroitement liée au culte d'une divinité d'origine locale, datant d'avant la conquête d'Alexandre. Le caractère syrien du culte est souligné par le nom de la déesse (Théa Syria), et par les pratiques rituelles qui ont certainement surpris les Gréco-Romains. Il ne s'agit que d'un exemple de ce type de survivances, qui se sont maintenues dans l'ensemble de la région.

Dans les villes fondées par les Macédoniens, en revanche, la situation était un peu différente : il y avait à cette époque moins de substrats indigènes à conserver. Une partie de la population était cependant d'origine locale, même dans les villes qui conservèrent ou transformèrent alors

Relief représentant Atargatis et Hadad, Doura-Europos
IIe siècle apr. J.-C.
Calcaire ; h 40 cm, l 28 cm
Yale University Art Gallery, New Haven

L'un des noms grecs d'Atargatis était Théa Syria (« Déesse syrienne »). On la reconnaît surtout aux lions qui entourent son siège.

Relief d'un soleil, Qasr Naos

Ce bas-relief d'un buste représentant le Soleil à proximité du temple ouest très endommagé peut n'avoir qu'une fonction décorative, sans rapport direct avec le culte. Il arrive aussi que le Soleil fasse partie avec la Lune d'une triade subordonnée à un maître des cieux.

leurs traditions et coutumes. Ainsi, l'assimilation de Zeus et de Bêl à Apamée, montre que les influences religieuses sont mêlées, même dans une ville d'apparence aussi grecque.

Ainsi, de même qu'il a fallu distinguer les espaces géographiques et souligner la diversité culturelle de la région, il est nécessaire de bien voir qu'il n'existait pas une seule religion dans le Levant, mais tout un ensemble de divinités qui varient d'un endroit à l'autre. Chaque lieu avait conservé son panthéon local, qui avait parfois été transformé sous différentes influences. Sans même parler du judaïsme ou du christianisme, on note peu de points communs entre les cultes des villes phéniciennes et ceux qu'ont introduits les nomades originaires d'Arabie dans des villes comme Palmyre ou dans le Hauran, et plus généralement dans la province d'Arabie. Il existait bien entendu un fond commun : Palmyre est un exemple approprié, mais particulier, car des influences syriennes (le dieu Baalshamin), s'y mêlaient aux influences mésopotamiennes (pour le dieu Bêl, avatar d'un Bôl local) et arabes (la déesse Allât). Cette superposition de strates religieuses sur un fond local important fait que la ville présente la particularité d'avoir au moins deux dieux suprêmes distincts, appelés Zeus en Grec, Baalshamin et Bêl en araméen. Chacun d'entre eux possédait un sanctuaire spécifique.

Les sanctuaires (comme ceux des montagnes du Liban) pouvaient être consacrés à des divinités locales, souvent liées à un lieu précis (par exemple le sommet d'une montagne). Mais les dieux étaient souvent désignés par des noms génériques, identifiables dans le panthéon gréco-romain (Zeus ou Jupiter, Hélios). Quelques monuments de culte ne nous sont cependant connus que par leurs vestiges archéologiques. Dans de nombreux cas, on ne peut plus déterminer à quel dieu était voué un temple. À Qasr Naos, par exemple, seule la découverte d'un relief représentant le Soleil a laissé supposer que le temple situé à l'est était consacré à cette divinité (en grec, Hélios) ; mais aucun autre élément n'est jamais venu le confirmer.

Le fait que très souvent, des divinités manifestement indigènes soient identifiées à des dieux au nom grec, peut induire en erreur. Car dans les différentes régions du Levant, le nom de Zeus peut englober tout un ensemble de dieux ; leur seul point commun est que chacun d'entre eux était considéré comme le dieu suprême local. On a déjà montré ce qu'il en était dans le cas particulier de Palmyre ; à Damas et Baalbek, Zeus recouvrait sans doute Hadad, mais il serait faux de penser qu'il s'agit du même dieu, car leurs attributs caractéristiques sont totalement différents. La variété des panthéons locaux est également visible par le nombre des divinités suprêmes qui dominaient chaque cité, Melkart à Tyr, Élagabal à Émèse, Zeus Turmasgada en Césarée, ou encore Hadad et Atargatis à Hériapolis.

Grand temple, Qalaat Fakra

Vue du grand temple entouré de son mur d'enceinte. On sait par une inscription que le sanctuaire était dédié à un « dieu très grand », mais dont on ignore le nom, conformément à une très ancienne tradition sémitique (on ne le nomme pas).

Sanctuaire de Baalshamin

D'allure très classique, ce sanctuaire possède, outre un *adyton*, un équipement qui correspond plutôt au culte sémitique. Le dieu Baalshamin, dont le nom signifie « maître/seigneur des cieux » a vraisemblablement été introduit à Palmyre par des tribus originaires du sud de la Syrie.

Palmyre et Gerasa : les grands sanctuaires

Toutes ces divinités suprêmes du panthéon local avaient des sanctuaires qui nous sont plus ou moins connus. Ils portent la marque des différentes influences qui ont touché la région. Les sanctuaires de Bêl, à Palmyre, comme ceux de Zeus et d'Artémis à Gerasa, et celui de Jupiter Héliopolitain à Baalbek, comptent au nombre des monuments les plus spectaculaires qui nous aient été transmis de cette époque. Ils sont en outre la preuve et le résultat de tous les phénomènes de mélange culturel de leur époque. Les concepteurs de ces programmes architecturaux ambitieux ont suivi certains modèles décoratifs classiques, tout en conservant les éléments qui donnaient leur sens au culte et à ses pratiques dans le contexte culturel local. Ces sanctuaires ne sont donc pas moulés sur une forme unique, même s'il semble bien que l'intervention de Rome soit envisageable à un stade ou un autre de leur conception et de leur construction.

Le sanctuaire de Bêl, à Palmyre, est l'héritier d'un culte local ancien. Le dieu a conservé son nom même (Bêl) dans l'épigraphie grecque. Le sanctuaire se situait visiblement au centre de la vie civique de la ville. Alors que certains sanctuaires, dont celui de Baalshamin, servaient de centre religieux aux tribus qui composaient la population de la cité, celui de Bêl rassemblait toute la population à l'occasion des fêtes. Faute de textes sur le rituel, on ne peut guère approfondir son analyse. Les reliefs des poutres du temple découverts sur le site permettent quelques hypothèses sur les cérémonies propres à cette oasis, dans lesquelles les sacrifices à l'encens et les processions ont certainement joué un rôle. Ces reliefs donnent aussi quelques idées sur la mythologie, en particulier le combat de dieux contre un monstre anguipède (aux pieds de serpent). Conformément aux règles de ce que

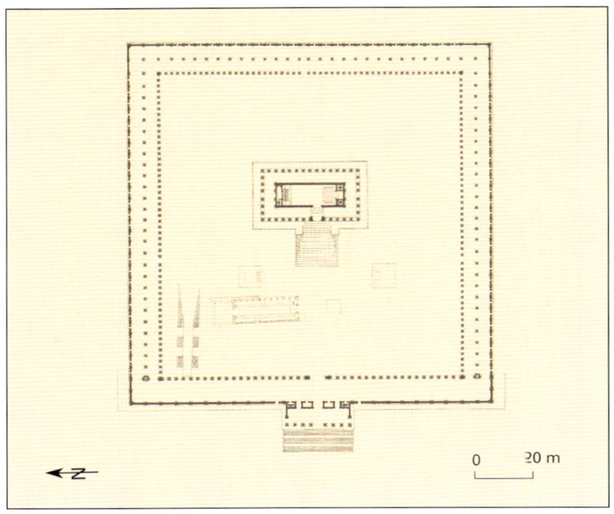

Plan du sanctuaire de Bêl, Palmyre

Le temple se situe au centre d'une grande cour presque carrée de 210 m sur 205 m. Il est entouré d'une enceinte élevée à laquelle se rattache, sur trois côtés, une colonnade double. Sur le côté ouest, où se trouve aussi l'entrée de la cour, s'élevaient des colonnes de grande taille.

Poutres du sanctuaire de Bêl, Palmyre

Les poutres qui soutenaient le plafond du temple étaient ornées et représentaient des scènes mythologiques : ici des dieux en file, mais représentés de face, qui se battent contre un géant.

Poutres du sanctuaire de Bêl, Palmyre

Ce relief, sur une poutre du sanctuaire de Bêl, montre une scène de sacrifice. On a longtemps cru que cette manière de représenter les personnages (strictement de face) provenait du royaume parthe. On préfère aujourd'hui parler d'art « gréco-oriental ».

l'on appelle l'art parthe, tous les personnages sont représentés de face.

Le temple lui-même présente certaines particularités qui en font un modèle unique dans le monde antique. L'extérieur a été bâti sur un plan général qui rappelle le temple d'Artémis à Manisa (Magnésie), en Anatolie. Mais ce plan a été transformé pour répondre aux exigences particulières du culte. Ainsi, l'entrée se fait non par le petit côté, mais par un portail aménagé sur le long côté ouest, décalé vers le sud. À l'intérieur, sur les deux petits côtés du temple, on a ainsi créé une place pour deux chambres, les deux *thalamoï*, qui remplissaient la même fonction que dans les temples du Liban, et qui, comme dans ces derniers, étaient surélevées. Un plan incliné précède le *thalamos* situé au sud, sans doute parce qu'il abritait des objets (une image de Bêl ou un bétyle) que l'on sortait pour les processions, comme celle qui est représentée sur l'un des reliefs du temple. Celui-ci était entouré d'une vaste cour où l'on retrouve les éléments typiques de la région, dont les propylées situés à l'entrée du terrain du temple. L'ensemble du sanctuaire fut sans doute terminé dans le courant du IIe siècle, plus de 150 ans après le début des travaux du temple qui avait été consacré en l'an 32 apr. J.-C., bien avant son achèvement.

Sanctuaire de Bêl, Palmyre

Le gigantesque portail, qu'on atteint par une rampe située à l'ouest du temple, est curieusement décalé. C'est un plan que l'on retrouve dans les temples de Mésopotamie, mais qui contraste avec l'extérieur plutôt classique du monument.

Ill. ci-dessous

Sanctuaire de Bêl, Palmyre

On voit ici l'angle nord-ouest du mur de péribole qui entourait la zone sainte. Quatre portiques entouraient le sanctuaire (200 m sur 200 m). Leurs colonnes portaient un toit qui recouvrait l'espace compris entre le portique et le mur.

Sanctuaire de Jupiter, Baalbek

On distingue dans l'enfilade de la cour hexagonale la grande cour avec les autels et les marches qui mènent au temple.

Le sanctuaire de Baalbek

Le grand sanctuaire de Baalbek a lui aussi pris la succession d'un lieu de culte plus ancien. À la différence de Palmyre, la divinité honorée a pris un nom romain : Jupiter. L'usage du latin s'explique par le fait que Baalbek Héliopolis était une colonie romaine ; mais en réalité, le nom latin dissimulait ici un Hadad ou un Baal local. Comme le prouvent les représentations de l'époque romaine, il avait d'ailleurs conservé son aspect traditionnel, avec sa robe-gaine et son fouet, et il était accompagné de deux taureaux. Le temple dédié à Jupiter Héliopolitain a été achevé sous Néron (empereur de 54 à 68 apr. J.-C.), mais les derniers éléments du sanctuaire datent seulement du milieu du IIIe siècle. Après un escalier et une cour en trois parties, on entre dans une cour hexagonale, puis dans la grande cour, qui présente des éléments caractéristiques de la région : un bassin pour les ablutions rituelles, et deux autels, le plus ancien étant un reste de l'époque hellénique.

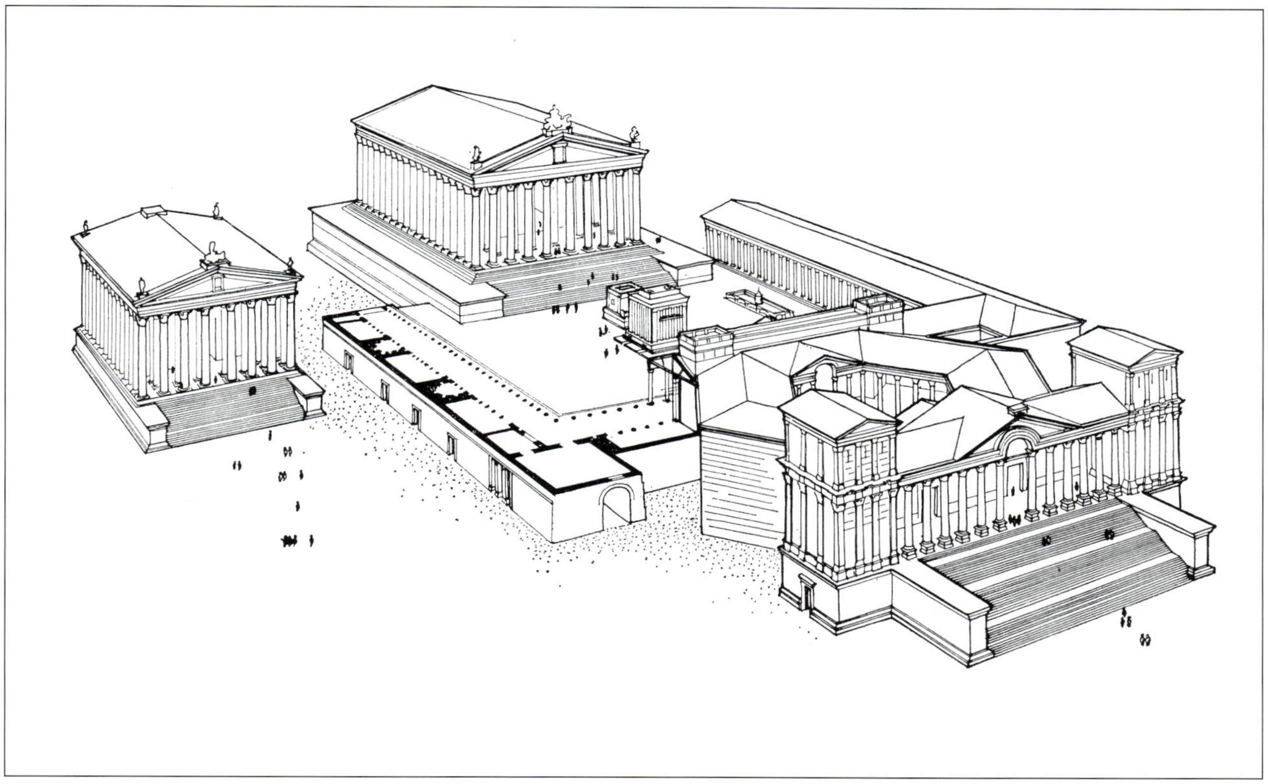

Reconstitution du sanctuaire de Jupiter, Baalbek

On pénétrait dans le sanctuaire par un vaste escalier extérieur qui menait aux propylées, un portique à colonnes. Derrière les propylées, l'unique cour hexagonale de l'Antiquité s'ouvrait, par trois portails, sur la grande cour des autels, entourée de trois côtés par des colonnades corinthiennes. À l'extrémité de cette cour se dressait le temple de Jupiter proprement dit.

Sanctuaire de Jupiter, Baalbek

Devant les exèdres qui ornaient les côtés de la grande cour, on distingue l'un des deux bassins dont la présence s'explique par la nécessité des ablutions rituelles.

Sanctuaire de Jupiter, Baalbek

Dans la grande cour se dressent deux autels. Le plus petit et le plus ancien d'entre eux a été restauré. C'est lui qu'on voit au pied de l'escalier du temple ; il se situait exactement au centre de la cour primitive du sanctuaire.

Ill. en bas à doite

Pierre monumentale, Baalbek

Cette pierre est le pendant exact de certaines pierres du podium du sanctuaire de Jupiter (appelé en grec le « *trilithon* », « les trois pierres »). Celle-ci, qui n'a jamais quitté sa carrière, pèse à peu près mille tonnes.

Jupiter Héliopolitain, Baalbek

IIe–IIIe siècle apr. J.-C.
Bronze ; h 38,5 cm, lg 14,7 cm , p 12,7 cm
Musée du Louvre, Paris

Découverte dans la région de Baalbek, cette statue de bronze est une représentation éloquente de la divinité vénérée au temple d'Héliopolis Baalbek. Jupiter Héliopolitain conserve ici son apparence traditionnelle : vêtu d'une robe-gaine et accompagné de deux taureaux.

L'autre, le grand autel, était une tour abritant un escalier qui menait à la terrasse de l'autel un autre exemple de ces cultes spécifiques au monde sémitique, qui étaient pratiqués dans les sanctuaires. Mais le temple lui-même était également surélevé ; il se trouvait sur un podium d'environ 20 m de haut avec une infrastructure dont certains blocs pesaient environ mille tonnes. Cette hauteur était renforcée par la haute colonnade qui l'entourait (elle aussi avait une vingtaine de mètres de hauteur), dont il ne reste que six colonnes aujourd'hui.

Plusieurs autres temples se trouvaient à proximité ; il est possible que Jupiter Héliopolitain ait fait partie d'une triade dont il était la figure divine majeure. Dans cette hypothèse, il se serait trouvé en compagnie d'Atargatis et d'un dieu au nom sémitique inconnu, mais qui peut être assimilé à plusieurs divinités (Hermès/Mercure et Dionysos/Bacchus). C'est vraisemblablement à ce dernier qu'était dédié le temple périptère, dit « de Bacchus », qui se trouve au pied du temple de Jupiter, et, comme celui-ci, sur un podium. Il est plus récent (vers 150 apr. J.-C.), mieux conservé, et se signale en particulier par son décor très riche, aussi bien dans la colonnade qui l'entoure, que sur le chambranle ou à l'intérieur. Là, on retrouve une plate-forme destinée à recevoir l'édicule contenant l'image divine. Il s'agit là encore du principe architectural de l'*adyton*, le Saint des Saints.

Temple de Bacchus, Baalbek

Le décor végétal chargé de la colonnade est assez proche de celui du temple de Jupiter, bien qu'il soit de date plus récente (env. 150 apr. J.-C.).

Temple de Jupiter, Baalbek

Au sommet de cet escalier monumental, au fond de la grande cour, on atteignait le temple de Jupiter proprement dit. Les structures internes sont fortement endommagées, mais un *adyton* devait s'y trouver.

Temple de Bacchus, Baalbek

Le temple de Bacchus est de dimensions nettement moins imposantes que le temple de Jupiter, dont il est séparé par un mur d'enceinte. Son aspect extérieur, avec un péristyle aux colonnes serrées, s'inspire clairement des modèles classiques.

Ill. page ci-contre

Temple de Bacchus, Baalbek

Le point le plus frappant de la décoration intérieur est l'existence de demi-colonnes engagées d'ordre corinthien qui ménagent des niches dans les parois du temple.

Un peu à l'écart se trouvent deux autres temple. L'un est rond, datant vraisemblablement du IIIe siècle, et présente un plan très original. Cet édifice, dit temple de Vénus, est en réalité anonyme, comme son voisin rectangulaire, plus ancien, qui n'a pas non plus révélé le nom de la divinité à laquelle il était dédié.

Le décor très riche de ces temples, particulièrement visible dans les portes et les plafonds, est assez typique de la Syrie romaine. Il représente une fusion entre des éléments classiques et orientaux. On peut y reconnaître diverses traditions, qui vont de Rome à la Mésopotamie et à l'Iran, en passant par l'Anatolie, laquelle conserve son influence. Mais elles sont transcendées à partir du milieu du Ier siècle pour aboutir à une tradition propre à la Syrie. Ce qui est remarquable, en particulier à Baalbek, c'est la prédilection pour le décor végétal, dont il existe également de nombreux exemples à Palmyre. Cette exubérance, que l'on qualifie parfois de « baroque », gagne l'ensemble de la région à partir du IIe siècle et touche tous les types de bâtiments, même si c'est sur les sanctuaires que l'on a conservé les exemples les plus caractéristiques. Ceci n'implique pas une uniformité du décor : des variantes régionales sont aisément repérables, comme l'opposition entre la côte phénicienne, proche des modèles classiques, et le sud, où se fait sentir l'influence nabatéenne et arabe. Cependant, même dans cette zone, au moins dans les villes, les modèles gréco-syriens sont respectés, comme le prouvent les grands sanctuaires de Gerasa et d'autres cités de la Décapole. Le sanctuaire d'Artémis à Gerasa est l'un des plus vastes. Il est daté du milieu du IIe siècle apr. J.-C. et domine, par sa situation, la grande rue à portiques à laquelle il est relié par un propylée monumental.

Temple rond, Baalbek

Attribué à Vénus, ce monument est un exemple unique dans le monde antique. Cet essai de combinaison d'un plan circulaire avec un porche qui en interrompt le mouvement a produit une des plus originales créations de ce « baroque de l'époque romaine ».

Sanctuaire d'Artémis, Gerasa

Les propylées du sanctuaire d'Artémis qui représentaient l'entrée monumentale, faisaient le lien entre la rue à portiques qui traversait toute la ville et le sanctuaire principale. La décoration et la complexité de leur architecture annonçaient dès la rue l'importance du sanctuaire.

Ill. en haut à gauche

Temple de Bacchus, Baalbek

Surélevé comme dans le temple de Jupiter, sur une plate-forme, l'*adyton* du temple est bien conservé, mais le système qui devait servir à dissimuler les objets du culte a disparu.

Temple de Bêl, Palmyre

Contrairement à celui de l'*adyton* nord, sur lequel on peut reconnaître le zodiaque, le plafond de l'*adyton* sud n'est pas figuratif, mais enserre autour d'un fleuron central des caissons hexagonaux dans un décor formé d'une combinaison de triangles et de carrés.

Tradition et progrès

À côté de la religion, la langue et l'onomastique sont les domaines dans lesquels on retrouve, sous l'habit grec, des reliques de la situation qui prévalait dans le Levant avant la conquête d'Alexandre. Car dans un premier temps, l'influence grecque, même religieuse, n'est que l'habit qui recouvrait un substrat inchangé. Mais elle a ensuite agi plus en profondeur pour transformer toute une partie de la société : l'exercice des valeurs civiques dans l'ensemble des cités de la région en est une preuve. L'historien de l'Antiquité classique tend à insister sur l'aspect superficiel de l'hellénisation du Proche-Orient, en mettant l'accent sur ce qui le distingue des parties plus occidentales de l'Empire. Pourtant l'hellénisation, aussi inégale qu'elle fût, s'est poursuivie à l'époque romaine. Il est difficile de croire que les notables n'aient pas sincèrement adhéré aux valeurs qui leur permettaient de s'intégrer dans l'Empire. Ils peuvent cependant avoir conservé un certain nombre d'attitudes et de convictions liées à leurs origines.

La profonde mutation qu'a connue le Proche-Orient depuis la conquête macédonienne apparaît clairement ; les nombreuses sources le confirment. Alors que les membres, le plus souvent hellénisés, de la catégorie supérieure ne maintinrent vraisemblablement que certaines coutumes et habitudes de leurs ancêtres, les paysans des régions reculées devaient certainement avoir connu certains aspects de l'hellénisme pour en avoir vu des réalisations (statues, images sur les monnaies, bâtiments), et avaient pu en adopter quelques-uns. L'image actuelle est certainement déformée : ce sont en effet presque toujours les mêmes catégories de la population auxquelles la recherche peut accéder : celles qui avaient les moyens de se faire graver des inscriptions, ou même d'offrir des sanctuaires à leurs concitoyens. Mais ce monde, même touché par l'hellénisme, conserva aussi des traits traditionnels ; il a surtout contribué à constituer une culture en partie nouvelle, qui a connu une grande vitalité et a transformé des traditions culturelles anciennes pour inventer de nouvelles formes.

Ill. page ci-contre

Temple de Bacchus, Baalbek

Entouré d'une colonnade sur un podium, la *cella* richement décorée est ornée de reliefs et comprend un *adyton*.

Plafond du temple de Bacchus, Baalbek

Les caissons hexagonaux du plafond du péristyle contiennent des bustes qui représentent les villes de Syrie. La végétation sur pierre qui entoure les bustes contribue à donner à l'ensemble son aspect « baroque ».

Laïla Nehmé

Les Nabatéens

Un royaume aux portes de l'Arabie

312 av. J.-C. – 106 apr. J.-C.

Le royaume de Nabatène
L'origine des Nabatéens
Les guerres contre les Diadoques – Le récit de Diodore
Les premiers rois de Nabatène
Nabatéens et Hasmonéens
La sédentarisation
Hégémonie romaine et bataille d'Actium
De l'expédition d'Aelius Gallus au règne d'Arétas IV
Malichos II et Rabbel II
Pétra et les Nabatéens après l'intégration dans l'Empire romain

La religion et les sanctuaires des Nabatéens
Les bétyles
Les salles de banquet
Les hauts lieux
Les groupes de niches
Les « chapelles »
Les temples

Les dieux des Nabatéens
Les divinités féminines
Les divinités masculines
Les pratiques cultuelles

Le monde des morts
La typologie des tombeaux de Pétra
Les coutumes funéraires

L'habitat

Les arts mineurs
La sculpture
La céramique
Les figurines en terre cuite
La culture des Nabatéens : une spécificité reconnue

La Khaznet Fir'aoun vue du Sîq, Pétra

Au détour de la faille de Sîq apparaît un pan de la Khaznet Fir'aoun. On remarque sur le registre inférieur de la façade l'un des deux Dioscures, Castor ou Pollux.
On reconnaît deux figures sur le registre supérieur : à gauche, une Victoire ailée et à droite, une Amazone qui brandit une hache au-dessus de sa tête.

Le royaume de Nabatène

Les Nabatéens sont une population d'origine arabe qui fit son apparition dans l'histoire en 312 av. J.-C. puis disparut de la carte politique avec l'annexion de son royaume par les Romains, en l'an 106 de notre ère. Pasteurs nomades à l'origine, ils jouèrent ensuite un rôle décisif dans le commerce des objets de luxe. Les richesses considérables qu'ils acquirent ainsi les amenèrent à modifier leur mode de vie : ils devinrent peu à peu sédentaires et construisirent des cités qui n'avaient rien à envier à Palmyre ou à Gerasa (Djerash). Ils développèrent une culture originale à partir de leurs traditions locales et des influences étrangères. Les monuments taillés dans le roc, la céramique et l'écriture – pour ne citer que ces trois aspects –, présentent un style original et facilement identifiable. À son apogée, le royaume nabatéen englobait presque tout le Levant au sud de Damas. Il a donc fait partie du paysage levantin durant une bonne partie de l'Antiquité classique et, à ce titre, est incontournable pour qui s'intéresse à cette région et à cette époque.

La plus ancienne attestation des Nabatéens remonte à l'historien grec Diodore de Sicile. Il fait référence dans le volume XIX de sa *Bibliothèque historique* à des hostilités entre les Nabatéens et les Grecs en l'an 312 av. J.-C. Leur histoire politique est celle des rapports amicaux, hostiles ou franchement belliqueux qu'ils entretinrent avec les puissances qui se disputèrent tour à tour la domination de la région : les royaumes hellénistiques (les Ptolémées en Égypte et les Séleucides en Syrie), l'Empire romain et le royaume juif hasmonéen dont l'indépendance fut reconnue par le roi séleucide Démétrios II Nicator en 141 av. J.-C.

Sans entrer dans le détail des gains et des cessions de villes ou de portions de territoires qui se succédèrent au rythme des batailles, mais aussi d'une intense activité diplomatique, les limites maximales du royaume nabatéen peuvent être définies de la manière suivante : la dynastie nabatéenne exerça une certaine forme de souveraineté de l'Arabie centrale à Damas et du Néguev au wadi Sirhân, le long duquel court aujourd'hui une partie de la frontière entre la Jordanie et l'Arabie Saoudite. Ce territoire comprend des régions relativement fertiles (plaine du Hauran en Syrie et plateau transjordanien), mais également des déserts (Néguev, Arabie). L'agriculture sèche n'y est pas partout possible et les Nabatéens, au moins au cours des premiers siècles de leur histoire, ont tiré leurs revenus, considérables à certaines époques,

Inscription nabatéenne, Oumm al-Jimâl

« Ceci est la *nefesh* de Fahrû, fils de Shullay, précepteur de Gadîmat roi de Tanûkh. » Il s'agit en réalité d'une inscription bilingue, en grec et en nabatéen, dont la partie grecque a été retrouvée dans la partie orientale de la ville. Les deux textes mentionnent Gadîmat, qui régna en al-Hira vers 270 de notre ère. Ce texte fait partie des inscriptions nabatéennes les plus récentes.

non pas de l'exploitation du sol, mais du rôle d'intermédiaires qu'ils jouèrent dans le commerce à longue distance de l'encens, des épices et des produits précieux. Ils les acheminaient par caravanes entières de l'Arabie du Sud, appelée *Arabia felix*, l'« Arabie heureuse », par les auteurs anciens, jusqu'aux ports de la Méditerranée d'où les marchandises repartaient par bateau vers Alexandrie et l'Occident. Le territoire des Nabatéens était donc sillonné de pistes dont les itinéraires peuvent être restitués en reliant entre elles les stations caravanières de plus ou moins grande importance qui en ponctuaient le tracé. Au premier rang de celles-ci, tant dans l'Antiquité grâce à son statut de capitale de la Nabatène, que de nos jours par la notoriété dont elle jouit en tant que destination touristique au prestige mondialement reconnu, s'impose le site mystérieux et envoûtant de Pétra la rose.

L'origine des Nabatéens

Malgré les efforts des historiens pour identifier leur patrie d'origine et trouver des traces de leur existence avant la fin du IVe siècle av. J.-C., aucune des hypothèses formulées depuis une vingtaine d'années n'a pu être confirmée, et le problème de l'origine des Nabatéens reste entier. L'utilisation de la racine sémitique *nbt*, qui signifie « surgir, apparaître » dans quelques anthroponymes exclusivement sud-arabiques (racine dont pourrait également dériver *nbtw*, « Nabatéens »), ainsi que la maîtrise des techniques de collecte de l'eau et de l'irrigation, domaine dans lequel les populations sud-arabes étaient exceptionnellement compétentes, ont conduit certains à chercher la patrie d'origine des Nabatéens en Arabie du Sud. D'autres ont préféré la voir en Arabie du Nord-Est, dans la région du Koweït actuel, utilisant pour cela le rapprochement très incertain de toponymes mentionnés dans les textes anciens avec des entités géographiques, ou encore des rapprochements non moins douteux entre la langue utilisée par les Nabatéens dans les inscriptions et celle des communautés arabes de Mésopotamie à l'époque néo-assyrienne (Xe–VIIe siècle av. J.-C.). La région comprise entre La Mecque et Dédân (al-'Ula), en Arabie centrale, a également été proposée, mais les recherches dans cette zone en sont encore à leurs débuts. On a suggéré enfin que les Nabatéens pourraient être issus de la confédération de tribus connue sous de nom de Qédar, présente en Syrie et en Arabie du Nord du IXe au IVe siècle av. J.-C.

La seule donnée à peu près certaine est que les Nabatéens, *nbtw* dans les inscriptions nabatéennes, ne correspondent ni aux *Nabayate* mentionnés dans les chroniques assyriennes d'Assurbanipal (669–627 av. J.-C.), ni au *Nabayôt* cité dans l'Ancien Testament (Es. 60, 7). À une date difficile à déterminer, ils ont migré vers Édom (dans le sud de la Jordanie). C'est en tous cas dans la région de Pétra que nous les trouvons en 312 av. J.-C., lorsque les troupes grecques tentent de s'emparer de leur refuge. Cet épisode marque l'entrée des Nabatéens dans l'histoire telle qu'elle est narrée par les auteurs classiques grecs et latins.

Le wadi Rum

La vallée de wadi Rum – « Iram » dans les textes nabatéens et arabes du Moyen Âge –, se trouve à quelque 100 kilomètres au sud de Pétra. Cette vaste vallée plate et aride, bordée de montagnes escarpées, doit sa célébrité au film *Lawrence d'Arabie* qui y fut tourné.
Les Nabatéens y ont installé un établissement comprenant un temple dédié à la déesse Allât ainsi qu'une petite agglomération, connus depuis 1931.

Les guerres contre les Diadoques – Le récit de Diodore

Nous connaissons les détails des guerres contre les Diadoques grâce au récit circonstancié qu'en a fait Diodore de Sicile (XIX, 94-100). L'un des successeurs d'Alexandre le Grand, Antigone le Borgne, sans doute attiré par les richesses accumulées par les Nabatéens, décida de lancer contre eux une offensive dont il confia le commandement à l'un de ses généraux, Athénée. Celui-ci savait que les Nabatéens se réunissaient tous les ans pour une panégyrie, sorte de grande foire nationale durant laquelle leurs biens ainsi que les vieillards, les femmes et les enfants étaient placés sur une certaine « roche », Pétra en grec. Athénée attendit donc la période de cette foire et attaqua la « roche » avec 4 000 fantassins et 600 cavaliers. Il surprit les Nabatéens en pleine nuit, en tua certains, fit d'autres prisonniers et réussit à s'emparer de 500 talents d'argent ainsi que d'une grande quantité de myrrhe et d'encens. Repartie avant l'aube, sa troupe parcourut une quarantaine de kilomètres avant de s'arrêter pour dresser le camp. Les Nabatéens, prévenus de l'attaque par des fugitifs, se lancèrent à la poursuite des Grecs et se jetèrent sur les soldats endormis, détruisant presque toute l'infanterie ainsi que la majeure partie de la cavalerie.

De retour à la roche, ils écrivirent à Antigone le Borgne une lettre « en caractères syriens », c'est-à-dire en araméen, dans laquelle ils accusaient Athénée. Pour les apaiser, Antigone leur répondit que son général avait agi de son propre chef. En fait, Antigone préparait une seconde expédition, placée sous le commandement de son fils, Démétrios, auquel il confia cette fois 4 000 fantassins et 4 000 cavaliers. Restés méfiants malgré la missive d'Antigone, les Nabatéens avaient placé des guetteurs sur les montagnes, et lorsque les Grecs approchèrent, ils furent prévenus de l'attaque grâce à des signaux de feu. Ils eurent ainsi le temps d'installer une garnison à Pétra et de disperser leurs troupeaux à la fois dans le désert et dans des lieux retirés, connus d'eux seuls.

Les collines d'Édom, au sud du wadi el-Hasâ

Édom, qui signifie « roux » en hébreu, était le surnom qui a été donné à Ésaü en raison de la couleur de sa toison. C'est la région où, à l'âge du fer, vivait le peuple des Édomites qui refusèrent à Moïse, en marche vers la Terre promise, le droit de passage sur leur territoire et ne cessèrent de se montrer hostiles envers Israël. Les Nabatéens s'installèrent dans cette région vers le début de l'époque hellénistique.

Alors que Démétrios les assiégeait en vain, les Nabatéens lui envoyèrent un message disant qu'il n'était pas sensé de s'en prendre à des gens qui ne possédaient ni eau, ni grain, ni vin car ils ne vivaient pas comme les Grecs et n'avaient aucunement l'intention de devenir leurs esclaves. Démétrios finit par accepter de se retirer, moyennant quelques otages et des cadeaux.

Le récit de Diodore est une mine de renseignements sur les Nabatéens à l'époque hellénistique. Sous sa plume, ils apparaissent à la fin du IVe siècle comme un peuple de pasteurs nomades. Ils ne se rassemblaient qu'une fois par an, utilisant à cette occasion comme refuge une forteresse naturelle dépourvue de remparts, identifiée avec le massif d'Oumm al-Biyârah à Pétra, d'accès difficile même aujourd'hui. Diodore décrit le pays des Nabatéens comme une contrée rude, aux faibles ressources en eau et difficile à cultiver. Du moins les Nabatéens connaissaient-ils l'art de construire des citernes souterraines, où l'eau de ruissellement était collectée par simple gravité, et qu'ils savaient dissimuler. Toujours selon Diodore, ils étaient farouchement épris de liberté et leur coutume, observée par tous, était de ne pas construire de maison, car ceux qui en avaient étaient jugés trop vulnérables. Certains des Nabatéens élevaient des chameaux, d'autres des moutons. Un grand nombre d'entre eux, cependant, convoyaient déjà les parfums et les épices jusqu'à la Méditerranée, réalisant ainsi d'immenses profits.

Vue depuis le Madhbah, Pétra

Vue du Djebel el-Madhbah, un « haut lieu » où se déroulaient les sacrifices. Le massif situé à gauche est l'Oumm al-Biyârah, où les Nabatéens se réfugièrent en 312 av. J.-C., quand ils furent attaqués par les Grecs. À droite s'élève le massif du Deir. Entre les deux, le wadi as-Siyyagh s'écoule vers l'ouest.

Pièces rupestres, Pétra

Les Bdûl, les bédouins, vécurent à Pétra jusqu'en 1985. Ils menaient paître les chèvres dans la ville antique. Quelques-unes des pièces rupestres étaient utilisées comme étables pour le jeune bétail.

Les premiers rois de Nabatène

Nous ne disposons malheureusement pas de sources sur les Nabatéens pendant le demi-siècle qui suit les événements de 312 av. J.-C., et ce qu'elles nous apprennent ensuite n'est guère plus qu'une simple allusion à leur présence en Transjordanie. Nous savons ainsi que des « gens de Rabbel » – ce dernier étant sans doute l'un des premiers rois nabatéens – reçurent, en 259 av. J.-C., une livraison de blé. Elle fut enregistrée sur un papyrus par un dénommé Zénon, homme d'affaires du ministre du roi égyptien Ptolémée II Philadelphe (282–246 av. J.-C.). Un autre papyrus signale la présence des Nabatéens dans le Hauran. De cette période daterait également la plus ancienne inscription nabatéenne connue. Elle provient d'Élusa dans le Néguev et mentionne un certain « Haretat, roi de Nabatène », le premier du nom.

Objet de conflits entre les Ptolémées et les Séleucides, la Syrie passa définitivement sous la domination de ces derniers en 198 av. J.-C., mais la rivalité entre les deux puissances continua jusqu'à l'arrivée au pouvoir d'Antiochos IV Épiphane (175–164 av. J.-C.). Celui-ci, désireux d'imposer aux cités de son royaume le culte de Zeus Olympien, tenta de faire de même pour le Temple de Jérusalem. Devant l'hostilité de la majorité des juifs qui se révoltèrent en 167 contre les mesures autoritaires du Séleucide, le grand-prêtre alors en fonction à Jérusalem, Jason, partisan de la politique d'hellénisation d'Antiochos IV, dut prendre la fuite. Il se réfugia d'abord en Ammanitide (la région d'Amman) puis sans doute à Pétra, chez un « Arétas, tyran des Arabes » qui pourrait être le même homme que l'Hareta de l'inscription d'Élusa (2 M, V, 8).

Quelques années plus tard, en 163, une rencontre pacifique eut lieu, sans doute dans le Hauran, entre les Nabatéens et les chefs de la rébellion juive, Judas et Jonathan Maccabée (1M, V, 24-26). Enfin, en 160 av. J.-C., Jonathan fit demander à « ses amis les Nabatéens l'autorisation de mettre en dépôt chez eux ses bagages qui étaient considérables » (1M, IX, 35). Ces récits témoignent des bonnes relations qu'entretenaient alors Juifs et Nabatéens.

Nabatéens et Hasmonéens

Ces bons rapports furent compromis en 97 av. J.-C., sous le règne d'Arétas II (120/110–96 av. J.-C.), par la politique agressive que le roi juif hasmonéen Alexandre Jannée mena contre les Nabatéens en occupant leur principal port d'exportation, Gaza.

Le successeur d'Arétas II, Obodas Ier (environ 96–85 av. J.-C.), remporta une victoire sur l'Hasmonéen dans la bataille qui les opposa, vers 93 av. J.-C., dans le Golan. Trois ans plus tard, Alexandre Jannée rendit au « roi des Arabes » les régions de Moab et de Galaad qu'il avait conquises quelque temps auparavant ; il s'agit des régions situées à l'est du Jourdain, entre le lac de Tibériade et la mer Morte. À cette époque, le roi juif, engagé dans un conflit avec les Séleucides, était soucieux de ne pas avoir à lutter sur deux fronts.

Avec l'acquisition de ces nouveaux territoires, le royaume des Nabatéens s'agrandissait sensiblement et devenait certainement une source d'inquiétude pour les Séleucides de plus en plus faibles. Cela explique peut-être pourquoi, en 88 et 87 av. J.-C., Antiochos XII mena contre eux deux campagnes militaires. La seconde campagne, durant laquelle le roi nabatéen réussit à entraîner les troupes séleucides dans le Néguev, se solda par une défaite d'Antiochos XII qui trouva la mort durant la bataille et dont les troupes furent décimées par la faim.

Obodas Ier mourut deux ans plus tard et c'est sans doute lui, et non l'un des rois nabatéens homonymes, qui fut enseveli dans la ville nabatéenne d'Oboda (Avdat) dans le Néguev et divinisé après sa mort. Ce fait nous est rapporté par un lexicographe du VIe siècle, Étienne de Byzance : Oboda est le « bourg des Nabatéens, [...] où le roi Obodas, qu'ils déifient, est enseveli ». La sépulture du roi n'a jamais été retrouvée. Plusieurs sanctuaires de Pétra sont consacrés au culte d'Obodas Ier, le seul roi nabatéen à avoir été divinisé.

Son fils Arétas (84–62 av. J.-C.), troisième du nom, lui succéda. Il portait de titre de Philhellène, « celui qui aime les Grecs », qui apparaît sur les monnaies de bronze qu'il fit frapper à Damas. Il régna pendant douze années sur la capitale syrienne, dont les habitants avaient fait appel à lui afin qu'il les protégeât (84–72 av. J.-C.).

À partir de 82 av. J.-C., le conflit avec Alexandre Jannée reprit de plus belle et se solda, après diverses péripéties, par une défaite d'Arétas III qui perdit douze villes de Moab et d'Édom, ainsi que plusieurs ports de la Méditerranée. Après la mort d'Alexandre Jannée et de sa veuve, en 67 av. J.-C., une rivalité pour le pouvoir s'installa entre leurs deux fils, Hyrcan II et Aristobule II, ce dernier évinçant son frère aîné du trône et de la grande prêtrise. Or, Hyrcan avait pour conseiller un Iduméen, Antipatros, qui avait épousé une noble nabatéenne. Sur les conseils d'Antipatros, Hyrcan se réfugia chez Arétas et promit, en échange de son aide pour écarter son frère, de lui rendre les douze villes perdues. À la tête de 50 000 hommes, Arétas défit Aristobule qui s'enferma à Jérusalem. Le roi nabatéen commença alors le siège de la ville sainte.

Pendant ce temps, l'avance romaine en Orient continuait inexorablement. L'envoyé du consul Pompée, Scaurus, sollicité par les représentants des deux factions, prit le parti d'Aristobule et somma Arétas de lever le siège de la ville, sous peine d'être déclaré ennemi du peuple romain. Aristobule poursuivit alors les Nabatéens et leur imposa une défaite dans une bataille qui eut lieu en 64 av. J.-C. dans la vallée du Jourdain.

La sédentarisation

Strabon, le géographe et historien grec, et Flavius Josèphe, l'historien juif, sont nos principales sources d'informations sur les Nabatéens à la fin du Ier siècle av. J.-C. Selon un processus dont les étapes nous échappent, les Nabatéens se sont sédentarisés et sont « tellement avides de possessions », nous dit Strabon (*Géographie* XVI, 4, 21-24 et 26), qu'ils font payer une amende à ceux dont les biens ont diminué alors qu'ils honorent particulièrement ceux qui les ont augmentés (*Géographie* XVI, 26). Contraste frappant avec la période précédente, leurs maisons sont construites en pierre et sont luxueuses. Par ailleurs, Strabon ne tarit pas d'éloges sur leur système de gouvernement. On rencontre souvent dans leur capitale, Pétra, des Romains et d'autres étrangers qui sont les seuls à fréquenter les tribunaux, tant les Nabatéens évitent les litiges.

Relief, Petra

Ce relief présente un Éros flanqué de deux lions. Il appartient à une série de sculptures d'inspiration hellénistique, sans doute alexandrine.

Temple aux Lions ailés, Pétra

Ce temple, dont on voit ici la partie central – depuis le sud –, avec la voie à colonnade au fond, est l'un des plus importants de Pétra. On voit ici la *cella*, bordée de colonnes, qui entoure un podium – le *môtab* sur lequel sont posés les bétyles – délimité par dix colonnes. Ce temple doit son nom aux motifs de certains des chapiteaux. Il fut fondé au plus tard en l'an 27 de notre ère et était certainement consacré à une déesse, peut-être al-'Uzzâ ou Isis.

Hégémonie romaine et bataille d'Actium

La province romaine de Syrie, créée et organisée par Pompée en 64 av. J.-C., combla le vide laissé par la disparition de la maison royale séleucide. Mais Pompée devait assurer la sécurité de la frontière sud de la province, régions sous la domination des monarques de Judée et de Nabatène. Par un retournement de situation dû à l'impatience d'Aristobule, incapable d'attendre l'arbitrage des Romains dans le différend qui l'opposait à son frère, ceux-ci prirent position en faveur d'Hyrcan. Ce faisant, ils prenaient du même coup le parti des Nabatéens, qui avaient toujours soutenu l'aîné des deux frères, et créaient un front unifié sur les deux rives du Jourdain.

Pièce commémorative frappée par Marcus Aemilianus Scaurus
58 av. J.-C.
Denier d'argent
Bibliothèque nationale, Paris

Denier frappé à Rome par Scaurus pour commémorer sa victoire sur les Nabatéens en 62 av. J.-C. On y voit Arétas III genou à terre à côté de son chameau.

Cela n'empêcha pas les Romains, en 62 av. J.-C., de mener contre Pétra une campagne dont les raisons demeurent obscures mais qui s'explique peut-être, encore une fois, par leur désir de s'approprier les richesses qui y étaient entreposées. Il n'y eut pas de combats puisque le roi nabatéen accepta de payer un tribut de 300 talents d'argent. Afin de commémorer cette prétendue victoire, Scaurus, le légat romain, frappa à Rome des deniers où Arétas III figure genou en terre à côté de son chameau.

Il est vraisemblable qu'un roi nabatéen Obodas II régna entre 62/61 et 59/58 av. J.-C. Les seuls témoins de son existence sont quelques monnaies portant mention des années un, deux et trois d'un roi ainsi nommé.

Monnaie d'Arétas IV
9 av. J.-C. à 40 apr. J.-C.
Drachme d'argent
Bibliothèque nationale, Paris

Cette pièce est frappée de l'effigie du roi Arétas IV, couronné de lauriers.

C'est sans doute la fascination exercée par l'idée d'une conquête de l'Arabie et la richesse de ses habitants qui poussa l'un des gouverneurs de Syrie, Gabinius, à entreprendre en 55 une nouvelle expédition contre les Nabatéens dont il triompha par les armes.

Malichos, le premier du nom, succéda à Obodas II en 58 av. J.-C. Au cours de son règne, qui dura 30 ans, il eut la tâche délicate de devoir prendre parti dans les querelles de pouvoir qui opposèrent d'abord César à Pompée, puis les meurtriers de César, Cassius et Brutus, à Marc Antoine, enfin ce dernier à Octave. En 47 av. J.-C., il accorda son soutien à César et lui envoya des cavaliers alors que le Romain était en difficulté en Alexandrie. Quelques années plus tard, il prit le parti des Parthes, qui avaient franchi la frontière orientale de l'Empire romain, et fut fortement taxé par les Romains après que les envahisseurs eurent étés repoussés en 39 av. J.-C.

La célèbre bataille d'Actium, qui se déroula le 2 septembre 31 av. J.-C., livra, avec la défaite de Marc Antoine et de Cléopâtre, l'empire à Octave, le futur Auguste. Afin de se faire pardonner par Auguste, le vainqueur, le soutien qu'il avait accordé au parti de son rival, Antoine, en lui envoyant des troupes à la veille d'Actium, Malichos fit brûler les navires que Cléopâtre avait amarrés près de Suez. La reine, consciente que l'Égypte allait tomber aux mains des Romains, se suicida en se faisant mordre par un serpent venimeux. Après le suicide de Cléopâtre, le royaume des Ptolémées devint province romaine. Les royaumes de Judée et de Nabatène, sur les deux rives de la vallée du Jourdain, étaient donc désormais encadrés par la province de Syrie au nord et la province d'Égypte au sud-ouest.

En Judée, le roi Hérode le Grand avait entrepris, avec l'accord des Romains, d'écarter les Hasmonéens. Il agrandit son territoire de Gadara (Oumm Qeis) et de Hippos (Qalaat al-Hosn) ainsi que de plusieurs ports méditerranéens, dont Gaza. L'aire d'influence des Nabatéens en était réduite d'autant. Un nouveau roi nabatéen, Obodas II (30-9 av. J.-C.), faible et peu entreprenant, succéda à Malichos.

De l'expédition d'Aelius Gallus au règne d'Arétas IV

Afin de contrôler le commerce des produits précieux, Auguste envoya en « Arabie heureuse », en 25 av. J.-C., une expédition de 10 000 hommes avec, à leur tête, le préfet d'Égypte, Aelius Gallus. Parmi eux se trouvaient notamment 1 000 Nabatéens commandés par l'*epitropos* ou premier ministre d'Obodas III, Syllaios, homme ambitieux et sans scrupule, qui était chargé de guider l'expédition. L'objectif était le royaume de Saba, dans l'angle sud-ouest de la péninsule arabique. Pour des raisons que l'on attribue généralement à la traîtrise de Syllaios, mais qui sont surtout dues à des circonstances défavorables, notamment à une pénurie d'eau, l'expédition se solda par un échec.

Dans son récit des événements, Strabon nous apprend que du temps de Gallus, les marchandises débarquées à Leukè Komè (al-Wajh), sur la rive orientale de la mer Rouge, et convoyées à Pétra, étaient ensuite acheminées vers le port de Rhinocolure (al-Arîsh). Or, vers l'an 20 de notre ère, au moment où Strabon écrivait, le débarquement des marchandises se faisait directement par bateau à Myos Hormos (al-Quseir) sur la rive occidentale de la mer Rouge. De là, une piste menait les caravanes jusqu'à Coptos sur le Nil d'où l'on pouvait aisément rejoindre Alexandrie par le fleuve. Ce détournement du commerce par les Romains entraîna une diminution des profits réalisés par les Nabatéens, qui ne contrôlaient que les voies terrestres.

En 9 av. J.-C., Arétas IV (9 av. J.-C. – 40 apr. J.-C.), qui n'était sans doute pas le fils d'Obodas car son vrai nom, Énée, n'est pas un nom dynastique, accéda au trône. Furieux qu'il se fût auto-

proclamé roi sans lui demander son aval, Auguste refusa dans un premier temps de le reconnaître et n'accepta pas les cadeaux qu'il lui avait envoyés.

Hérode mourut en 4 av. J.-C. et, dix ans plus tard, la Judée devint province romaine. Son fils, Hérode Antipas, tétrarque de Pérée et de Galilée, avait épousé l'une des filles d'Arétas IV, mais il la répudia vers 27 de notre ère. Elle retourna donc chez son père qui, pour se venger, envahit les territoires appartenant au mari indigne.

C'est entre la fin du règne de Tibère, en 37 apr. J.-C., et la mort d'Arétas IV que se situe l'épisode de la fuite de l'apôtre Paul hors de Damas, rapporté dans la 2e Épître aux Corinthiens (XI, 32-33). Les portes de la ville étaient gardées jour et nuit par les gens de l'« ethnarque du roi Arétas », sans doute chef de la communauté nabatéenne de Damas, qui voulait se saisir de lui. L'apôtre fut donc descendu dans une corbeille par une fenêtre des remparts et put prendre la fuite. La présence d'un ethnarque gardant les portes permet d'émettre l'hypothèse d'une brève occupation de la ville par les Nabatéens, mais elle n'est corroborée par aucune source.

Arétas IV mourut sans doute en 40 apr. J.-C., car les monnaies et les inscriptions ne dépassent pas la 48e année de son règne. De nombreuses réalisations monumentales de Hégra et de Pétra datent de cette époque qui marque en quelque sorte l'apogée culturel du royaume nabatéen. C'est par ailleurs sous le règne d'Arétas IV que l'aire des inscriptions nabatéennes est la plus vaste.

Le théâtre de Pétra

On remarque, au-dessus des gradins, dans la paroi verticale, les ouvertures laissées par les tombeaux qui ont été détruits lors de la construction du monument dans la première moitié du Ier siècle av. J.-C.

L'arc « nabatéen » de Bosra

Érigé au centre de la ville, il marquait le passage des anciens aux nouveaux quartiers. Ces derniers furent construits à la fin de l'époque nabatéenne, en particulier sous le règne de Rabbel II. Il fit de Bosra, qui s'étendait au milieu d'un terroir fertile, la seconde capitale de son royaume.

Malichos II et Rabbel II

Malichos II (40–70 apr. J.-C.) était sans doute le fils aîné d'Arétas IV et la succession semble s'être faite sans heurts. La Décapole et l'Ammanitide restaient en dehors du royaume nabatéen qui empiétait par contre sur la bande fertile de la Transjordanie à partir de Hesbân et de Madaba, chef-lieu d'une stratégie. À partir de l'embouchure de l'Arnon, l'actuel wadi Mujîb, la Nabatène était riveraine de la mer Morte dont elle englobait la partie méridionale. La limite septentrionale du Néguev nabatéen, en revanche, n'est pas facile à tracer et on ne sait pas exactement quels ports méditerranéens utilisaient alors les Nabatéens, puisque d'Oboda, les caravanes pouvaient atteindre aussi bien Rhinocolure que Gaza. La Nabatène comprenait également le nord de l'Arabie jusqu'à Hégra et peut-être le Sinaï. À l'est, la découverte à Dûmat (al-Jawf) d'une dédicace commémorant la restauration d'un sanctuaire de Dûsharâ, datée de l'an 5 de Malichos, permet de supposer que la présence nabatéenne s'étendait jusqu'à cette oasis.

Le fils de Malichos, Rabbel II (70–106 apr. J.-C.) monta très jeune sur le trône. Pendant les cinq premières années, la régence de sa mère est connue grâce à des monnaies où le portrait du roi est associé à celui de sa mère Shuqaylat. Sur les pièces plus tardives, celle-ci sera remplacée par les deux épouses successives du roi. Cette époque est marquée par le développement de l'agriculture nabatéenne dans le Néguev et en Syrie du Sud, ainsi que l'ascension de Bosra, dans le Hauran, qui devient la seconde capitale du royaume. Des cuves quadrangulaires en pierre, portant des inscriptions datées de Rabbel II, ont été retrouvées associées à des barrages construits dans les vallées voisines d'Oboda.

Pétra et les Nabatéens après l'intégration dans l'Empire romain

En l'an 106 de notre ère, le royaume nabatéen disparut en tant qu'entité politique : Trajan, profitant sans doute de la mort de Rabbel II, l'annexa pour former la province d'Arabie. Bosra devint la capitale, sans doute à cause de sa position dans une région agricole, au cœur d'une région densément peuplée. Il semble que l'annexion se soit faite sans conflit majeur et que les opérations aient été menées assez rapidement. Dès 107, un soldat romain, écrivant à ses parents en Égypte, est ébloui par la richesse des produits convoyés jusqu'à Pétra par les caravanes. Bien que Pétra eût perdu son statut de capitale, les gouverneurs romains continuèrent d'y tenir des assises et l'un d'eux, Sextius Florentinus, y fit même construire son tombeau. La ville reçut, sans doute dès la conquête, le statut de métropole. Une grande voie romaine reliant les confins de la Syrie à la mer Rouge, la *via nova traiana*, fut construite de 111 à 114. Elle passait par Pétra, laquelle ne fut donc pas exclue du trafic commercial entre l'Arabie, la Syrie et les ports de la Méditerranée.

Après le milieu du IIe siècle, la documentation sur la ville est quasi inexistante. Pétra devint colonie sous l'empereur romain Élagabal, sans doute en 221–222. En 295, lors du remaniement des provinces de l'Empire par Dioclétien, la province d'Arabie perdit le Néguev ainsi que les villes d'Aïla (Aqaba) et de Pétra, qui furent incorporées à celle de Palestine. En 358, la partie de la province d'Arabie que Dioclétien avait rattachée à la Palestine devint la *Palaestina Salutaris*, avec une métropole indépendante de celle de la Palestine proprement dite : Pétra. La ville, partiellement détruite par un tremblement de terre en 363, devint un lieu d'exil. Elle apparaissait comme une ville en déclin et ne connut un certain renouveau que vers le milieu du Ve siècle.

Les premiers chrétiens de Pétra se manifestèrent au début du IVe siècle, mais les païens restaient nombreux et actifs, comme l'atteste, entre autres, le récit de saint Barsauma le Syrien. Au cours du voyage qu'il fit dans la région vers 420–423, il « arriva à une grande ville de ce pays nommée Réqem de Gaia, qui ferma ses portes. Il s'étonna de la frayeur des habitants, puisqu'il n'avait que 40 hommes avec lui ; il menaça de faire la guerre et de brûler la ville si on ne le laissait pas entrer. Il entra. Il n'avait pas plu depuis plus de quatre ans, il leur amena la pluie. Il tomba tant d'eau que les murs de la ville en furent brisés. Les prêtres des idoles se convertirent. »

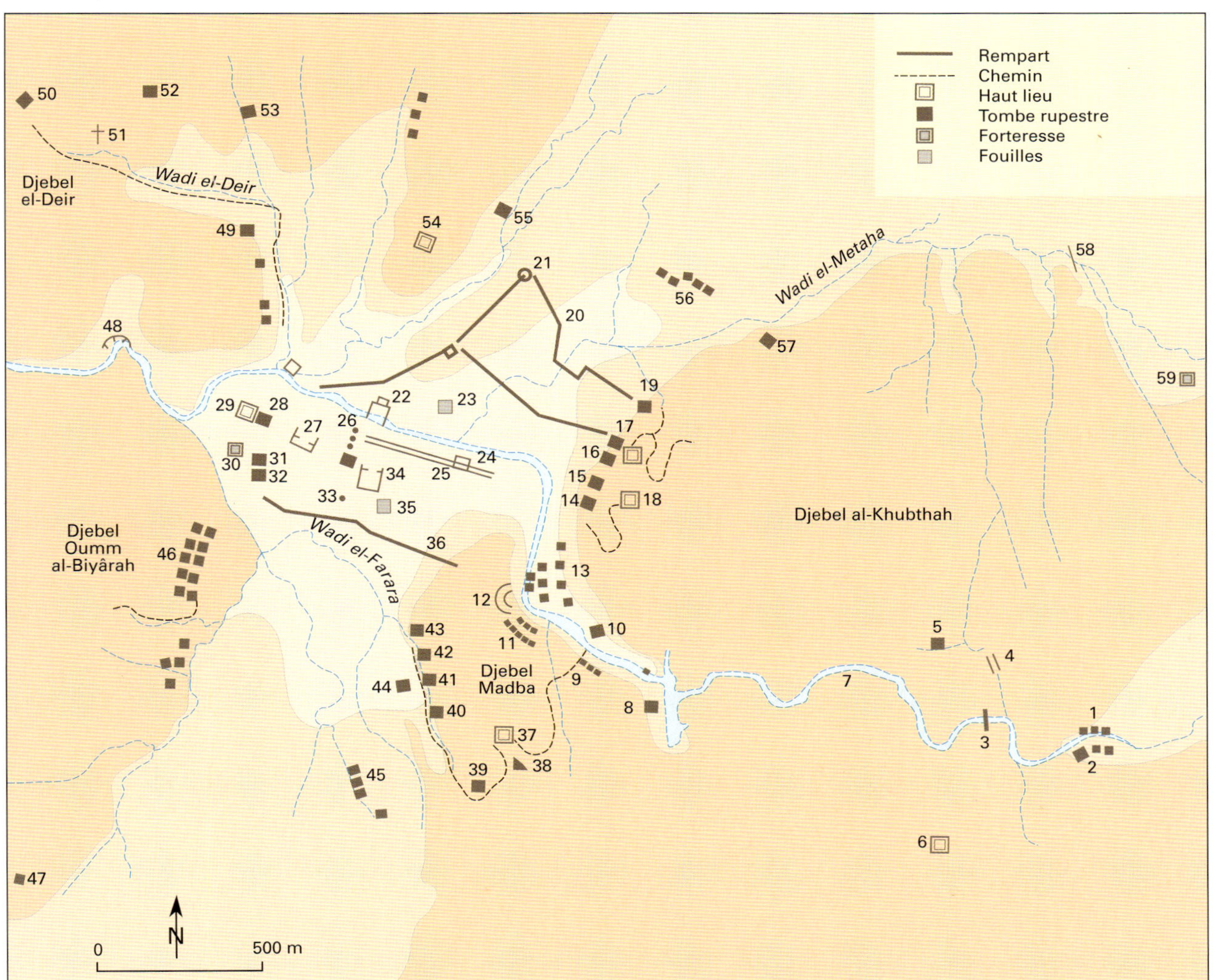

Plan de situation de Pétra

1 Tombeaux « Djinn », 2 tombeau aux Obélisques, 3 digue, 4 tunnel, 5 niche de l'Aigle, 6 quartier d'al-Madras, 7 Sîq, 8 Khaznet, 9 tombeau n° 67, 10 tombeau d'Uneishû, 11 nécropole du théâtre, 12 théâtre, 13 nécropole d'al-Khubthah, 14 tombeau à l'Urne, 15 tombeau Bigarré, 16 tombeau Coorinthien, 17 tombe à Étages, 18 haut lieu d'al-Khubthah, 19 tombeau de Sextius Florentinus, 20 rempart nord, 21 tour Conway, 22 temple aux Lions ailés, 23 église byzantine, 24 nymphée, 25 voie à colonnade, 26 porte du *téménos*, 27 Qasr al-Bint, 28 musée, 29 haut lieu d'al-Habîs, 30 forteresse d'al-Habîs, 31 tombeau Inachevée, 32 columbarium, 33 Zibb Fira'oun, 34 temple sud, 35 fouille d'al-Kâtûteh, 36 rempart sud, 37 al-Madhbah, 38 obélisques d'al-Madhbah, 39 fontaine au Lion, 40 temple du Jardin, 41 triclinium du Soldat romain, 42 tombe renaissance, 43 tombeau au Fronton brisé, 44 tombeau du Soldat romain, 45 tombeaux du wadi an-Nmeir, 46 nécropole d'Oumm al-Biyârah, 47 tombeau au Serpent, 48 carrières du wadi as-Siyyagh, 49 triclinium aux Lions, 50 ad-Deir, 51 ermitage chrétien, 52 Qattâr ad-Deir, 53 biclinium aux Urnes, 54 haut lieu ou maison d'al-M'eisrah, 55 Qabr at-Turkmân ou Turkmâniyyeh, 56 nécropole de Mghâr an-Nasârah, 57 maison de Dorotheos, 58 aqueduc, 59 forteresse d'al-Wu'ayrah (Li Vaux Moyse).

Nécropole d'al-Khubthah, Pétra

Vue de l'intérieur du tombeau à l'Urne.
On aperçoit par l'ouverture l'une des colonnes du portique qui entoure la cour précédant le tombeau. Sur la droite se trouvent deux alcôves cintrées.

Portrait de Jean-Louis Burckhardt, Cheikh Ibrahim
Sebastian Gutzwiller
Env. 1830
Huile sur toile ; H 105,5 cm, L 69 cm
Historisches Museum, Bâle

Burckhardt (1784–1817) était d'origine suisse et voyageait pour le compte d'une institution londonienne, l'*African Association*. Il parcourut l'Égypte, la Nubie, et prit en Syrie le nom de Sheikh Ibrahim avant de se rendre en Jordanie où il redécouvrit Pétra. Le récit de ses voyages fut publié à partir de 1819. Il mourut à 33 ans et fut inhumé au Caire.

Le tombeau à l'Urne, l'un des plus grands monuments funéraires de Pétra, fut transformé en église et consacré par l'évêque Jason en 446. Deux autres églises, construites sur la rive droite du wadi Mûsa, ont par ailleurs été fouillées par des équipes américaines au cours des années 1990. Dans l'une d'elles, la « Petra Church », les bas-côtés sont couverts d'un pavement de mosaïques polychromes comprenant des médaillons dans lesquels sont dessinés des objets inanimés (amphores, candélabres, corbeilles, etc.), mais aussi des animaux (oiseaux, paons, poissons) et des personnages. La mosaïque du bas-côté sud comporte une rangée centrale de médaillons de forme rectangulaire où figure la personnification des quatre saisons, de l'océan, de la terre et de la sagesse, identifiées par de courtes inscriptions en grec. Une petite salle attenante à l'église, au nord-est, a par ailleurs livré un ensemble impressionnant de *papyri* carbonisés actuellement en cours d'étude. Datés du VIe siècle, ce sont pour l'essentiel des contrats d'achat et de vente, mais également des dispositions testamentaires, des transactions diverses, des listes de propriétés, etc.

La bataille de Yarmouk, en 636, mit fin à la domination byzantine et chrétienne dans la région. Tant que dura la dynastie des califes omeyyades, dont la cour était installée à Damas, la Jordanie, qui était sur la route de La Mecque, bénéficia des attentions des autorités. Mais à l'avènement de la dynastie abbasside, la capitale de l'Islam fut transférée à Bagdad et Pétra, qui se trouvait à l'écart de la route du pèlerinage, fut abandonnée à son sort.

En 1116, à l'époque des croisades, Baudouin Ier redonna vie au sud de la Jordanie en construisant les châteaux de Shaubak ainsi que ceux d'al-Habîs et de Wu'ayrah (Li Vaux Moyse) à Pétra, dont on trouvera une description plus complète dans l'un des chapitres suivants de cet ouvrage. En 1276, le sultan mamelouk Baïbars, voyageant du Caire à Kérak, s'arrêta à Pétra. La ville tomba ensuite dans l'oubli jusqu'à son identification par le voyageur suisse Jean-Louis Burckhardt, qui la traversa en 1812 et en révéla la splendeur aux Européens.

Ill. page ci-contre

Nécropole d'al-Khubthah, Pétra

Vue du tombeau à l'Urne et des deux étages d'arcades byzantines du Ve siècle qui datent de la transformation du tombeau en église. Les arcades soutiennent la terrasse située devant le tombeau.

La religion et les sanctuaires des Nabatéens

La religion nabatéenne, qui est polythéiste, appartient à la famille des religions de l'Arabie préislamique. Les divinités sont autant d'idoles représentées sous la forme de bétyles. Les cultes sont caractérisés par des sacrifices sanglants sur des hauts lieux, par l'existence d'un espace sacré, le *harâm* et enfin, par l'importance des processions et des associations religieuses.

Les sanctuaires occupent dans le paysage de nombreux sites nabatéens et notamment de Pétra, une place presque aussi importante que les tombeaux. Contrairement à ces derniers, ils sont souvent aménagés dans des lieux difficiles d'accès ou retirés, et le visiteur peut passer à côté d'eux sans les voir. C'est néanmoins cette omniprésence du sacré qui a fait croire pendant longtemps que Pétra n'était pour les Nabatéens qu'un immense sanctuaire où ils honoraient leurs dieux et enterraient leurs morts, image certainement séduisante mais dénuée de tout fondement. Il n'en reste pas moins que les sanctuaires, du plus simple au plus élaboré, expriment tous une grande religiosité vécue au quotidien et ressentie comme nécessaire à la survie.

Haut lieu, Pétra

À gauche des arbres est taillée une niche à bétyle encadrée de hampes surmontées d'un croissant lunaire. À l'arrière-plan, en bas, on distingue le tombeau dorique à l'Urne, sa terrasse et son portique.

Les bétyles

La plupart des dieux nabatéens sont représentés sous la forme de bétyles, des pierres de forme généralement rectangulaire. Le terme « bétyle » vient du sémitique *beth-el*, qui signifie « maison du dieu ». Le bétyle est donc l'habitacle divin et c'est à travers lui que les Nabatéens vénéraient leurs dieux.

Bien qu'ils eussent tendance à diviniser les objets de culte, on ne peut parler à leur propos de litholâtrie car ils n'adoraient pas la pierre pour elle-même. Un lexique byzantin, rédigé au Xe siècle mais utilisant des sources plus anciennes, la *Souda*, nous apprend que le bétyle de Dousarès, nom grec de la figure principale du panthéon nabatéen, Doucharâ, était une pierre noire, quadrangulaire et aniconique, d'une hauteur de quatre pieds (environ 1,20 m) et d'une largeur de deux pieds. Il reposait sur une base recouverte d'or. Les Nabatéens lui offraient des sacrifices et lui versaient le sang des victimes : telle était leur libation. L'or brillait dans tout le temple et les offrandes y étaient nombreuses.

À l'exception de l'or et de la proportion exacte entre largeur et hauteur, rarement respectée, cette définition s'applique sans difficulté aux centaines de bétyles taillés dans les massifs rocheux de Pétra et du wadi Rum en Jordanie, ainsi que de Hégra (Medâ'in Sâlih) en Arabie. Ils sont presque toujours installés dans une niche, décorée ou non, dont les dimensions, la forme et le décor étaient certainement, dans la plupart des cas, choisis par le dédicant lui-même. Les pilastres, frontons, frises, acrotères, croissants lunaires et autres ornements étaient autant d'éléments qui pouvaient se combiner au gré de l'imagination des commanditaires. Cette liberté d'expression conduisit à une grande diversité des formes, pour le plus grand bonheur des archéologues et des voyageurs.

Ainsi que le précise la *Souda*, les bétyles sont généralement quadrangulaires. Hormis quelques-uns dont le sommet légèrement arrondi n'est qu'une variante d'une forme globalement quadrangulaire, il n'existe à cette règle qu'une seule exception notoire. Il s'agit du bétyle de Dousarès tel qu'il est représenté, d'une part sur des monnaies d'époque romaine d'Adraa (Deraa), ville située à la frontière syro-jordanienne, et d'autre part dans une niche du Sîq dont une dédicace en grec nous apprend qu'elle a été dédiée par un *panégyriarque* – organisateur de foires – de cette même ville, venu sans doute à Pétra en délégation. Le bétyle d'Adraa est ovoïde, forme dans laquelle certains ont voulu voir le symbole d'une montagne, notamment celle qui domine Pétra, le Sharâ.

La *Souda* ajoute que les bétyles sont aniconiques, c'est-à-dire dépourvus de représentation figurée. Cela est vrai pour 99 % d'entre eux, dont la surface taillée ne présente ni relief, ni décor. Quelques-uns, appelés conventionnellement anthropomorphes ou « aux yeux », offrent toutefois l'image stylisée d'un visage humain où les yeux, le nez, plus rarement la bouche, sont représentés à l'aide de motifs généralement géométriques.

Le dernier point signalé par la *Souda* est le socle sur lequel repose le bétyle. Dans les inscriptions nabatéennes, il est appelé *môtab*, terme dérivé de la racine *ytb* signifiant « s'asseoir ». Le bétyle est donc « assis » sur un *môtab* qui peut revêtir plusieurs formes : une simple base trapézoïdale taillée sous l'idole, une estrade comme celle qui figure sur les monnaies de Bosra et de Kérak, ou encore un véritable podium à degrés pourvu d'une mortaise pour encastrer les bétyles portatifs.

Les niches à bétyles sont partout : le long des voies processionnelles menant aux hauts lieux, où elles jouaient le rôle d'oratoires ; au milieu de vestiges domestiques, où elles étaient autant de sanctuaires familiaux ; à proximité des tombeaux ou des chambres funéraires enfin, où elles servaient à placer sous la protection de la divinité le monument funéraire et le périmètre dans lequel il s'inscrit.

Le Madhbah, Pétra

Quelques marches conduisent au *môtab* sur lequel étaient placés les bétyles au cours des cérémonies.

Monnaie de Trajan Dèce et de Herennius Etruscus, Bosra

251 apr. J.-C.

Bronze

Bibliothèque nationale, Paris

On voit au revers un *môtab* en forme d'estrade rabaissée précédée d'un escalier et supportant un bétyle en forme de fût de colonne, lui-même surmonté de galettes et entouré de deux autres bétyles ou de vases.

Sanctuaire, Oumm al-Biyârah

Cet abri est situé en contrebas du rebord nord-ouest du plateau d'Oumm al-Biyârah, dans lequel on peut à peine se tenir debout. Comme le révèle une inscription grecque, il s'agit d'un sanctuaire consacré à Zeus Saint-Sauveur. Il présente plusieurs niches très bien conservées. L'une d'elles contient un bétyle posé sur une base à degrés tandis qu'une autre contient un autel au centre duquel se dresse un minuscule bétyle. Des offrandes étaient sans doute accrochées à l'aide des anneaux taillés dans le rocher.

Ad-Deir, Pétra

Chacun des registres de cette façade taillée dans la roche est rythmé par huit colonnes et pilastres. À l'étage supérieur, on remarque une tholos entre deux frontons brisés. Le Deir est peut-être la salle de banquet dans laquelle se réunissaient les membres du thiase du roi divinisé Obodas Ier, mentionné dans une inscription nabatéenne gravée non loin du monument.

Les salles de banquet

Les « salles de banquet », couvertes ou hypètres, sont très souvent associées à des sanctuaires. Ce sont des bi- ou tricliniums, étymologiquement des salles de banquet à deux ou trois banquettes (*klinè*, en grec). Parfois en forme de fer à cheval, elles portent alors le nom de *stibadium*. Elles servaient de lieu de réunion à des confréries religieuses, les thiases, qui se réunissaient en l'honneur d'un dieu, d'un roi ou d'un défunt. Parfois, des inscriptions associées à ces salles révèlent le nom de leurs membres et identifient le roi ou le dieu honoré. D'autres mentionnent le *rab marzehâ*, ou « chef du thiase ». Ces réunions sont décrites par Strabon comme des banquets rassemblant des groupes de douze ou treize personnes, parmi lesquelles figuraient deux musiciennes. Chaque convive ne devait pas boire plus de onze coupes de vin et le roi faisait lui-même le service. Cette dernière indication de Strabon a été interprétée comme un geste démocratique, mais il convient de la replacer dans le contexte des relations tribales du roi avec ses sujets : le roi se comportait ici davantage comme un cheikh au sein de sa tribu que comme un monarque occidental. Il est possible que le Deir, l'un des monuments les plus prestigieux de Pétra, à l'intérieur duquel des fouilles ont révélé la présence de banquettes (en fait des gradins assez bas), était utilisé par les membres du thiase qui se réunissaient en l'honneur du roi divinisé Obodas Ier. Une inscription gravée non loin évoque en effet « 'Ubaydû, fils de Waqîh'el, et ses compagnons du thiase de 'Ubdat le dieu [Odobas] ».

Les hauts lieux

Les hauts lieux sont des sanctuaires généralement rupestres et à ciel ouvert. Ils ont pour caractéristique commune une position topographique dominante et bénéficient d'un itinéraire d'accès privilégié sous la forme d'une ou de deux voies processionnelles. Le site de Pétra en possède plusieurs, aménagés au sommet des massifs qui entourent la ville basse.

Le plus célèbre est le Madhbah, dont le nom signifie en arabe « lieu de sacrifice ». Il est accessible par deux voies processionnelles de plusieurs centaines de marches. Il comprend une cour entourée d'une banquette où prenaient place les fidèles et au milieu de laquelle, sur une plateforme légèrement surélevée, se tenait probablement le prêtre. Face à elle se dressent deux podiums. Le premier, précédé de quelques marches, est le *môtab* sur lequel les bétyles étaient posés lors des cérémonies ; le second est l'autel de sacrifice, composé d'une vasque avec cupule et d'une rigole permettant de recueillir le sang des victimes, exclusivement animales.

Chacun des hauts lieux de Pétra possède sa propre citerne, creusée dans le rocher et alimentée par des canalisations collectant l'eau de pluie. Elle servait à remplir des bassins plus petits destinés aux ablutions rituelles et au nettoyage des installations cultuelles après chaque utilisation. Le rythme auquel se succédaient les cérémonies ne nous est pas connu; il obéissait sans doute à un calendrier précis où les saisons jouaient probablement un rôle.

Haut lieu du Madhbah, Pétra

Au milieu se dresse le *môtab* accessible par quelques marches et, à gauche, se trouve l'autel, tout juste visible derrière le bassin à ablutions. La fonction de la dalle légèrement surélevée devant le *môtab* reste inconnue : est-ce là que se tenait l'officiant ?

Ill. ci-dessous

Obélisques du Madhbah, Pétra

Ces obélisques, vestiges de l'exploitation d'une carrière, sont en général interprétés comme des bétyles monumentaux. Peut-être marquaient-ils autrefois l'entrée dans le *harâm*, ou enceinte sacrée, du principal lieu de sacrifice de Pétra.

Les groupes de niches

Ces sanctuaires, qui comptent de deux à une petite centaine de niches, sont toujours aménagés dans des lieux protégés, éloignés des regards et de l'effervescence urbaine. Généralement, chaque groupe contient une niche qui, par ses dimensions, son décor, la position centrale qu'elle occupe, ou encore son contenu, revêt un statut particulier.

Il en est ainsi du Qattâr ad-Deir, sanctuaire situé au nord-ouest de Pétra et aménagé sur la terrasse d'un diverticule débouchant sur le chemin d'accès au Deir. *Qattâr* signifie « goutte à goutte » en arabe. Ce nom lui a été donné en raison de l'eau qui suinte entre deux strates du rocher et qui remplit, par un écoulement goutte à goutte incessant, plusieurs bassins reliés les uns aux autres. Une salle de banquet et plusieurs dizaines de signatures attestent qu'il était fréquenté par des thiases. Un bétyle gravé d'une croix de Lorraine est identifié par une inscription comme étant celui du « dieu qui est à Bosra », appellation derrière laquelle se cache l'un des dieux nabatéens, peut-être Dusharâ.

Le Sidd al-Ma'jîn est quant à lui une rotonde naturelle située au débouché d'un wadi étroit et encaissé, à l'extrémité nord-est du massif d'al-Khubtha. En hiver, le flot des pluies hivernales s'y engouffre violemment, emportant tout sur son passage. Dans la rotonde et sur les parois du couloir par lequel on y accède sont taillées plusieurs dizaines de niches, toutes différentes les unes des autres. Plusieurs salles de banquet sont installées non loin et il faut sans doute imaginer que les Nabatéens venaient dans ce lieu privilégié tailler ou faire tailler le bétyle de leur divinité préférée. L'auteur d'une inscription gravée dans le couloir précise d'ailleurs qu'il est le « serviteur de la déesse al-'Uzzâ », alors qu'un autre demande à être « sain et sauf devant Dusharâ et tous les dieux ».

Un autre exemple de ce type d'installation est le sanctuaire dédié à Zeus Sauveur, à l'ouest du plateau d'Oumm al-Biyârah qui s'élève à l'ouest de Pétra. Il s'agit d'un abri sous roche dont une paroi contient plusieurs niches dans lesquelles sont taillés des bétyles sur base ou des autels. Le caractère très élaboré des niches, ainsi que l'étude paléographique des inscriptions grecques qu'on y a trouvées, amènent à penser qu'il s'agit d'un monument tardif.

Les « chapelles »

Les chapelles constituent la dernière catégorie de sanctuaires rupestres. Il s'agit de grottes qui contiennent au moins un élément cultuel de type bétyle ou autel, généralement taillé dans la paroi du fond. La plus célèbre, située dans le massif d'an-Nmeir, au sud de Pétra, est connue sous le nom de « Chapelle d'Obodas », car elle était consacrée à ce roi divinisé. C'est ce que nous apprend la dédicace gravée à l'intérieur qui mentionne la « statue de 'Ubdat le dieu [Obodas] ». Une niche dans laquelle se dressait peut-être la statue occupe d'ailleurs la paroi du fond de la grotte.

Sur le plateau du Deir, une de ces chapelles, qui contient une niche hellénisante de grandes dimensions, avec pilastres et fronton, ouvre sur une cour à péristyle. En l'absence d'informations complémentaires, la fonction précise de ces monuments, dont on dénombre une trentaine d'exemples à Pétra, est difficile à déterminer.

Sidd al-Ma'jîn, Pétra

Grande niche avec double encadrement et bétyle sur la face nord du sanctuaire.

Paroi nord-ouest du Djebel al-Khubthah, Pétra

Alcôves et petite niche avec trois cavités taillées sur la paroi interne droite d'une chapelle. On remarque sur la photographie les traces du système qui permettait de fermer la pièce.

Ill. page ci-contre

Sidd al-Ma'jîn, Pétra

Niches sur le côté sud de la rotonde du sanctuaire du Sidd al-Ma'jîn. Ce sanctuaire, qui comporte plus de cent niches, se trouve dans un wadi qui est envahi par les pluies hivernales. Il n'était certainement pas consacré à une seule divinité. De nombreux Nabatéens taillèrent une niche en l'honneur de leur dieu préféré dans ce lieu privilégié.

Les temples

Les temples sont des monuments plus compliqués à mettre en œuvre car ils s'inscrivent dans un programme architectural et urbain plus élaboré nécessitant des moyens importants. Fawzi Zayadine, spécialiste de la civilisation nabatéenne, les a divisés en deux séries principales : les temples à plate-forme ou à édicule central, et les temples à *cella* tripartite. Dans la première série, la *cella* du temple contient une plate-forme surélevée, parfois un simple cube plein, autour de laquelle est ménagé un véritable couloir de circulation. Des escaliers permettaient d'accéder au sommet du podium sur lequel étaient déposées les idoles divines : c'est le cas par exemple du temple de Khirbet edh- Dharîh, où la surface dallée de la plate-forme présente trois mortaises disposées en diagonale, flanquées de petits trous permettant l'écoulement d'un liquide vers des cuves placées en dessous.

Dans la seconde série, la *cella* est divisée en trois parties, celle du milieu, l'*adyton*, pouvant à son tour contenir, adossé au mur du fond, un podium servant de base au bétyle. Ce plan est

Ill. au centre à droite

Qasr al-Bint, Pétra

Façade et paroi latérale gauche du temple. Ce temple de 23 mètres de hauteur – le mieux conservé de Pétra – possède encore une partie de sa corniche. Il fut construit à la fin du Ier siècle av. J.-C. au milieu d'un vaste téménos. Les façades étaient ornées de stuc peint. On y vénérait soit une divinité très importante – Dusharâ –, soit une triade, ce que laisserait penser l'adyton tripartite.

Reconstitution de la façade du Qasr al-Bint, Pétra

Cette reconstitution montre que dans l'Antiquité, les murs du temple étaient recouverts d'ornements en stuc.

Plan du temple de Qasr al-Bint, Pétra

Le fond de la *cella* est divisé en trois parties dont celle du milieu correspond à l'*adyton* (le Saint des Saints).

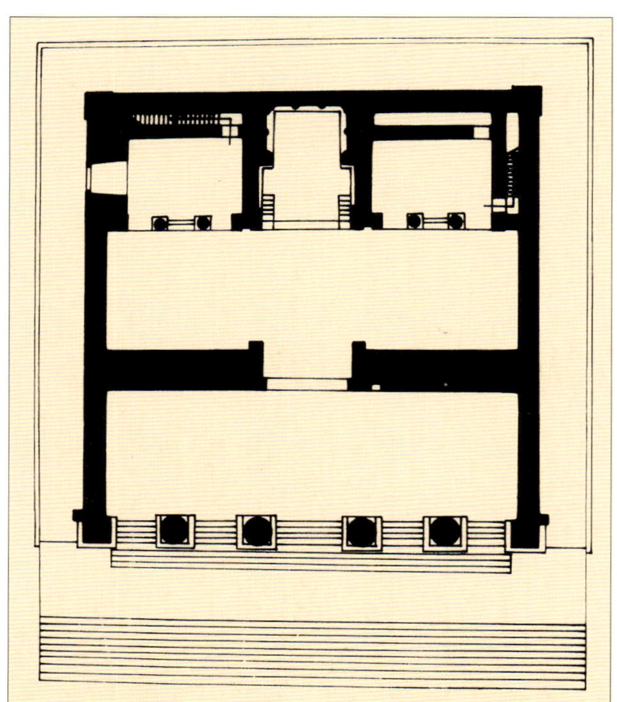

Ill. à droite

Qasr al-Bint, Pétra

Intérieur de la *cella*, oblongue, du Qasr al-Bint, aménagée à la suite du *pronaos* (ou vestibule). La porte qui s'ouvre dans le mur de gauche est celle qui permet de passer du *pronaos* à la *cella*.

appliqué dans le temple le plus connu et le mieux conservé de Pétra, le Qasr al-Bint, qui domine de sa masse imposante un téménos dallé d'environ 200 m de long sur 60 m de large, sorte d'enceinte sacrée aménagée à l'extrémité de la voie de circulation principale du site. Une plate-forme de 1,40 m de haut, desservie par deux escaliers de sept marches, est accolée au mur du fond. Sur les deux côtés de la *cella*, deux salles à étage devaient servir aux besoins du culte. Le fait que le toit du temple soit accessible à partir du premier niveau rappelle la remarque de Strabon selon laquelle les Nabatéens « rendent un culte au Soleil sur un autel dressé sur le toit, y faisant chaque jour des libations et y offrant de l'encens » (*Géographie*, XVI, 4, 26).

Avec les temples se clôt la liste des sanctuaires dans lesquels les Nabatéens honoraient leurs dieux. Mais qui et combien étaient-ils ? Quelle était leur nature ? Sous quelle forme étaient-ils vénérés ? Où sont-ils attestés ? Autant de questions auxquelles il est parfois difficile de répondre et pour lesquelles nous ne disposons souvent que de données disparates et incomplètes.

Qasr al-Bint, Pétra

Porte du téménos. Elle se dresse à l'extrémité de la voie à colonnade, devant le téménos du Qasr al-Bint, visible à l'arrière-plan.

Les dieux des Nabatéens

Fondamentalement polythéiste, la religion nabatéenne ne compte pas moins de vingt divinités. Elles sont connues grâce aux inscriptions ou aux monnaies qui les mentionnent explicitement, aux stèles bétyliques ou encore aux représentations figurées, sculptures et figurines. La composition du panthéon des Nabatéens est peut-être autant, sinon plus encore que leur art, le résultat d'un syncrétisme, celui qu'ils ont réalisé entre les dieux du pays d'Édom où ils se sont installés, ceux de l'Arabie centrale, ceux de la Syrie-Palestine et ceux du monde gréco-romain avec lequel ils ont été très tôt en contact. Toutes les divinités ne sont cependant pas attestées partout et plusieurs régions du royaume manifestent une nette préférence pour certaines d'entre elles. Ainsi, par exemple, la déesse Allât est quasiment absente du panthéon de Pétra, du moins tel qu'on le connaît aujourd'hui, alors qu'elle est présente plus au sud, dans le wadi Rum, et plus au nord, dans le Hauran syrien. En revanche, la déesse égyptienne Isis semble n'avoir été vénérée qu'à Pétra. Cette disparité s'explique sans doute par le fait que le panthéon nabatéen exprime à la fois la diversité ethnique des provinces qui composent le royaume et l'irrégularité des emprunts aux régions voisines. Elle témoigne en tout cas de l'absence de figure divine nationale : les Nabatéens ne connaissent pas le phénomène d'identification d'un peuple avec son dieu, comme on l'observe entre Yahvé et Israël.

Les divinités féminines

Al-'Uzzâ, « la Forte », est sans conteste la divinité féminine la plus en vogue chez les Nabatéens. On sait par une inscription bilingue gréco-nabatéenne retrouvée dans l'île de Cos, au large de la Turquie, qu'al-'Uzzâ était identifiée à Aphrodite, déesse de l'amour chez les Grecs. En effet, à al-'Uzzâ dans la partie nabatéenne du texte correspond Aphrodite dans sa partie grecque. Elle était vénérée dans le wadi Rum, où elle est représentée deux fois sous la forme d'un bétyle anthropomorphe : une fois à côté d'un bétyle aniconique, identifié par une inscription comme étant le « Seigneur du temple », peut-être Dusharâ, et une fois à côté d'un autre bétyle anthropomorphe, identifié par une inscription comme étant celui d'al-Kutbâ, divinité du commerce et de l'écriture. À Pétra, les auteurs d'au moins deux inscriptions se disent chacun « serviteur de la déesse al-'Uzzâ ». Elle est également mentionnée dans deux dédicaces associées à des niches aménagées le long des voies d'accès à des hauts lieux. Dans l'une d'elles, elle est de nouveau associée au « Seigneur du temple ». Enfin, c'est elle qui est vénérée aux côtés de Dusharâ dans le Qasr al-Bint. Le culte d'Aphrodite est attesté à l'époque romaine à Pétra par un fragment de dédicace en langue grecque retrouvé dans les fouilles du Qasr al-Bint où elle est nommée à côté de Zeus Hypsistos, « le très haut ». Par ailleurs, l'un des *papyri* des archives de Babatha signale la présence à Pétra d'un Aphrodision, un sanctuaire d'Aphrodite, dans lequel, à l'époque romaine, le conseil de la ville entreposait les documents officiels. Enfin, plusieurs sculptures trouvées à Pétra ont été interprétées comme des représentations de la déesse grecque.

Al-'Uzzâ n'est pas la seule divinité à être représentée sous la forme d'un bétyle anthropomorphe. C'est également le cas d'Atargatis, déesse syrienne de la végétation et des eaux, dont le bétyle est taillé dans l'un des wadis les plus humides de Pétra, le wadi as-Siyyagh.

Des papyri retrouvés en Haute-Égypte citent Pétra parmi les centres du culte d'Isis. Sœur et épouse d'Osiris, le dieu des morts, Isis passait pour être la protectrice des morts. Son adoption par les Nabatéens est le résultat des liens commerciaux et politiques qui existaient entre ces derniers et l'Égypte. Deux sanctuaires de Pétra au moins lui sont consacrés. Dans chacun d'eux, une niche abritant une statue de la déesse est taillée dans la paroi rocheuse. Dans le premier, qui provient de la périphérie du site, la déesse, dont la tête a été martelée par des iconoclastes, est assise sur un trône posé sur une estrade moulurée. Les plis croisés de son manteau et ceux de sa tunique sont nettement sculptés. On distingue sur la poitrine le nœud isiaque. Non loin de cette niche sont gravés de nombreux graffiti nabatéens qui témoignent du passage de pèlerins dans ce sanctuaire situé tout près de la piste caravanière reliant Pétra à l'Égypte. Le second sanctuaire d'Isis est composé de plusieurs niches, dont certaines contiennent

Ill. page ci-contre

Détail de la façade de la Khaznet, Pétra

Moitié droite du registre supérieur de la façade de la Khaznet. Dans la tholos (en haut à gauche) est sculptée une figure représentant une Isis-Fortune portant une corne d'abondance dans la main gauche. À droite de la tholos, en retrait et dans l'ombre, se trouve une Victoire ailée. Plus à droite encore se dresse une Amazone brandissant une hache au-dessus de la tête.

Sanctuaire d'Isis, Pétra

Ce sanctuaire situé au fond d'une gorge, sur la rive droite du wadi as-Siyyagh, est d'un accès difficile. Quatre niches sont particulièrement remarquables : une niche contenant un bas-relief d'Isis, une autre contenant une figure très érodée d'interprétation incertaine, une niche à bétyle en creux et un bassin pour les ablutions rituelles. L'inscription de 25 av. J.-C. qui identifie Isis est bien visible de part et d'autre de la niche de gauche.

Bétyle anthropomorphe, Pétra
100 av. J.-C. – 100 apr. J.-C.
Grès jaune ; h 32 cm, l 20 cm, p 14 cm
Musée archéologique d'Amman

On remarque une inscription en nabatéen sur la base de la stèle. La déesse n'est pas nommée mais décrite comme « déesse de Hayyân, fils de Nîbat ». Il s'agit probablement de la déesse égyptienne Isis, dans laquelle on s'accorde à identifier la déesse nabatéenne al-'Uzzâ. La cavité située au milieu de la frise de palmettes qui couronne la stèle abritait autrefois le *basileion*, attribut de la déesse égyptienne. La stèle est encadrée par deux pilastres ornés d'une frise à denticules et repose sur un socle mouluré. Les yeux, dans lesquels étaient sans doute incrustées des pierres précieuses, semblent disparaître sous les sourcils protubérants. Contrairement à la majorité des stèles anthropomorphes, celle-ci possède une bouche aux lèvres charnues. Elle fut découverte dans le temple aux Lions ailés à Pétra.

des reliefs malheureusement très érodés Dans l'une d'elles, la déesse trône sur un siège sans dossier dont les côtés sont sculptés. Une inscription gravée de part et d'autre de la niche permet de dater le sanctuaire de l'an 25 av. J.-C.

Isis est également représentée sous la forme de bétyles anthropomorphes. L'un d'eux est coiffé d'une frise de deux palmettes au centre de laquelle figure le *basileion*, insigne de la royauté et symbole d'Isis, qui se présente sous la forme d'un disque solaire encadré de deux cornes et surmonté d'un épi de blé. Dans un autre exemple, un *basileion* en matériaux précieux était sans doute inséré dans la cavité ménagée au centre de la couronne de palmettes. Des figurines en terre cuite provenant du temple aux Lions ailés, un autre temple de Pétra, la représentent dans une attitude de deuil, allusion à son chagrin de la mort d'Osiris. Cette imagerie est empruntée à celle de la déesse grecque Déméter pleurant sa fille Perséphone, enlevée par le dieu de l'enfer, Hadès. Enfin, Isis figure en bonne place sur la façade de la Khaznet, puisque son symbole occupe l'acrotère central de ce monument qui est un mausolée ou un tombeau, et non un temple. Ces différentes représentations d'Isis illustrent bien les multiples aspects de la déesse : ici, épouse en deuil protectrice des morts, là dispensatrice de fortune et de fécondité.

Il a déjà été question d'al-Kutbâ, associée à al-'Uzzâ à wadi Rum. Divinité sans doute masculine chez les Nabatéens, elle était assimilée au dieu planétaire babylonien Nébo, représentant la planète Mercure, scribe des dieux dans la mythologie babylonienne et araméenne. Son culte fut sans doute introduit à la faveur du séjour de dix ans que le roi babylonien Nabonide (556–539 av. J.-C.) fit en Arabie du Nord. Du fait de ses compétences de scribe, Nébo était en charge du savoir contenu dans les tablettes et, notamment, de toutes les formes de divination.

Allât et Manawatû sont les dernières divinités féminines du panthéon nabatéen. La première, identifiée à Athéna, est la divinité arabe la plus importante à l'époque romaine. Elle n'est mentionnée dans aucune inscription de Pétra où elle n'est représentée, sous les traits d'Athéna, que par un relief trouvé non loin de la porte du téménos du Qasr al-Bint. Une inscription découverte dans le wadi Rum la décrit explicitement comme étant celle « qui est à Bosra ».

La seconde, Manawatû, est la déesse du Destin, de la part qui échoit à chaque homme. Elle est mentionnée huit fois dans les textes funéraires de Hégra où elle est parfois associée à ce qui semble être son attribut, le *qaïchâ*, rapproché de l'arabe *qâ'is* signifiant « mesure ». Le *qaïchâ* de la déesse pourrait donc être la coudée, symbole de la juste mesure.

Les divinités masculines

Lorsqu'ils se sont installés dans le pays d'Édom, les Nabatéens ont adopté la divinité édomite Qôs, dieu de l'orage et de la pluie fertilisante. Il est attesté dans des noms théophores tels que *zydqws*, « Qôs a augmenté », ou *qwsntn*, « Qôs a donné ». Il est également mentionné dans une inscription nabatéenne retrouvée à Bosra où un dénommé Mu'aynû lui offre un aigle en basalte. Par ailleurs, on sait que le sanctuaire de Khirbet et- Tannûr lui était dédié. On y a en effet retrouvé une représentation de Qôs sous les traits du dieu syrien Hadad, dieu de l'orage et de la pluie, assis sur un trône flanqué de taureaux et brandissant son foudre. Par ailleurs, deux inscriptions retrouvées sur le site le mentionnent explicitement.

La principale divinité masculine du panthéon nabatéen est Dusharâ. Son nom est une désigna-

tion topique, puisque *dû* signifie « celui de » tandis que *Sharâ* est le nom de la montagne qui domine Pétra à l'est. De toutes les divinités, c'est lui qui est le plus souvent mentionné dans les inscriptions où il est alternativement qualifié de « dieu de Gaia », ancien nom du village près duquel se trouve Pétra, « dieu de Madrasa » ; nom de l'un des secteurs de Pétra, qui a survécu dans la toponymie moderne ; ou encore « dieu de notre maître », le maître désignant l'un ou l'autre des rois nabatéens. Sa suprématie s'exprime par le fait qu'il est nommé en tête des listes divines puisqu'on trouve dans les textes l'expression « Dusharâ et tous les dieux » ou « Dusharâ et le reste des dieux ». Une inscription retrouvée à Milet en Asie Mineure, laissée par Syllaios lors de son passage en 9 av. J.-C., atteste que Dusharâ était assimilé à Zeus, identification qui traduit une nouvelle fois sa qualité de dieu suprême.

L'identification de Dusharâ à Dionysos est quant à elle suggérée par un relief du wadi Farasah à Pétra : un buste inscrit dans un médaillon, peut-être couronné de pampres, surmonte le bétyle rectangulaire caractéristique de Dusharâ. Elle est également suggérée par une monnaie de Bosra dont le revers offre l'image d'un dieu drapé et à la chevelure abondante avec la légende « Bostrènôn Dusarès ». Enfin, on a retrouvé à Pétra un panneau de pilastre où le dieu, dont la chevelure est couverte de pampres, est identifiable grâce au thyrse qui se trouve à sa droite. Ces attestations sont confirmées par le lexicographe byzantin du Ve siècle, Hésychius, qui précise que « Dusarès, c'est Dionysos chez les Nabatéens. »

Au IVe siècle, l'écrivain ecclésiastique Épiphane de Salamine, dans son ouvrage sur les hérésies (le *Panarion*), fait de Dusarès le fils d'une vierge. En effet, pour montrer que les païens eux-mêmes ont accepté l'idée de la naissance virginale d'un dieu, il cite, entre autres, l'exemple de Pétra où, selon lui, ils « chantent dans le temple de l'idole des hymnes à la Vierge, l'appelant, en arabe, *Chaamou*, ainsi qu'à celui qu'elle a enfanté, Dousarès. »

C'est sous la protection de Dusharâ que sont placés la plupart des tombeaux de Hégra ainsi que le tombeau dit Qabr at-Turkmân à Pétra, le seul qui présente en façade une longue épitaphe. C'est à la menace de ses malédictions que les propriétaires font appel pour protéger leurs sépultures des violateurs éventuels.

D'autres dieux masculins sont également attestés dans le domaine nabatéen. C'est le cas du dieu suprême des Syriens, Baalshamin, qui est nommé dans le wadi Rum à côté de Dusharâ et qui possédait un temple à wadi Mûsa. L'aigle étant son symbole, il est également possible que le monument communément appelé « la niche de l'Aigle » à Pétra lui ait été consacré. Il est enfin nommé dans plusieurs dédicaces de la région de Bosra.

Shay alqawm, « le compagnon de la tribu », était quant à lui le protecteur des caravanes. Il est mentionné dans une dédicace palmyrénienne dont l'auteur, un soldat nabatéen, le qualifie de « dieu qui ne boit pas de vin ». Il était sans doute vénéré à Hégra, puisqu'il figure dans une inscription gravée à proximité d'une niche vide. On le retrouve enfin dans une dédicace de 96 apr. J.-C. retrouvée à Tell Ghâriyyeh, dans le Hauran.

Sidd al-Ma'jîn, Pétra

Deux niches près de l'accès à la rotonde du sanctuaire de Sidd al-Ma'jîn. Sous la niche de droite est gravée l'inscription qui se termine par « Dusharâ et tous ses dieux ».

Buste de Dusharâ, Pétra

Dusharâ, dieu suprême du panthéon nabatéen, est identifié à Dionysos, dieu grec de la vigne et du vin. Son buste inscrit dans un médaillon surmonte le bétyle rectangulaire caractéristique de Dusharâ, ici dans le wadi Farasah.

Voie d'accès processionnelle, entièrement taillée dans le rocher, qui mène vers les sanctuaires aménagés au sommet d'al-Khubthah. Elle a été entièrement restaurée par le Département des Antiquité de Pétra et rouverte au public en 1996.

Temple de Khirbet edh- Dharîh

Môtab surélevé du temple entouré de colonnes. On remarque sur le soubassement de ces dernières, la rainure horizontale dans laquelle était encastrée une poutre en bois faisant office de dispositif antisismique. Un étroit déambulatoire fait le tour de ce *môtab* et des orifices aménagés sur la plate-forme permettaient de recueillir dans des cuves placées en dessous les libations versées sur les bétyles utilisés au cours des cérémonies.

Les pratiques cultuelles

Il est certain que les cérémonies religieuses comportaient des processions. À Pétra, elles empruntaient les nombreuses voies processionnelles conduisant aux sanctuaires et il faut imaginer le prêtre ou ses acolytes transportant jusqu'au Madhbah le bétyle divin déposé ensuite sur le *môtab*. Il en était certainement de même à Khirbet et- Tannûr et à Khirbet edh-Dharîh. La présence devant les temples de plusieurs cours, comme c'est le cas à Khirbet edh-Dharîh, correspond certainement à une progression vers le sacré et peut-être à une ségrégation des fidèles en plusieurs catégories : femmes, hommes, initiés, prêtres, etc. Les gradins aménagés sur les côtés de ces cours, dont on trouve des exemples au Qasr al-Bint ainsi qu'au Khirbet edh- Dharîh, recevaient sans doute les fidèles qui prenaient une part plus ou moins active au culte. Des offrandes, sous la forme de petits édicules en forme de niches – dont des exemples ont été retrouvés dans le Hauran – pouvaient également y être déposées.

Les sources, la *Souda* et Strabon, parlent des libations (offrandes liquides, vin ou sang) qui étaient offertes aux dieux. Le dispositif du podium de Khirbet edh- Dharîh ainsi que les cupules creusées parfois devant les bétyles confirment ces pratiques. Certaines de ces libations étant faites avec du sang, cela nous amène tout naturellement à la question du sacrifice. Le point culminant des cérémonies était sans doute le sacrifice d'un animal sur un autel, dont le Madhbah fournit un excellent exemple. L'autel monumental érigé devant le Qasr al-Bint remplissait la même fonction, mais ce n'était pas le cas des dizaines d'autels rupestres taillés directement dans le rocher qui, comme le *môtab* en forme de siège, traduisent une certaine confusion, dans l'esprit des fidèles, entre les différents objets du culte.

Le nombre considérable de petits oratoires – plusieurs centaines à Pétra –, associé aux centaines de signatures de pèlerins ou de fidèles qui accompagnent les sanctuaires, témoigne de l'importance de la religion dans la vie de tous les jours. La grande quantité de gravures à caractère cultuel, que l'on trouve notamment sur les fronts de taille des carrières, est l'expression d'une présence divine ressentie à tous les instants. Il est symptomatique que le temple occupe toujours une position privilégiée, tant à Tannûr ou à Khirbet edh- Dharîh qu'à Pétra, où le Qasr al-Bint et son téménos sont situés à l'extrémité de la voie de circulation principale du site.

Les sanctuaires nabatéens de Pétra, de wadi Rum et de Hégra illustrent parfaitement le propos de l'historien arabe du VIIIe siècle, Hishâm Ibn al-Kalbî, selon lequel « ceux qui, parmi les Arabes, ne pouvaient faire construire de temple ni ériger de statue, dressaient simplement une pierre devant le temple ou à tout autre endroit de leur choix, et faisaient autour d'elle une procession rituelle, comme autour du temple ».

Tombeau en trois dimensions, Bab es-Sîq

Un des trois tombeaux entièrement dégagés du rocher, dits « tombeaux Djinn », qui occupent la rive droite du wadi juste après l'entrée dans le site de Pétra. Celui-ci se dresse sur un podium à degrés et est surmonté d'un cube plus petit. Sur sa face orientale s'ouvre une chambre funéraire qui contient deux tombes à fosse.

Le monde des morts

Une brève promenade dans les ruines de Pétra renseigne immédiatement sur l'importance accordée aux défunts dans la société nabatéenne. Les façades de plus de 600 tombeaux s'égrènent en effet le long des terrasses et falaises des massifs plus ou moins escarpés qui entourent le centre urbain. Cette omniprésence des tombeaux a d'ailleurs laissé croire pendant longtemps que Pétra n'avait jamais été une ville. Si cette image a été définitivement abandonnée grâce aux recherches menées depuis une vingtaine d'années – on sait désormais que Pétra était une ville à l'activité bruyante et variée, carrefour d'un commerce prospère et lieu de séjour de nombreux étrangers – les tombeaux n'en restent pas moins l'élément prédominant des vestiges visibles.

Le fait que des tombeaux de types différents aient été construits au cours de la même période à Hégra (contrairement à Pétra, les tombeaux de ce site sont souvent datés par des épitaphes gravées sur la façade) a rendu caduque la théorie, émise au début du XXe siècle, selon laquelle il existerait un rapport entre la typologie des tombes et leur datation. Cette théorie a laissé place, dans les années 1970, à l'idée plus séduisante et certainement exacte d'un rapport entre le type d'un tombeau et la catégorie sociale de son propriétaire. La combinaison, dans les façades, d'éléments de décor dits orientaux et d'éléments classiques résulterait non pas d'une évolution chronologique, mais d'un choix délibéré du commanditaire de la tombe. Enfin, depuis le début des années 1990, les recherches s'orientent vers l'idée selon laquelle, au sein de chaque type de tombeaux, c'est le décor architectural qui évolue. Une étude détaillée de quelques éléments-clés de ce décor, tels que le profil des moulures, les chapiteaux, les frises et autres motifs décoratifs, portant sur un échantillon de tombeaux à Pétra, a permis de mettre en évidence l'existence de six groupes au décor architectural homogène. Chacun de ces groupes est daté par un monument au décor comparable pour lequel on dispose d'une datation absolue fournie par du matériel archéologique ou des inscriptions. Bien que son caractère chronologique ait été réfuté, la typologie des tombeaux de Pétra permet de « lire » les vestiges selon un code simple et facilement mémorisable.

Nécropole d'al-Khubtha, Pétra

Partie sud de la nécropole d'al-Khubthah vue depuis le Djebel al-Madhbah. Cette partie de la nécropole n'est plus occupée par les tombeaux dits « royaux », mais par quelques dizaines de tombeaux plus modestes, de type classique – à merlons, demi-merlons, Hégra – et de dimensions très variées.

Tombeau aux Obélisques, Pétra

Ce tombeau doit son nom aux quatre obélisques (ou *nefesh*) qui couronnent le registre supérieur de la façade. Le monument se compose de deux parties superposées : la salle de banquet en bas, et une chambre funéraire dans la partie supérieure. Une figure drapée, qui n'a plus de tête, se tient dans la niche située entre les deux obélisques du milieu.

Ill. page ci-contre

Les gorges du Sîq, Pétra

L'unique voie d'accès à Pétra empruntait le lit asséché du wadi Mûsa, le Sîq, qui s'étend sur presque deux kilomètres.

La typologie des tombeaux de Pétra

Généralement indépendante du tombeau contenant les inhumations, la *nefesh* – terme qui appartient au sémitique commun et qui signifie « souffle, âme, personne » – est, dans le domaine nabatéen, un monument funéraire commémoratif fondamentalement individuel. Elle revêt toujours la forme d'une pyramide, parfois posée sur une base à degrés surmontée d'un dé, et peut supporter un pyramidion ou un fleuron.

Les *nefesh* sont le plus souvent taillées le long des voies de communication, de façon à être constamment offertes à la vue des passants. On les trouve moins fréquemment à l'intérieur des tombeaux. L'exemple le plus remarquable est un grand tombeau situé en face du théâtre dont la chambre funéraire contient, taillées sur l'une des parois, cinq *nefesh*. Deux d'entre elles sont identifiées par deux inscriptions nabatéennes et une inscription en grec. Dans le cas du tombeau dit aux Obélisques, à Bâb es-Sîq, il faut imaginer que les quatre obélisques surmontant la façade étaient, au même titre que la sculpture en pied qui occupe la niche centrale, le symbole des défunts inhumés à l'intérieur.

Les tombes à fosse, dont il existe des centaines d'exemples à Pétra et ailleurs, sont les monuments funéraires les plus économiques. Ce sont de simples excavations rectangulaires, creusées à même la roche, plus ou moins longues et larges, et généralement entourées d'une feuillure permettant de poser des dalles de couverture. Certaines possèdent, taillées sur l'un des côtés, deux ou trois cupules circulaires destinées à recevoir des libations. Les défunts y étaient inhumés directement ou dans des linceuls en cuir dont des lambeaux ont été retrouvés dans la nécropole de Khirbet edh- Dharîh.

Les tombes à puits sont des versions collectives plus complexes que les tombes à fosse dont elles sont parfois difficiles à distinguer car elles sont souvent remblayées et leur aspect extérieur est identique. L'accès à ces tombes se fait par un puits dont les parois contiennent des encoches destinées à faciliter la descente dans la chambre funéraire entièrement souterraine, aménagée deux ou trois mètres plus bas. Celle-ci est pourvue soit de *loculi*, des logettes latérales où les défunts étaient placés, soit de tombes à fosse.

Tous les tombeaux à façade décorée – sauf ceux qui sont restés inachevés – possèdent une chambre funéraire, caractérisée par la présence d'un nombre variable de *loculi* et/ou de tombes à fosse, mais toutes les chambres funéraires ne sont pas nécessairement pourvues d'une façade décorée. Pétra compte ainsi près de 200 chambres funéraires, intermédiaires entre les tombes creusées dans le sol et les tombeaux à façade. Ces monuments peu spectaculaires ne retiendront pas longtemps notre attention.

Les tombeaux à une ou deux rangées de merlons sont caractérisés par la présence, dans le tiers supérieur de la façade, de quelques merlons à gradins, motif d'origine perse et assyrienne qui a peut-être pénétré en Nabatène par l'intermédiaire de la Phénicie où on le retrouve notamment dans le sanctuaire d'Amrit. Un tore est taillé en dessous de chaque rangée et au-dessus de la rangée inférieure de merlons. Un bandeau plat est généralement ménagé en dessous du tore le plus bas. La porte de ces tombeaux est simple mais peut être surmontée d'une moulure taillée dans le rocher ou d'une rainure destinée à recevoir une moulure (et non, comme on l'a suggéré récemment, une planche de bois portant le nom du propriétaire). Enfin, elle peut être encadrée de pilastres surmontés d'un linteau couronné d'un fronton triangulaire.

Le tiers supérieur des tombeaux à demi-merlons présente seulement deux demi-merlons qui se font face, supportés par un entablement composé de bas en haut d'une plate-bande, d'un tore et d'une gorge égyptienne. À cette forme de base peuvent s'ajouter des éléments qui l'enrichissent pour aboutir à deux types plus élaborés dénommés respectivement « proto-Hégra » et « Hégra ». Les premiers se caractérisent par la présence de pilastres d'ante encadrant la façade. Ils sont surmontés de chapiteaux et supportent la plate-bande qui fait donc office d'architrave. À ce dispositif, les seconds ajoutent, au-dessus des pilastres d'ante, un entablement ionique séparé de l'entablement à gorge égyptienne par un attique. Les pilastres d'ante se doublent parfois de quarts de colonnes et deux demi-colonnes, taillées entre les pilastres et la porte du tombeau, peuvent rythmer la façade. L'attique, le plus souvent nu, contient dans quelques exemples des pilastres qui prolongent les pilastres d'ante et les demi-colonnes de la façade. L'un des

tombeaux de la nécropole de Magharat an-Nasârah porte dans l'attique un décor de boucliers et de masques.

Formant une catégorie à part et proportionnellement moins nombreux que les précédents, les tombeaux à arceau présentent une façade encadrée de pilastres supportant un cintre mouluré simple ou double au milieu duquel est parfois taillée une patère (coupe évasée et peu profonde).

Enfin, certains tombeaux, tels que celui du Soldat romain ou le tombeau au Fronton brisé dans le wadi Farasah, sont dits « hellénisants » car les merlons ont disparu au profit d'un fronton triangulaire qui prend place au-dessus de l'entablement et qui leur donne l'aspect d'un temple grec.

Par la complexité de leurs façades, qui comportent jusqu'à cinq registres superposés, les grands tombeaux ne peuvent pas être réduits à l'un des types distingués ci-dessus.

Tous sauf la Khaznet se trouvent dans la nécropole dite « royale » qui s'étend au pied de la falaise d'al-Khubthah. Cette épithète a été attribuée à ces tombeaux en raison de leur caractère monumental mais aussi de la découverte, dans l'un d'eux, d'inscriptions mentionnant une reine nabatéenne et son ministre. Il n'est cependant pas du tout certain que les rois nabatéens aient été enterrés dans ces tombeaux qui pouvaient également appartenir à des notables.

Entrée d'une tombe à puits, Pétra

Ouverture d'une tombe à puits. La chambre funéraire, souterraine, se trouve deux ou trois mètres plus bas.

Nécropole d'al-Khubthah, Pétra

Tombeaux de la partie méridionale de la falaise d'al-Khubthah. La hauteur de la façade dépendait de la hauteur de la falaise dans laquelle était taillées les tombeaux, dont les dimensions déterminaient par ailleurs le prix.

Nécropole du théâtre, Pétra

Cette nécropole, l'une des plus anciennes de Pétra, se trouve à l'entrée de la ville. On remarque différents types de tombeaux : à merlons, à arceau ou à demi-merlons. Au-dessus de certaines portes, on note une moulure qui devait contenir des ornements.

Chambre funéraire, Pétra

Cette chambre funéraire compte trois *loculi* creusés dans la paroi du fond. Dans les deux *loculi* de droite, des fosses ont été aménagées dans le sol pour enterrer les défunts.

Ill. page ci-contre

Le « tombeau corinthien », Pétra

La façade de ce tombeau se décompose en trois registres superposés : le registre inférieur avec un fronton en segment de cercle, celui du milieu avec un fronton brisé et celui du haut orné d'une tholos encadrée par les deux moitiés d'un fronton brisé.

Plan en élévation de façades de tombeaux nabatéens, Pétra

Façades (de gauche à droite) à double rangée de merlons, Hégra, à une rangée de merlons, à arceau.

Deux tombeaux dits « proto-Hégra », Pétra

Les tombeaux dits « proto-Hégra » sont des tombeaux à demi-merlons dont la façade est encadrée de pilastres surmontés de chapiteaux nabatéens mais qui ne présentent qu'un seul entablement – à gorge égyptienne – au lieu des deux que possèdent les tombeaux Hégra, plus élaborés.

Vue sur le tombeau du Soldat romain, Pétra

Cette vue est prise depuis la salle de banquet située en face du tombeau du Soldat romain, dans le wadi Farasah. La façade, ornée de demi-colonnes et de pilastres d'ante auxquels sont accolés des quarts de colonne, est surmontée d'un fronton triangulaire et d'un attique. C'est aux statues de soldats (seule la figure du milieu, un soldat portant une cuirasse, est bien conservée), sculptées dans six blocs superposés qui décorent les niches aménagées dans chacune des trois baies de la façade, que cette tombe doit son nom de « tombeau du Soldat romain ».

Ill. page ci-contre

Khaznet, Pétra

La Khaznet Fir'aoun (« Trésor du Pharaon ») apparaît dans toute sa splendeur. Ce tombeau de type hellénisant rappelle, par sa façade, les temples grecs.

Tombeau au Fronton brisé, Pétra

Ce tombeau du wadi Farasah est lui aussi qualifié d'hellénisant car sa façade reprend des éléments de l'architecture grecque, tout comme celle de la Khaznet.

Ill. ci-contre

« Columbarium », Pétra

Les avis sont partagés quant à la fonction de ce monument d'al-Habī : était-ce un tombeau (les petites niches accueillant les urnes contenant les cendres des défunts) ou un bâtiment utilitaire (pigeonnier) ? C'est le seul monument de ce type à Pétra.

Nécropole d'Oumm al-Biyârah, Pétra

La nécropole d'Oumm al-Biyârah s'étend au pied de la montagne du même nom. Le plus haut massif de Pétra servit de refuge aux Nabatéens en 312, quand ils furent attaqués par les Grecs. Les tombes n'occupent que la partie inférieure du massif, la plus accessible. Il n'existait qu'une seule voie d' accès au sommet.

Les coutumes funéraires

L'un des informateurs de Strabon, le philosophe grec Athénodore, estimait que les Nabatéens n'avaient pas plus d'estime pour leurs morts que pour leur fumier, car, selon Héraclite, « les morts sont à jeter dehors, ils valent moins que du fumier. Aussi, même les rois se voient-ils enterrés près des

amas de fumier » (*Géographie*, XVI, 4,26). Selon certains chercheurs, il y aurait eu une confusion entre le mot araméen *kpr* « tombe, tombeau » et le grec *kopros* « excrément ». Athénodore aurait entendu les Nabatéens raconter qu'ils déposaient leurs morts dans des *koprîn*, ce dont il aurait conclu que ce peuple avait peu d'égards pour ses défunts. D'autres chercheurs y ont vu un rituel d'exposition des corps, tel qu'il était pratiqué en Iran. Il existe une explication encore plus simple : certaines des nécropoles de Pétra se trouvent aux abords de la ville, tout près des endroits qui furent identifiés comme les dépotoirs antiques.

Hormis Strabon, les sources littéraires sont muettes sur les coutumes funéraires des Nabatéens. Seuls l'archéologie et la cinquantaine de textes funéraires nabatéens actuellement connus, dont 38 proviennent de Hégra, permettent de s'en faire une idée.

Les modes de sépulture nabatéens sont variés et ne semblent pas obéir à un schéma strict et immuable. Dans les tombes fouillées tant en Jordanie que dans le Néguev, divers types de traitement

Accès au plateau d'ad-Deir, Pétra

À droite, le triclinium aux Lions, et à gauche, deux chambres funéraires. La façade du triclinium aux Lions est encadrée par deux pilastres auxquels sont accolés des quarts de colonnes, et surmontée d'un entablement orné d'une frise dorique et d'une tête de méduse de part et d'autre. On remarque un fronton triangulaire au-dessus de l'entablement. De part et d'autre de la porte se tiennent deux lions de profil, qui surveillent l'entrée.

des corps ont été mis en évidence : ensevelissements simples dans des linceuls d'étoffe ou de cuir, ensevelissements dans de la chaux et incinérations totales ou partielles. Les défunts pouvaient également être placés dans des sarcophages en bois ou en pierre, et des produits résineux identiques à ceux qui étaient utilisés sur les momies égyptiennes ont été recueillis sur certains linceuls. Des cas d'inhumation secondaire, où les ossements sont déplacés et enfouis de nouveau, ont également été relevés. La plupart des sépultures ont livré des dépôts funéraires : vases en céramique, lampes à huile, figurines en terre cuite, bijoux, monnaies, clochettes de bronze. Nous en saurons bientôt davantage sur les coutumes funéraires des Nabatéens grâce aux fouilles qui ont commencé en 1997 dans la nécropole de Khirbet Qazone, sur la rive transjordanienne de la mer Morte. On a pu établir, d'après les 22 tombes dégagées à ce jour, que chaque fosse contenait un seul corps, la tête tournée vers le sud, et que les linceuls étaient constitués de pièces taillées dans des vêtements usagés.

Les tombeaux étaient considérés comme la propriété inviolable d'une collectivité qui, lorsque les inscriptions nous révèlent le nom de ses membres, est de type familial. Ils étaient, nous apprennent les textes, « voués et consacrés » à un dieu, le plus souvent Dusharâ, afin d'être placés sous la protection divine. Les violateurs de tombes, visiblement redoutés par les commanditaires de tombeaux, étaient l'objet de malédictions et devaient redouter le courroux des dieux. Les épitaphes des tombeaux de Hégra sont de véritables actes juridiques qui identifient les personnes autorisées à être enterrées à l'intérieur. Certaines d'entre elles précisent d'ailleurs qu'une copie du texte est conservée dans le temple contenant les archives de la ville.

Il est certain, en raison de l'association relativement fréquente de tombeaux et de salles de banquet, que des repas commémoratifs avaient lieu en l'honneur des défunts. Le tombeau aux Obélisques à Pétra en est l'exemple le plus représentatif puisque ces deux éléments forment les deux étages d'un même monument. Ces repas regroupaient les membres de la famille et, dans le cas des rois défunts, les membres du thiase qui se réunissaient en son honneur.

Au total, il semble que les défunts, contrairement aux allégations d'Athénodore rapportées par Strabon, aient été l'objet d'un soin tout particulier. Les dispositions prises pour protéger les sépultures, les dépôts destinés à faciliter le passage des défunts dans l'au-delà, le versement de libations et la coutume de manger et de boire sur leur tombe témoignent d'une volonté de garder vivante la mémoire des morts qui font encore partie de la communauté.

Triclinium du tombeau du Soldat romain, Pétra

Dans la « salle bigarrée », une salle de banquet du wadi Farasah, on peut admirer les pilastres qui encadrent les niches ainsi que la banquette en fer à cheval, ouverte vers l'avant.

Habitat rupestre, wadi as-Siyyagh

Les chambres rupestres creusées dans le rocher ouvrent sur une terrasse à laquelle un escalier permet d'accéder depuis le wadi. Le wadi as-Siyyagh est l'un des quartiers d'habitation les plus densément occupés de Pétra.

Pièce d'une habitation rupestre, Pétra

Pièce appartenant à une habitation entièrement creusée dans le roc, sur le versant oriental d'al-Habîs. On distingue, sur la droite, les restes d'un décor stuqué.

L'habitat

Il peut sembler déplacé de parler des vivants après les dieux et les morts, mais leur monde est souvent resté le parent pauvre de l'archéologie de ces périodes. L'architecture domestique, peu spectaculaire, ne rencontre en effet, dans ces régions du Proche-Orient où les temples et tombeaux offrent des cibles de « meilleur » choix, que peu d'amateurs. Heureusement, la situation s'est améliorée depuis quelques années et l'on commence à mieux connaître l'environnement domestique des Nabatéens.

Grâce à Diodore de Sicile et à Strabon, nous disposons de deux tableaux très différents de l'habitat des Nabatéens. Le premier, qui évoque leur situation à la fin du IVe siècle av. J.-C., les décrit de la manière suivante (*Bibliothèque historique*, XIX, 95, 3) : « Ils vivent en plein air et appellent patrie ce territoire sans habitations, qui n'a ni rivières, ni sources abondantes pouvant ravitailler en eau une armée ennemie. Ils ont pour coutume de ne pas semer de grains, de ne pas planter d'arbres fruitiers, de ne pas boire de vin et de ne pas construire de maisons. »

Non sédentarisés ou en voie de sédentarisation, les Nabatéens vivaient sans doute encore, à cette date, dans des tentes qu'ils pouvaient monter et démonter au gré de leurs déplacements. Cette hypothèse a du reste trouvé un écho dans la découverte, par une équipe de l'Université de Bâle, sur la colline qui domine au sud le centre urbain de Pétra, de niveaux d'occupation interprétés par les archéologues comme les vestiges d'un habitat sous la tente daté de la fin du IIe à la fin du Ier siècle av. J.-C.

Au tournant de notre ère, la situation était tout à fait différente. Strabon, qui est notre seule source pour cette période, rapporte que les maisons des Nabatéens étaient chères, parce que construites en pierre. Sur la même colline de Pétra, deux états successifs d'une maison nabatéenne couvrant la période de la fin du Ier siècle av. J.-C. aux premiers temps du IIe siècle apr. J.-C., ont été mis en évidence. Il s'agit d'une maison à pièces multiples dont deux sont des atriums. L'une des pièces ouvrait sur une grande cour de forme irrégulière. La maison ne possédait pas d'étage et était couverte d'un toit plat. Après une destruction violente au début du IIe siècle et un abandon d'environ deux siècles, le site fut de nouveau occupé, et des états romains se succédèrent jusqu'en 419, date à laquelle un tremblement de terre dévasta définitivement l'installation.

En 1996, la même équipe suisse entreprit des sondages au sud de la première maison, mettant ainsi au jour un second ensemble domestique, daté du Ier siècle apr. J.-C., dont les murs s'élèvent encore à plus de 3 mètres au-dessus du sol. Ils

La fontaine au Lion, Pétra

La fontaine au Lion se trouve dans le wadi el-Farasah, au bord de la voie montant au Madhbah. L'eau acheminée par un canal coulait sur la tête du lion taillé dans la roche.

portent encore des peintures polychromes admirablement conservées appartenant aux premier et second styles pompéiens.

Ces découvertes ne doivent pas faire oublier qu'une bonne partie des maisons de Pétra était partiellement ou entièrement rupestres. Composées d'une ou de plusieurs pièces, parfois munies de fenêtres, elles ouvraient sur une terrasse naturelle éventuellement occupée par des structures légères : enclos pour les animaux ou remises. Des niches, utilisées comme placards, et des anneaux servant à accrocher divers objets étaient taillés dans les parois. Le mobilier, extrêmement réduit, se limitait sans doute à quelques ustensiles en céramique, aux paillasses pour le couchage et à quelques outils. L'éclairage était assuré directement par la lumière du jour ou par des lampes à huile posées dans des cavités ménagées à cet effet dans les murs. Les habitants puisaient l'eau soit à l'une des sources pérennes du site lorsqu'elle n'était pas trop éloignée de l'habitation, soit dans une citerne collectant l'eau de pluie. À Pétra, plus de 200 citernes, de dimensions variables, assuraient un ravitaillement régulier en eau, y compris en pleine saison sèche.

Le régime alimentaire des Nabatéens est peu connu. Une étude portant sur les ossements exhumés dans la fouille d'une unité d'habitation située au pied du Djebel al-Khubthah, a révélé que seuls les bas morceaux du mouton étaient consommés par les habitants de cette maison. Par ailleurs, le faible nombre d'ossements provenant d'autres espèces animales constitue un argument en faveur d'une alimentation peu carnée. Il est cependant bien évident que cette hypothèse repose sur un échantillon de données trop faible pour être généralisée à l'ensemble de la population.

Les arts mineurs

Les sites fouillés depuis le début du siècle ont livré une quantité d'objets qui témoignent de la vitalité des artisans nabatéens et du développement d'un art à la fois local et imprégné d'influences extérieures. Les céramiques, figurines, bijoux, statues, etc., aujourd'hui conservés dans les musées jordaniens, américains et européens, permettent d'apprécier la richesse de certains citoyens nabatéens et leur goût pour les objets de belle facture. Toutefois, une grande partie de ces objets était réservée à des usages religieux et funéraires. Quelques-uns étaient bien sûr importés d'Alexandrie ou d'ailleurs, mais cela ne concerne qu'une infime proportion d'entre eux. Les ateliers de Pétra et des villes du Néguev étaient particulièrement actifs et alimentaient un marché florissant et dynamique.

Stèle anthropomorphe, Khirbet Rizqeh
Ier siècle av. J.-C. – Ier siècle apr. J.-C.
Grès brun ; h 26,5 cm, l 24 cm
Musée archéologique d'Amman

Les yeux de ce visage fortement stylisé – une *nefesh* – sont en amandes, tandis que le nez pyramidal est très allongé.

Victoire portant le zodiaque, Khirbet et- Tannûr
Début de notre ère
Calcaire ; h 73 cm, l 33 cm, p 36 cm
Musée archéologique d'Amman

À l'origine, cette Victoire ailée tenait au-dessus de sa tête le buste d'une Fortune entouré par les douze signes du zodiaque, lequel se trouve aujourd'hui au Museum of Arts de Cincinnati. On remarque encore, à droite de la tête, les poissons.

La sculpture

La véritable statuaire est relativement peu représentée dans le domaine nabatéen, les sculpteurs montrant une prédilection certaine pour le relief. La diversité des matériaux employés, grès et calcaire à Pétra, calcaire à Tannûr et Dharîh, basalte dans le Hauran, a conduit à l'utilisation de techniques variées et a favorisé le développement de styles différents.

La première entorse à la représentation aniconique des divinités, pour laquelle les Nabatéens ont une préférence marquée – l'abondance des bétyles en est la preuve – est fournie par les stèles « aux yeux ». Les stèles de Khirbet Rizqeh, sanctuaire préislamique situé au sud du wadi Rum, appartiennent également à cette catégorie. Il s'agit de stèles commémoratives qui représentent des défunts ou des pèlerins. L'une d'elles, grossièrement stylisée, reproduit la forme du visage humain : les yeux en amande sont évidés au milieu et le nez, en relief, est légèrement évasé vers le bas. Il est impossible de dater ces stèles avec précision.

Le style hellénistique, globalement daté du Ier siècle av. J.-C., emprunte ses formes aux arts alexandrin et pergaménien. Il est attesté par les reliefs de la Khaznet et du Qasr al-Bint ainsi que par une série de blocs sculptés mis au jour dans les années 1950, aux alentours de la porte du téménos du Qasr al-Bint. Ils appartenaient à un bâtiment aujourd'hui disparu qui se trouvait peut-être à l'emplacement de l'actuelle porte. Parmi eux se trouve une tête de Dionysos joufflu et aux lèvres charnues, dont la chevelure, nouée par un bandeau qui lui ceint le front, est couverte de pampres et de grappes de raisin.

À la même série appartient une frise composée de blocs portant un décor d'armes et de trophées dont plusieurs éléments ont été retrouvés. L'un d'eux, qui constitue peut-être le décor central d'un grand bouclier, présente une tête de méduse encadrée de longues mèches rayonnantes et portant un collier rigide d'écailles imbriquées, fermé par un nœud. Le caractère expressif du visage, rendu par le froncement des sourcils et par un traitement assez rude de la pierre, s'inscrit parfaitement dans la tradition pergaménienne. Sur la gauche est sculptée la partie inférieure d'une cuirasse.

Relief de Dusharâ-Dionysos, Pétra
Ier siècle apr. J.-C.
Grès jaune ; h 36 cm, l 55 cm
Musée archéologique de Pétra

Cette représentation de Dionysos fut trouvée dans les débris de la porte du téménos, à côté des bustes de dieux gréco-romains : Athéna, Hermès et Melpomène.

Frise portant un décor d'armes, Pétra
Fin du Ier siècle av. J.-C. – Ier siècle apr. J.-C.
Calcaire ; h 34 cm, l 40 cm, p 39 cm
Musée archéologique d'Amman

Ce fragment de bas-relief à tête de Méduse provient d'une frise portant un décor d'armes qui ornait sans doute la porte du téménos ou l'autel du temple de Qasr al-Bint.

Postérieur au style hellénistique, généralement daté du Ier siècle de notre ère, le style gréco-syrien est représenté par un groupe de sculptures mises au jour en 1954 dans les débris de la porte du téménos du Qasr al-Bint ainsi que par certains reliefs de Khirbet et-Tannûr. Le premier comprend un buste divin (peut-être Sérapis), un buste d'Hermès, une tête ailée avec des favoris et une Fortune ailée tenant une branche de palmier dans une main, et une corne d'abondance dans l'autre. L'élément le plus représentatif des reliefs de Tannûr est une Victoire ailée supportant, à bras levés, le buste d'une Fortune entourée des douze signes du zodiaque. Ceux-ci sont divisés en deux groupes de six correspondant à un calendrier vernal et à un calendrier automnal. Les Nabatéens avaient adopté ce découpage, car il suivait le rythme des fêtes agricoles du printemps et de l'automne. La Victoire est vêtue d'un long vêtement serré par un cordon sous la poitrine et retenu aux épaules par deux fibules en rosace. Le visage, de forme triangulaire, présente des traits simplifiés et des yeux aux pupilles disproportionnées. La chevelure est séparée en deux masses par une raie médiane. La déesse porte au bras gauche un bracelet formé d'anneaux.

On a parfois considéré que deux reliefs de Khirbet et-Tannûr manifestaient une influence

Atagartis, Khirbet et- Tannûr
Débuts de notre ère
Calcaire ; h 27 cm, l 36 cm, p 47 cm
Musée archéologique d'Amman

Ce buste de la déesse Atagartis semble révéler des influences parthes, en raison de la stylisation poussée du visage.

parthe. La stylisation du visage y semble encore plus poussée que dans les reliefs décrits plus haut. Le premier est un buste de déesse, Atagartis ou Dercéto, qui se détache en haut-relief d'une rosace de feuillages placée à l'intérieur d'un cadre. Les quatre angles de ce dernier sont ornés de feuilles d'acanthes. Le visage de la déesse est allongé et anguleux. L'abondante chevelure, qui retombe en nattes torsadées sur les épaules, est recouverte d'un voile au-dessus duquel sont sculptés deux poissons se faisant face. La déesse porte une tunique à encolure dentelée – à moins qu'il ne s'agisse d'un collier – dont les plis sont maladroitement représentés. Le second relief est une tête du dieu Hadad dont les traits sont également très simplifiés. Il porte une chevelure abondante ainsi qu'une barbe généreuse et spiralée ; son visage est dominé par les grands yeux que lui a donnés le sculpteur.

D'après Fawdi Zayadine, la statuaire du Hauran, dont la raideur d'exécution est due, au moins partiellement, à la contrainte d'un matériau très dur, le basalte, appartiendrait également à cette catégorie stylistique gréco-syrienne. Il s'agit d'une production régionale dont la chronologie, très imprécise, repose entièrement sur des critères stylistiques. Le premier des styles reconnus, qui s'épanouit aux Ier siècles av. et apr. J.-C., est le seul qui nous concerne. Il se caractérise par des volumes très géométriques, par la symétrie et la frontalité des personnages et des animaux représentés, par un traitement graphique des détails qui restent en faible relief, ainsi que par l'usage fréquent des éléments rapportés pour les parties saillantes des statues.

Signalons pour finir une statue d'Artémis en bronze, découverte par les Bédouins dans les années 1970 dans l'un des wadis de Pétra, mais publiée pour la première fois en 1996. Cette pièce unique par son style, datée du IIe siècle de notre ère, représente la déesse en position de course, en appui sur la jambe gauche. La déesse porte une tunique courte, plissée et retenue aux épaules par deux attaches.

La céramique

La céramique nabatéenne la plus célèbre est connue sous le nom de « coquille d'œuf », en raison de l'extrême minceur de la paroi des objets. Ceux-ci étaient tournés dans une argile à dominante rouge dont les gisements ont été découverts près de Pétra. Les potiers recouvraient parfois les céramiques d'un engobe, ou encore les décoraient de motifs peints ou imprimés. La céramique nabatéenne, qui ne semble pas avoir été exportée, a été retrouvée en abondance sur tous les sites nabatéens. L'atelier principal, qui se trouvait à la périphérie immédiate de Pétra, dans le secteur dit de

Statue d'Artémis, Pétra
IIe siècle av. J.-C.
Bronze ; h 120 cm
Musée archéologique d'Amman

Cette statue en bronze d'Artémis est légèrement inférieure à l'échelle réelle. Cette statue, dont l'origine reste obscure, a été découverte à Pétra. La déesse est en position de course, en appui sur la jambe gauche, et elle porte un chiton, grand rectangle de tissu, fermé. Découverte dans les années 1970, elle ne fut publiée pour la première fois qu'en 1996. Elle est en cours de restauration. Les spécialistes la date soit de l'époque hellénistique, soit du IIe siècle apr. J.-C.

Zorrâbeh, a été fouillé dans les années 1980. Plusieurs fours, qui sont restés en activité jusqu'à une date assez tardive, y ont été mis au jour. Les potiers nabatéens ont adopté les techniques ainsi que les formes utilisées par les céramistes de l'époque hellénistique mais ils ont fait preuve d'une grande originalité dans l'adaptation des modèles. Les formes les plus fréquentes sont les bols hémisphériques, les coupes à base annulaire, les vases à parfum (*unguentaria*) et les lampes à huile moulées.

La vaisselle non peinte, utilisée quotidiennement dans le cadre des activités domestiques, est bien sûr plus abondante que la céramique peinte. Dans certains secteurs de Pétra, on l'entend littéralement craquer sous les pas, et il suffit de se baisser pour en ramasser de pleines poignées. La vaisselle non peinte a été divisée selon un ordre chronologique en trois groupes dans lesquels dominent toujours les formes ouvertes. Le premier groupe (1re moitié du Ier siècle av. J.-C.) comprend de la vaisselle dérivée des formes hellénistiques : bols à bord assez haut et à lèvre légèrement rentrante de grand diamètre, assiettes et plats à lèvre plus ou moins rentrante, quelques assiettes et plats avec lèvre retournée vers l'extérieur. La pâte, de couleur rouge à orange, est souvent enduite d'un engobe de couleur brun rouge. D'une épaisseur de 3 à 6 mm, les parois sont loin d'atteindre la finesse de la céramique « coquille d'œuf ».

Les formes du deuxième groupe (2e moitié du Ier siècle av. J.-C. jusqu'à environ 20 apr. J.-C.) deviennent plus élégantes, et l'épaisseur des parois diminue considérablement pour atteindre 2 à 3 mm. Les plus représentatives sont les bols à lèvre rentrante et les plats à lèvre saillante. La pâte n'est plus recouverte d'engobe rouge et les exemples tournés dans une argile orange clair sont dominants. Ils sont parfois recouverts d'un engobe blanc appliqué à l'extérieur, sous la lèvre.

Le troisième groupe (environ 20 à 100 apr. J.-C.) comprend des formes encore plus élégantes : bols peu profonds à bords verticaux simples ou à arêtes et petits bols profonds. On y trouve également les bols hémisphériques à lèvre rentrante du deuxième groupe, mais les plats à lèvre saillante sont en revanche totalement absents. Les parois sont très minces et la pâte est cuite jusqu'à atteindre la dureté du métal.

Moins abondante et cible principale des fouilleurs clandestins qui revendent aux touristes les tessons peints qu'ils vont chercher principalement dans les tombes, la céramique peinte est une céramique luxueuse rendue célèbre par sa finesse d'exécution. Elle a été également divisée, d'après la forme et le décor, en trois catégories. Les chevauchements d'une catégorie à l'autre traduisent une évolution progressive des types plutôt que des ruptures brutales.

Coupe, bol, tasse, Pétra

Ier siècle apr. J.-C.
Argile rouge, engobe rouge pâle ;
coupe : h 6 cm, diam. 15 cm, peinture marron (à l'intérieur), peinture noire (à l'extérieur)
bol à lèvre horizontale : h 7,6 cm, d 9 cm
tasse : h 7,4 cm, d max. 7 cm,
diamètre à la base : 4,5 cm
Musée archéologique d'Amman

La céramique nabatéenne, dont voici un échantillon, était certes une poterie de luxe, mais elle est attestée en grande quantité à Pétra. Cette céramique est aisément reconnaissable et son aire de diffusion est généralement considérée comme un « moyen d'identifier le passage des Nabatéens sur un site ».

Le premier groupe (2e moitié du IIe à 1ère moitié du Ier siècle av. J.-C.) est composé de bols plus ou moins profonds, peints sans soin à l'aide d'une fine couche d'engobe de couleur rouge pâle. Le décor est fait de bandes droites ou ondulées qui se croisent à la base des récipients. L'intérieur des lèvres peut être décoré de motifs en forme de perles et des taches en forme de points peuvent remplacer les lignes. Le deuxième groupe (2e moitié du Ier siècle av. J.-C.) est composé de bols à fine paroi ornés de palmettes peintes qui rayonnent depuis la base ou s'organisent de manière concentrique autour du corps. Les lèvres de ces bols sont légèrement incurvées et les parois de ceux qui portent un décor rayonnant présentent un léger décrochement à mi-hauteur. Le troisième groupe (Ier siècle apr. J.-C.) regroupe des bols très fins à petite lèvre. Le décor peint est généralement composé de palmettes stylisées et de motifs géométriques divers, tandis que le fond est couvert de hachures.

Les décors figurés représentant des personnages ou des animaux sont plus rares que les motifs végétaux. On en connaît cependant des exemples assez grossiers, où des oiseaux et des ânes ont été identifiés. Les animaux et les personnages, peu réalistes, sont de facture très naïve.

Dans la céramique à décor imprimé, les potiers avaient recours à des roulettes montées sur un manche, portant en creux le motif souhaité, qu'ils passaient sur la pâte encore fraîche, afin d'apposer avant la cuisson un décor en relief dont les motifs étaient surtout des combinaisons de lignes, de points, d'ovales et de losanges. Une autre technique consistait à estamper la paroi des coupes, des vases, des bols et des cruches à l'aide d'un timbre monté sur un manche.

Les figurines en terre cuite

De nombreuses figurines en terre cuite ont été retrouvées dans les déblais des fours de Zorrâbeh. Elles représentent des divinités, des animaux ou des personnages. Cet art populaire accorde une large place à Isis, la déesse égyptienne. Une de ces figurines la représente assise, enveloppée dans un manteau dont elle tient le pan de la main gauche. La tête, légèrement penchée, repose sur la main droite, dans une attitude de deuil. Elle est surmontée d'un *basileion* stylisé (fleur de lotus et croissant de lune). Une autre figurine représente un groupe de musiciens, sans doute ceux qui animaient les thiases : un homme encadré de deux femmes, assis sur une banquette, les pieds posés sur des sortes de coussins. La femme de gauche joue de la lyre et celle de droite d'un instrument à cordes indéterminé, tandis que l'homme joue de la double flûte. Les deux femmes portent un voile sur la tête et sont vêtues d'une tunique au col échancré et bordé d'une ganse. L'homme, qui a les cheveux attachés par un bandeau, porte une robe terminée par un galon torsadé. Dans la série des figurines de personnages, il faut également mentionner celles qui représentent un jeune homme imberbe et nu qui lève la main droite, certains exemples portant en outre un croissant lunaire en guise de pendentif. Il s'agit soit d'une divinité, soit d'un orant. On peut enfin signaler une figurine au bonnet pointu représentant sans doute un prêtre. Les animaux le plus souvent représentés sont les dromadaires et les chevaux, avec tout leur harnachement, parfois montés par un cavalier.

Groupe de musiciens, Pétra
Ier siècle apr. J.-C.
Terre cuite orangée ;
h 8,7 cm, l 9,2 cm, p 2,5 cm
Musée archéologique d'Amman

Des groupes de musiciens comme celui-ci jouaient sans doute de la lyre et de la double flûte lors des réunions des thiases.

Ill. page ci-contre

Entrée d'un tombeau, Pétra

Cette vue de détail frappe non seulement par la magnifique harmonie des couleurs de chaque côté de la porte, mais aussi par la terrible érosion qui en a attaqué le bas. L'entablement est surmonté d'un fronton triangulaire.

La culture des Nabatéens : une spécifité reconnue

Nomades commerçants à la richesse enviée et convoitée à plusieurs reprises par les Grecs, puis par les Romains, les Nabatéens ont su maintenir leur indépendance durant plus de quatre siècles. Ils y parvinrent en alternant diplomatie, clientélisme et conflits armés. Fondateurs de nombreuses villes en Arabie, dans le Néguev, en Jordanie et en Syrie, ils maîtrisaient par ailleurs les techniques d'irrigation et surent tirer parti des faibles potentialités agricoles des régions qu'ils contrôlaient. Leurs villes ont livré un nombre impressionnant de monuments dont les plus prestigieux, les tombeaux rupestres, nous sont parvenus dans un excellent état de conservation.

La culture matérielle des Nabatéens, dont quelques aspects tels que le décor architectural, les bijoux ou les lampes en terre cuite n'ont pas été abordés ici, traduit le degré de raffinement atteint par leur civilisation. En témoigne également l'emploi d'une écriture propre pour noter leur langue, un dialecte dérivé de l'araméen d'Empire. Les belles épitaphes de Hégra et le texte gravé sur le Qabr at-Turkmân à Pétra sont d'une grande élégance. Il ne faut pas non plus oublier que l'écriture arabe est sans doute dérivée de l'écriture nabatéenne et que certaines des premières inscriptions en langue arabe sont écrites à l'aide de l'alphabet nabatéen. Cela rend bien compte du prestige encore très grand dont jouissait cette écriture deux ou trois siècles après la disparition du royaume nabatéen en tant qu'entité politique.

Le site de Pétra, inscrit sur la liste du patrimoine mondial de l'UNESCO, attire chaque année des centaines de milliers de visiteurs, mettant ainsi en danger des vestiges déjà malmenés par l'érosion naturelle. Des programmes de recherche ambitieux, principalement français et allemands, tentent de trouver des solutions pour protéger la roche des attaques du vent, du sable et de l'eau.

Façade endommagée d'un tombeau, Pétra

Les chercheurs tentent de trouver des solutions pour protéger la roche contre les agressions du vent et des particules de sable, ainsi que contre les effets fragilisants des remontées capillaires.

Pierre-Louis Gatier

Le Proche-Orient protobyzantin

L'âge d'or du christianisme oriental

IVe – VIIe siècle apr. J.-C.

L'implantation du christianisme dans l'Empire d'Orient
Géographie du pouvoir
Hiérarchies
Guerre et paix
De Justinien aux conquêtes perses
Population et peuplement
Structure de la population et démographie
Une phase de croissance
Le développement des villages
Voyageurs et pèlerins
L'économie : la primauté de l'agriculture
L'artisanat et le commerce
Commerce intérieur et extérieur
La crise économique
Un christianisme conquérant et divisé
Le déclin du paganisme
Les juifs et les samaritains
Les divisions du christianisme
La puissance des évêques
Moines et ascètes ou l'intégration d'une contre-société
Les saints chrétiens
Pèlerinages et reliques
La persistance d'une vie urbaine brillante
Architecture sacrée et architecture profane
À la campagne
Les bâtiments
Les églises en ville et à la campagne
Les décors
La fin de la période protobyzantine au Proche-Orient

Le grand sanctuaire de Qalaat Sémaan

Le grand sanctuaire de Qalaat Sémaan, qui date du Ve siècle, est consacré à saint Siméon le Stylite. Cet ascète se fit construire une colonne près du village, sur laquelle il passa le restant de ses jours. On voit ici l'octogone central et l'aile orientale de ce sanctuaire cruciforme.

L'implantation du christianisme dans l'Empire d'Orient

Deux événements considérables transformèrent, au début du IVᵉ siècle, l'Empire romain, l'un et l'autre étant les fruits des décisions de l'empereur Constantin (324–337). En premier lieu, Constantin entama une politique favorable au christianisme à partir de 313, date de l'édit de Milan. Les persécutions cessèrent, l'exercice du culte chrétien fut toléré puis favorisé, avant que l'empereur lui-même ne se fît baptiser, à la veille de sa mort, en 337.

Le christianisme occupait alors de solides positions et le seul successeur de Constantin à avoir tenté un retour au paganisme, Julien dit « l'Apostat » (361–363), n'a jamais pu aboutir à ses fins. Par ailleurs, le même Constantin fonda, en 324, une seconde capitale, la « cité de Constantin » (Constantinopolis, « Constantinople ») sur le site de l'ancienne Byzance. En 330, il inaugura cette nouvelle Rome, située au point de contact entre la mer Noire et l'Égée, entre les Balkans et l'Asie Mineure.

La fondation de Constantinople fut une étape décisive dans la partition de l'empire. À plusieurs reprises, au IVe siècle, les deux moitiés du monde romain, l'occidentale dirigée par Rome, et l'orientale par la nouvelle Rome, Constantinople, avaient été réunies sous l'autorité d'un seul empereur, mais l'habitude de la séparation l'emporta. Le dernier souverain à régner sur les deux parties de l'empire, Théodose Ier, mourut en 395.

Les historiens ont pris pour habitude de qualifier de « byzantin » cet Empire d'Orient dont la capitale était Constantinople et où le christianisme s'imposa. Il ne faut cependant pas oublier que ses habitants se désignaient comme des « Romains », qu'ils habitassent la Crimée ou le sud de l'Égypte, les régions du Tigre ou celles du Danube. L'historiographie occidentale a coutume de fixer la fin de l'Antiquité et le début du Moyen Âge à une date du Ve siècle qui correspond à l'un des événements de l'histoire de Rome, le pillage de la ville (410, 455, 472) ou la déposition du dernier empereur d'Occident, Romulus Augustule (476). En Méditerranée orientale, cette construction chronologique n'a pas de raison d'être, et seule la conquête musulmane, dans les années 630, constitue une rupture et marque la fin de l'Antiquité. Encore pourrait-on discuter ces termes en insistant sur l'héritage byzantin dans la première civilisation islamique. On parlerait alors de transition plutôt que de rupture. Les trois siècles qui vont de Constantin jusqu'à la conquête musulmane sont appelés « période protobyzantine » ou « première période byzantine ». On parle parfois également d'époque paléochrétienne, ou d'Antiquité tardive, pour désigner tout ou partie de cette période.

Le Levant ne correspond pas tout à fait à ce que les Byzantins – puisque nous conserverons ce nom pour désigner les habitants de l'Empire romain d'Orient – nommaient « diocèse d'Orient ». Il s'agit d'un ensemble de provinces qui comprenait des territoires allant du sud de l'Asie Mineure, avec en particulier la Cilicie, jusqu'à la mer Rouge, en englobant le Sinaï. Chypre en faisait partie, de même que de vastes zones à l'est de l'Euphrate. On peut cependant dire que de Gaza, au sud, à Cyrrhus, au nord, ou du Néguev à l'Amanus, l'essentiel de ce diocèse d'Orient peut être défini comme le « Levant protobyzantin ». Les divisions modernes, bien évidemment, ne correspondent plus à celles de l'Antiquité et le lecteur doit faire l'effort de lire les noms Phénicie, Syrie, Palestine, Arabie, portés par les provinces byzantines, en se détachant des réalités de notre époque.

On terminera ce voyage dans le vocabulaire historique par un retour au mot « byzantin » qui n'est guère chargé de connotations positives dans les esprits de la plupart de nos contemporains. Le lecteur doit cependant être appelé à un nouvel effort, pour se débarrasser de préjugés séculaires qui ont la vie dure, surtout en Occident. L'époque protobyzantine fut, pour l'essentiel, une période de développement économique et de croissance démographique au Proche-Orient. Les archéologues observent que l'occupation des sols – seulement comparable à celle de la fin de l'âge du bronze – ne sera plus jamais aussi dense par la suite – de la période islamique jusqu'à nos jours. La multiplication des villages, l'expansion des villes, l'ampleur des constructions, l'activité de l'artisanat et la profusion des créations artistiques font de l'époque protobyzantine un temps béni pour le Levant.

Si l'on peut tout à fait désigner l'époque protobyzantine comme une période d'apogée, on ne doit pas, cependant, oublier que dès le milieu du VIe siècle, la crise est venue frapper de plein fouet cette prospérité. La fin de la domination byzantine, ou, si l'on préfère, « romaine » dans le Levant fut marquée par un catastrophique retournement de la conjoncture et un changement de la tendance à long terme. Globalement, en dépit de ces dernières décennies difficiles, le Levant témoigne, par ses sites et ses monuments, par les créations littéraires et artistiques qui y ont vu le jour, de la vitalité de la civilisation byzantine. Il n'est pas de région où le patrimoine de ces trois siècles soit aussi bien représenté qu'entre l'Amanus et le Sinaï.

Basilique de Qalblozé

La basilique de Qalblozé, dans le Massif calcaire en Syrie du Nord, vraisemblablement construite à la fin du Ve siècle, est l'un des exemples les plus remarquables de l'architecture paléochrétienne.

Fouilles, Beth Shéan

Ce sont, entre autres, des vestiges de l'époque protobyzantine qui ont été trouvés sur le tell de Beth Shéan, où se trouvait Scythopolis, l'ancienne capitale de la Palestine Seconde.

Grande résidence urbaine, Bosra

Bosra est l'antique Bostra, capitale de la province byzantine d'Arabie. Cette grande résidence urbaine a été surnommée « palais de Trajan ».

Géographie du pouvoir

L'ensemble de l'Empire byzantin fut divisé en vastes zones nommées diocèses, fondés à la suite des réformes de l'empereur romain Dioclétien (284–305). Le diocèse dit « d'Orient » était confié à un haut fonctionnaire civil, le *comes Orientis*, « comte d'Orient », et à un commandant militaire ou *magister militium per Orientem*, « maître des milices d'Orient », qui résidaient tous deux à Antioche, capitale du diocèse. Le principe de séparation des pouvoirs civil et militaire se retrouvait à l'échelon inférieur, où les provinces réunies dans le diocèse étaient administrées par des gouverneurs civils en poste dans les capitales provinciales. C'était le cas d'Antioche, par exemple, capitale d'une province de dimensions assez limitées, nommée Syrie Première. Les commandants militaires régionaux étaient des « ducs », *duces*, mais on ne les rencontrait que dans les provinces frontalières. On connaît ainsi, du nord au sud de la région qui nous concerne, un duc d'Osrhoène, un duc de Syrie et d'Euphratésie, un duc de Phénicie, un duc d'Arabie et un duc de Palestine.

Les provinces furent redécoupées à plusieurs reprises au cours de la période qui va de Constantin à Héraclius (610–641), dernier empereur à avoir exercé son pouvoir sur le Proche-Orient avant la conquête musulmane. Le principe général était celui du rétrécissement des provinces et de leur multiplication. Ce mouvement avait été amorcé dès l'époque antérieure, avec les découpages opérés par Septime Sévère, mais il se poursuivit et s'accéléra jusqu'à l'époque de l'empereur Justinien (527–565). À ce moment, le tableau administratif de la région qui nous concerne ici, à l'ouest de l'Euphrate, était le suivant : Syrie Première, capitale Antioche (Antakya) ; Syrie Seconde, capitale

Église de plan centré, Bosra

Vue du chevet de l'église (VIᵉ siècle) consacrée à saint Léonce, à saint Serge et à saint Bacchus.

Apamée (Qalaat Moudiq) ; Théodoriade, capitale Laodicée (Lattaquié) ; Euphratésie, capitale Hiérapolis (Menbidj) ; Phénicie Maritime, capitale Tyr ; Phénicie Libanaise, capitale Émèse (Homs) ; Arabie, capitale Bostra (Bosra) ; Palestine Première, capitale Césarée ; Palestine Seconde, c[illegible] Scythopolis (Beth Shéan) ; Palestin[illegible] ou Salutaris), capitale Pétr[illegible]

[illegible] de la taille [illegible] soucis de [illegible] ser trop de [illegible] rs. On vou- [illegible] ionnement [illegible] icacité. La [illegible] uvoir cen- [illegible] ur les pro- [illegible] les *ducs* [illegible] les camps [illegible] oldats des [illegible] ée centrale [illegible] es d'inter-vention.

À l'intérieur des provinces, selon la tradition gréco-romaine, les cités constituaient le cadre fondamental de l'exercice du pouvoir. On a pu dire que l'Empire romain, sous le Haut-Empire, était une confédération de cités, et l'empire protobyzantin l'est partiellement resté. Une *polis* était formée d'une ville chef-lieu et d'un territoire rural, la *chôra*, qui la faisait vivre. Les notables de la cité appartenaient à la curie, à titre héréditaire et obligatoire. Les curies étaient chargées d'administrer la cité et de faire rentrer les impôts pour le pouvoir central. C'est donc de la bonne entente entre le gouverneur et les *curiales* ou décurions, c'est-à-dire les membres de la curie, que dépendaient à la fois la tranquillité publique et le bon fonctionnement du système. Les *Lettres* et les *Discours* du rhéteur Libanios, *curiale* d'Antioche à la fin du IVᵉ siècle, témoignent de la complexité des rapports de force dans les cités. Les relations étaient tendues entre les simples *curiales* et un groupe de notables plus prestigieux, les *honorati*, composé d'anciens hauts fonctionnaires et militaires. De plus, les *curiales* – dont Libanios était un porte-parole –, accrochés à leurs privilèges et à l'idéologie traditionnelle d'une *polis* qui s'administrait elle-même, avaient de la peine à admettre les interventions brutales de l'autorité centrale dans les affaires civiques. Étant donné leurs lourdes charges, nombre de *curiales* cherchaient à échapper à leur statut. Ils pouvaient trouver une échappatoire grâce à plusieurs fonctions et charges, comme l'appartenance au clergé. C'est ainsi que le nombre des *curiales* ne

Fouilles, Beth Shéan

Le nymphée de la cité fut détruit pendant le séisme de 749.

Vestiges d'un village, Mampsis

Cet important village de la province de Palestine Troisième, qui comportait une forteresse et une garnison, devint une *polis* vraisemblablement au VIe siècle.

cessait de baisser malgré toutes les mesures prises par l'empereur pour enrayer leur désistement.

La croissance continue du nombre des *poleis* pendant l'époque byzantine prouve que cette structure fonctionnait bien. Les villages qui se formaient autour des camps militaires, comme Soura sur l'Euphrate, obtenaient le titre et les infrastructures d'une *polis*. Les villages simples, comme Euaria en Phénicie Libanaise, Gabala en Syrie Première ou Mampsis en Palestine Troisième, en profitaient tout autant. Par ailleurs, des villages fondés à l'époque hellénistique, qui avaient pendant des siècles mené une existence discrète, devinrent des *poleis* à l'époque protobyzantine, comme Séleucobélos près d'Apamée, ou Europos dans l'Euphratésie. Ce phénomène, qui toucha tout le Proche-Orient, concernait plus particulièrement les régions qui avaient été le moins urbanisées pendant les premiers temps de l'Empire romain.

La province de Palestine Troisième offre un excellent exemple du développement des *poleis*. Cette province s'était constituée progressivement, à partir de territoires situés au sud de Gaza ou au sud et à l'est de la mer Morte, qui appartenaient auparavant aux provinces de Palestine et d'Arabie. Les *poleis* fondées aux débuts de l'Empire romain peuvent se compter sur les doigts de la main : la capitale Pétra, Kérakmoab (Kérak) et Aréopolis (Rabba) à l'est de la mer Morte. Aïla (Aqaba) sur la mer Rouge fut le plus important des camps militaires accédant au statut de *polis* – et ne fut d'ailleurs pas le seul : Augustopolis-Adroa à l'est de Pétra, Arindéla, Zoora, Mampsis, Bitarus, Élusa et Saltus Hiératicus, un ancien domaine impérial. À la fin du VIe siècle, on peut vraisemblablement ajouter à ce groupe Mampsara, ainsi que deux villages, Pentakomia et Métrokomia. D'après leur racine *kome* (grec, village), il s'agirait d'anciens villages ou groupes de villages (*pente*, grec : cinq) qui jouissaient d'un certain prestige.

Dans tout le Levant, nombreuses sont les cités à porter un nom qui témoigne de leur fidélité à l'empereur, et parfois des privilèges qu'elles en ont obtenus. Sous la dynastie constantinienne, le nom de Constantia fut donné à Antarados (Tartous) et à Maïoumas de Gaza, deux ports élevés au rang de cités, mais aussi à une cité d'Arabie, l'actuelle Bouraq. Beaucoup d'autres exemples pourraient être fournis, comme Léontopolis, qui n'est que le nouveau nom de la cité de Callinicum (Raqqa), ou Barkousa (Bourkouch) qui devint Ioustinianoupolis. On connaît également des changements de noms destinés à souligner les traditions religieuses d'une cité ou sa sainteté. Antioche devint ainsi Théoupolis, la « Cité de Dieu », Jérusalem fut simplement désignée comme « la Cité sainte » et Résafé fut nommée Sergioupolis, « la Cité de (saint) Serge ». Ces noms, qui avaient valeur de titres, étaient des éléments d'une stratégie subtile de concurrence entre les villes. La compétition se faisait entre les *poleis* d'une même province, mais aussi entre les capitales de provinces voisines.

La création de la province de Théodoriade, dont la capitale était Laodicée, résultait d'une vieille haine entre cette cité et Antioche, capitale de la Syrie Première, au détriment de laquelle fut créée la nouvelle province. En Euphratésie, la rivalité entre, d'une part la capitale, Hiérapolis, d'autre part la cité de Cyrrhus, qui devint Hagioupolis, et enfin Résafé-Sergioupolis, se doublait d'une rivalité entre Hiérapolis, capitale de la province, et Antioche, capitale du diocèse d'Orient. Il ne s'agissait pas uniquement de fierté locale, de prééminence et de titres, mais aussi de réductions d'impôts et d'émulation pour obtenir la faveur de l'empereur.

La géographie ecclésiastique tendit, à partir du IVe siècle, à imiter la géographie administrative. Les capitales provinciales, les métropoles, étaient soumises aux métropolites, lesquels occupaient par rapport aux évêques des autres cités une position de supériorité. Il n'y eut dans un premier temps que quatre patriarcats, ceux de Rome, Constantinople, Alexandrie et Antioche. Le patriarche d'Antioche vit très tôt son autorité mal acceptée et limitée. Deux coups rudes lui furent portés au Ve siècle, d'une part en 431, lorsque l'archevêque de Chypre reçut le privilège d'autocéphalie qui lui permettait d'être détaché d'Antioche ; d'autre part en 451, quand l'évêque de Jérusalem, Juvénal, obtint l'élévation de son siège au titre de patriarchat. Il l'emporta définitivement sur le métropolite de Palestine Première, dont le siège était à Césarée, et domina ainsi les métropolites des trois Palestines. Juvénal s'efforça, après s'être affranchi d'Antioche, de rattacher l'Arabie – et son métropolite, qui siégeait à Bosra – au siège de Jérusalem, mais en vain, et l'Arabie resta soumise à Antioche.

Chaque *polis* était soumise à un évêque. Dans chaque province ecclésiastique, calquée sur les provinces civiles, les cités étaient soumises à un ordre hiérarchique, au sein duquel les conflits étaient nombreux. Les cités et leurs évêques luttaient avec acharnement pour le titre métropolitain et pour gagner des places au classement qui les hiérarchisait. On assistait, à l'époque protobyzantine, et dans les cadres administratifs et religieux qui la caractérisaient, à des manifestations de ce qu'on nommait, dans le monde grec classique, l'esprit agonistique, c'est-à-dire le sens de la compétition entre les individus et les cités.

Intérieur de la ville de Résafé

Les remparts du VIe siècle étaient destinés à protéger le sanctuaire du pèlerinage de saint Serge.

Porte monumentale nord, Résafé

Le gypse brillant qui a servi à construire les bâtiments de Sergioupolis (Résafé) a des allures de marbre.

Hiérarchies

Les villages, sous l'autorité des *poleis* et à l'intérieur de leur territoire, constituaient la plus petite unité administrative. Les *curiales* locaux étaient donc chargés de lever, pour l'administration centrale, les impôts des villages, et leurs biens servaient de garantie. Le degré d'autonomie des villages dans la gestion de leurs affaires et l'existence ou la survivance, à l'époque protobyzantine, de fonctions ou de magistratures villageoises, ne sont pas claires. Il n'en demeure pas moins que dans quelques régions, notamment l'Arabie, on connaît des titres, comme celui de *pistikos*, qui montrent qu'une certaine forme de pouvoir était exercée par les notables villageois. Certains villages, par leurs dimensions, l'apparence urbaine qu'ils cherchaient à se donner, avec un rempart, un marché ou un bain, parvenaient parfois à se hisser au rang de *polis*. Dans le domaine ecclésiastique, ils étaient parfois le siège d'un chôrévêque, ou « évêque de village », soumis à l'évêque de la *polis*. Le titre disparut progressivement, mais le périodeute remplaça le chôrévêque et exerça lui aussi, sous la direction de l'évêque, une autorité inférieure. Là encore, la compétition faisait rage. Le siège épiscopal et le titre de *polis* venaient récompenser les plus forts, comme Belémounta (Main), devenue *polis* au VIe siècle et ainsi détachée du territoire de Médaba (Madaba), en Arabie.

À côté du monde des sédentaires, celui des nomades est mal connu. Les empereurs cherchaient à gagner la faveur des tribus pour bénéficier de leurs capacités militaires. La méthode consistait à reconnaître le pouvoir des chefs les plus puissants en leur conférant des titres officiels, dont celui de phylarque, en les baptisant, et en leur versant de l'argent en échange de leur loyauté et de leur participation aux opérations militaires. En même temps, des évêques, dits « évêques des Saracènes » ou « évêques des camps », garantissaient une certaine autonomie religieuse des phylarques et l'engagement des nomades aux côtés de l'empereur chrétien. Les phylarques ghassanides étaient les principaux bénéficiaires de cette politique, qui était coûteuse pour les finances de l'empire et qui ne fonctionnait jamais parfaitement, tant la méfiance était grande de part et d'autre. Les Byzantins,

Vue d'Halabiyé, Syrie

Le rempart nord, le prétoire et la citadelle s'élèvent au-dessus de l'Euphrate.

semble-t-il, n'ont jamais maîtrisé parfaitement les complexes relations de pouvoir à l'intérieur du monde des tribus nomades ; révoltes, coups fourrés et razzias jalonnèrent l'histoire des rapports entre l'empire et les chefs nomades.

Au sommet de l'État se trouvait l'empereur – dont il faut rappeler la toute-puissance –, que renforçait le caractère religieux de sa fonction. Depuis l'époque romaine, son pouvoir s'était considérablement accru et son image s'était sacralisée. Son éloignement physique, dans la capitale, Constantinople, ajoutait à son inaccessibilité. Pourtant, des souverains séjournèrent longuement à Antioche, principalement au IVe siècle, en raison des opérations militaires du front oriental, en particulier Constance II, de 337 à 350, et Valens, de 371 à 378. D'autres y séjournèrent pour une durée plus courte, comme Julien l'Apostat (361–363), lui aussi en route vers l'est, qui y écrivit en 362 le *Misopogon*, ou « Discours aux Antiochiens qui se moquent de sa barbe de philosophe ».

En revanche, si l'on fait abstraction de l'épisode de 630, où Héraclius rapporta la Vraie Croix à Jérusalem, après l'avoir reprise aux Sassanides, la Ville sainte reçut surtout des femmes de la famille impériale, comme sainte Hélène, mère de Constantin, associée à la découverte de la Croix du Christ à Jérusalem en 326, ou l'impératrice Eudoxie, épouse de Théodose II, qui visita les Lieux saints en 438–439 et s'installa en Palestine en 442 pour y finir sa vie en 460. Sa petite-fille, appelée également Eudoxie, l'imita en 471.

Le rôle des empereurs dans la politique de construction fut capital. Deux empereurs l'illustrèrent particulièrement, Constantin au IVe siècle, et Justinien au VIe siècle. Le premier lança un vaste programme de construction de bâtiments religieux établis sur les Lieux saints, depuis le Saint-Sépulcre de Jérusalem, l'église du mont des Oliviers, celle de la Nativité à Bethléem et le sanctuaire du Térébinthe à Mamré, près d'Hébron. Cette politique s'étendit à d'autres cités comme Antioche, où il finança des cathédrales somptueuses. Les constructions de Justinien en Orient furent innombrables, depuis les remparts de Zénobie (Halabiyé), de Cyrrhus ou de Chalcis, jusqu'à des bâtiments plus modestes, la grande citerne de Médaba (Madaba) et l'hospice de Bostra (Bosra), sans oublier des églises grandioses, dont la Néa, la « Nouvelle Église », à Jérusalem. Justinien fit reconstruire Antioche, détruite par le séisme de 526. Le Levant bénéficia particulièrement des largesses impériales, tant pour fortifier les villes menacées par les Perses, que pour orner des sanctuaires renommés et des lieux de pèlerinage qui attiraient les foules venues de loin. L'impératrice Eudoxie, selon un auteur, construisit « pour le Christ un grand nombre d'églises, et tant de monastères et d'hospices – pour les pauvres et les vieillards – que je ne saurais les énumérer ».

Mosaïque, Madaba

Il s'agit de représentations architecturales, dont chaque bâtiment est une église symbolisant une cité. Cette mosaïque vient de Main, l'ancienne Belémounta.

Monnaies byzantines

IVe – VIe siècles

Bronze-or ; d 20 mm

Museo Nazionale Romano, Rome ;

Musée d'art et d'histoire, Genève ;

Collection privée, Munich

Ces quatre monnaies d'or sont ornées des portraits des grands empereurs de Constantinople, qui régnèrent du IVe au VIe siècle (de gauche à droite) : Constantin le Grand, de profil avec diadème (324–337), Valens « *restitutor Republicae* » de profil (364–378), Théodose Ier de profil (379–395) et Justinien, de front avec sa couronne d'acier et le globe (527–565).

Kharab Chams

Le village de Kharab Chams, dans le Massif calcaire de la Syrie du Nord, possède deux églises de plan basilical : la vieille église, ici au premier plan (vue du sud), et, à l'arrière-plan, la seconde église, datant du VIe siècle.

Guerre et paix

L'adversaire le plus puissant et le plus menaçant de l'Empire byzantin était en Orient. L'affrontement entre le monde méditerranéen, que représentait Byzance, et un empire centré sur la basse Mésopotamie et le plateau iranien, n'était pas une nouveauté. Cette situation, maintes fois reproduite dans l'Antiquité, conditionna pourtant l'ensemble des relations internationales entre le IVe et le VIIe siècle. Les difficultés militaires des Byzantins face à l'Empire perse des Sassanides conduisirent à l'affaiblissement des deux adversaires, à la disparition de l'Empire perse et à l'effondrement du Proche-Orient byzantin au VIIe siècle.

Au IIIe siècle, les Sassanides avaient remplacé les Parthes Arsacides à la tête d'un vaste empire qui s'étendait, à l'est, jusqu'aux républiques actuelles de l'Asie centrale, l'Afghanistan et le Pakistan. Les Byzantins étaient en contact avec les Sassanides dans la vallée de l'Euphrate, au sud du Khabour, où Circésium, ville-forte byzantine, servit longtemps de place frontalière. La vallée du Khabour était elle-même aux mains des Byzantins, mais, plus au nord, le piémont du Taurus, avec le massif du Tour Abdin, les villes d'Amida, Dara et Nisibe, et toute la zone entre le Khabour et le Tigre formait une vaste région de contact aux frontières disputées. Les provinces byzantines d'Osrhoène et de Mésopotamie, situées à l'est de l'Euphrate, protégeaient largement les régions du nord de la Syrie, jusqu'à une ligne Palmyre-Émèse (Homs)-Tripolis (Tripoli). Plus au nord, l'Arménie était soumise aux pressions des deux puissances rivales.

L'opposition entre les Sassanides et les Byzantins fut d'abord celle de deux empires qui se distinguaient par une vision universelle et dont l'idéologie officielle semblait dénier à l'autre le droit d'exister.

La religion joua un rôle important dans le conflit entre les deux empires. La caste des mages, le haut clergé de la religion mazdéenne, fut à l'origine de plusieurs vagues de persécutions contre les chrétiens dans l'Empire perse. Les chrétiens apparaissaient comme des ennemis intérieurs, une « cinquième colonne » favorable à Byzance. Cependant, après la condamnation du nestorianisme par le concile d'Éphèse en 431, les nestoriens se virent privés du droit de séjour dans l'Empire byzantin et leur Église se replia dans l'empire voisin. Les rois sassanides avaient compris qu'il était de leur intérêt de tolérer, d'utiliser et même d'appuyer ces groupes de chrétiens, qui n'étaient plus dès lors suspects de trahison. Le nestorianisme connut alors un développement considérable surtout en basse Mésopotamie et de nombreux missionnaires nestoriens partirent évangéliser les pays lointains de l'Asie centrale, du golfe Arabo-Persique et de l'Inde du Sud. Les souverains sassanides, s'ils restaient fidèles à la religion de leurs pères, n'hésitaient pas à épouser, à l'occasion, des chrétiennes.

Les intérêts commerciaux peuvent être rangés parmi les causes des affrontements, mais on pourrait également les voir comme des instruments, de simples moyens de pression. L'épisode le plus connu est l'aventure du moine oriental qui, sous l'empereur Justinien, rapporta, cachés dans une canne creuse, des vers à soie, dont les Perses essayaient d'interdire la circulation afin de protéger leur rôle d'intermédiaire dans le commerce des tissus ou des fils de soie. Si ce récit est partiellement légendaire, il illustre parfaitement l'importance des produits de luxe dans le grand commerce et la position favorable de l'empire sassanide. Du côté byzantin, c'est la vente des métaux, destinés à la fabrication des armes, qui était réglementée ou interdite.

L'affrontement entre les deux grands empires s'accompagna du développement de réseaux d'alliances avec les tribus nomades de la vaste zone désertique et steppique qui borde le Croissant fertile. Deux ensembles rivaux se constituèrent ainsi. En basse Mésopotamie, la ville d'al-Hîra abritait le roi arabe de la famille des Lakhmides, qui exerçait une souveraineté sur l'ensemble des tribus alliées aux Perses. Les Ghassanides, qui reçurent des titres officiels divers – dont le plus fréquent était celui de « phylarque » (« chef de tribu » à l'origine, mais plus tard, commandant des troupes auxiliaires de l'empire), et le plus prestigieux, celui de roi donné à Al-Mundir en 580 –, jouèrent un rôle équivalent du côté byzantin à partir du ve siècle.

Les Ghassanides n'avaient pas véritablement de capitale, même s'ils résidaient fréquemment à Djabiyé dans le Golan, à une journée de route au sud-ouest de Damas. En réalité, ils disposaient de points d'appui différents, répartis entre plusieurs provinces. C'est ainqi qu'on considère, par exemple, que le grand bâtiment situé hors les murs, au nord de la ville de Résafé, était la salle d'audience du phylarque ghassanide. Résafé avait pris le nom de Sergioupolis, en l'honneur de Serge, saint et martyr, comme nous l'avons déjà noté. On a supposé que les Ghassanides profitaient des vastes rassemblements des tribus arabes, à l'occasion du pèlerinage de saint Serge, pour manifester leur puissance et pour réunir les chefs nomades. Au cours de chacune des guerres entre Perses et Byzantins, les troupes de leurs alliés arabes accompagnaient les armées en campagne ou menaient leurs propres opérations.

Les relations entre les Byzantins et leurs alliés étaient empreintes de méfiance. On peut y voir trois raisons. Tout d'abord, l'empereur byzantin ne voulait pas laisser trop d'indépendance aux phylarques, qu'il cherchait à traiter en fonctionnaires plus qu'en alliés. Par ailleurs, les Ghassanides étaient favorables aux monophysites, alors que Justin Ier (518–527) et son neveu Justinien (527–565), mais aussi la plupart de leurs successeurs, combattaient le monophysisme. Enfin, les alliés recevaient, pour garantie de leur fidélité, des sommes d'argent considérables que le trésor byzantin négligea de leur verser à plusieurs occasions, ce qui déclencha mécontentement et révoltes.

Médaillon représentant le triomphe de l'empereur, Qalaat el-Marqab
vi^e^ – viie siècle apr. J.-C.
Or repoussé ;
médaillon : lg 6 cm, d 5,4 cm ;
chaîne : lg. 9,3-9,5 cm
Musée du Louvre, Paris

Accompagné d'une Victoire ailée, l'empereur triomphe, debout sur son char.

De Justinien aux conquêtes perses

Le début du VIe siècle marque un tournant dans l'histoire militaire des provinces du Levant. Avant le règne de Justinien, celles-ci ne connurent pas de guerre sur leur sol. La fin du IIIe siècle avait été l'occasion, grâce aux campagnes de Galère (296–297) de la plus grande extension durable de l'Empire romain vers l'est. Des régions situées au-delà du Tigre avaient été cédées aux Romains. Le IVe siècle tout entier retentit du choc des armes sur le front oriental. Constance II dut affronter les Sassanides de 337 à 350, période pendant laquelle il séjourna à Antioche. La guerre reprit dès 359. Le nouvel empereur, Julien, dit « l'Apostat », arriva à Antioche en 362 pour lancer une grande expédition vers la basse Mésopotamie et Ctésiphon, la capitale sassanide.

Nous devons au soldat Ammien (qui écrivait en latin, bien qu'originaire d'Antioche) un récit de cette campagne et de son échec. Ammien nourrissait une grande sympathie pour Julien, dont il n'hésitait pas, cependant, à montrer les erreurs. Julien mourut au combat en juin 363. Son éphémère successeur, Jovien (363–364), dut acheter la paix de l'empire et la retraite de l'armée au prix de la cession de territoires importants, dont la ville de Nisibe, bouclier de l'Orient.

Aussi catastrophique qu'elle fût, cette campagne de Julien n'eut pas de conséquences graves sur le Levant, pas plus que les guerres qui éclatèrent ultérieurement, sous Valens tout d'abord, de 370 à 378, puis sous Anastase, de 502 à 505. Les opérations se concentrèrent à l'est de l'Euphrate, principalement entre les grandes villes d'Amida (Diyarbakir), de Nisibe et d'Édesse. La Syrie, base arrière des armées byzantines, n'a pas dû ressentir que les inconvénients du passage des troupes sur son sol. On remarquera que ces guerres, qui épargnèrent le Levant, firent du Ve siècle une longue période de tranquillité.

À partir du règne de Justinien, les choses prirent un tournant tout à fait radical. La guerre, de 527 à 531, fut marquée par une vaste opération des Lakhmides, alliés des Perses. La Syrie du Nord fut pillée jusqu'à l'Antiochène en 529. Au bout de quatre ans de guerre, Justinien signa avec le roi perse Khosrô un traité de « paix éternelle » peu avantageux pour lui. Pourtant, dès 540, les Perses reprirent la guerre, qui ne se termina qu'en 562, en dépit de plusieurs trêves temporaires. De nombreuses villes furent assiégées et dévastées, dont Soura, Bérée (Alep) et surtout Antioche, en 540. Les Perses ne cherchèrent pas à occuper le terrain, mais à porter des coups terribles à leurs adversaires, par le pillage, les destructions des villes et les déportations massives de populations. Les campagnards, bien que les auteurs antiques n'en parlent guère, étaient encore plus exposés que les citadins.

Églises et remparts, Halabiyé

Les églises, vues de la citadelle, avec le rempart sud et le rempart est sur l'Euphrate.

Sous Justin II (565–578), Tibère II (578–582) et Maurice Tibère (582–602), la guerre reprit en 572 et dura vingt ans. Ce long épisode fut marqué par la prise d'Apamée en 573, avec la déportation de 292 000 personnes. Les faubourgs d'Antioche furent de nouveau ravagés. À ce moment, seule la Syrie du Nord avait été atteinte. Malheureusement pour les Byzantins, Maurice Tibère avait aidé en 590–591 le roi Khosrô II à récupérer le trône sassanide occupé par le général Vahram. Lorsque l'usurpateur Phocas, en 602, fit tuer Maurice Tibère – qui avait enfin réussi à imposer la paix aux Perses –, Khosrô II, pour le venger, envahit la Syrie et l'Asie Mineure. Les Perses eurent tôt fait de s'emparer de toutes les villes jusqu'à Jérusalem, prise en 614, et pillée. La Vraie Croix fut emportée par les envahisseurs. Massacres et déportations vidèrent la Ville sainte. La Syrie et la Palestine restèrent ainsi soumises aux Perses de 611 à 629. L'empereur Héraclius (610–641), qui avait renversé Phocas en 610, entreprit dès 622 la reconquête de l'Asie Mineure, puis, à partir de l'Arménie et du Tigre, il attaqua la Mésopotamie. Sa contre-offensive amena l'évacuation de la Palestine et de la Syrie par les Perses, et il put rapporter la Vraie Croix à Jérusalem en 630.

Il ne faut pas exagérer l'ampleur des destructions occasionnées par cette période d'occupation perse dans le Levant, même si Jérusalem fut fortement touchée. C'est à cette époque que se réveillèrent les tensions internes entre juifs et chrétiens, entre monophysites et chalcédoniens, entre nomades du désert et sédentaires. Mais les Perses laissèrent les chrétiens reconstruire leurs édifices détruits à Jérusalem et, dans chaque région, après s'être appuyés sur les minorités religieuses, juifs en Palestine, nestoriens ou monophysites en Syrie du Nord et le long de l'Euphrate, ils essayèrent d'établir un équilibre conforme aux rapports de force locaux. La conquête perse fut une sorte de répétition générale des événements qui se produisirent quelques années plus tard, lors de la conquête islamique. Les villes négociaient l'ouverture de leurs portes, évêque en tête. Les récalcitrants étaient soumis par la force et les oppositions religieuses étaient habilement exploitées par les conquérants.

De cette histoire militaire chaotique, il faut retenir la longue paix qui a évité au Levant les ravages de la guerre – mais pas forcément l'effort de guerre – jusque vers 529. De 529 à 613, seule la Syrie du Nord fut ravagée. À partir de 613, la Syrie du Sud et la Palestine connurent les malheurs de la guerre. Cependant, à plusieurs reprises, des fronts « internes », soulèvements de tribus, révoltes juives ou samaritaines, sont venus troubler cet apparent calme du Proche-Orient byzantin.

Tour, Oumm al-Rasas

La forteresse du village de Kastron Mefaa fut érigée pour protéger les nomades du désert jordanien (*Provincia Arabia*). Par la suite, la forteresse devint un gros bourg, dominé en son centre par une grande tour.

La conséquence la plus visible, à l'heure actuelle, de ces nombreux combats se voit dans les restes des fortifications des sites du Levant, dont les mieux conservées se trouvent dans la vallée de l'Euphrate, Zénobie-Halabiyé, Barbalissos (Meskéné), Néocésarée (Dibsi Faradj) ou Résafé, dans la steppe syrienne. La plupart des villes ont renforcé leurs fortifications ou en ont fait construire de nouvelles, comme on le voit à Bérée (Alep), à Palmyre ou à Cyrrhus. À Chalcis (Qinnesrin), c'est Isidore de Milet, le grand ingénieur et architecte dont on connaît le rôle dans la construction de Sainte-Sophie de Constantinople, qui fortifia la ville.

Population et peuplement

Le Proche-Orient était habité par des groupes que l'on peut définir selon des critères divers – langue, religion, origine, mode de vie –, qui ne coïncidaient pas exactement. De plus, le vocabulaire des Anciens souffre d'imprécisions et tend à mélanger la géographie administrative et la géographie des populations. Le mot « phénicien » servait à désigner tout habitant de l'une des deux provinces de Phénicie libanaise et de Phénicie maritime. Un citoyen de Palmyre, de Damas ou d'Émèse (Homs) était donc un Phénicien, tout comme un Tyrien, un Bérytin (de Béryte, Beyrouth) ou un habitant de Ptolémaïs (Saint-Jean-d'Acre).

Les populations que la science moderne tient pour arabes sont celles dont la langue maternelle est l'arabe, ou, dans l'Antiquité, avant que le Coran ne forme une langue classique, l'une des langues de la famille arabe. Les Anciens reconnaissaient comme arabes les populations de la péninsule Arabique, mais aussi celles de certaines régions steppiques ou désertiques en bordure des zones de sédentarisation, voire celles des villes et des régions qui avaient appartenu, à un moment de leur histoire, à des dynasties issues des peuples nomades. C'est ainsi qu'on considérait parfois comme arabes Émèse ou Édesse. Toute personne originaire de la province d'Arabie était dite arabe, comme l'empereur Philippe l'Arabe (244–249), qui était né dans un village du Hauran. Les authentiques nomades, parfois plus ou moins sédentarisés, étaient désignés par les termes de « Saracènes » (terme d'origine inconnue), « Scénites » (habitants des tentes) ou par les noms bibliques « Agaréniens » ou « Ismaélites ». On parlait parfois d'« Arabes-Scénites ». Ce n'est qu'assez longtemps après la conquête musulmane que les Byzantins désignèrent leurs vainqueurs comme « les Arabes ». S'il n'est pas possible de douter que les auxiliaires ghassanides des Byzantins aient été des Arabes, au sens linguistique du terme, le degré d'arabisme du Proche-Orient avant la conquête est très difficile à mesurer. Remarquons simplement que les papyri grecs du VIe siècle, récemment découverts à Pétra, témoignent de formes proprement arabes dans la toponymie et le vocabulaire en usage dans cette région de la Palestine Troisième.

Il convient de rappeler que le Proche-Orient était, *grosso modo*, bilingue, araméen et grec. Il existait certainement une population qui ne parlait ou ne comprenait que le grec et qui représentait beaucoup plus d'hommes et de femmes que les seuls descendants des Grecs installés en Orient. Il y avait en outre, au sein de ces communautés linguistiques, tous ceux qui comprenaient et utili-

Fouilles récentes, Sepphoris-Diocésarée, Zippori

Les quartiers d'habitation ont révélé des maisons aux tailles et aux fonctions variées.

Ill. page ci-contre en haut

Mosaïque à décor animalier, Beth Shéan

Les sols des maisons et des bâtiments publics étaient ornés de mosaïques figurant des scènes mythologiques, des animaux, des plantes ou des motifs géométriques.

Ill. page ci-contre en bas

Fouilles, Beth Shéan

Scythopolis était la capitale de la Palestine Seconde. Ces colonnes se sont effondrées pendant le tremblement de terre de 749.

saient, à des degrés divers, l'une ou l'autre de ces langues.

Les juifs et les samaritains constituent le groupe le plus clairement délimité, car il s'agit d'ensembles endogames définis par leur religion : ils ne se mariaient qu'entre eux. Les juifs semblent avoir totalement disparu de Jérusalem et de ses environs à la suite des révoltes contre l'empereur romain Hadrien et de leur répression au IIe siècle. S'ils sont parfois signalés à Jérusalem, en particulier du fait de leur attachement aux derniers restes du Temple d'Hérode détruit, dont le mur des Lamentations, ils ne résidaient plus dans la ville, qui leur avait été interdite autrefois. Toutefois, il semble qu'il s'y soient réinstallés vers la fin du VIe siècle. En revanche, ils étaient nombreux en Palestine Seconde, tant dans les campagnes, autour du lac de Tibériade, dans le Golan ou la vallée de Jezréel, que dans les villes, Tibériade, Sepphoris-Diocésarée et Scythopolis (Beth Shéan). La plupart des ports de la côte levantine, depuis Posideion au nord jusqu'à Maïoumas de Gaza au sud, comprenaient des communautés juives. Les juifs de Césarée, Ptolémaïs, Tyr, Béryte et Tripolis semblent se grouper dans des quartiers qui leur étaient propres. La diaspora juive dans l'ensemble du monde méditerranéen, l'empire sassanide et la péninsule Arabique, était considérable, mais il existait aussi une « diaspora proche », dans les villes de l'intérieur de l'Orient, et plus exceptionnellement dans les campagnes.

On peut comparer aisément les samaritains aux juifs. Cette communauté, issue du judaïsme, s'était installée en Palestine, en l'occurrence autour de Néapolis (Naplouse) en Palestine Première, près du sanctuaire du mont Garizim, et également à Césarée et à Scythopolis (Beth Shéan).

Structure de la population et démographie

On ne sait quasiment rien de la natalité, de la mortalité, de l'espérance de vie ou de la composition des familles dans le Levant à l'époque protobyzantine. Il est clair cependant que dans les sociétés pré-industrielles, les points communs peuvent être nombreux, et la structure démographique du Proche-Orient protobyzantin devait ressembler quelque peu à celle de l'Europe médiévale, connue pour sa forte natalité, sa forte mortalité, surtout infantile, et une espérance de vie assez courte.

Il n'est pas plus facile d'évaluer la population totale ou celle des villes. On possède quelques chiffres fournis par les auteurs antiques. À la fin du IVe siècle, Antioche, la ville la plus peuplée du Proche-Orient, comptait 100 000 chrétiens, selon Jean Chrysostome. Il convient d'apprécier ces chiffres avec prudence, car il était impossible d'effectuer un recensement exact à cette époque.

L'église ancienne de Kharab Chams

L'église ancienne depuis le sud. La deuxième église, du VIe siècle (qui n'apparaît pas sur cette photo) fut construite sur la colline à l'arrière-plan. Kharab Chams est l'un de ces nombreux villages du Massif calcaire, en Syrie du Nord, dont les ruines témoignent de l'essor qu'avait pris la région entre le IVe et le VIe siècle.

Une phase de croissance

Les nombreuses prospections régionales menées par les archéologues dans le Proche-Orient, mais aussi l'étude des villages abandonnés dans le Massif calcaire de la Syrie du Nord, dans le Hauran, le Golan ou le Néguev, permettent de constater que l'époque protobyzantine est celle de la plus dense occupation humaine. Il n'y a guère de site qui soit dépourvu d'installations de l'Antiquité tardive. Un tell – formé par la superposition de couches d'occupation accumulées pendant des millénaires – comme celui de Tell Deinit près d'Idlib fut abandonné dès l'époque romaine, mais les maisons et l'église protobyzantine se sont fixées au pied de la colline artificielle, en s'appuyant sur sa pente. Ce schéma d'occupation des bordures basses des tells semble très courant à l'époque.

Deux exemples illustrent la densité de l'implantation humaine dans la région. L'étude des sites que l'on trouve le long des deux routes qui conduisent de Jérusalem à Joppé (Jaffa), sur la côte, a montré que 90 des 120 sites étaient essentiellement byzantins, et que 70 d'entre eux ne présentaient pas de vestiges plus anciens. L'exploration en cours de la zone steppique située entre les villes modernes de Salamiyé et Alep, à l'ouest, et l'Euphrate, à l'est, conduit aux mêmes observations. Deux grandes périodes d'occupation ont été mises en valeur, le Bronze moyen d'une part, et l'époque byzantine d'autre part, cette dernière l'emportant largement par la quantité de sites.

Partout, des villages se construisirent, certains d'entre eux, comme Samra en Jordanie, autour d'un fortin bordant une grande route, d'autres, comme Sériane (Isriyé) dans la steppe syrienne, autour d'un temple païen désaffecté. Les étapes routières, les constructions militaires, les puits et sources étaient entourés par les nouveaux villages qui s'enfonçaient très loin dans le Néguev ou dans les régions arides de l'est. Diyateh, en bordure du Safa, témoigne de la colonisation de ces zones marginales. Oumm al-Jimâl se développa autour d'un fort romain, en réutilisant des matériaux de construction prélevés dans un village nabatéen abandonné au IIIe siècle. La nouvelle agglomération fut entourée d'un rempart d'environ 800 mètres du nord au sud, sur 600 mètres d'est en ouest, ce qui lui donnait une taille comparable à celle de beaucoup de petites villes. Non seulement des villages se créaient, mais on constate aussi, en particulier dans les régions les plus arides, que des fermes isolées occupaient des zones où les possibilités agricoles étaient extrêmement limitées.

Le développement des villages

Les villages se multipliaient, ils grossissaient également. Dans le Massif calcaire de la Syrie du Nord, entre les villes d'Antioche, d'Apamée, de Bérée (Alep) et de Chalcis, plusieurs centaines de villages couvraient les chaînons des Djebels Sémaan, Halaqa, Baricha, al-A'la, Doueïli, Wastani et du Djebel Zawiyé, le plus vaste et le plus méridional. L'ensemble, du nord au sud, s'étirait sur environ 100 km, pour une largeur maximale de 50 km d'est en ouest. C'est ce que l'on nomme, à tort, « les villes mortes » de la Syrie du Nord. Bien entendu, il ne s'agissait pas de villes, qui, comme nous l'avons vu, présentaient des caractères très différents de ceux des villages, tant du point de vue de leur statut administratif que de celui de leur apparence extérieure et de leurs fonctions.

Ces villages abandonnés, comme on devrait les nommer, ont laissé des ruines considérables que les archéologues étudient, maison par maison et pièce par pièce. Ainsi peut-on suivre à la fois la multiplication des maisons et leur agrandissement. La croissance des villages est continue, semble-t-il, entre 350 et 550.

Dans les villes, à défaut de chiffres précis, c'est également des constructions qu'il faut tirer des indices, mais la méthode est discutable. À Gerasa (Djerash), la présence de nombreuses églises à la périphérie de la ville, à l'intérieur et à proximité des remparts, mais également hors les murs, semble indiquer – sans être une preuve absolue – une croissance de la population. La transformation de nombreux villages en *poleis* est également l'un des aspects de cette croissance démographique.

Vue du village de Bamouqqa

Ce village du Massif calcaire, en Syrie du Nord, possédait deux églises. Le nord du Massif appartenait à Antioche, la capitale syrienne. La croissance du village dépendait en partie de la santé économique et des débouchés de la capitale.

Maisons, Oumm al-Jimâl

Ce village, l'un des plus gros de la province d'Arabie, était entouré de remparts en raison de sa situation à la limite de la steppe. Le village byzantin fut construit autour d'une petite forteresse de l'époque romaine et présente une structure très intéressante : on remarque à l'intérieur des remparts que les ensembles de maisons restent isolés les uns des autres, ce qui semblerait indiquer que les différents groupes familiaux vivaient séparément.

Voyageurs et pèlerins

Le Proche-Orient connut un mouvement d'immigration assez régulier dirigé vers les Lieux saints du christianisme, mais la plupart des pèlerins ne séjournaient que quelques semaines en Palestine. En Syrie plus particulièrement, la réputation d'un monastère ou d'un saint homme suffisait à attirer et à fixer des disciples de toutes origines. Alexandre, le futur Acémète, naquit dans les îles grecques, puis vécut à Constantinople, qu'il quitta pour s'installer dans un couvent de Syrie du Nord. Des dames de la haute société romaine, Paule et Eustochion, sa fille, se rendirent en Palestine en 385 et y demeurèrent jusqu'à leur mort, pour y vivre pieusement. Très riches, elles firent construire des hospices et des monastères. C'est dans l'un d'entre eux que Jérôme s'établit, vers 389, et finit ses jours, en 420. Mélanie la Jeune, cousine de Paule, l'une de ces aristocrates pieuses, passa la fin de sa vie en Palestine dans les monastères qu'elle avait fondés. Au-delà de ces célébrités, il faut rappeler que de très nombreux moines étaient originaires d'autres régions de l'empire, à commencer par Chariton d'Iconium, en Asie Mineure, l'un des fondateurs du monachisme palestinien. C'est également en Asie Mineure qu'Euthyme et Sabas, les deux organisateurs des monastères du désert de Judée, virent le jour.

Les moines étrangers à la Palestine se groupaient parfois en communautés distinctes à l'intérieur du même monastère pour pouvoir utiliser leur langue pendant l'office, ou fondaient des monastères autonomes. On connaît des communautés de Thraces (les Besses), de Géorgiens (les Ibères), de Coptes, d'Arméniens, de Syriens. Des textes monastiques et des inscriptions nous font découvrir de nombreux moines issus de toutes les régions de l'empire, jusqu'à l'Espagne et la Gaule, ou originaires du Caucase et de l'empire sassanide.

L'émigration d'Occidentaux vers l'Orient ne semble pas massive, en dehors du monachisme. Dans l'autre sens, l'émigration syrienne en Occident est bien connue. Des inscriptions funéraires à Rome, Ravenne ou Salone rappellent le souvenir de ces Syriens. Cette émigration issue d'Apamène, de l'Anti-Liban ou de la province d'Arabie semble provenir des régions les plus peuplées de l'intérieur et concerner des personnes plus modestes que le marchand de soie originaire

Baptistère, Bamouqqa

Les nombreux baptistères de la Syrie du Nord prouvent que le baptême des enfants avait gagné les campagnes. Les adultes étaient baptisés dans les villes, à la cathédrale.

Détail d'un linteau, Béchindlaya

Ce linteau porte un décor typique de la Syrie chrétienne : une croix dans un médaillon et des motifs végétaux – ici des feuilles d'acanthes bien découpées – caractéristiques de l'art chrétien dans le Massif calcaire au VIe siècle.

Tombeau pyramidal, el-Bara

Ce tombeau monumental pyramidal, d'époque byzantine, se trouve à el-Bara, l'un des plus vastes villages de la Syrie du Nord.

d'Antioche du nom de Georges, qui, en 552, fit don d'un domaine à l'église de Ravenne. Les deux siècles qui vont de 350 à 550 furent marqués par une forte croissance démographique. Dans une économie pré-industrielle où « il n'est de richesse que d'hommes », l'abondance de la main d'œuvre joua un grand rôle dans le développement économique, mais sa conséquence fut une surcharge des campagnes et, probablement, une surpopulation. Plusieurs facteurs mirent fin à cette phase de croissance vers le milieu du VIe siècle. Les guerres, qui, à partir de 529, entraînèrent des dévastations catastrophiques en Syrie du Nord, se conjuguèrent aux épidémies. La peste bubonique, qui apparut en 541 en Égypte, probablement importée par les navires de la mer Rouge, ravagea tout l'empire. Pendant plus d'un siècle, elle réapparut par intermittence ; on a parfois comparé son impact en Orient à celui de la peste noire de 1348 en Europe. L'historien Évagre, qui survécut à la maladie, l'avait contractée dans son enfance à Antioche. Il nous apprend que la peste y revint quatre fois, notamment dans les années 560–561. Les fortes concentrations urbaines et rurales, ainsi que les déplacements des voyageurs et des soldats furent responsables de son effet catastrophique et de sa diffusion.

L'ensemble de ces phénomènes – crise malthusienne, stagnation des rendements agricoles, épidémies, guerres –, que l'on ne peut évaluer avec précision, permettent de supposer un déclin démographique et économique du Proche-Orient byzantin dès le milieu du VIe siècle.

Ampoule ornée d'une croix, Beyrouth
v^e – vi^e siècle
Argile ; h 7 cm, l 5 cm
Direction Générale des Antiquités, Beyrouth

Les pèlerins conservaient l'huile sainte ou l'eau bénite dans des fioles de ce type.

L'économie : la primauté de l'agriculture

L'essentiel de la production se faisait dans l'agriculture et la plus grande partie de la population travaillait dans les campagnes. Les cultures principales, selon le système méditerranéen habituel de l'Antiquité, étaient les céréales, la vigne et l'olivier. On constate que certaines régions étaient plutôt spécialisées dans un type de production. Le Massif calcaire de Syrie du Nord, où les surfaces cultivables sont parsemées de rochers et où les sols sont peu épais, était particulièrement propice à la culture de l'olivier. Plusieurs régions étaient renommées pour leurs vins, en particulier la zone qui entoure Gaza et Ascalon. Les vignes couvraient une partie du Hauran et la région de Capitolias, plus au sud. De grands pressoirs à vin ont été retrouvés en Jordanie du Nord et dans le Hauran. On constate sur de nombreux sites libanais la présence de pressoirs à olives en quantité importante, qu'il s'agisse de la côte ou des premières pentes de la montagne libanaise. Les céréales étaient principalement cultivées dans les plaines, comme la Nouqra, près de Bostra, qui passait pour être le grenier à blé de la Syrie. Ailleurs, on a parfois des mentions de cultures particulières, comme les figues près de Bostra, les prunes de Damascène, les noix du Liban, les dattes autour de la mer Morte. Pourtant, la polyculture régnait partout, y compris dans les régions spécialisées. La nécessité de nourrir une population paysanne abondante se conjuguait avec les lenteurs des transports terrestres pour interdire une spécialisation trop poussée. Dans tout le Proche-Orient, pois et lentilles permettaient de compléter la ration alimentaire.

L'élevage était indispensable pour fournir la force motrice nécessaire aux travaux des champs. Les nombreuses maisons byzantines conservées du Hauran possédaient toutes des étables ou des écuries, ce dont témoignent les alignements d'auges au rez-de-chaussée.

Les techniques agricoles ne semblent guère avoir évolué. En Syrie du Nord, on broyait le plus souvent les olives avec des rouleaux en pierre qu'on déplaçait au moyen de leviers dans des bassins remplis d'olives. La méthode était simple et permettait de n'utiliser que des éléments en pierre dans une région où le bois était rare. L'abondance de la main d'œuvre explique le succès de ce procédé plutôt lent, qui était associé cependant à des installations de pressurage très perfectionnées.

La grande différence, pour les techniques agricoles, se faisait entre les cultures sèches et les cultures irriguées. Les systèmes d'irrigation du Hauran connurent leur plus grand développement à l'époque byzantine, et dépassèrent largement les besoins des seuls jardins. L'irrigation permettait d'obtenir des rendements supérieurs pour les cultures habituelles et autorisait quelques cultures spécialisées. À l'est du Hauran, dans une zone beaucoup plus sèche, à Diyateh, seule la culture irriguée était possible. Le village devait son existence et sa survie à des systèmes de murets, de barrages et de canaux pour répartir l'eau de ruissellement des pentes vers des terrasses aménagées, et celle d'une rivière temporaire vers les champs de la vallée.

Le Néguev est la région où les systèmes d'irrigation ont été les mieux étudiés. La moyenne annuelle des précipitations est de 90 mm à Nessana et de 200 mm à Beershéva. Le principe général consistait à capter les eaux de ruissellement sur de vastes surfaces et à les concentrer par des canaux et des barrages sur des fonds de vallées, en évitant les pertes.

Dans la steppe syrienne, des traces de barrages très importantes ont été repérées, mais surtout de gigantesques *foggaras* (ou *qanats*), ces canaux souterrains destinés à capter les eaux et à les canaliser à partir de réseaux en étoile vers un point central en dénivellation.

La construction et l'entretien de ces réseaux hydrauliques a dû constituer une charge de travail considérable pour les paysans byzantins. La conquête de nouveaux espaces dans les zones montagneuses et surtout dans les régions steppiques, ne pourrait se comprendre sans cette maîtrise des eaux. Seul le Massif calcaire de la Syrie du Nord est à peu près dépourvu d'installations d'irrigation. Les sols très légers et perméables y absorbent instantanément les eaux de pluie. Seules des rares citernes dispersées dans les champs ont pu servir à compléter ces apports.

L'artisanat et le commerce

Les villages comptaient semble-t-il peu d'artisans et de petits commerçants, à quelques exceptions près. Même l'activité céramique semble réservée aux villes et l'on ne connaît pas d'ateliers de potiers dans le Massif calcaire. L'activité principale, à côté de l'agriculture, était le bâtiment. Maçons, tailleurs de pierre et charpentiers sont fréquemment mentionnés dans les inscriptions. Ils semblent avoir rayonné sur plusieurs villages et habité plutôt les bourgs, intermédiaires entre la ville et le village.

Les villageois, comme le montrent les discours de Jean Chrysostome, s'équipaient dans les villes où ils se rendaient à l'occasion des grandes fêtes religieuses. Des colporteurs parcouraient les campagnes; les papyrus de Nessana mentionnent certains qui circulaient en groupes. Les foires rurales, en particulier les jours de fête, permettaient de se ravitailler et fournissaient des lieux de sociabilité.

À Télanissos, en Syrie du Nord, au pied du sanctuaire de saint Siméon le Stylite, se tenait une foire que le saint pouvait observer depuis sa retraite.

Les villes étaient tout naturellement le lieu privilégié de la fabrication et de l'échange. Les inscriptions de Gerasa y signalent des potiers, des forgerons (ou chaudronniers), des marchands au détail, des changeurs et des orfèvres. La belle céramique fabriquée à Gerasa au VIe siècle, ornée de motifs peints représentant des animaux, des plantes et des sujets mythologiques païens, mais aussi des croix et des saints, a été retrouvée dans de nombreux sites urbains et ruraux de la région, dans toute la moitié nord de la Transjordanie et jusqu'à Capharnaüm et Scythopolis. À Bosra, réputée pour sa fabrication d'armes et de cloches, orfèvres, forgerons et fabricants d'outres figuraient parmi les corps de métier qui faisaient de la ville un marché pour les caravaniers. *La Vie de Siméon le Fou* met en scène tout le petit peuple de l'*agora* et des rues d'Émèse. On y rencontrait des cabaretiers et marchands d'oxycrat (bouillon aux œufs), des pâtissiers, un verrier juif et un muletier marchand de vin.

Les ports de la côte levantine étaient particulièrement réputés pour leurs productions. On y trouvait des ateliers impériaux de fabrication de tissus, laine et soie à Tyr, et aussi de pourpre, une spécialité de Béryte. Les nombreux noms de professions signalés par les défunts de la nécropole de Tyr illustrent l'importance des métiers du textile, de la verrerie – comme à Béryte – et de la pourpre. Mais on y trouve aussi un pêcheur, des marchands de grain, des boulangers, un pâtissier, un négociant en vin, un porteur d'huile, des maraîchers, un marchand de choux, un marchand de saucisses, un marchand de *garum* (bouillon de poisson), un brocanteur, une marchande d'encens, des changeurs, des charpentiers, des plâtriers, un tailleur de marbre, un forgeron, un serrurier et des orfèvres. Tous les ports importants abritaient également une population d'armateurs et de marins. Plusieurs villes de l'intérieur avaient également des ateliers impériaux d'armes ou de tissus, destinés à l'armée ou aux fonctionnaires: Damas et Antioche fabriquaient des armes et Scythopolis, des vêtements de lin. Matelas et couvertures provenaient de Damas. Les vêtements bon marché étaient confectionnés à Antioche. Les régions productrices de vin, comme Béryte, Gaza et Ascalon fabriquaient des amphores.

Les métiers du Levant byzantin avaient déjà des allures médiévales, avec leurs artisans et commerçants organisés en corporations soumises aux corvées et aux charges, l'extrême spécialisation de certains métiers, le déploiement des petits commerces au milieu des rues et l'empiétement des boutiques sur les portiques qui constituaient l'ornement de la plupart des grandes villes. Les artisanats de luxe y tenaient semble-t-il une place importante, car les villes étaient des lieux de consommation que les riches continuaient à habiter.

Ill. page ci-contre en haut

Bracelets, Beyrouth
Fin du ve – début du vi^{e} siècle apr. J.-C.
Or et pierres fines; d 10,2 cm
Musée du Louvre, Paris

Les orfèvres souvent mentionnés dans les textes faisaient également office de prêteurs. Les extrémités de ces bracelets sont ornées de têtes de béliers.

Flacon, Syrie
v^{e} – vi^{e} siècle apr. J.-C.
Verre moulé;
h 15 cm, l 4,9 cm
Musée du Louvre, Paris

Le Levant était célèbre pour sa verrerie. Ce flacon est orné sur une face d'un croix, et sur l'autre, d'un saint stylite.

Pendentif en forme de croix et boucle d'oreille, Tyr
vi^{e} siècle apr. J.-C.
Or; h 2,5 cm et 4,5 cm
Direction Générale des Antiquités, Beyrouth

Les bijoux servaient de parure, mais accroissaient aussi la richesse des familles. Ces pièces proviennent de la nécropole de Tyr.

Commerce intérieur et extérieur

Le commerce intérieur était gêné par le coût élevé des transports terrestres. Les grandes routes, *viae publicae*, héritières du système des voies romaines du Haut-Empire, étaient jalonnées de bornes milliaires, dont les dernières datées portent des acclamations en l'honneur de Julien l'Apostat, ce qui ne signifie pas qu'elles n'aient pas été entretenues par la suite. On pourrait dater certains tronçons du règne de Justinien. Ces routes étaient jalonnées d'auberges et de relais disposés à intervalles réguliers et utilisés par le service de la poste publique. Les plus importantes étaient celles qui allaient dans le sens nord-sud, comme la route d'Antioche à Apamée, Émèse, Damas, Bosra, Philadelphie (Amman) puis Aïla (Aqaba) sur la mer Rouge.

On a longtemps pensé que l'Antiquité tardive avait été une période d'abandon du réseau routier. En fait, on constate que l'on a alors cessé de construire de nouvelles voies publiques. Il existait cependant un réseau dense de routes secondaires et de chemins, beaucoup moins praticables. Les chariots ne devaient pas pouvoir les emprunter et le transport se faisait par portage plutôt que par roulage. Au Proche-Orient, les fleuves navigables sont rares. On peut descendre l'Oronte depuis Darkouch. On descendait l'Euphrate, mais on ne devait pas le remonter, et si la mer Morte et le lac de Tibériade étaient parcourus par des petits bateaux, le Jourdain n'était pas navigable. Il fallait donc recourir à la route pour circuler au Proche-Orient. Les fleuves étaient traversés sur des ponts de bateaux (Euphrate), sur des ponts de pierre (notamment à proximité de Cyrrhus), ou au moyen de bacs (Jourdain).

Le meilleur moyen de circuler et de transporter des marchandises restait la navigation maritime. Les ports, même médiocres comme Maïoumas de Gaza ou Ascalon, bénéficiaient d'une situation privilégiée qui facilitait leurs exportations. La durée d'une traversée de Palestine à Thessalonique ou Constantinople pouvait aller de 13 à 20 jours; le retour était plus rapide, entre 10 et 12 jours. Par la poste, service efficace, il fallait environ six à sept fois plus de temps.

Séleucie de Piérie, débouché d'Antioche sur l'Oronte et ville considérable, tenait aussi un rôle militaire. Laodicée, Antarados (Tartous) qui a éclipsé l'île d'Arados située en face d'elle, Tripolis, célèbre pour son sanctuaire de saint Léonce, Byblos, Béryte (Beyrouth), Sidon, Tyr, Ptolémaïs (Saint-Jean-d'Acre), Césarée, Ascalon et Maïoumas de Gaza jalonnaient la côte levantine du nord au sud. Les bons ports étaient rares, parmi lesquels Tyr et Sidon l'emportaient nettement, mais des travaux portuaires considérables avaient été entrepris sur de nombreux sites. À Séleucie de Piérie, de nouveaux aménagements furent achevés en 346. Dans de nombreux cas, les ports n'étaient pas profonds, mais de simples plages où l'on tirait les bateaux. On connaît mal les produits importés dans ces ports. À Posideion, on a découvert des quantités importantes de céramique sigillée provenant de Chypre et d'Afrique du Nord. Les fouilles de Beyrouth présentent aussi ce type de matériel qu'on retrouve sur la plupart des grands sites, associé à la céramique d'Asie Mineure dite « phocéenne ».

On aimerait surtout pouvoir évaluer le grand commerce avec l'Orient lointain et la mer Rouge. Palmyre resta une ville importante, dont les fortifications avaient été remaniées selon un nouveau plan sous Dioclétien, puis renforcées par Justinien. Cependant, la ville avait perdu son activité commerciale et conservé essentiellement un rôle militaire depuis la défaite de Zénobie au IIIe siècle. Le commerce international était étroitement contrôlé par le pouvoir impérial dans les rares ports ouverts – en apparence tous dotés de postes de douane – sur la mer Rouge, dont Aïla et l'île de Jotabé. Avec les Perses, le nombre de points de contact autorisés était encore plus limité. Sous Justinien seules Callinicum, côté romain, et Nisibe et, plus au nord, Artaxat, côté perse, étaient ouvertes au commerce.

L'ampleur du commerce caravanier entre, d'une part la péninsule Arabique, et d'autre part la Palestine, la province d'Arabie et la Syrie, reste à mesurer.

La crise économique

Nous avons déjà évoqué l'importance de la vie rurale, nourricière des populations paysannes. Les villes étaient de grandes consommatrices de céréales, d'huile, de vin, de bois destiné à chauffer les bains, de laine et de lin. L'économie des campagnes de la Syrie du Nord paraît, au vu des résultats des fouilles de Déhès, monétarisée. Mais cette économie restait fragile. Les *Vies* des saints montrent que des pluies de printemps qui font pourrir les premières céréales, une invasion de sauterelles, les parasites de la vigne, des gelées tardives ou, plus fréquentes encore, des sécheresses prolongées, pouvaient entraîner une mauvaise récolte catastrophique. L'absence de fluidité des marchés et les moyens de transport limités ne permettaient pas d'éviter famines et épidémies.

Deux phénomènes semblent avoir durement affecté les villes du Proche-Orient au VIe siècle : les séismes et la guerre. Antioche fut touchée par de nombreux tremblements de terre. Aux destructions dues aux secousses du sol s'ajoutèrent celles des incendies qui les accompagnèrent. Les deux chocs de 526 et 528, les plus violents, occasionnèrent le changement de nom de la capitale syrienne qui devint Théoupolis (la cité de Dieu) pour s'attirer la protection divine. La Phénicie fut

Sceau byzantin, Tyr
Env. 570 apr. J.-C.
Sceau ; d 2,9 à 3,7 cm
Bibliothèque nationale, Paris

Il s'agit du sceau de deux « commerciaires » de Tyr. Il représente l'empereur byzantin Justin II (565–578), son épouse Sophie et leur fils, le futur empereur Tibère (578–582). L'inscription mentionne deux commerciaires, Diogène et Diomède, qui étaient apparemment chargés de contrôler la production de soie.

Ill. page ci-contre

Balance à huile, Chime
Ve – VIIe siècle apr. J.-C.
Bronze ; lg. 39 cm
Direction Générale des Antiquités, Beyrouth

Cette balance a été trouvée près d'un pressoir à huile. On en a conclu qu'il s'agissait d'une balance à huile.

également très exposée. Le fameux séisme de 503 toucha Ptolémaïs (Acre) et le Carmel ainsi que Tyr ; celui de 551, suivi d'un raz-de-marée, anéantit Béryte. Si l'on y ajoute les conséquences des grandes opérations militaires des Perses, on mesure la désorganisation, voire l'effondrement des marchés urbains au VIe siècle.

L'économie du Levant fut portée d'abord, de 350 à 550, par un mouvement continu d'expansion. Nous en distinguons certains aspects : l'extension des surfaces cultivées dans les régions montagneuses et dans les zones arides, puis la création de nouveaux villages et le développement des anciens. Les terres conquises étaient les plus fragiles, celles qui nécessitaient la plus grande quantité d'aménagements et de travail pour des rendements faibles. Il n'est pas impossible que des conditions climatiques favorables, dans des régions où une très faible augmentation de la pluviosité annuelle a des conséquences considérables, ait favorisé cette phase de croissance continue, interrompue parfois par de brèves crises dues à une ou deux années successives de mauvaises récoltes.

Vers 480, l'expansion quantitative qui se poursuivait dans le Massif calcaire, en Syrie du Nord, s'accompagna d'un développement qualitatif. Les maisons, plus nombreuses et plus grandes, furent construites selon de nouvelles techniques. Cependant, lorsque la crise survint, vers 550, plus rien ne pouvait l'endiguer. À cause de la forte croissance démographique, la surexploitation des terres joua certainement un rôle non négligeable. Dans les zones steppiques ou les montagnes, les sols peu profonds, trop labourés ou trop pâturés, étaient épuisés. S'il ne s'agissait pas encore d'abandon de régions entières, la croissance fut stoppée et une phase de long déclin commença. Les villages actifs commençaient à se rétrécir et à se vider, les régions marginales à se désertifier, les villes à se ruraliser.

Il n'est pas certain que ce déclin fut général. Tout se passa comme si la crise ne s'étendait que lentement du nord vers le sud. La première explication de cette différence est militaire : les régions au sud d'Émèse n'ont pas connu les raids dévastateurs des Perses. Dans le sud en revanche, la pression des tribus nomades n'avait rien de comparable. La deuxième explication est commerciale et financière : l'afflux des pèlerins et les dons importants qu'il entraînait en Palestine, le commerce de la mer Rouge, les exportations de vins de Gaza, et enfin le commerce des produits agricoles avec le Hedjaz se poursuivaient activement. Le retournement de la tendance ne paraît pas décelable avant l'extrême fin du VIe siècle. La longue occupation perse dans le sud, à partir de 613, a pu, en coupant la Palestine de l'Occident, contribuer à un déclin déjà amorcé quelques années auparavant.

Un christianisme conquérant et divisé

S'il n'est pas question de retracer ici la longue marche du christianisme depuis ses origines palestiniennes jusqu'à l'édit de Milan de 313, qui marqua la fin des persécutions, on peut rappeler les caractères principaux de son organisation au Proche-Orient au début du IVᵉ siècle, quand Constantin, non content de le tolérer, inaugura une politique nouvelle de soutien de l'État à l'Église. Les deux centres majeurs du christianisme naissant furent la Palestine, d'une part, et Antioche, d'autre part. Les communautés chrétiennes paraissent nombreuses en Palestine à la fin du IIIᵉ siècle, mais plus rares en Syrie. Le christianisme s'était étendu en Phénicie et même en Arabie, ainsi qu'à Édesse, dans la province d'Osrhoène, au début du IIIᵉ siècle.

Une découverte archéologique exceptionnelle a jeté une lumière rare sur une petite communauté du IIIᵉ siècle : à Doura-Europos (As Salihiya), sur l'Euphrate, un vaste remblai de terre fut aménagé vers 256, le long du rempart occidental de la ville, afin de renforcer ce dernier en prévision de l'attaque sassanide. La prise de la ville en 256 et sa destruction, suivie de son abandon, ont préservé les monuments enfouis sous ce remblai, dont une vaste synagogue, un *mithraeum* (salle de réunion des adeptes du culte de Mithra) et une maison privée transformée vers 230 en église, une *domus ecclesiae*. Le bâtiment a conservé son plan ancien, avec une cour centrale entourée de pièces sur trois côtés, et d'un portique sur le quatrième. Parmi les salles du rez-de-chaussée, la plus grande, qui réunit deux pièces primitives, mesure 12,65 x 5,15 mètres. Cette salle pouvait contenir au maximum 70 personnes. À son extrémité orientale, elle possède une petite plate-forme qui devait servir à un lecteur ou un prédicateur. L'autre pièce remarquable mesure 7,60 x 4,22 mètres. C'est un baptistère, que l'on reconnaît à sa cuve rectangulaire. Les murs sont ornés de peintures. Le Bon Pasteur portant une brebis figure au-dessus de la cuve, Adam et Ève cueillant le fruit défendu sont peints juste en dessous. Le mur nord est orné de la guérison du paralytique et du Christ marchant sur les eaux, le mur sud d'une scène dans un jardin – peut-être le paradis –, d'une femme en train de puiser de l'eau – peut-être Rébecca –, de David et Goliath, et des saintes femmes au tombeau. Cette iconographie insiste sur le salut que le fidèle obtient par le baptême. Tout le décor de cette *domus ecclesiae* nous permet d'imaginer le cadre dans lequel les chrétiens se réunissaient dès la première moitié du IIIᵉ siècle.

Peintures murales de la synagogue de Doura-Europos

On note dans les scènes bibliques des peintures de la synagogue de Doura-Europos (vers 245 apr. J.-C.) des influences de l'art composite de la région, marqué de traits grecs, mésopotamiens et syriens. Ce détail des peintures du mur ouest montre dans l'un des champs supérieurs l'arche de l'alliance dans le pays des Philistins. Dans le champ inférieur, on remarque le pharaon et Moïse nouveau-né.

Mithra immolant le taureau, Sidon
Fin du IV*e siècle apr. J.-C.*
Marbre, h 74,5 cm, l 88,5 cm
Musée du Louvre, Paris

Mithra est un ancien dieu indo-iranien. Son culte est arrivé par l'Asie Mineure. Très répandu dans l'Empire romain, notamment chez les soldats, le culte de Mithra constitua longtemps une menace pour le christianisme. La statuaire du sanctuaire de Mithra à Sidon prouve non seulement la popularité de ce culte dans l'Empire romain, mais aussi le dynamisme du paganisme au IVe siècle.

Un fragment de parchemin découvert à quelque distance du bâtiment chrétien pourrait en provenir. Il contient quelques lignes du *Diatessaron* de Tatien, un apologiste syrien du IIe siècle. Cet ouvrage, qui constitue la première harmonisation en un récit unique des quatre Évangiles, fut condamné plus tard par l'Église, de même que les doctrines de Tatien. Ce manuscrit est écrit en grec, comme les rares inscriptions du baptistère, et il pourrait être traduit du syriaque. La communauté chrétienne de Doura semble avoir compris surtout des soldats de la garnison.

Le concile œcuménique de Nicée, en 325, réunit des évêques venus de tout l'empire. Parmi eux figuraient un très grand nombre de Syriens, de Phéniciens et d'évêques d'Arabie. Leur liste montre la large diffusion du christianisme au Proche-Orient. Des villes modestes comme Aeré en Arabie, Gabala (Djéblé) en Syrie Première ou Balanée (Baniyas) étaient représentées par un évêque. Il est significatif de constater qu'au sud d'une ligne Esbous (Hesbân)-Jérusalem-Éleuthéropolis-Gaza, c'est-à-dire dans une zone moins urbanisée, on ne trouvait pas de représentant des cités de cette partie de la Palestine et de l'Arabie. On serait donc tenté de faire un rapprochement entre la densité du réseau urbain et la christianisation. On considère en général que les villes étaient plus christianisées que les campagnes, et que les artisans, les commerçants, et même les couches dirigeantes des villes, les *curiales*, représentaient la majorité des chrétiens. La haute aristocratie et les professions intellectuelles attachées à la culture grecque traditionnelle passent pour avoir été plus rétives au christianisme.

Au cours du IVe siècle, le nouveau combat qui s'engagea entre le paganisme et le christianisme ne se manifesta pas toujours sous la forme d'affrontements violents, mais il fut inégal la plupart du temps. Les empereurs, à l'exception de Julien l'Apostat, favorisaient l'exercice du christianisme, et cela depuis Constantin. Au IVe siècle, une série de décisions s'attaquèrent aux liens entre la vie civique et la religion traditionnelle. En 356, une loi sévère interdit les sacrifices et ordonna la fermeture des temples. En 381, 385 et 391, Théodose Ier déclara progressivement illégaux les cultes païens. Les sacrifices publics, les fêtes religieuses civiques, les aspects les plus institutionnels des traditions résistèrent mal à ces interdictions. La fermeture des temples acheva de décourager les païens.

Vestiges du village de Ghiné

Lorsque l'on construisit un village à l'intérieur de l'enceinte du sanctuaire de Ghiné, dans les montagnes libanaises, le temple fut transformé en église byzantine.

Le déclin du paganisme

Les années 380 à 390 furent marquées par la fureur des destructeurs de temples. Le préfet du prétoire d'Orient, Cynégios, entreprit une tournée régionale de démolition en 385 ; des groupes de moines démolisseurs sévissaient dans les campagnes. Marcel, évêque d'Apamée, organisa la destruction du grand temple oraculaire de Bêl au cœur de la ville. Au cours d'une campagne menée contre un temple de l'Aulôn (La Vallée), Marcel fut tué par des campagnards en colère. D'autres affrontements violents sont signalés à Hélioupolis (Baalbek) au Liban, à Raphia en Palestine, à Pétra et à Aréopolis à l'est de la mer Morte. L'évêque de Gaza, Porphyre (396–420), obtint, grâce à l'impératrice Eudoxie, l'aide de la troupe pour s'attaquer aux temples de Gaza. Sept d'entre eux furent pillés et détruits. Le plus célèbre, celui de Marnas, le principal dieu de Gaza, fut mieux défendu, mais les soldats incendièrent la *cella* du bâtiment. Une église, qui reprit le plan circulaire de l'édifice, fut construite à la place de la *cella*.

Certains temples furent donc transformés en églises. À Damas, le principal sanctuaire de la ville, celui de Zeus Damascène, devint l'église Saint-Jean-Baptiste. Les grands sanctuaires ruraux furent christianisés, comme celui d'Afqa au Liban. À Hélioupolis, le grand sanctuaire de Zeus Héliopolitain subit le même traitement : une église fut construite dans la cour. Les temples libanais de Qalaat Fakra, de Hosn Niha, de Qasr el-Banat et de Chhim voisinaient eux aussi avec des basiliques, mais ceux de Ghiné, de Maqam er-Rab et de Yanouh furent transformés en églises, de même que celui de Bourkouch dans l'Hermon, en Syrie. Plusieurs temples ruraux du Liban semblent avoir été simplement abandonnés. Dans les villes, de nombreux temples furent conservés dans un souci de préservation des œuvres d'art qui faisaient partie du décor monumental des cités.

La lutte contre le paganisme au IVᵉ siècle ne se limita pas aux aspects publics de la religion. Théodose interdit aussi les cultes domestiques. Au cours du Vᵉ siècle, des lois interdirent certains emplois et certaines professions aux païens. Justinien alla plus loin en leur interdisant de rédiger des testaments, de recevoir des héritages ou de témoigner en justice. Enfin, en 529, il ordonna aux païens de recevoir le baptême.

La religion païenne traditionnelle s'était concentrée dans deux sphères. L'une, issue du néo-platonisme, était celle de la philosophie et du mysticisme ; l'autre, proche des pratiques populaires, touchait à la magie, à la divination et à l'astrologie. Ces deux courant communiquaient d'ailleurs largement entre eux. La volonté de connaître l'avenir, d'agir sur le destin, de se prémunir contre les maladies et les malheurs, considérée parfois comme superstition, était partagée par les hommes de l'Antiquité tardive, quelles que fussent leurs convictions religieuses. Les pratiques magiques, qui tournaient parfois à la sorcellerie, étaient le refuge du paganisme finissant. Le pouvoir s'en méfiait particulièrement, car les consultations et les rites secrets concernaient souvent le destin de l'empereur lui-même. De grands procès, comme celui de Scythopolis en 359, visaient spécialement ceux qui s'y adonnaient, mais on y retrouvait pêle-mêle des opposants, des païens actifs et tous ceux dont on voulait se débarrasser. On aurait tort de croire, pour autant, que le fanatisme était le seul fait des moines démolisseurs ou des empereurs chrétiens. La courte période pendant laquelle Julien l'Apostat fut au pouvoir se caractérisa par des émeutes anti-chrétiennes et des destructions de lieux de pèlerinage, de reliques et d'églises.

Il serait faux de croire que seule la contrainte présidait à la conversion. L'historien ne doit pas négliger les mécanismes de la conscience individuelle et le poids du contenu de l'enseignement chrétien dans les domaines de la morale et du salut. Le christianisme, diffusé par des personnalités exceptionnelles apparaît moins comme une doctrine que comme une aide efficace. Il apporte, par l'intermédiaire du culte des saints et de la prière, des solutions à la maladie, aux deuils, aux accidents de la vie, aux calamités naturelles et aux difficultés dans les relations sociales. Les sanctuaires, comme celui de saint Siméon le Stylite, un ascète syrien du VIe siècle, mais aussi les reliques, les images pieuses et, les rêves inspirés permettaient d'avoir prise sur la vie quotidienne. De nombreuses conversions furent le fruit d'une action spectaculaire. Alexandre l'Acémète, de passage à Chalcis (Qinnesrin), s'installa dans un temple abandonné et répondit au défi d'un notable païen en obtenant une intervention divine, sous la forme d'un coup de tonnerre qui embrasa le bâtiment. Les habitants de la ville se rallièrent alors à lui.

Les récits hagiographiques donnent l'impression d'une unanimité religieuse des villages. Théodoret de Cyr, quand il luttait contre l'hérésie marcionite dans la campagne autour de Cyrrhus, convertit 200 villages. L'un des moines dont Théodoret raconta la vie christianisa d'un seul coup un village païen du Liban.

Les villes, en revanche, abritaient des groupes religieux dissemblables ; longtemps elles furent le refuge des dissidents, et ce n'est pas un hasard si les juifs s'y rencontraient davantage que dans les campagnes. Les villes rivalisaient entre elles et souvent deux villes proches avaient des choix opposés, du moins en ce qui concerne la majorité de la population. Antioche, par exemple, était très largement chrétienne au IVe siècle, alors que ses voisines et ennemies, Apamée, qui abritait l'école philosophique néoplatonicienne, bastion du paganisme intellectuel, mais aussi Bérée (Alep) et Laodicée, restaient païennes.

Deux des facteurs principaux de l'influence du christianisme tenaient à la spécificité de sa morale. Même des païens comme Julien l'Apostat étaient impressionnés par l'efficacité de l'organisation charitable de l'Église. Les institutions d'aide aux pauvres, aux malades, aux voyageurs, aux veuves, aux vieillards et aux orphelins se mirent en place dès les débuts du christianisme et connurent un essor important dès le IVe siècle. Citons à Jérusalem les hospices qui accompagnèrent les fondations les plus prestigieuses de monastères ou d'églises, depuis celles de Mélanie l'Ancienne jusqu'à la reconstruction de la Néa de Justinien, avec ses deux hospices de 200 lits.

Ces institutions de charité soudaient la communauté chrétienne autour de l'évêque et assuraient à ce dernier un rôle éminent dans la cité. La morale sexuelle des chrétiens était un autre de leurs traits distinctifs aux yeux des païens. L'existence de groupes de vierges et de veuves qui refusaient un second mariage suscitait l'étonnement et l'admiration.

Mosaïque du chœur de l'église de Ghiné

Le décor des mosaïques de pavement des églises byzantines du Levant mêle motifs végétaux et géométriques, animaux et personnages.

Ill. ci-contre, en bas et page ci-contre en bas

Mosaïques, Zippori

Ces mosaïques datent de l'époque protobyzantine. Leur décor mythologique représente des Amazones, ce peuple de femmes guerrières qui combattirent aux côtés des Troyens pendant la guerre de Troie, mais aussi des motifs nilotiques égyptisants.

Les juifs et les samaritains

Nous avons vu la répartition géographique des juifs du Proche-Orient, avec des communautés largement dispersées dans les villes, une présence particulière dans les ports et de fortes concentrations urbaines et rurales en Palestine Seconde. C'est là, à Tibériade, que résidait le patriarche juif, reconnu par les empereurs chrétiens comme par leurs prédécesseurs du Haut-Empire et titulaire, à plusieurs reprises, d'un rang officiel dans l'administration. Le patriarcat était héréditaire dans la famille des Hillel, mais l'institution disparut à la mort du dernier représentant de la lignée, Gamaliel VI, en 429. Avant cette date, le patriarche, à la tête du Sanhédrin, nommait les responsables des synagogues, fixait le calendrier rituel et était le juge suprême de ses coreligionnaires. Les communautés juives de l'empire lui versaient un impôt dit de l'or coronaire, l'*aurum coronarium*, en plein accord avec l'État.

De nombreuses lois limitèrent progressivement les droits des juifs, leur interdisant d'épouser des non-juifs et de posséder des esclaves non-juifs, leur fermant aussi l'accès à la plupart des emplois publics et des professions judiciaires. Bien qu'interdites par des lois réitérées, les destructions de synagogues étaient mollement réprimées. L'incendie de la synagogue de Callinicum (Raqqa) provoqua un violent affrontement entre l'évêque de Milan, Ambroise, et l'empereur Théodose qui voulait faire reconstruire le bâtiment par l'évêque de Callinicum, tenu pour responsable. L'empereur dut céder. De tous les empereurs, Julien l'Apostat, dans sa volonté de lutter contre les chrétiens, fut le seul à esquisser une politique favorable aux juifs. Le moment le pire pour les juifs semble se situer au début du VIIe siècle, quand l'empereur Héraclius leur imposa le baptême forcé, ce qui n'eut d'autre effet, à la veille de la conquête islamique, que de transformer les juifs en ennemis de l'empire.

Une révolte juive eut lieu en 352 contre le César Gallus (351–354), qui dirigeait l'est de l'empire. Sepphoris-Diocésarée (Zippori), non loin de Nazareth, fut occupée par les insurgés qui massacrèrent la garnison. Chrétiens et samaritains furent les victimes des rebelles, qui se choisirent un roi, Patricius. Les troupes du César Gallus reprirent la ville par la force et se déchaînèrent contre les révoltés.

Les samaritains, qui entretenaient de mauvaises relations avec les juifs, étaient en général traités par le pouvoir de la même manière que ces derniers. Aux ve et vi[e] siècles, ils furent victimes des mêmes persécutions et et des mêmes exclusions que les juifs. Deux révoltes furent causées par des atteintes portées à leurs lieux saints. La première fut occasionnée par la tentative de la part des chrétiens d'enlever d'un de leurs sanctuaires les restes d'Éléazar, Ithamar et Phinéès ; elle se prolongea à la suite de la destruction du sanctuaire samaritain du mont Garizim et de la construction, à sa place, d'une église dédiée à la Vierge. La seconde, en 529–530, sous Justinien, fut beaucoup plus longue et violente. Massacres et répressions accompagnèrent ces révoltes, principalement la seconde. Dans les deux cas, les samaritains, qui refusaient d'accorder une légitimité à l'empire, s'étaient choisi un roi.

Vestiges, Zippori

Une vaste communauté juive vivait à Sepphoris-Diocésarée (Zippori). Ces fouilles datent des années 1990.

Bible syrienne
VIe siècle apr. J.-C.
h 33 cm, l 25 cm
Bibliothèque nationale, Paris

Cette Bible rédigée en syriaque témoigne de la diffusion de la langue syriaque et de la culture syrienne en Syrie du Nord et de l'Est. La plupart des ouvrages en syriaque abordent des thèmes religieux liés, entre autres, aux doctrines des nestoriens et des monophysites. D'un point de vue stylistique, la peinture offre une parenté évidente avec les enluminures byzantines de la même époque ; on y voit un empereur sous les traits d'un pharaon et Moïse.

Les divisions du christianisme

Les oppositions doctrinales au sein du christianisme sont apparues dès ses origines. À partir du IVe siècle, l'intervention de l'empereur dans la vie de l'Église changea totalement l'enjeu des débats. Constantin décida, de lui-même, de réunir un concile universel à Nicée pour réaliser l'unité menacée par la question arienne – sur l'essence du Christ. Dans les querelles doctrinales surgissaient toujours des problèmes d'autorité ecclésiastique. Ainsi la question « en quoi dois-je croire ? » signifiait aussi « qui dois-je croire ? » et « à quel évêque dois-je obéir ? ». Les fidèles et le clergé faisaient des choix, l'autorité civile en faisait aussi, qu'elle s'efforçait de faire appliquer, soit par la force – en sévissant contre les hérétiques ou en expulsant et emprisonnant des évêques et des moines – soit par la diplomatie, en tentant de trouver des compromis entre les partis en lutte.

La principale querelle théologique du IVe siècle concernait la question de la divinité du Christ. Pour le prêtre égyptien Arius, disciple de Lucien d'Antioche, le Christ n'était pas égal en substance à Dieu, mais sa créature. Le concile réuni à Nicée condamna Arius et adopta une profession de foi qui déclarait le Christ consubstantiel (*homousios*) à Dieu le Père. Les partisans d'Arius, les « ariens », s'opposèrent aux nicéens ou catholiques, mais se divisèrent à la suite de plusieurs conciles régionaux en de nombreux partis, qui nuançaient ou amplifiaient la différence entre le Père et le Fils. Le siège épiscopal d'Antioche connut une crise profonde entre 330 et 418, du fait des oppositions entre les représentants des divers partis et sous-partis nicéens et ariens. En 374, quatre évêques rivaux se disputèrent le titre, et ce n'est qu'en 418 que le nicéen Alexandre réussit à s'imposer comme l'unique évêque d'Antioche.

Trois théologiens originaires d'Antioche, Diodore, évêque de Tarse, Théodore, évêque de Mopsueste et Théodoret, évêque de Cyr (Cyrrhus), furent à l'origine de ce que l'on nomme l'« École d'Antioche », qui devait influencer la doctrine de Nestorius, moine syrien devenu évêque de Constantinople en 428. Avec les théologiens d'Antioche, il prônait la doctrine du dyophysisme, c'est-à-dire de la double nature du Christ. Le débat ne concernait plus le rapport entre le Père et le Fils, mais cet autre rapport, dans la personne du Christ, entre son humanité et sa divinité. L'« École d'Antioche » avait exprimé, en réaction à l'arianisme, une théologie qui séparait nettement ce qui dans le Christ était d'ordre humain et ce qui relevait de sa nature divine. Contre Nestorius se dressa Cyrille, patriarche d'Alexandrie, qui ne distinguait dans le Christ qu'une seule nature après l'incarnation, doctrine qui devint le monophysisme (*monos physis*, une seule nature). Bientôt, au milieu du Ve siècle, le pape romain Léon affirma une seule personne divine dans le Christ, mais deux natures, divine et humaine. Cette solution intermédiaire fut à l'origine du troisième parti, qu'on nomma bientôt chalcédonien, d'après le concile du même nom. La question fut d'abord celle de l'humanité du Christ, quasiment niée par les monophysites, et soulignée avec force par les nestoriens. De cela découlèrent des conceptions différentes de la Vierge, « Mère de Dieu » pour les monophysites et pour le pape Léon, « Mère du Christ », c'est-à-dire de la nature humaine de Jésus, pour les nestoriens. Ces formulations opposées recouvraient des sensibilités différentes. Le Christ des nestoriens était, dans son humanité souffrante, proche du fidèle. Pour les monophysites, c'est sa divinité toute puissante qui s'imposait.

Les oppositions d'idées et de personnes cristallisaient des phénomènes d'identité et des rivalités régionales et culturelles. La crise arienne se développa sur fond de concurrence entre Alexandrie, Constantinople et Antioche dans un premier temps, avec, parmi les évêques syriens et palestiniens, bon nombre d'ariens, comme le célèbre Eusèbe de Césarée (260/265–339). La naissance de la crise nestorienne opposa la doctrine dite « l'École » théologique d'Antioche, représentée entre autres par l'évêque Théodoret de Cyr (Cyrrhus) aux Alexandrins et à l'Église d'Édesse en Osrhoène. Les monophysites étaient nombreux en Syrie du Nord au VIe siècle, mais la Palestine leur était globalement défavorable. Il est certain que le monophysisme, surtout en Syrie intérieure et dans la région de l'Euphrate, a réussi à s'appuyer sur l'identité culturelle régionale exprimée par une littérature en langue syriaque, dont le centre était Édesse. S'il s'agissait d'un nationalisme, son expression était plus diffuse, plus affaiblie que celui qu'on distingue dans une Égypte très unie derrière l'Église d'Alexandrie et très massivement monophysite.

Le personnage majeur de cette époque était l'évêque monophysite d'Antioche, Sévère. Il reçut le baptême dans le sanctuaire de saint Léonce vers 488 et se fit moine à Maïoumas de Gaza. Sévère, ordonné prêtre par un évêque exilé, fut nommé évêque d'Antioche en 512. Chassé par l'empereur Justin en 518, il partit en exil et mourut en Égypte. Sévère fut l'un des grands théologiens du monophysisme, mais également un organisateur remarquable, grâce à qui les monophysites purent renforcer leur influence en Syrie.

Les péripéties de la lutte religieuse furent nombreuses. Le concile d'Éphèse déposa Nestorius en 431. Cette condamnation scella le sort des nestoriens, lesquels furent progressivement marginalisés au Ve siècle. La fermeture de l'école d'Édesse par l'empereur Zénon, en 489, marqua la fin de l'influence des nestoriens en Syrie. Cependant, dans l'empire sassanide, ils formèrent la plus importante communauté chrétienne. L'activité de leurs missionnaires en Asie centrale, en Chine et dans la péninsule Arabique y répandit leur foi qui a survécu jusqu'à nos jours.

Le concile de Chalcédoine en 451 assura le succès des propositions du pape Léon qui considérait le Christ comme une seule personne divine mais possédant deux natures, l'une humaine, l'autre divine. Les partisans du concile, qui furent nommés par la suite les chalcédoniens, s'opposaient aussi bien aux nestoriens qu'aux monophysites. L'évêque de Jérusalem, Juvénal, profita du concile pour échanger son ralliement contre l'élévation de son siège. Il devint alors patriarche avec autorité sur les trois Palestines. Des émeutes, orchestrées par des moines monophysites, saluèrent son retour à Jérusalem et mirent la ville à feu et à sang. Il fallut l'intervention de l'armée pour que Juvénal pût revenir à Jérusalem. Cet événement mineur montre cependant l'importance nouvelle du rôle des moines, mais aussi des fidèles, dans les querelles religieuses, jusqu'alors confinées à des cercles plus étroits, celui du pouvoir impérial et du clergé. Les moines assuraient désormais le relais entre ces groupes dirigeants et le peuple.

Après Chalcédoine, la crise s'amplifia d'autant plus que deux empereurs, Zénon (476–491) et Anastase (491–518), favorisaient plutôt le monophysisme, tandis que leurs successeurs, et particulièrement Justinien (527–565), étaient chalcédoniens. À plusieurs reprises, mais en vain, des formules de compromis furent esquissées.

Au VIe siècle, les empereurs étaient favorables au concile de Chalcédoine, comme les patriarches de Constantinople et l'évêque de

Fragment de la constitution de l'empereur Anastase, Oumm al-Jimâl

La constitution de l'empereur Anastase définissait l'organisation administrative de l'Orient.

Basilique dite « de la Sainte-Croix », Résafé

La basilique principale, dite « de la Sainte-Croix », fut consolidée à l'époque médiévale par de puissants contreforts.

Rome, mais des régions entières, comme l'Arménie et l'Égypte, étaient massivement monophysites. Seule l'impératrice Théodora (527–548), épouse de Justinien, favorisa les adversaires de Chalcédoine. Elle soutint, après l'exil forcé de la plupart des partisans de Sévère, la reconstitution d'un épiscopat monophysite syrien mis en place par un évêque errant, Jacques « Baradée ». Désormais, une hiérarchie parallèle se constitua et beaucoup de cités eurent deux évêques, l'un dans les murs de la ville, appuyé par le pouvoir impérial, l'autre dans l'un des nombreux couvents monophysites du Proche-Orient. Ce mouvement se constitua à partir de deux centres, Bosra et Édesse, où Jacques Baradée fit du monophysisme une doctrine dont les partisans étaient nommés les jacobites. Les monophysites se partagèrent certes en groupes rivaux qui s'affrontèrent durement, mais leur Église resta puissante jusqu'à l'arrivée de l'islam. En Palestine, ils semblèrent se raréfier autour de Gaza, l'un de leurs anciens centres, et étaient absents ailleurs ; en Arabie, on les rencontrait surtout dans le nord de la province. Ils se faisaient rares dans les Phénicies et dans une partie de l'Apamène, mais ils étaient nombreux dans le Massif calcaire et en Euphratésie et dominaient les régions à l'est de l'Euphrate. C'est ainsi que le syriaque – la langue parlée et écrite de cette zone – devint leur moyen d'expression privilégié. N'oublions pas cependant que de nombreux monophysites du Proche-Orient parlaient le grec, à commencer par Sévère d'Antioche.

L'histoire des affrontements religieux au sein du christianisme proche-oriental est remplie d'émotion et de fureur, mais il ne s'agit jamais, même à la grande période des persécutions contre les monophysites, au VIe siècle, d'une violence sans bornes. Les morts brutales étaient rares et d'autres époques montrèrent que les répressions de l'hérésie pouvaient s'accompagner de bilans beaucoup plus sanglants. L'empire fut affaibli par les conséquences de ces désunions et de ces haines, mais le christianisme plus encore, à la veille de sa rencontre avec l'islam.

Un moine monophysite d'Édesse décrivit longuement, au début du Ve siècle, dans un ouvrage qu'on nomme *La chronique de Josué le*

Stylite, les malheurs de l'Orient byzantin sous Anastase : famines, séismes, invasions. Puis il essaya de disculper l'empereur monophysite : ce n'est pas lui que Dieu avait voulu punir, mais les chrétiens d'Édesse qui avaient fêté joyeusement un carnaval hérité du paganisme.

La participation de plus en plus massive des hommes de l'Antiquité tardive aux affrontements religieux n'avait rien d'académique. L'essentiel à leurs yeux, c'est-à-dire leur salut, en dépendait. Il ne s'agissait pas seulement du salut éternel *post mortem*, mais de la survie ici bas, *hic et nunc*. La religion païenne, mais aussi une bonne partie de l'Ancien Testament, lisent dans les événements, qu'ils affectent l'individu, le groupe ou l'État, des signes envoyés par Dieu pour avertir, punir ou récompenser. Maladie, stérilité, décès, défaite militaire, séisme, épidémie, mauvaise récolte ou inversement santé, fécondité, longue vie, victoire, prospérité, servaient les desseins de Dieu et exprimaient sa colère ou sa satisfaction. L'hérésie était perçue comme particulièrement dangereuse puisqu'elle brouillait l'ordre divin.

La puissance des évêques

Les évêques étaient les grands héros des querelles religieuses à l'intérieur du christianisme. À la tête d'un clergé nombreux dans la *polis* et dans la *chôra*, ils étaient chargés, dans le cadre de la cité, de diriger, d'instruire et de baptiser le peuple chrétien. Ils contrôlaient des budgets importants et jouaient de plus en plus le rôle de représentants des cités face au pouvoir central. On comprend que les sièges épiscopaux aient été si âprement disputés.

Les évêques, au moment de leur nomination, n'étaient pas forcément des prêtres et n'appartenaient pas toujours à la cité qu'ils étaient appelés à diriger. Jean Chrysostome, le grand prédicateur antiochien, fut ainsi nommé patriarche de Constantinople (398–404). Il n'était pas permis aux évêques de se marier ; toutefois, au même titre que les prêtres et les diacres, ils pouvaient être mariés au moment de leur ordination. Des enfants d'évêques sont mentionnés à de nombreuses reprises. On distingue parfois un discret népotisme qui conduit à recruter plusieurs évêques dans la même famille. La plupart des évêques appartenaient au milieu des *curiales* et au monde des lettrés. Ils avaient fait des études de rhétorique et, parfois, de droit. Théodoret, l'évêque de Cyrrhus, dont on a conservé des lettres, une *Histoire ecclésiastique* et de nombreux ouvrages d'exégèse, représente bien ce milieu lettré. Les évêques prenaient très au sérieux leur rôle de prédicateur et leurs fonctions d'enseignant. Sévère d'Antioche fut l'auteur d'un grand nombre de lettres, de sermons et d'hymnes. Saint Jérôme, Père de l'Église, écrivit à propos de Titus de Bosra qu'il était de ceux « qui garnissent si richement leurs ouvrages des opinions et des doctrines des philosophes, que l'on ignore ce qu'il faut admirer principalement en eux, la science séculière ou celle des Écritures ».

Le clergé était abondant. L'exemple le plus frappant est l'impressionnante liste de membres du clergé que fournissent les mosaïques inscrites de l'église d'Evron dans la *chôra* de Ptolémaïs. Le pouvoir s'efforçait de limiter le nombre des clercs, qui bénéficiaient de certaines immunités fiscales, et d'éviter que l'Église accueillît dans ses rangs des *curiales* – qui auraient ainsi été délivrés de leurs charges – à moins qu'ils ne trouvassent des remplaçants. Il n'était pas rare de rencontrer des diacres qui exerçaient une profession. Le budget de l'évêque comprenait des dons de l'État, fréquents et destinés le plus souvent à un usage précis – construction d'églises ou aide exceptionnelle à distribuer aux pauvres à l'occasion des catastrophes – des dons de particuliers, une partie des revenus des paroisses de la *chôra* et la totalité de ceux des propriétés de l'Église, lesquelles étaient partiellement défiscalisées. Les salaires des évêques correspondaient à peu près, dans chaque cité, à ceux du gouverneur de la province et le clergé lui aussi était salarié. Des sommes importantes étaient donc gérées par l'évêque qui mettait en place une véritable administration. Le palais épiscopal abritait une bureaucratie considérable, particulièrement dans les métropoles. À Résafé, on a retrouvé, contre le chevet de la basilique de la Sainte-Croix (la « basilique A »), le palais de l'évêque avec sa chapelle et, entre autres, une salle pour les archives et les secrétaires, appelée *scriptorium*.

Le tribunal épiscopal jugeait les procès qui concernaient le clergé, mais aussi les laïcs. L'extension des pouvoirs de l'évêque en faisait le représentant de sa cité, à une époque où la plupart des *curiales* étaient appauvris. Théodoret de Cyr écrivit aux autorités pour demander que les impôts de sa cité fussent allégés. Il finança sur les fonds de son Église des portiques, deux ponts et un aqueduc ; par ailleurs, il payait l'entretien des bains publics. Sous Justinien, il semble bien que les évêques étaient devenus un rouage de l'administration remplaçant les curies défaillantes, contrôlant les ordres des fonctionnaires impériaux et s'occupant du ravitaillement ainsi que des constructions. À Bosra, le métropolite Jean obtint des subsides de la part de Justinien pour refaire un aqueduc et construire le rempart, en dehors de toute intervention du gouverneur de la province d'Arabie.

Lampe, Syrie du Nord
2nde moitié du VIe siècle apr. J.-C.
Argent, en partie doré ; h 14,5 cm
Abegg-Stiftung, Riggisberg

Cette lampe ornée de feuilles dorées en relief date du règne de Tibère Constance (578–582) ; d'origine syrienne, elle faisait sans doute partie du trésor d'une église. L'inscription sur le bord mentionne un certain « *Mégalos, ancien consul et patrice de notre très pieux souverain* ». On remarque des traces de l'ornementation antique dans les renflements de la base ainsi que dans l'alternance entre pampres et palmes.

Moines et ascètes ou l'intégration d'une contre-société

Le monachisme naquit vers la fin du IIIe et le début du IVe siècle en Égypte, où des hommes, soucieux de parvenir à la sainteté à une époque où le martyre disparaissait, et désireux de vivre pleinement l'idéal chrétien, décidèrent de rompre avec la société. Ils s'installèrent à la limite des villages où ils se mirent à pratiquer un ascétisme austère, dans le jeûne, la prière, la continence et les privations. Puis ils quittèrent la zone des terres cultivées, à l'instar d'Antoine (vers 251–356), et s'installèrent dans les montagnes désertiques qui bordent la vallée du Nil. On les nomme anachorètes (ceux qui ont quitté la *chôra* des villages) ou moines (de *monos*, solitaire et également uni). Les solitaires avaient tendance à se réunir autour d'un maître, et bientôt s'organisèrent des groupements d'ermites (d'*érèmos*, désert) vivant dans des cellules dispersées, ou de cénobites (de *cenobium*, vie en commun) menant une existence communautaire. À la tête de ces groupements se trouvait un *higoumène* ou supérieur. Le terme d'*abba*, abbé, désigne un moine respecté et âgé, un « père », sans qu'il s'agisse véritablement d'un supérieur. En Égypte, Pacôme fut le premier à organiser la vie monastique, en s'inspirant de la communauté d'anachorètes d'Antoine.

Le monachisme gagna la Palestine vers 330 grâce à Hilarion, un ancien disciple d'Antoine originaire de la région de Gaza, qui installa près de Maïoumas son premier ermitage. De là, il rayonna dans les environs. Cette première vague égyptienne fut suivie d'un deuxième mouvement, dans le courant du IVe siècle, surtout autour des Lieux saints de Jérusalem et Bethléem. Ce sont surtout des Occidentaux, dont des aristocrates romains, Mélanie l'Ancienne, Paule et Pinien, qui créèrent, dans les villes, des monastères liés aux pèlerinages. La troisième vague, à partir du Ve siècle, couvrit le désert de Judée, au sud-est de Jérusalem et aux alentours de la mer Morte, d'un réseau très dense de fondations monastiques. On peut citer, entre autres, les laures et les ermitages de saint Euthyme, saint Sabas et leurs disciples.

En Syrie du Nord, le mouvement monastique semble avoir eu ses origines propres. Il se détacha progressivement d'un ascétisme ancien pratiqué en ville et particulièrement représenté, à l'est de l'Euphrate, par des mouvements sectaires. L'un des fondateurs du monachisme syrien fut Julien Sabas, moine osrhoènien qui pratiquait l'errance et la prière continuelle. Dès le IVe siècle, les monastères de la région de Chalcis étaient assez renommés pour attirer Jérôme, futur Père de l'Église, qui était venu d'Occident, ou Alexandre, futur Acémète, fondateur et abbé d'une communauté monastique, qui quitta son emploi de fonctionnaire à Constantinople. Le monachisme syrien se distinguait par l'extrémisme de ses pratiques ascétiques. Des moines reclus se faisaient emmurer dans de petites maisons et ne communiquaient avec l'extérieur que par une étroite ouverture. Certains battaient des records de jeûne ou de veille, d'autres se faisaient enchaîner. Alexandre s'installa au fond d'une jarre près de l'Euphrate et Siméon, dans une citerne.

Saint Siméon le Stylite est né en Cilicie dans une famille de paysans. Très tôt, après un séjour de deux ans chez les ascètes, il entra au monastère de Téléda en Antiochène. Il s'attira la jalousie des autres moines, en s'enterrant pendant deux ans jusqu'à la poitrine dans le jardin, en portant un carcan pour dormir, en ne dormant pas, debout sur une bûche, ou encore en se ceignant d'une corde qui le déchirait. Chassé du monastère, il arriva au village de

Plaque de meuble liturgique avec inscription en grec, trésor de Maarat-en Nomân
Ve – VIe siècle
Argent et dorures ; h 29,6 cm, l 25,5 cm
Musée du Louvre, Paris

Cette plaque met en scène saint Siméon le Stylite recevant la visite d'un serpent qui le prie de bien vouloir soigner sa femelle. Cette anecdote célèbre rappelle que le saint refusait de porter le moindre regard sur les femmes.

Télanissos (Qalaat Sémaan). Il y vécut en reclus sur la montagne pendant dix ans, installé sur un rocher et enchaîné par un pied. Puis il se fit construire une colonne de six coudées de haut et s'installa à son sommet. Siméon passa son existence entre ciel et terre, exposé aux chaleurs et aux intempéries, sur une plate-forme trop étroite pour qu'il pût s'y étendre. De 422 à 459, Siméon vécut sur trois ou quatre colonnes successives, toujours plus hautes, dont la dernière s'élevait à 18 ou 20 mètres de hauteur. Siméon est l'exemple même de ce que l'historien Peter Brown a nommé le « *holy man* » (le saint) de l'Antiquité tardive, un homme qui, par les privations et les prières, démontrait sa force acquise avec l'aide de Dieu et qui, cette démonstration faite, exerçait un pouvoir de patronage sur les villages. Ce rôle de prédicateur, de juge et de guérisseur se prolongeait par des interventions dans la vie de l'Église, « tantôt luttant contre l'impiété des païens, tantôt faisant vaciller l'audace des juifs, d'autres fois dispersant les bandes des hérétiques », par des « recommandations » aux évêques et aux fonctionnaires et par des lettres aux empereurs. La mort de Siméon fut l'occasion d'immenses attroupements autour de sa dépouille, qui conservait une puissance miraculeuse et nourrissait une rivalité entre les moines de son couvent de Télanissos, les villages environnants et les autorités les plus hautes d'Antioche, le patriarche et le maître des milices. Il fallut envoyer une troupe pour escorter la relique jusqu'à Antioche. Mais le pèlerinage put survivre autour de l'autre relique, la colonne de Télanissos (Qalaat Sémaan). Saint Siméon le Stylite est l'inventeur du stylitisme – la vie sur une colonne –, qui se poursuivit avec succès après sa mort et se répandit en direction de Constantinople d'une part, de l'Euphrate d'autre part. Ce type de monachisme individualiste, démonstratif et extrémiste ne fleurit véritablement que dans le nord de la Syrie. De nombreuses colonnes y ont été trouvées, composées de trois tambours superposés, en mémoire de celle de Siméon et à l'image de la Trinité. D'immenses couvents s'installèrent autour de la colonne de Siméon, qui devint un lieu de pèlerinage. Le plus célèbre successeur de saint Siméon le Stylite est Siméon le Jeune, dont la colonne était plantée sur le mont Admirable, sur le territoire d'Antioche.

Sanctuaire de saint Siméon le Stylite, Qalaat Sémaan

Le grand sanctuaire de saint Siméon le Stylite fut construit au Ve siècle. L'octogone central est ici vu du nord, avec les vestiges de la colonne de Siméon et de l'entrée sud.

Façade principale du sanctuaire de saint Siméon le Stylite (coupe en élévation)

Le sanctuaire de saint Siméon s'étend sur un terrasse d'environ 100 m (O-E) sur 400 m (S-N), à laquelle aboutit, au sud-ouest, le chemin des pèlerins qui monte de la vallée. Le baptistère, d'où l'on voit la façade du sanctuaire au sud de la terrasse, se trouve à l'angle sud-est de la terrasse.

Monastère sud-ouest, Deir Sémaan

L'un des trois monastères du village antique de Télanissos, celui qui se trouve au sud-ouest.

Les saints chrétiens

Le type palestinien du *holy man* paraît plus discret, plus lié à une communauté monastique, moins différencié des moines qui l'entouraient. Son activité était plus volontiers orientée vers le développement de l'institution monastique. Malgré cela, les points communs entre Euthyme et Sabas d'une part, et les *holy men* syriens d'autre part, l'emportaient. Deux saints moines, Barsanuphe et Jean, dits « le grand vieillard » et « l'autre vieillard », restèrent enfermés dans leurs cellules du monastère de Séridos près de Gaza, au VIe siècle. Ils ne communiquaient l'un avec l'autre et avec l'extérieur que par un intermédiaire et par lettres.

Les vestiges de monastères sont particulièrement nombreux dans les campagnes du Proche-Orient. Deir Déhès en Antiochène illustre le type du monastère rural, situé à l'écart du village et vivant comme lui des travaux agricoles. Il se compose d'une église de 20 m x 7 m de plan basilical et de deux cours entourées de bâtiments servant au logement ou aux travaux agricoles, dont une tour et une huilerie. L'église, les cours et les bâtiments formaient un ensemble clos. Le tombeau collectif des moines avait été creusé sous l'église. Les monastères de ce type étaient très répandus au VIe siècle.

Le monastère de Martyrios, l'un des disciples d'Euthyme, a été retrouvé à l'est de Jérusalem. Il appartient à un autre type que Deir Déhès, avec une population monastique plus dense et une activité d'accueil des pèlerins. Il était entouré d'un grand mur d'enceinte de plan à peu près carré d'environ 60 mètres de côté. Cependant, l'hôtellerie du monastère était située à l'extérieur de l'enceinte. On a l'impression que le monastère, qui comporte plusieurs cours et un grand nombre de bâtiments, avait été partagé en deux ensembles, l'un pour les pèlerinages, au nord, avec un bain et un très grand réfectoire pavé de mosaïques, et l'autre pour les moines, au sud, avec, en particulier, le tombeau collectif.

Les textes et les fouilles nous apprennent l'existence de monastères en ville, par exemple à Scythopolis (Beth Shéan), Pella et Gerasa. Néanmoins, les moines hésitaient à vivre dans les villes.

Mosaïque animalière du baptistère, mont Nébo

Mosaïque animalière du baptistère ancien (VIe siècle) du sanctuaire de pèlerinage du cénotaphe de Moïse. Des donateurs exotiques conduisent une autruche, un zèbre et une girafe (chameau-léopard). Les pèlerins étaient accueillis dans un couvent construit autour du cénotaphe. On y procédait à des baptêmes, comme dans d'autres lieux de pèlerinage.

Au IVᵉ siècle, les ermites d'Antioche peuplaient des grottes et des huttes sur les pentes du Silpius, à l'extérieur des murs. Jérusalem attirait plus rapidement que d'autres sites les moines et les moniales, en particulier du fait de la présence des Lieux saints. On trouvait des monastères de femmes uniquement en ville, tant il semblait impossible, dans l'Antiquité tardive, de les laisser s'installer à l'écart de la surveillance des hommes.

La présence des moines dans les villes témoigne de leur intégration progressive dans la société de l'Antiquité tardive. Les évêques obtinrent le contrôle des monastères. De nombreux évêques furent recrutés parmi les moines, dès la fin du IVᵉ siècle. La vie agricole menée dans la plupart des monastères ruraux, la constitution de paroisses dont les moines étaient les prêtres, et même les conversions spectaculaires opérées par des moines firent de ceux-ci un relais de l'Église dans les campagnes, mais, par ailleurs, ils étaient l'expression du christianisme populaire.

Les moines, au cours des querelles religieuses, se firent les porte-parole de la population qui les entourait, chalcédonienne en Palestine, jacobite en Syrie orientale.

Monastère de Mar Saba

Le monastère fondé par saint Sabas au Vᵉ siècle dans le désert de Judée, d'un accès difficile, se tapit au fond d'une vallée entre Jérusalem et la mer Morte. Le grand théologien Jean de Damas (680–750) y vécut. Il n'est plus habité que par une dizaine de moines.

Fiole de pèlerin, Jérusalem

VIe – VIIe siècle apr. J.-C.
Étain/plomb
Dumbarton Oaks, Washington

Cette fiole est ornée de l'adoration de la Croix du Christ et des saintes femmes au Tombeau.

Ill. ci-dessus

Église de la Nativité, Behtléem

La basilique édifiée par Constantin fut refaite sous Justinien.

Pèlerinages et reliques

À partir de Constantin, une nouvelle forme de religiosité, liée au contenu de la foi, se développa chez les chrétiens. L'Incarnation, par son caractère historique, le passage du Christ en Palestine, a laissé des témoignages visibles dont les fidèles peuvent être les témoins. Voir le tombeau du Christ, la grotte de la Nativité, le lieu du baptême par Jean-Baptiste, permet au pèlerin de constater, mais aussi de commémorer et de prier. Cette démarche est étendue aux sites de l'Ancien Testament, aux tombeaux des martyrs et, plus tard, aux sites monastiques, puisque les moines sont les successeurs des martyrs.

L'*Onosmaticon* inventorie les noms de lieux bibliques et en fournit les localisations précises. Cet ouvrage d'Eusèbe, évêque de Césarée, fut rédigé au début du IVe siècle et traduit du grec en latin par Jérôme, l'un des Pères de l'Église.

La conséquence de cette sanctification de sites et, par la suite, d'objets est leur multiplication à partir du IVe siècle, dans un mouvement inflationniste et volontariste. Constantin, l'Église de Jérusalem en particulier et les églises d'Orient en général, ont pris le parti de constituer une « géographie sacrée » qui servît leur cause. On peut en souligner des aspects cocasses : on montrait la pierre sur laquelle avaient été posés les pains et les poissons de la Multiplication, le sycomore sur lequel était monté Zachée, le fumier de Job en Arabie. Du sein même des fidèles, des critiques s'élevèrent contre un type de culte trop éloigné de l'adoration « en esprit et en vérité » de l'Évangile de Jean.

Les reliques faisaient l'objet d'une dévotion qui allait croissante et dont le prototype fut la découverte de la Vraie Croix par sainte Hélène, la mère de Constantin. Au fil du temps, la Croix fut partagée et ses reliques allèrent sanctifier d'autres lieux, la grande basilique de Résafé ou la cathédrale d'Apamée. L'invention d'une relique, au sens de sa découverte, était le résultat d'une intervention divine qui servait à démontrer de manière éclatante la justesse d'une cause. La découverte du chef de Jean-Baptiste à Émèse fournit un soutien aux prétentions de cette cité et lui permit, contre Damas, métropole de Phénicie Libanaise, de devenir la seconde métropole de la province. Le culte de saint Serge et celui de la Sainte Croix eurent le même rôle pour Résafé-Sergioupolis face à Hiérapolis, métropole de l'Euphratésie. L'esprit agonistique des cités antiques s'exprimait aussi dans cette concurrence, où la sainteté des sanctuaires et le renom des miracles qui y avaient lieu remplaçaient les arguments des époques antérieures. Auparavant, les cités soulignaient leur fondation ancienne, l'antiquité de leur hellénisme, leurs mythes, la gloire de leurs concours et de leurs temples ; désormais elles y ajoutaient leurs traditions bibliques, leurs martyrs, l'efficacité des pèlerinages qui s'y attachaient et la beauté des bâtiments religieux.

La dissémination des reliques se fit par leur partition. On en plaçait des fragments sous des autels ; ainsi de minuscules bouts d'os déposés dans une petite boîte en argent reposent, à l'intérieur d'un coffret en pierre, dans une église d'Esbous en Arabie (aujourd'hui Hesbân en Jordanie). En Syrie du Nord, de grands reliquaires en pierre en forme de sarcophages étaient percés en leur sommet d'un trou-entonnoir. On y versait de l'huile qui passait sur les ossements et qu'on recueillait par une autre ouverture. Cela permettait de fabriquer des reliques secondaires à l'usage des pèlerins, telles les eulogies de saint Siméon, petites ampoules de céramique, tels les tissus entrés en contact avec des reliques et telles la terre de Palestine, l'eau du Jourdain ou l'huile des lampes qui brûlaient dans les sanctuaires. Malgré les critiques, rien ne semblait arrêter cette quête forcenée, ce que montre le vol du corps de Jacques Baradée dans le couvent de Casion en Palestine par des envoyés de l'évêque de Tella. Les reliques étaient dispersés la plupart du temps d'un sanctuaire principal vers des sanctuaires secondaires, et de l'Orient vers l'Occident. Cependant, à la fin du IVe siècle, un envoyé de l'évêque de Gerasa se rendit à Rome et obtint du pape Grégoire le Grand des reliques de saint Pierre et saint Paul.

Les pèlerinages, le culte des reliques, le début de la dévotion pour les icônes étaient autant de traits d'une religiosité où le saint, intercesseur entre Dieu et les hommes, apportait sa protection, son patronage, en présentant la requête du fidèle. Ce dernier en attendait un secours efficace dans sa vie quotidienne. En échange, il témoignait de sa reconnaissance par des dons et des ex-voto qui ornaient les églises et qui favorisaient aussi son salut éternel. Une économie du don se mit ainsi en place, dont témoignèrent des offrandes prestigieuses, mais aussi de plus modestes ex-voto.

Relief de saint Siméon le Stylite, région de Hama
V^e – VIe siècle apr. J.-C.
Basalte foncé ; h 78 cm, l 66 cm
Musée national de Damas

Ce relief est l'une des nombreuses représentations de saint Siméon le Stylite (vers 390-460) debout sur sa colonne.

Eulogies, Qalaat Sémaan
V^e – VIe siècle apr. J.-C.
Argile ; d 3 à 2,9 cm, p 1 cm
Musée national de Damas

Ces petits médaillons, à vocation protectrice, étaient aussi des reliques. On y voit saint Siméon le Stylite sur sa colonne. Les pèlerins ramenaient chez eux ce genre de souvenirs pieux.

Ill. ci-dessous

Reliquaire d'origine non établie
V^e – VIe siècle apr. J.-C.
Pierre ; caisse : h 33 cm, l. 52 cm, p 26 cm
couvercle : h 16 cm, l 49 cm, p 26 cm
Musée d'Alep

L'orifice du couvercle permettait de verser de l'huile sur les restes du saint. L'huile, qui était ensuite recueillie par l'orifice inférieur et placée dans une fiole destinée au pèlerin, était censée détenir le même pouvoir que la relique.

La persistance d'une vie urbaine brillante

Les villes du Proche-Orient ne connurent pas, à l'époque protobyzantine, l'abandon qui toucha certaines des villes d'Occident entre le IVe siècle et le Ve siècle. Les riches ne renoncèrent jamais à résider dans leurs demeures urbaines et ne se réfugièrent pas dans de grandes villas aménagées sur leurs domaines.

La ville protobyzantine garda les caractères qu'elle avait hérités de la ville romaine. La principale révolution était surtout symbolique. Alors que les villes hellénistiques et romaines rejetaient, par souci de pureté, les tombes à l'extérieur de leurs murs, les chrétiens, qui considéraient que les corps des martyrs étaient une protection, n'hésitaient pas à les conserver dans des édifices bâtis au centre des agglomérations. Des tombeaux privilégiés se groupaient alors autour de la tombe des martyrs ou dans certains sanctuaires, comme à Jérusalem. Les sépultures des évêques, comme à Résafé, pouvaient bénéficier de ce voisinage prestigieux, mais des donateurs étaient également enterrés dans les sanctuaires. L'habitude, pour de simples raisons d'espace disponible, était plutôt de continuer à utiliser les nécropoles traditionnelles hors-les-murs, comme à Tyr. Le plus célèbre cimetière d'Antioche était établi à l'extérieur de la « porte de Daphné ».

Parmi les bâtiments les plus représentatifs de la civilisation antique figuraient les édifices de spectacles, théâtres, amphithéâtres et hippodromes. Pendant l'Antiquité tardive, de grands changements les affectèrent. Les théâtres furent victimes de la condamnation générale des acteurs et des thèmes de leurs spectacles par l'Église. Les saynètes à sujets mythologiques tenaient plus du « music-hall » et du « strip-tease » que de la dramaturgie classique. Mimes et pantomimes étaient considérés comme autant de débauchés et de prostitué(e) s. L'hagiographie se plaisait à traiter de la conversion des acteurs par un saint homme. Siméon le Fou, par exemple, dessécha la main droite d'un jongleur indécent au cours d'un spectacle au théâtre d'Émèse. Puis il le guérit au cours d'un rêve, après l'avoir fait jurer de ne plus « s'engager en un tel jeu ». Les curies et les donateurs ne pouvaient plus entretenir les bâtiments parce que les mécanismes du don se transformaient. Jadis, le système de bienfaisance poussait les plus riches à offrir à leurs concitoyens des bâtiments publics, des spectacles, des distributions gratuites et des banquets, en échange de la gloire et de la reconnaissance officielle. Mais les dons se tournèrent vers les pauvres et vers les bâtiments chrétiens. À Gerasa (Djerash), les théâtres furent abandonnés au Ve ou VIe siècle ; l'hippodrome fut transformé à une date imprécise en une sorte d'amphithéâtre, lui-même de brève durée. Certains

Bains et bâtiment à portiques dit « café », Serdjilla

Par ses bains, Serdjilla se distinguait des autres villages des alentours et prenait presque rang de cité. Les bains furent offerts à la commune en 473 par une riche propriétaire terrien du nom de Julianos. Une citerne d'environ 10 m x 30 m s'élève entre les deux bâtiments.

de ces aménagements devinrent l'annexe d'une église, d'autres des ateliers d'artisans, et même un charnier. Les combats de gladiateurs ayant été interdits par Constantin, les chasses données dans certaines arènes restèrent longtemps très populaires, et l'Église peinait à s'y opposer. Dans les villes, les supporters groupés en factions pratiquaient un « hooliganisme » qui fut à l'origine de nombreuses émeutes, comme celle de 507 à Antioche. Les Jeux olympiques d'Antioche furent supprimés en 520, à la suite d'une série d'affrontements entre les Verts et les Bleus. Ces factions existaient à Antioche, à Tyr, mais aussi dans les cités de taille moyenne, comme Geras, pendant tout le VIe siècle et au début du VIIe siècle. Elles participaient à de nombreux troubles urbains et à des pogromes anti-juifs.

Les bains (ou thermes) étaient l'un des ornements des villes qui connaissaient le plus grand succès. Pour une petite cité, la construction de bains était l'un des moyens de se hisser au niveau des plus grandes. Des donateurs offraient des bains à leurs concitoyens, comme Thomas, à Androna : « Quel est le nom de ce bain ? Santé. Entrant par la porte de celle-ci, le Christ a ouvert pour nous le bain de (la véritable) guérison. » Si de nombreux moines refusaient de se laver, la plupart des saints hommes ne décourageaient pas les adeptes du bain. Barsanuphe de Gaza adopta une attitude intermédiaire : « Le bain n'est absolument pas défendu aux gens du monde, quand la nécessité le requiert. Si l'on est malade et qu'on en a besoin, il n'y a donc pas de faute ; mais, pour celui qui est en bonne santé, c'est choyer son corps et lui procurer un relâchement qui porte à la mollesse. » Les évêques n'hésitaient pas à faire construire des bains ou, comme Théodoret, à payer leur entretien.

Théâtre romain, Djerash

Les théâtres romains de Djerash n'étaient plus utilisés à l'époque byzantine. L'un d'eux fut transformé en atelier de poterie.

Ill. page 228–229

Vue du village de Serdjilla

Serdjilla, avec sesn bains, ses grandes maisons villageoises et son église, fut, entre le IVe et le VIe siècle, l'un des grands villages de la Syrie du Nord.

Architecture sacrée et architecture profane

Le groupe épiscopal de Gerasa, composé d'une basilique considérée comme la cathédrale, d'un sanctuaire de saint Théodore, d'un baptistère et de nombreux bâtiments annexes, comportait un bain. Il se situait en plein centre de la ville, sur l'emplacement d'un temple païen rasé. Partout les bâtiments chrétiens s'imposaient dans les villes, dont ils occupaient d'importantes surfaces. À Gerasa, ville moyenne, les fouilles ont permis de mettre au jour au moins dix-sept églises, dont plusieurs sont dotées de chapelles attenantes et des bâtiments de service. Parmi ces derniers, mentionnons le local d'une diaconie (institution d'entraide) et la prison élevée par l'évêque Paul au VIe siècle, pour qu'on y mette les accusés qui n'avaient pas été jugés, afin de ne pas les mêler aux coupables de l'autre prison – bâtiment qui témoigne d'une conception nouvelle de la générosité civique et de la charité chrétienne.

La ville protobyzantine du Proche-Orient se définissait d'abord par ses remparts – qui signèrent notamment l'élévation d'Euaria (Haouarin) du statut de village à celui de cité. La cathédrale, les autres édifices chrétiens et le réseau de rues à angles droits étaient d'autres caractéristiques essentielles. Les villes principales avaient conservé et entretenu leurs grands axes, comme la rue principale d'Antioche, reconstruite sous Justinien, et qui, avec ses portiques et les boutiques attenantes, mesurait 35 mètres de large et 3 km de long. À Apamée, où certains portiques étaient ornés de mosaïques, la grande artère nord-sud mesurait, sans ses boutiques, 37,5 mètres de large sur 1 km de long, et le réseau des rues perpendiculaires semblait généralisé, avec un axe est-ouest nettement décalé vers le sud de la ville. Dans le Néguev, Mampsis, qui ne devint cité que tardivement, se contentait d'une rue principale à peu près droite. Résafé n'avait pas de rue à colonnades, et un tronçon de rue unique, qui conduisait à la porte monumentale nord, paraissait approximativement rectiligne sur 150 mètres.

Les grandes places qui servaient d'agoras marchandes à l'époque romaine tendaient à disparaître. Libanios, dans sa *Description d'Antioche*, signale que le commerce était répandu dans toute la ville. De fait, tous les espaces publics rétrécissaient. À Gerasa, par exemple, un pont inachevé ou détruit fut rendu inaccessible par une église et le *macellum*, marché couvert d'époque romaine, fut occupé, entre autres, par l'atelier d'un teinturier. De la même façon, dès le VIe siècle, les portiques des rues commencèrent à se cloisonner, encombrés de petits commerces. C'était le début d'un processus qui se poursuivit ensuite sur la chaussée et aboutit à la constitution des *souks* étroits de l'époque islamique.

L'extension du champ d'activité de l'Église et la réduction de l'espace public urbain ne signifiaient pas que la cité antique avait disparu. On trouve ainsi des témoignages tardifs de la survie des institutions municipales, comme la mention d'un questeur – magistrat financier – à Bosra au Ve ou au VIe siècle, ou de deux éphores – contrôleurs des marchés – à Tyr en 597–598. Par ailleurs, des donateurs privés continuaient à faire bénéficier leurs concitoyens de constructions, principalement des bains. À vrai dire, la plupart du temps, il semble qu'il s'agissait de hauts fonctionnaires.

Les villes principales possédaient des bâtiments officiels ou quasi officiels, comme « l'édifice au *triclinos* » d'Apamée, considéré comme la résidence du gouverneur de Syrie Seconde. Les maisons des riches rivalisaient de luxe avec les bâtiments officiels. À Apamée, des maisons d'une surface au sol de 1 500 à 4 500 m^2 avaient des façades monumentales qui en faisaient de petits palais. Construites autour de vastes péristyles, elles disposaient de salles d'apparat monumentales et de salles à manger. Elles comportaient des étages qui devaient être occupés par des chambres à coucher. Un détail caractéristique apparut au VIe siècle, témoignant de la

Rue, Sepphoris

Les rues principales des grandes villes étaient bordées par un portique, sous lequel se trouvaient les magasins, et souvent dallées de mosaïques.

modification des comportements publics. Les maisons riches se dotèrent de bains et de latrines privés, pour remplacer ces établissements publics en voie de disparition. De la même manière, les péristyles des maisons d'Apamée reçurent des fontaines et des bassins qui finirent par accaparer l'eau de la ville. Une maison de Palmyre de plus de 900 m², dont on peut retracer l'évolution entre le IIe et la fin du VIIIe siècle, avait plutôt des allures de maison bourgeoise. Sur une partie des bâtiments, on trouvait un étage, sur le reste, des terrasses. Il est probable que la demeure était partagée entre un espace ouvert aux visiteurs, autour de la cour nord, et une zone réservée à la vie familiale, autour de la cour sud. On connaît à Jérusalem de petites maisons de 80 à 100 m², avec trois pièces et parfois une cour, mais également des maisons de 300 à 400 m², avec une cour centrale et des restes d'ateliers d'artisans.

Les plus grandes maisons d'Apamée disposaient d'un décor luxueux, depuis les placages en marbre des salles d'apparat jusqu'aux tentures placées entre les colonnes du péristyle. Elles étaient surtout pavées de mosaïques illustrant les thèmes de la culture grecque et de la prospérité agricole, comme la personnification de la Terre entourée des Saisons, les Sept Sages ou des scènes mythologiques. À Mariamée (Mariamin), une extraordinaire mosaïque de la fin du IVe siècle représentant un groupe de musiciennes décorait un *triclinos* – salle de banquet – d'une maison luxueuse. On y voit en particulier une joueuse d'orgue et une cithariste. Ce sont bien souvent les mosaïques seules qui fournissent des témoignages sur cet habitat des villes de l'Antiquité tardive.

On peut s'interroger sur la signification qu'avaient les sujets mythologiques aux yeux des couches supérieures de la société protobyzantine. Si l'on ne peut douter que la représentation, à Apamée, de Socrate entouré de six Sages puisse dater de l'époque de Julien l'Apostat et être mise en rapport avec l'école philosophique néoplatonicienne de la cité, ardente citadelle du paganisme, le cas peut être différent ailleurs. Il est probable que dans de nombreux décors, la mythologie ne servait qu'à donner une haute idée de la culture, la *paideia*, des propriétaires. Les sujets mythologiques sont très nombreux sur les mosaïques d'Antioche, datées en général du IVe siècle, mais une collection de sculptures antiques, dont une Aphrodite accroupie et un Dionysos, semble n'avoir été détruite et enfouie qu'au VIe ou au VIIe siècle. Il n'est pas sûr que son propriétaire ait été un nostalgique du paganisme plutôt qu'un esthète.

La culture classique a été intégrée, au Proche-Orient comme ailleurs, à la culture chrétienne. La permanence du système de fabrication des élites explique cette continuité du monde de l'Antiquité classique à celui de l'Antiquité tardive. Tous les dirigeants ou presque, des évêques jusqu'aux hauts fonctionnaires, en passant par les *curiales* les plus distingués, avaient en commun des études suivies dans une école de rhétorique. Libanios, professeur païen dans l'Antioche du IVe siècle, critiquait la concurrence que les études de droit de l'école de Béryte, en latin, faisaient à l'enseignement de la rhétorique, en grec. En réalité, ces études se complétaient et certains étudiants de Libanios, après s'être formés à la rhétorique destinée à apprendre l'art des discours – du plaidoyer au sermon – poursuivaient en plus des études de droit qui leur permettaient de devenir de hauts fonctionnaires.

Mosaïque du Phénix (détail), Daphné
Ve siècle av. J.-C.
Dimensions totales : l 600 cm, lg 425 cm
Musée du Louvre, Paris

Daphné, située au nord d'Antioche, était un lieu de séjour prisé des riches Antiochiens. On y trouve de nombreuses villas pavées de mosaïques.

À la campagne

Il serait faux d'opposer la *paideia* des villes hellénisées à la rusticité des campagnes araméophones. Dans certaines zones, comme sur la côte, on parlait plus volontiers le grec, mais à Gaza comme à Antioche, des témoignages précis montrent que les habitants, et pas seulement les paysans de passage, s'exprimaient en araméen. En revanche, certaines zones rurales ont livré des quantités si importantes d'inscriptions grecques, comme le pays de Moab en Palestine Troisième, qu'on doit admettre que ces régions étaient assez largement hellénisées. La question, en réalité, concerne plutôt le domaine de la lecture et de l'écriture que celui de l'oralité. À peu près partout, on apprenait à lire et à écrire en grec et l'usage écrit de l'araméen, hors du domaine du syriaque, déjà évoqué, était rarissime. Les villages du ve ou du vi[e] siècle fournissaient le cadre de vie de l'énorme majorité de la population.

Les villages regroupaient des maisons disposées sans plan directeur préalable. Les espaces libres entre les maisons n'étaient occupés ni par des rues, ni par des places, mais par de simples passages ou des terrains vagues. La circulation entre les groupes de maisons se faisait par des venelles sinueuses. Les plans et la disposition des maisons étaient adaptés aux contraintes de la topographie et du climat, avec des ensembles serrés, sans ouvertures. Ils étaient aussi tributaires des règles sociales, et il fallait éviter d'exposer à la vue de tous la maison d'autrui et de laisser le regard du voisin se poser sur la vie familiale. Les maisons servaient surtout à la vie agricole. Dans le Massif calcaire de Syrie du Nord, le bâtiment d'habitation était précédé d'une cour fermée par un mur d'enceinte et, parfois, des bâtiments annexes à usage agricole. Le rez-de-chaussée du bâtiment d'habitation servait au stockage des denrées et abritait les étables. Un portique de façade permettait de circuler à l'abri et d'accéder par un escalier à l'étage dont les pièces étaient au nombre de deux au minimum, de quatre au maximum. On peut considérer qu'il s'agissait de chambres à coucher. La préparation des aliments se faisait sans doute dans la cour ou sous le portique.

Ce type de plan se retrouve dans les zones où les maisons villageoises ont été conservées. Les variantes sont du reste nombreuses. Les maisons pouvaient être groupées en sortes d'îlots, autour de cours fermées et partagées, comme on l'observe parfois dans le Néguev et dans certains villages de Syrie du Nord. Dans le Hauran, l'usage de pierres basaltiques taillées en longues dalles servant à couvrir les bâtiments, différait profondément de l'em-

Grande maison villageoise, Deir Sémaan

Cette maison, dite « maison 1 », s'élève sur trois niveaux, ce qui la rend nettement plus luxueuse que la moyenne.

Ill. page ci-contre

Escalier extérieur, Oumm al-Jimâl

Oumm al-Jimâl est un village important de la province d'Arabie. Cet escalier extérieur est d'un type particulier à la région.

ploi des tuiles posées sur des charpentes dans le Massif calcaire. On a l'impression que les couvertures des maisons du Néguev étaient des terrasses d'argile portées par le système traditionnel de branches et de nattes. Les maisons du Hauran comprenaient, au rez-de-chaussée, des séries de pièces uniformes, avec des annexes construites sur deux niveaux bas superposés. Quand il y avait un étage, ce qui n'était pas le cas général, on y accédait par un simple escalier extérieur, en façade.

Les bâtiments

Les constructions autres que les maisons de paysans étaient très rares. Certains bourgs s'élevaient au-dessus de la moyenne des villages par leurs vastes dimensions et par quelques constructions particulières. Oumm al-Jimâl, avec son étendue de 700 mètres du nord au sud et de 500 mètres de l'est à l'ouest, mais surtout avec son rempart et ses quatorze églises, était l'un de ces gros bourgs, proches des cités, mais on n'y trouvait ni bâtiment officiel, ni caserne, contrairement à ce que l'on a longtemps pensé. La disposition des constructions démontre l'absence de tout urbanisme organisé. Seuls de grands réservoirs d'eau peuvent être considérés comme des constructions publiques, mais leur usage était purement utilitaire, sans caractère monumental ou décoratif. Seuls sept villages dans tout le Massif calcaire, pauvre en eau, possédaient des thermes ; tous étaient de gros bourgs. Les auberges, que les archéologues ont voulu voir dans de nombreux bâtiments équipés d'étables, sont aujourd'hui souvent considérées comme des maisons rurales. Quant aux auberges des sanctuaires, elles dépendaient des monastères, de la même façon que nombre d'hospices qui servaient à l'accueil des pèlerins, des voyageurs et des pauvres. Il est peu probable que des villages isolés, loin des grandes routes, aient possédé des auberges. Les villages se caractérisaient donc par les traits purement ruraux de leur habitat.

Des églises sont connues dans à peu près tous les villages du Massif calcaire. Les villages de la province d'Arabie avaient des quantités impressionnantes d'églises : Rihab a livré neuf ou dix églises, Oumm al-Jimâl quatorze et Oumm er-Rsas, à peu près autant. Les plus gros villages de la steppe syrienne ou du Massif calcaire en avaient au maximum six ou sept, comme Burdj Haidar, à l'est de Qalaat Sémaan, ou el-Bara. Mis à part les monastères installés à l'extérieur ou en bordure des villages, l'autre type de monument chrétien villageois était le baptistère. On le rencontrait surtout en Antiochène, où il apparaissait comme une construction autonome de plan carré, à partir du deuxième quart du ve siècle.

Ces baptistères possédaient des cuves de petites dimensions qui étaient réservées aux bap-

Ill. page ci-contre

Dallage en mosaïque, Kabr Hiram
VIe siècle apr. J.-C.
Marbre/calcaire
Musée du Louvre, Paris

Mosaïque de l'église rurale Saint-Christophe à Kabr Hiram, dans la province de Phénicie Maritime.

Ill. ci-dessous

Groupe de bâtiments, Oumm al-Jimâl

Vue du sud d'un ensemble composé d'un gros bâtiment à tour et d'une église, appelée (à tort) « caserne ».

Ill. ci-dessous à droite

Basilique, Mchabbaq

La basilique (ici l'abside), se trouve à l'écart d'un petit village de Syrie du Nord. Son plan à trois nefs et à colonnades est typique de la région.

têmes des enfants, ce qui témoigne de la profonde christianisation des campagnes. Les baptistères des lieux de pèlerinage, comme Qalaat Sémaan, couvent de saint Siméon, devaient servir aussi au baptême des adultes.

L'étude de l'habitat montre que la société villageoise n'était pas égalitaire. Dans le Massif calcaire, les maisons se différenciaient par leurs dimensions ou par leur décor ; de même dans le Hauran, où quelques maisons somptueuses se détachaient du lot commun, en particulier celles qui possédaient une pièce de réception du type dit « à alcôve ».

Il est beaucoup plus difficile d'entrevoir la nature réelle de la propriété. Faut-il penser que les villages du Massif calcaire étaient aux mains de propriétaires exploitants ? Ou faut-il considérer que la richesse des grandes demeures d'Apamée ne se comprend que par les revenus que leurs propriétaires tiraient des terres qu'ils faisaient exploiter par leurs paysans dans la *chôra* ? On n'a relevé aucune trace d'économie domaniale véritable, mais il est question bien souvent dans les sources écrites de villages possédés par un seul propriétaire. Il convient d'interpréter avec prudence les éléments dont nous disposons et il est possible que les régions des plaines aient été plus souvent aux mains de propriétaires urbains non-résidents, tandis que les villages de la montagne appartenaient à leurs habitants. De plus, les propriétés des uns et des autres n'étaient certainement pas d'un seul tenant.

Basilique, Kharab Chams

La façade ouest est typique des basiliques à trois nefs de la Syrie du Nord.

Les églises en ville et à la campagne

Les églises du Proche-Orient protobyzantin se caractérisent par les deux types de plans qu'elles adoptent, basilical ou centré, représentés dans l'ensemble du monde méditerranéen. Les basiliques sont des édifices rectangulaires divisés en trois nefs par des colonnades. Il existe des basiliques à une nef, mais ce sont de modestes constructions. Certaines basiliques exceptionnelles possèdent cinq nefs, comme la grande basilique de la Résurrection construite par Constantin à Jérusalem. Le plan basilical se caractérise par l'orientation, c'est-à-dire la présence, à l'est, d'une estrade surélevée entourée d'une barrière basse (le chancel), qui englobe l'abside et se prolonge dans la nef centrale. Cet espace, qu'on nomme *presbyterium*, était réservé au clergé qui y célébrait l'Eucharistie sur un autel. Divers aménagements se rencontrent dans les basiliques du Proche-Orient. L'ambon était une chaire en pierre, destinée aux prêches, à laquelle on accédait par un escalier. On le rencontre dans les églises de Gerasa et de l'Arabie, surtout à la fin du VIe siècle. En Syrie du Nord et principalement dans la région d'Antioche, on a parfois installé au milieu de la nef centrale une grosse plate-forme, nommée *bêma* syrien, qui se caractérise par un plan en fer à cheval dont la partie semi-circulaire est tournée à l'ouest vers les fidèles. Elle remplaçait l'ambon. Des tables, peut-être destinées aux lectures, étaient placées contre le chancel dans les églises d'Arabie. Au fond de l'abside, un banc de pierre pour le clergé avait en son centre un socle surélevé pour y placer le personnage le plus éminent. C'est le *synthronon*, qu'on trouve à Résafé dans la basilique de la Sainte-Croix, laquelle comporte également un *bêma* syrien.

Le plan basilical connaît une multitude de variantes liées à des usages locaux. En Antiochène et Apamène, la fréquence des chevets plats permettait l'aménagement de deux salles, de part et d'autre de l'abside. L'une, le *diaconicon*, servait à conserver les objets précieux. Elle recevait des placards muraux et n'était guère accessible, fermée par une porte étroite du côté du collatéral, mais ouverte vers le *presbyterium*. L'autre, le *martyrium*, abritait les reliquaires ; on y pénétrait facilement par une large ouverture de façon à permettre la dévotion des

Basilique, Bosra

Il s'agit de la basilique (ici vue du sud) à laquelle est attachée la tradition de la rencontre entre le moine Bahira et Mahomet. Le moine reconnut en Mahomet le prophète.

Intérieur de la basilique de la Sainte-Croix, Résafé

Les arcs de la nef, portés par des piliers, ont été divisés en deux par des arcs à colonnes. On voit au centre les restes d'un *bêma* syrien, la plate-forme réservée au clergé.

fidèles. En Antiochène, les accès à l'église se faisaient généralement sur le long côté sud, et les fidèles se répartissaient en deux groupes, les hommes devant, près du *presbyterium*, les femmes au fond. Partout ailleurs, on entrait dans l'église par le petit côté ouest et la division des genres se faisait dans le sens de la longueur, les hommes au nord ou au sud, selon les cas, et les femmes de l'autre côté. Quand il y avait des tribunes, elles étaient réservées aux femmes. Hors de Syrie du Nord, on ne rencontre pas de pièce particulière destinée aux reliques, mais ailleurs dans le Levant, on les plaçait souvent sous l'autel ou dans les chapelles latérales.

Dans le Néguev, en Palestine Troisième, de nombreuses basiliques comportent une abside centrale semi-circulaire, flanquée de deux absidioles également semi-circulaires. Il convient de signaler quelques bâtiments exceptionnels en Syrie du Nord, comme la basilique de Qalblozé, où l'abside saillante est ornée, à l'extérieur, d'une série de colonnes plaquées sur le chevet. C'est l'abside du sanctuaire de saint Siméon à Qalaat Sémaan qui a servi de modèle.

Le plan central s'oppose au plan basilical dans la mesure où il vise à orienter le regard du fidèle non vers l'extrémité orientale de l'édifice, mais vers son centre. Le bâtiment peut être cruciforme, comme le sanctuaire de saint Babylas à Kaoussié, près d'Antioche, circulaire, comme la rotonde du Saint-Sépulcre à Jérusalem, ou polylobé, tel le tétraconque de Résafé. Mais on rencontre aussi des formes compliquées, octogone inscrit dans un carré, comme à Saint-Georges de Zorava (Ezraa) en Arabie, ou cercle inscrit dans un carré, comme à Saint-Jean-Baptiste de Gerasa. Des coupoles servaient souvent à mettre en valeur la partie centrale de ces édifices exceptionnels. Le plan central permettait de placer une relique au milieu de l'édifice et de faciliter les cérémonies du culte des martyrs. On désigne fréquemment ce type de bâtiment du terme de *martyrium*. Pourtant, les édifices de plan central avaient, la plupart du temps, reçu une orientation marquée par une abside, à l'image des basiliques. De plus, le plan centré a été parfois choisi pour de grandes églises où le culte des reliques avait moins d'importance que le désir de souligner par l'architecture l'importance et la sainteté du lieu. La cathédrale d'Apamée, tout comme l'un des

Ill. page ci-contre en haut

Église octogonale, Gadara

Le plan centré, ici octogonal et bordé d'un portique, est assez inhabituel pour une église urbaine. La plupart du temps, les églises s'élevaient sur un plan basilical à trois nefs.

Ill. page ci-contre en bas

Cuve du baptistère, Soubaïta

Cette cuve cruciforme se trouve dans l'une des absides de la basilique. Les candidats au baptême descendaient quelques marches pour entrer dans le bassin où ils étaient entièrement immergés.

grands sanctuaires de Séleucie, fut construite sur ce plan. À Bosra, on a retrouvé deux églises de plan centré, inscrivant un cercle dans un carré ; l'une, la plus petite, était dédiée à saint Serge, à saint Bacchus et à saint Léonce ; l'autre, gigantesque, a été découverte récemment. On ne sait laquelle des deux était la cathédrale.

Les décors

Un décor abondant embellissait ces églises. Les murs étaient souvent ornés de peintures et de placages de marbre – ou de mosaïques, malheureusement mal conservées. Les sols étaient pavés de marqueterie de marbre, l'*opus sectile*, très coûteux, ou – plus souvent – de mosaïques. Celles-ci représentaient rarement des sujets religieux, afin d'éviter que les fidèles ne les foulassent. Il convient toutefois de mentionner l'une des exceptions, à Huarte en Apamène : la figuration d'Adam au paradis parmi les animaux. En revanche, d'innombrables tapis sont consacrés à des motifs animaliers, des décors végétaux et géométriques, des scènes plus ou moins idéalisées de la vie agricole, voire, comme en Arabie et dans le sud de la Palestine, des portraits des donateurs. On possède aussi, en Syrie et en Arabie surtout, des représentations de bâtiments, des églises ou des villes. Tous ces décors peuvent être interprétés d'une manière symbolique : les animaux sauvages seraient les passions déchaînées, et les paysages tranquilles, le paradis. Mais il ne faut pas négliger leur rôle ornemental et des significations plus ordinaires. Les donateurs se plaisaient à montrer la nature généreuse fournissant ses fruits et grâce auxquels ils pouvaient faire leur offrande. Une mosaïque exceptionnelle a été découverte à Médaba (Madaba) : elle représente une carte des Lieux saints de Palestine et d'Égypte, inspirée de l'*Onomasticon* d'Eusèbe de Césarée. Elle servait à montrer la place de Médaba parmi tant de sites sacrés et à souligner la sainteté de la cité.

Les églises du Proche-Orient possédaient toutes un mobilier liturgique, en bronze ou métal précieux, depuis les lampes suspendues aux plafonds jusqu'aux croix processionnelles, en passant par les vases liturgiques. On en a retrouvé des lots importants dans la région d'ar-Riha en Syrie du Nord, enfouis semble-t-il au début du VIIe siècle. Ces trésors, où les noms des donateurs sont inscrits sur les objets, montrent l'importance des notables locaux dont les offrandes ont enrichi les églises villageoises.

Basilique de Qalblozé

L'église de Qalblozé est l'un des bâtiments les plus remarquables de la Syrie du Nord, mais aussi de l'architecture paléochrétienne. Le chevet à colonnes imite celui du sanctuaire de Qalaat Sémaan.

La fin de la période protobyzantine au Proche-Orient

La conquête perse, suivie d'une longue occupation, mit un point final à la période de stabilité politique du Proche-Orient. Le bref intermède de réoccupation byzantine ne permit aucune consolidation, et l'arrivée des conquérants musulmans scella, vers 630, la disparition d'une civilisation romaine et chrétienne à la fois, dans les régions où cette civilisation avait été particulièrement brillante. Les historiens, de nos jours, ont tendance à souligner trois phénomènes liés à la période des VIe et VIIe siècles. Premièrement, le Proche-Orient s'est beaucoup transformé au VIe siècle, et la crise économique aidant, il s'est considérablement libéré du modèle civique gréco-romain si influant aux siècles précédents. Deuxièmement, ce qui restait de la civilisation antique, depuis l'usage du grec jusqu'aux modèles de gouvernement monarchique, ne disparut que progressivement – ou se maintint parfois – à l'époque islamique. Troisièmement, la défaite de Byzance était liée à un échec militaire, mais la passivité des populations du Proche-Orient face aux attaques perses puis musulmanes n'était pas forcément un signe de rejet des « byzantins » par les « autochtones ». Il s'agissait là une mesure de prudence face à une conquête que les Orientaux jugeaient provisoire – ce en quoi ils se trompaient – et que plus personne aujourd'hui n'estime catastrophique.

Mosaïque de la basilique de Pétra

Ce détail provient du dallage en mosaïque qui ornait l'une des nefs latérales de la grande basilique byzantine de Pétra. On a trouvé des papyrus du VIe siècle dans un bâtiment attenant à l'église. Pétra resta une ville importante du Levant au moins jusqu'au VIIe siècle.

Ill. ci-contre et page ci-contre

Mosaïques, Madaba

Au VIe siècle, et jusqu'au début de l'époque islamique, Madaba fut l'un des centres de l'art de la mosaïque. Les dallages présentés ici, qui montrent des motifs animaliers, servaient à l'ornement des églises.

Marie-Odile Rousset

L'islam et les croisades

Le choc des cultures

621–1291 apr. J.-C.

De l'état des recherches

La conquête islamique du Levant

L'héritage pré-islamique sous le califat omeyyade en Syrie

Le Dôme du Rocher

La mosquée

La mosquée des Omeyyades à Damas

Architecture civile

L'âge d'or des Abbassides

Le déclin du pouvoir abbasside

Fatimides et Seldjoukides

La formation des États latins d'Orient

La mobilisation musulmane face à la menace franque

L'architecture des forteresses

Jérusalem

Le triomphe de l'islam

La paix retrouvée

Saint Louis et la fin des croisades

Mosquée des Omeyyades, Alep

La mosquée des Omeyyades, conçue au départ pour imiter celle de Damas, fut entièrement reconstruite par Nour al-Din après l'incendie dont elle fut l'objet en 1169.

De l'état des recherches

La science de l'art et de l'architecture de la période médiévale en Orient est définie par les termes d'« histoire de l'art et archéologie islamique », appellation réductrice voilant la complexité du sujet. Outre des différentes cultures ayant laissé leur empreinte dans les régions dominées par l'islam, cette discipline, comme tant d'autres, doit prendre en compte un large éventail de domaines. De la période islamique, il nous reste une quantité incroyable de textes, qui ont largement orienté et marqué cette science. Les spécialistes des civilisations orientales accordent une grande importance aux textes de l'époque pour négliger, à tort, le fruit des fouilles archéologiques. Toutefois, l'archéologie gagne peu à peu en importance au regard de la recherche.

Ce n'est qu'au XIXe siècle que l'Occident commença à prendre de nouveau conscience des témoignages matériels de l'Orient islamique, tandis que des pièces de collection faisaient leur apparition chez les brocanteurs. Cela explique pourquoi les premières recherches, menées à la fin du XIXe siècle, portèrent sur ce type d'objets, le plus souvent des céramiques de grande valeur.

Le parallèle entre les récits des voyageurs européens et les nombreuses informations fournies par les géographes arabes a donné lieu aux études de topographie historique, à partir de la fin du XIXe siècle, à travers lesquelles se sont illustrés Guy Le Strange, Alois Musil, René Dussaud... C'est à partir des années 1920 que s'amorcent les études de topographie urbaine. Mentionnons, par exemple, les travaux de Karl Wulzinger et Carl Watzinger sur Damas.

Traditionnellement, ce sont les périodes « classiques » qui ont été l'objet de la plus grande attention, en topographie historique, mais aussi en architecture. Les travaux de Keppel Archibald Cameron Creswell (1932–1940) restent une référence incontournable. En revanche, il faut attendre 1992 pour que l'équivalent soit publié pour la période mamelouke, avec l'ouvrage de Michael Meinecke.

Au début du XXe siècle, les chantiers de fouilles étaient financés par des bienfaiteurs privés ou par des musées. Les fouilles archéologiques prirent de l'ampleur avec la fondation des instituts européens au Proche-Orient dans les années 1910 et 1920. Les premières véritables campagnes de fouilles furent organisées à Fustat (le vieux Caire), ainsi qu'à Samarra, sur le Tigre. Jusqu'à la Seconde Guerre mondiale, on mena des fouilles dans de nombreux sites archéologiques islamiques et les résultats furent publiés.

Les recherches sur les croisades furent menées indépendamment. En 1871 parut la première publication sur l'architecture de cette époque. À la fin des années 1920, les premiers monuments étaient dégagés. C'est alors que Camille Enlart et Paul Deschamps publièrent leurs travaux sur les constructions des croisés. Leur œuvre resta longtemps la seule étude publiée à ce sujet. Ce n'est qu'au début des années 1980 que deux chercheurs, Denys Pringle et Robin Brown, s'intéressèrent aux fortifications et organisèrent des fouilles en Israël et en Jordanie.

Les prospections systématiques prenant en compte ou portant sur l'évolution du peuplement à l'époque islamique, effectuées en collaboration avec des géographes, se sont développées depuis les années 1960 et intensifiées à partir des années 1980.

Les publications du XXe siècle nous apprennent que le sort de l'archéologie islamique, comme celle de nombreux domaines de recherche, est éminemment lié aux événements politiques. L'importante activité scientifique des années 1920 et 1930 est due à la présence des Français et des Anglais dans la région. La Seconde Guerre mondiale porta un coup sévère aux sciences humaines en général, et les conflits régionaux des années 1970 ralentirent de nombreux projets de recherche au Levant. L'âge d'or de l'archéologie islamique se situe dans les années 1980. Depuis, la guerre du Golfe, la volonté des pays concernés à gérer eux-mêmes leur héritage culturel et la réduction du soutien financier de la part des institutions européennes, ont conduit à un ralentissement des activités de recherche.

La conquête islamique du Levant

La culture arabo-islamique du Levant est née de la rencontre entre une nouvelle religion à l'essor fulgurant, l'islam, et les héritages arabes, grecs et persans. La religion monothéiste révélée par le prophète Mahomet constitue la clé de voûte de la conquête foudroyante menée par les Arabes et le fondement spirituel de l'empire islamique naissant.

Les conquêtes arabes frappent par la rapidité de leurs avancées, mais aussi par leur durée. En à peine un siècle, un peuple de nomades conquiert les territoires de la Méditerranée compris entre l'Empire perse et les frontières de l'empire des Francs. Les qualités militaires des généraux arabes comme Khalid ibn al-Walid, le conquérant de la Syrie, l'enthousiasme religieux et l'appât du butin offrent victoire sur victoire aux Arabes.

La persistance du succès des conquêtes s'explique par une habile politique de tolérance des musulmans à l'égards des « gens du Livre » (la Bible), c'est-à-dire les juifs et les chrétiens, auquels s'ajoutèrent bientôt les pratiquants des religions zoroastrienne, bouddhique et hindoue. Les conversions forcées n'étaient pas de mise au cours de ces conquêtes, pourtant motivées par la religion. Les « non-croyants » des territoires conquis avaient la possibilité d'obtenir le statut de « protégé » en s'acquittant d'une capitation, un impôt levé par individu, qui leur permettait en outre de continuer à pratiquer leur foi.

Les tribus de bédouins qui s'étaient opposées lors du conflit entre le Prophète et La Mecque, sa ville natale, entrèrent de nouveau en conflit après sa mort, en 632 apr. J.-C. La dixième année qui suivit l'hégire, l'émigration de Mahomet de La Mecque à Médine (622 apr. J.-C.) marqua le début de l'ère islamique. Le beau-père du Prophète, Abou Bakr, le premier calife (en arabe, « successeur », « représentant »), canalisa cette énergie pour mener les premières conquêtes vers de nouveaux territoires. La première attaque fut lancée en 633 contre l'Empire perse. La victoire de Qadisiya, en 636 ou 637, permit aux Arabes de s'emparer de la capitale, Ctésiphon. La même année, ils fondèrent la ville de Basra, à l'embouchure du Tigre et l'année suivante, Koufa sur l'Euphrate.

Partis en 634 en direction de la Palestine et de la Syrie, les Arabes s'allièrent les Ghassanides, un peuple sous domination byzantine payé plus ou moins régulièrement pour ne pas s'en prendre aux territoires de l'Empire romain d'Orient. La première victoire fut remportée à Adjnadaïn en février 635 et, en septembre, Damas se rendit sans livrer bataille. En proie à l'instabilité politique et aux dissensions religieuses, Byzance n'opposa au début que des troupes peu importantes aux envahisseurs. L'armée envoyée en 636 fut écrasée lors de la bataille du Yarmouk. Les Byzantins abandonnèrent alors la Syrie et Damas, la capitale de la province byzantine de Syrie, fut définitivement occupée. L'année suivante, les troupes arabes prirent les villes de Baalbek, Homs et Hama et, en 638, Jérusalem, qui faisait encore partie de l'Empire byzantin. Ils en expulsèrent les juifs, mais non les chrétiens. En 639, Mu'awiya, qui fondera la dynastie des Omeyyades, fut nommé gouverneur de Syrie. Césarée fut prise en 641. La Syrie, nommée Bilad al-Sham par les Arabes, qui comptait tous les territoires des États actuels du Levant, fut alors définitivement acquise aux musulmans.

Vue de Jérusalem

La ville et le Haram al-Sharif (esplanade des mosquées) vus de l'est. Le Dôme du Rocher, orné de la célèbre coupole dorée, fait partie des monuments sacrés les plus anciens et les plus importants de l'islam.

En l'échange d'un impôt, les populations conquises se virent offrir la protection d'un nouveau maître. Cette situation mit un terme à quarante années d'une guerre entre la Perse et Byzance qui n'avait pas épargné la population. Dans un premier temps, les conquêtes entraînèrent peu de changement dans la vie des populations conquises. Les autorités locales restèrent en place, tandis que l'armée arabe, scindée en fonction des différents groupes tribaux, forma une aristocratie militaire chargée de percevoir l'impôt. Les terres furent laissées en grande partie à leur propriétaire. Les biens de l'État et les terres des propriétaires en fuite ou disparus furent distribuées en concessions à des familles arabes, qui purent ainsi constituer de vastes domaines. Les propriétaires fonciers non convertis furent soumis à un impôt foncier, le *kharadj*, tandis que les musulmans ne devaient payer que la dîme, la *zakat*.

Grâce aux conquêtes, les Arabes devinrent les maîtres des routes commerciales – maritimes et caravanières – qui reliaient la Méditerranée à l'Extrême-Orient. L'islam fut peu à peu adopté par les populations soumises, que ce fût par conviction ou par intérêt. L'empire musulman était formé, mais on ne pouvait pas encore parler de civilisation islamique. Celle-ci se développa sous les Omeyyades au contact des traditions byzantines et perses. Peu à peu, la langue arabe s'imposa ; elle constitua le principal élément fondateur de la civilisation aux côtés de la religion.

L'héritage pré-islamique sous le califat omeyyade en Syrie

Un événement majeur devait marquer le début de la période islamique et en influencer toute l'histoire. Mahomet n'ayant pas nommé de successeur de son vivant, la communauté des croyants se divisa en partisans de différents califes. Le troisième calife, Othman, fut assassiné. Son successeur élu, Ali – gendre du Prophète et père de ses deux seuls descendants masculins, Hassan et Hussein – affronta le gouverneur de Syrie, Mu'awiya Ier, qui se présente comme le vengeur d'Othman. Suite à l'arbitrage réclamé par un partisan de Mu'awiya après la bataille de Siffin sur l'Euphrate, en 657, Ali se vit donner tort, et Mu'awiya fut proclamé calife par ses troupes. Ali combattit alors ses anciens partisans, les Kharédjites, qui ne l'avaient pas soutenu lors de l'arbitrage. Il fut assassiné par l'un d'eux à Koufa, en 661 – début de l'ère de la dynastie omeyyade.

Parallèlement, la division de la communauté des croyants était scellée : alors que les sunnites acceptaient les quatre premiers califes, les chiites n'en reconnaissaient que le quatrième, Ali, comme successeur du Prophète et premier *imam*, qui signifie « guide » en arabe. Bien que minoritaires, les chiites, qui ont évolué au cours de l'histoire et se sont divisés en plusieurs tendances, ont profondément marqué l'islam par leur croyance en un imam directement inspiré par Dieu.

Le siècle de domination omeyyade fut avant tout marqué par la volonté d'organiser le nou-

Mosquée dite d'Omar, Bosra

Cette mosquée a sans doute été construite en 720 sous le calife Yazid II. L'escalier de la façade est peut-être une forme primitive du minaret : le muezzin montait sur le toit pour lancer l'appel à la prière.

vel empire. Mu'awiya décida de faire de Damas – située au cœur de l'empire – sa capitale. Les villes de La Mecque et de Médine perdirent alors de leur rayonnement politique et économique pour devenir avant tout des lieux de pèlerinage. Après la mort de Mu'awiya, l'accession au pouvoir de son fils, Yazid Ier, qui régna de 681 à 683, provoqua des révoltes. Husseïn, le second fils d'Ali, fut proclamé calife par les chiites. Vaincu par la supériorité militaire de Yazid, il fut tué avec les siens en 680, à Kerbala sur l'Euphrate. Parallèlement, des milieux pieux de La Mecque soutiennent Abd Allah ibn al-Zubayr, fils d'un ancien compagnon de Mahomet.

Le califat survit à ces tumultes et conserve sa capitale à Damas. Les règnes d'Abd al-Malik (685–705) et d'al-Walid Ier (705–715) marquèrent l'apogée de la dynastie omeyyade. Durant cette période, la dynastie signa une trêve avec Byzance, entreprit l'arabisation de l'administration et frappa les premières pièces de monnaie en arabe. La Syrie fut divisée en circonscriptions correspondant aux anciennes zones administratives byzantines : Qinnesrin, Homs, Damas, la Jordanie et la Palestine.

L'abondance des richesses encouragea une activité artistique inconnue jusqu'alors. On assista à la naissance de l'art islamique. La religion étant omniprésente dans la vie des musulmans, un nouveau style architectural et décoratif répondant aux exigences religieuses vit le jour. Grands bâtisseurs, les califes firent travailler des artisans et artistes syriens et coptes, ce qui explique l'énorme apport de l'art byzantin au premier art islamique.

Dôme du Rocher, Jérusalem

La symbolique exacte de ce monument, élevé lors de l'introduction de l'islam dans la région, est contestée. Aujourd'hui toutefois, la plupart des historiens s'accordent à dire que le Dôme du Rocher a été élevé au cœur du haut lieu du judaïsme et du christianisme pour marquer l'appartenance de l'islam à la même tradition monothéiste. Le Dôme de la Chaîne au premier plan aurait servi de coffre-fort à Abd al-Malik (685–705).

Tambour du Dôme du Rocher, Jérusalem

Sublimée par les vitraux des trente-six fenêtres qui s'ouvrent dans le tambour, la lumière fait miroiter le revêtement intérieur.

Déambulatoire du Dôme du Rocher, Jérusalem

Les arcatures du déambulatoire de la coupole sont recouvertes des mosaïques d'origine, tandis que celles du tambour ont été rénovées en 1028. Au centre se trouve la roche depuis laquelle le Prophète s'est élevé vers le ciel.

Le Dôme du Rocher

Le Dôme du Rocher à Jérusalem, le plus ancien monument musulman conservé, a traversé les siècles sans grande altération. Il fut été construit entre 688 et 691 sous le califat d'Abd al-Malik. Dominant la ville, l'édifice fait partie d'un ensemble de monuments de l'époque omeyyade construits sur l'esplanade du Temple de Salomon, détruit par les Romains. Dans l'axe du Dôme du Rocher se trouve la mosquée al-Aqsa. Au sud de la plate-forme, de grands bâtiments ont été dégagés, probablement des palais ou des bâtiments administratifs.

Le temple juif avait été construit à l'endroit même où, selon l'Ancien Testament, l'ange de Dieu arrêta le bras d'Abraham s'apprêtant à immoler son fils Isaac. Et c'est là qu'Abd al-Malik décida de bâtir la coupole. Les musulmans considèrent en effet Abraham comme le plus important des prophètes après Mahomet, Jésus et Moïse. En outre, l'emplacement de la coupole commémore l'endroit où, d'après des textes arabes, le Prophète Mahomet se serait élevé vers le ciel au cours de son voyage nocturne.

L'édifice s'inspire des monuments byzantins à plan octogonal, comme le Saint-Sépulcre. Reposant sur un tambour, la coupole entièrement construite en bois est revêtue, depuis 1994, de plaques de cuivre et de nickel recouvertes d'or pur, comme à l'époque omeyyade. Quatre portes s'ouvrent à chacun des point cardinaux et permettent d'accéder à un premier déambulatoire, entre le mur extérieur et une colonnade formée de huit piliers, séparés par trois arcs retombant sur des colonnettes de marbre. Le second déambulatoire est compris entre cette colonnade octogonale et une colonnade circulaire, dans laquelle quatre piliers massifs soutiennent le tambour de la coupole. Le centre de l'édifice est réservé à la roche sous laquelle se trouve une grotte que les musulmans appellent « puits des Âmes » – selon certaines sources, les âmes s'y réuniraient en attendant le Jugement dernier. D'autres sources indiquent que la roche aurait tenté de suivre le Prophète dans son ascension et que l'ange Gabriel y aurait laissé l'empreinte de sa main et de son pied en l'arrêtant.

Le tambour à deux étages est orné de mosaïques datant de 1028 tandis que celles qui ornent les bas côtés sont d'origine – elles datent de 692. Une inscription en coufique court au sommet des arcades. Le nom du constructeur, Abd al-Malik, fut remplacé par celui du calife abbasside al-Ma'mun, en 831, qui voulait reprendre à son compte la construction de l'édifice. Le bâtiment marque le début d'une évolution qui a permis à l'architecture sacrée islamique de trouver sa propre forme et sa propre expression.

La mosquée

Le plan de la mosquée, élaboré à partir de l'exemple donné par Mahomet avec sa maison de Médine, fut bientôt mis au point. Contrairement aux églises, l'extérieur ne se distingue pas par une façade, mais se présente sous la forme d'un mur plein. On pénètre dans une cour entourée de portiques prodiguant une ombre généreuse. Au centre, un bassin ou une fontaine permet aux fidèles de faire leurs ablutions, un rituel obligatoire avant chaque prière. Des colonnes divisent la salle de prière en plusieurs nefs transversales permettant à l'ensemble de la communauté de s'aligner sur plusieurs rangées, derrière l'*imam*. Le *mihrab*, une niche de prière située au milieu du mur orienté vers La Mecque, la *qibla*, indique la direction de la prière. Le mur de la *qibla* est perpendiculaire à la direction de La Mecque. Le *mihrab* est l'endroit le plus décoré de la mosquée. La travée qui lui fait face est parfois plus élevée et surmontée d'une coupole. À droite du *mihrab* se trouve la chaire pour le prêche, le *minbar*, qui consiste en un escalier en bois ou en pierre, richement décoré, perpendiculaire au mur de la *qibla*. Le minaret, d'où le muezzin lance l'appel à la prière, est une tour pourvue d'un escalier interne, située généralement à l'opposé de la salle de prière.

Vue intérieure de la mosquée dite d'Omar, Bosra

La mosquée dite d'Omar, à Bosra, est pourvue d'une cour intérieure aux arcades dispensant une ombre généreuse et d'un bassin destiné aux ablutions. La mosquée fut restaurée à la fin des années 1930. Il est difficile de dire si, à l'origine, la cour était couverte ou non.

Mosquée des Omeyyades, Damas

La mosquée des Omeyyades est, avec le Dôme du Rocher de Jérusalem, l'un des plus beaux monuments du début de l'islam. Les arcatures, le fronton et les mosaïques de la façade de la salle de prière sont d'inspiration byzantine. À l'arrière-plan, on aperçoit le minaret ouest.

La mosquée des Omeyyades à Damas

Comme le Dôme du Rocher, la grande mosquée de Damas peut être considérée comme l'un des édifices les plus importants des débuts de l'islam. Elle fut construite entre 706 et 715 sur l'emplacement de la basilique Saint-Jean-Baptiste. Les murs extérieurs de la mosquée sont les murs de la cour de l'ancien temple de Jupiter. Elle a servi de modèle à de nombreuses mosquées du Proche-Orient. L'immense ensemble fermé par un mur élevé se compose d'une cour et d'une salle de prière dont les trois nefs sont surélevées par un transept. De l'extérieur, la mosquée est dominée par la coupole du transept et, en premier lieu, par trois minarets, tous de style différent et remaniés à l'époque omeyyade. Enchâssée au cœur des souks de la vieille ville, cette mosquée est un havre de paix – la cour immense (122 m sur 55 m) est pourvue de portiques offrant une ombre qui invite les promeneurs à la méditation. Dans la partie ouest s'élève un petit édicule octogonal recouvert de mosaïques, surmonté d'une coupole et porté par huit colonnes massives aux chapiteaux corinthiens. C'est ici qu'étaient conservés les dinars de l'État omeyyade. Un édifice semblable se trouve à Jérusalem, près du Dôme du Rocher. La façade de la salle de prière est dominée par le transept surélevé. Le fronton de style byzantin est décoré d'une magnifique mosaïque à fond d'or. L'influence byzantine est indéniable mais, conformément aux préceptes de l'islam, les mosaïques ne comportent pas de représentation humaine. Les mosaïques du fronton figurent des arbres. Celles des murs du trésor et des portiques offrent une végétation luxuriante, des rivières, des villes et des palais. Les murs étaient couverts de plaquages de marbre. Selon l'historien arabe Muqaddasi, cette décoration somptueuse était destinée à détourner l'attention des musulmans de la beauté des édifices chrétiens.

Ill. page ci-contre, en bas à gauche

Mosaïques, mosquée des Omeyyades, Damas

Les mosaïques les mieux conservées, restaurées dans les années 1960, se trouvent sous le portique ouest. Elles ont probablement été effectuées par des artistes byzantins. Elles représenteraient le panorama sur la rivière du Barada.

Mosaïques, mosquée des Omeyyades, Damas

Les mosaïques sur fond d'or du vestibule, sous le portique ouest, figurent des plantes et des motifs géométriques – l'islam interdit en effet toute représentation humaine.

Mosaïques, trésor de la mosquée des Omeyyades, Damas

Le trésor (Baït al-Mal) de la cour de la mosquée des Omeyyades de Damas est également recouvert de mosaïques à fond d'or.

Mosquée al-Aqsa, Jérusalem

Le bâtiment de pierre fut construit au VIIIe siècle et remanié à de nombreuses reprises. L'édifice actuel est le fruit d'une restauration qui dura de 1924 à 1943.

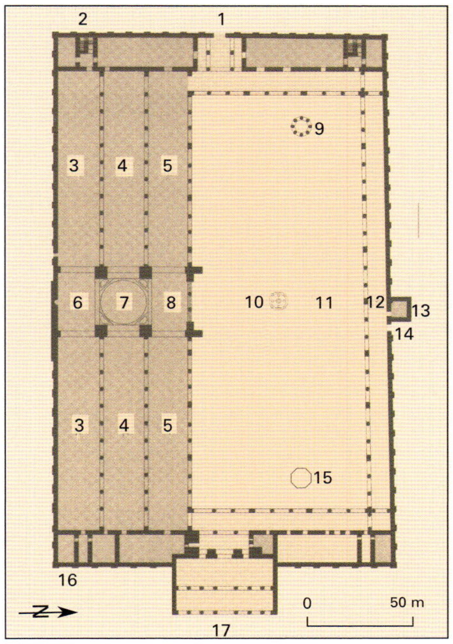

Plan de la mosquée des Omeyyades, Damas

1. Entrée ouest, 2. minaret ouest,
3. travée sud du mur de la *qibla*,
4. travée centrale de la salle de prière,
5. travée de la salle de prière côté cour,
6. travée centrale devant le *mihrab*,
7. « dôme de l'Aigle »,
8. travée nord de la nef centrale,
9. « coupole du Trésor », 10. bassin d'ablutions,
11. cour sur le téménos antique,
12. arcades de la cour, 13. minaret nord,
14. « porte du Paradis »,
15. « coupole des Heures », 16. minaret est,
17. entrée principale d'origine.

Ill. page ci-contre

Salle de prière de la mosquée des Omeyyades, Damas

Le plan d'origine de la mosquée des Omeyyades à Damas a été conservé dans son intégralité depuis sa construction. À gauche, on aperçoit le tombeau de saint Jean-Baptiste.

Les trois nefs de la salle de prière de la mosquée omeyyade sont portées par des arcades aux chapiteaux antiques supportant des arcs outrepassés. La coupole du transept, également appelée le dôme de l'Aigle, se trouve en face du mihrab. Maintes fois reconstruite, elle est aujourd'hui de style ottoman. À l'intérieur de la salle de prière, l'ambiance est détendue. Le croyant vient prier, se reposer, étudier ou demander conseil à l'un des respectables cheiks, assis près du tombeau de saint Jean-Baptiste. Selon une légende islamique, le monument de marbre abriterait la tête du saint, vénéré comme précurseur du prophète Jésus.

Parmi les mosquées omeyyades de la région, il convient de mentionner la mosquée al-Aqsa, érigée au sud du Dôme du Rocher, sur l'esplanade du Temple de Jérusalem. L'étude de sa construction révèle trois phases antérieures à l'époque des croisades. La première phase de construction, qui remonte à Abd al-Malik, vit la création d'un édifice de cinquante mètres de long. Il fallut bientôt l'agrandir car il se révélait insuffisant. Le calife le fit donc étendre d'une vingtaine de mètres vers le nord, jusqu'à la façade actuelle.

On doit également à al-Walid Ier l'ajout d'une nef centrale, surmontée d'une coupole. Divisée en seize travées, la salle de prière s'ouvre sur trois portes monumentales. Des poutres de cyprès – de 13 mètres de long – et des travées gravées soutenaient le plafond. Détruit en 747 lors d'un tremblement de terre, le plafond fut reconstruit en 780.

Architecture civile

Quelques bâtiments de l'architecture civile de la période omeyyade nous sont connus par des textes. C'est le cas du « palais Vert » de Mu'awiya, sa « maison du gouvernement » (Dar al-Imara), qui se trouvait au sud de la mosquée des Omeyyades à Damas. Des fouilles récentes ont montré qu'il avait probablement été démoli lors du réaménagement de ce quartier à l'époque ayyoubide ou mamelouke. Un autre palais de la même époque a été découvert à Jérusalem, près de l'esplanade du Temple, au sud-ouest de la mosquée al-Aqsa. Dès la fin des années 1960, on a mis au jour six grands bâtiments, vraisemblablement en rapport avec l'esplanade des mosquées. Le plus grand d'entre eux (84 m x 96 m) est considéré comme un palais dont l'étage supérieur était relié à la mosquée al-Aqsa par un pont.

Le palais omeyyade d'Amman fut édifié dans le mur d'enceinte romain, à l'extrême nord de la citadelle. Il se compose de deux parties organisées autour de cours et reliées entre elles par une allée bordée de colonnades. À l'est s'élèvent trois appartements dont les pièces sont disposées autour des

Voie à colonnades, Amman

La voie à colonnades reliait la salle de réception à la partie résidentielle du palais omeyyade.

Salle de réception du palais omeyyade d'Amman

La salle de réception du palais omeyyade sur la citadelle d'Amman est ornée d'un somptueux décor de niches destiné à impressionner les visiteurs. Comme le décor, le plan à quatre *iwans* est inspiré de l'architecture persane.

trois côtés d'une cour. Deux autres appartements sont attenants à la partie nord. On pénètre dans le palais par un vestibule décoré de motifs végétaux et géométriques, appelé le *qasr*.

Les « châteaux du désert » sont des édifices bien différents. Ces résidences s'élevant dans la steppe syro-jordanienne ont été construites par les califes et les émirs désireux d'échapper à la vie citadine. Elles vont du petit pavillon de chasse, tel que le Qasr al-Kharana, aux complexes plus importants. Ces résidences se trouvaient à proximité des voies empruntées par les tribus bédouines nomades, sur lesquelles les califes et les émirs asseyaient leur pouvoir. Elles devaient en outre être suffisamment éloignées des cités puritaines de La Mecque et de Médine pour que le maître de céans et ses convives pussent profiter sans contrainte des plaisirs de la vie.

Pavillon de chasse, Qasr al-Kharana

Le Qasr al-Kharana a tous les attributs d'un caravansérail, par son plan, mais aussi parce qu'il est placé au carrefour de deux pistes importantes du désert jordanien. En raison de son influence sassanide très marquée dans l'architecture et dans les décors, sa datation a longtemps été mise en doute.

Ill. ci-contre

Intérieur du Qasr al-Kharana

Certaines pièces ouvrent directement sur la cour centrale, autrefois entourée d'un portique.

Écuries, Qasr al-Kharana

L'aile ouest du rez-de-chaussée est occupée par le vestibule d'entrée, encadré par deux grandes pièces à piliers : les écuries. Les portes sont très hautes, pour laisser le passage aux animaux. Situé à mi-hauteur des murs, le décor de stuc est typiquement sassanide.

Forteresse, Qasr al-Hayr al-Sharqi

La fonction du petit château, construit à l'époque du calife omeyyade Hisham (en 728–729) n'est pas encore élucidée. Selon certains, il correspondrait à la partie résidentielle d'un grand complexe agricole. À gauche, on aperçoit le minaret de la mosquée, érigé à l'époque ayyoubide.

La chasse, les banquets et les joutes poétiques y étaient particulièrement appréciés. La poésie, le moyen d'expression préféré de l'âme arabe, fleurit de nouveau à l'époque omeyyade. Outre les thèmes traditionnels tels que l'amour ou la glorification de la vie bédouine, les cours voient la naissance de la poésie officielle qui se devait de chanter les mérites du Calife.

Deux « châteaux du désert » s'élèvent à l'est et à l'ouest de la ville oasis de Palmyre, Qasr al-Hayr al-Sharqi et Qasr al-Hayr al-Gharbi. Ils sont les héritiers des grands domaines agricoles de l'époque byzantine, dont certains étaient encore en activité à l'époque omeyyade. Ces deux ensembles sont clos par de grands murs – 3 km sur 6 km pour le premier, par exemple. En raison de leur situation, l'irrigation y jouait un rôle capital.

Entrée du mur d'enceinte du Qasr al-Hayr al-Sharqi

Arc à l'intérieur de l'entrée de la petite enceinte du Qasr al-Hayr al-Sharqi. Les peintures datent probablement de l'époque ayyoubide ou mamelouke.

L'eau du Qasr al-Hayr al-Gharbi était amenée par une conduite depuis le barrage de Harbaqa, situé à 30 km au sud. Des systèmes de canalisations souterraines, de bassins et de citernes alimentaient l'ensemble en eau, et permettaient l'épanouissement de jardins paradisiaques.

Le château lui-même se présente sous la forme d'un quadrilatère avec des tours d'angles et des demi-tours au milieu des côtés. La fonction défensive du bâtiment est toutefois mise en doute par la décoration de la façade.

La façade du Qasr al-Hayr al-Sharqi, entièrement reconstruite au musée de Damas, est ornée de stuc, de la base des murs aux créneaux. Le château est également décoré de sculptures en ronde-bosse représentant des figures humaines dans le style des reliefs palmyréniens.

La base des murs de part et d'autre de la porte d'entrée du Qasr el-Mchatta, dont une partie a été transportée au musée d'Art islamique de Berlin en 1903-1904, constitue un autre exemple frappant de la façade des « châteaux du désert » : elle est ornée de rinceaux de ceps de vigne parmi lesquels se détachent une multitude d'oiseaux, de fruits et de fleurs.

On entrait dans les appartements des « châteaux du désert » par une cour centrale entourée de portiques parfois surmontés d'un étage. Les bains sont un élément incontournable de ces installations, tout en étant souvent séparés du corps du château. Lieu de détente, le hammam comportait également une salle d'audience dans laquelle le maître des lieux pouvait recevoir et écouter les doléances de ses invités.

Statue en stuc, palais de Khirbet el-Mafdjar

2nde moitié du VIIIe apr. J.-C.
Stuc ; h195 cm (avec le socle)
Musée archéologique de Palestine (Rockefeller), Jérusalem

Cette statue en stuc représenterait le calife Hisham. Elle trônait autrefois dans la niche de la façade de la salle de réception, dans le palais de Khirbet el-Mafdjar.

Vue de la façade arrière du palais de Qasr el-Mchatta

L'ouvrage vraisemblablement commencé en 744 par le calife al-Walid II ne fut achevé qu'après sa mort. L'ensemble des murs d'enceinte était rythmé par des contreforts semi-circulaires.

Décor de l'entrée du palais de Qasr el-Mchatta

743–744 apr. J.-C.
Pierre ciselée ;
lg env. 460 cm, h env. 550 cm
Musées nationaux de Berlin, Preussischer Kulturbesitz, musée d'Art islamique

Décor taillé dans la pierre de l'entrée du Qasr el-Mchatta. Les moulures et les rosettes sont ornées de feuilles d'acanthe tandis que les rinceaux de vignes serpentent sur le fond. De styles très différents, les deux côtés de la porte ont sans doute été sculptés par deux ateliers distincts.

Vestibule d'entrée du palais de Khirbet el-Mafdjar

De part et d'autre de l'entrée se trouvent des banquettes (comme à Qasr al-Hayr al-Gharbi). Les murs étaient recouverts d'un décor stuqué.

Entrée du palais de Qasr el-Mchatta

L'entrée du palais (au premier plan) était décorée de stucs d'une finesse exceptionnelle, dont une grande partie se trouve actuellement au Pergamon-Museum à Berlin.

D'une richesse exceptionnelle, les fresques de Qusayr Amra (712–715 apr. J.-C.) représentent des thèmes de la vie princière : chasse à l'onagre, danseuses, scènes de bain, artisans construisant le palais ainsi que des hauts faits, des légendes et une composition très intéressante dans laquelle six rois du monde semblent faire acte de soumission à un prince musulman. Dans le décor des bains ou des palais, la figure humaine, sculptée ou peinte, est fréquente et parfois dénudée. Elle disparaîtra complètement après le début de l'époque abbasside, c'est-à-dire vers la fin du VIIIe siècle, suite à l'hostilité des milieux religieux.

Une petite mosquée, des maisons de taille variée et des greniers complètent la plupart des sites. Le complexe le plus représentatif est celui du Djebel Seis, bâti par le calife al-Walid Ier (705–715 apr. J.-C.).

À Qasr al-Hayr al-Sharqi, on a retrouvé, à côté du palais, les restes d'une ville dont le plan carré (166 m de côté) et les portes situées au milieu de chaque côté rappellent les camps romains. La mosquée se trouve à l'angle sud de l'ensemble.

Ill. en haut

Salle d'audience et bains, Qusayr Amra

La salle d'audience, les bains (ici, vus du sud) et une arrivée d'eau sont les seuls vestiges d'un ensemble beaucoup plus complexe.

Fresques, Qusayr Amra

Les fresques du palais représentent des scènes de la vie princière. Cette chasse à l'onagre se trouve au plafond de la salle froide du hammam.

Fresques du vestibule de Qusayr Amra

Les peintures du mur ouest du vestibule (photo de gauche) montrent des scènes de hammam. Au registre supérieur est figurée une scène de chasse à l'onagre. La nef est ornée de représentations d'artisans participant à la construction du château.

Ill. ci-contre

Balustrade de la grande fontaine de Khirbet el-Mafdjar

La fontaine dotée d'une balustrade se trouvait dans la cour d'honneur du palais de Walid ibn Yazid (724–743).

Ill. page ci-contre

Porte du palais de Qasr al-Hayr al-Gharbi

La porte du palais omeyyade telle qu'elle a été reconstituée sur la façade du musée national de Damas par Nassib Saliby. Le décor en stuc illustre parfaitement l'assimilation par les Omeyyades des répertoires décoratifs byzantin, sassanide et local.

Arcades de la mosquée de Qasr al-Hayr al-Sharqi

Situées dans la partie sud-est de la grande enceinte de Qasr al-Hayr al-Sharqi, les arcades appartiennent à l'ancienne mosquée.

Il existe d'autres exemples de villes omeyyades : al-Walid Ier fit construire la ville d'Andjar entre Beyrouth et Damas, dans le Liban actuel. Elle fut également bâtie sur un plan quadrangulaire avec deux grandes avenues se coupant au centre, matérialisé par un tétrapyle. Les voies, bordées d'arcades, s'ouvraient sur des boutiques. L'angle sud-est du site est occupé par un palais dont la façade alterne les pierres de taille et les briques. Un hammam a été mis au jour au nord. Le quartier sud-ouest était sans doute occupé par des habitations.

D'autres villes du même type sont connues : Madinat al-Far, sur le Balikh (Syrie), Amman et Aqaba en Jordanie. Ramlah, la plus grande d'entre elles, a été construite par le calife Sulayman (715–717). C'est elle, et non Jérusalem, qui était alors la véritable capitale de la Palestine.

Sur le terrain, la coupure entre la période omeyyade et la période abbasside est marquée par les effroyables dévastations d'un tremblement de terre qui détruisit, en 747, de nombreux sites en Jordanie et en Palestine, et qui est souvent évoqué dans les chroniques du Moyen Âge.

Palais d'al-Walid Ier, Andjar

Les arcades graciles de la façade de la grande salle d'audience furent restaurées dans les années 1950 à la suite des fouilles de l'émir Maurice Chéhab.

L'âge d'or des Abbassides

Le règne des Omeyyades représente une période fastueuse de l'histoire du Levant. Pourtant, le pouvoir fut violemment contesté et les querelles religieuses persistèrent. Les grandes familles de La Mecque et de Médine se sentaient lésées par le pouvoir de Damas et les nouveaux convertis s'insurgeaient contre la prépondérance arabe. La Syrie ne put faire face aux problèmes qui surgissaient de toutes parts : la révolution abbasside renversa le régime en 750. Les Abbassides descendaient d'un oncle du Prophète, al-Abbas. Ils organisèrent un mouvement clandestin en Perse, où il était facile de rallier les mécontents. Ils s'emparèrent de Merw en 747. En 749, ils nommèrent calife Abul al-Abbas al-Saffah, « le sanguinaire », dans la grande mosquée de Koufa. L'armée omeyyade fut vaincue à la bataille du Grand Zab, un affluent du Tigre, en 750. Pour éviter toute tentative de rébellion de la part des vaincus, Abul al-Abbas al-Saffah invita, sous prétexte de réconciliation, tous les membres de la famille omeyyade à un banquet. Il les fit tous massacrer. Un seul d'entre eux en réchappa : Abd al-Rahman, qui réussit à gagner l'Espagne pour y fonder une nouvelle dynastie omeyyade.

Le premier siècle abbasside fut une période de grandeur politique. Le calife, assisté de son vizir et d'une administration très centralisée, parvint à faire régner l'ordre dans la quasi totalité de l'empire musulman. Après le court règne d'al-Saffah, c'est son frère, al-Mansur (754–775), qui prit les rênes du pouvoir. Initiateur d'un grand mouvement intellectuel et scientifique, il réorganisa le califat. L'idéologie composite du sunnisme s'imposa peu à peu pour constituer une nouvelle base politique. Les Abbassides décidèrent avant toute chose de quitter la Syrie, fief omeyyade, marquée par les structures du pouvoir de la dynastie déchue. Ils se dirigèrent vers la Perse, à l'est. Une nouvelle capitale fut fondée sur le Tigre en 762, à l'emplacement de la future Bagdad. Madinat al-Salam, la « ville ronde », de quatre kilomètres de diamètre, était protégée par une double enceinte circulaire et un fossé de vingt mètres de large. Le palais et la mosquée se trouvaient au cœur de la ville. Rien ne subsiste de cette première ville, détruite en 813.

Haroun al-Rachid, « le Bien Guidé » (786–809), est le plus connu des califes abbassides grâce aux contes des Mille et Une Nuits et aux relations qu'il aurait entretenues avec Charlemagne, à qui il aurait accordé la protection armée des pèlerins chrétiens en route vers Jérusalem.

Mosquée abbasside, Raqqa

La mosquée abbasside fut construite en 772 par le calife al-Mansur puis remaniée par Nour al-Din. Ce dernier fait élever le minaret en 1165.

Emplacement du palais de Raqqa

Les fouilles dans la ville abbasside de Raqqa ont permis de mettre au jour un certain nombre de complexes palatiaux. Il s'agit ici d'une photo du palais ouest.

Les textes louent le luxe de sa Cour, sa piété et les succès remportés sur les Byzantins. Pourtant, sous son règne, les gouverneurs d'Ifriqiya (Afrique du Nord) se rendirent autonomes et amorcèrent le mouvement de désagrégation de l'empire musulman. La succession opposant ses deux fils al-Amin, de mère arabe, et al-Ma'mun, de mère persane, déclencha une guerre civile d'où al-Ma'mun (713–833) sortit vainqueur. Fin politique, al-Ma'mun sut également encourager la philosophie et la science. Il fonda à Bagdad la « Maison de la sagesse », dotée d'une importante bibliothèque et d'un observatoire astronomique.

Son frère, al-Mu'tasim (833–842), fit construire une nouvelle capitale sur le Tigre, Samarra, à 120 kilomètres en amont de Bagdad, pour échapper aux querelles religieuses et y stationner sa garde turque, mal acceptée par la population de Bagdad. Huit califes s'y succédèrent jusqu'en 892. La ville, en grande partie conservée, s'étendait sur une quarantaine de kilomètres et renfermait au moins treize palais avec d'immenses jardins. Un plan complet de la ville sera bientôt disponible. La céramique découverte lors des fouilles et des prospections récentes fait l'objet d'une étude en cours de publication. Les recherches ont montré que Samarra existait depuis bien plus longtemps que l'on ne pensait.

Les capitales du califat animaient un commerce qui s'étendait jusqu'en Inde et en Chine, développant ainsi une culture raffinée, friande de produits de luxe. Le raffinement gagna peu à peu tout le territoire sous domination abbasside, de la Perse à l'Égypte. Les capitales provinciales suivirent la mode de Bagdad. L'une des plus connues est la ville de Raqqa, au confluent de l'Euphrate et du Balikh. Raqqa fut fondée par le calife al-Mansur en 772 à l'emplacement de la ville byzantino-omeyyade de Callinicum, qui existait depuis l'époque hellénistique. Conçue comme seconde capitale, elle permettait de contrôler la riche province de la Djésireh et servait de poste avancé contre les Byzantins.

Son plan en fer à cheval serait une version modifiée de la ville ronde de Bagdad. Les deux tiers du mur d'enceinte, en brique crue, sont conservés. Ils sont renforcés par des tours rondes tous les 53 mètres. À l'intérieur, la grande mosquée, restaurée sous Nour al-Din en 1165–1166, conserve son plan d'origine : l'enceinte quadrangulaire avec des contreforts extérieurs rappelle les grandes mosquées mésopotamiennes de Samarra. La salle de prière à trois nefs et les portiques autour de la cour s'inspirent, quant à eux, de la mosquée des Omeyyades à Damas.

Au nord de la ville s'étend une zone résidentielle comportant plusieurs complexes palatiaux. Certains d'entre eux ont été fouillés dans les années 1950 et 1980. De plan rectangulaire, ils s'étendent sur une surface importante (8 500 m^2 pour le palais B et 18 700 m^2 pour le palais C) et s'organisent en plusieurs secteurs : immenses jardins, appartements privés pour le harem du prince, résidence officielle avec salle de réception, appartements pour les invités, bains et mosquées. L'enceinte est là aussi rythmée par des contreforts extérieurs. Dans le palais B, le sol et une partie des murs de la salle d'audience étaient recouverts de plaques de verre que faisait miroiter la lumière polychrome provenant des vitraux des claustras. Il y avait un plafond en bois peint. Les jambages des portes étaient décorés de stucs à décors végétaux, le plus souvent des grappes de raisin enlacées par des feuilles de vigne. Des fresques ont également été découvertes, ainsi que des inscriptions en style coufique mentionnant le nom du calife al-Mu'tasim.

Les divers ensembles étaient alimentés en eau par un ancien canal dérivant du Balikh et un second canal qui partait de l'Euphrate et qui avait été creusé à l'époque abbasside. Les récents travaux effectués sur les canaux dans la vallée de l'Euphrate ont montré l'intérêt économique de ces grands systèmes hydrauliques qui, mettant en valeur l'ensemble d'une région, permettaient d'en augmenter singulièrement les revenus agricoles.

À Héraqla, située à huit kilomètres à l'ouest de Raqqa, un curieux édifice a été mis au jour. Une enceinte ronde, toute en pierre, comportant quatre portes, entoure un bâtiment carré d'une centaine de mètres de côté. Il s'agit d'une grande terrasse renforcée par des tours d'angle. Il comporte un certain nombre de pièces intérieures inaccessibles dont les murs ne jouent qu'un rôle statique. Les seuls éléments fonctionnels sont les *iwans* s'ouvrant vers l'extérieur, au milieu de chacun des côtés. Ces salles entièrement ouvertes sur un côté, donnant en général sur une cour, se retrouvent dans l'architecture abbasside de l'est de l'empire. Jamais achevé, ce bâtiment est difficile à interpréter. Selon des sources écrites, il s'agirait d'une place forte édifiée en l'honneur d'une belle Byzantine, capturée par Haroun al-Rachid lors de sa victoire à Héraqla dans le Taurus. Il est aujourd'hui davantage considéré comme un monument commémoratif de sa victoire sur les Byzantins. Ce bâtiment reste le seul exemple d'une architecture de ce type au début de l'époque islamique.

Sous le règne des Abbassides, la vie se déroulait sans grand changement dans la plupart des villes du Levant. L'absence de monuments marquants en Syrie est due à la politique de rejet adoptée à l'encontre de la région.

Pour autant, le Levant n'est pas laissé à l'abandon. Cette idée est notamment infirmée par les recherches récentes en Jordanie et en Israël, qui attestent une occupation à l'époque abbasside.

La capitale Ramlah, fondée par le calife omeyyade Sulayman, continuait de prospérer. Les citernes dites de Sainte-Hélène – un important réservoir souterrain – sont datées par des inscriptions signalant leur construction en 789, sous Haroun al-Rachid. Le plan à six nefs est divisé en quatre travées par des arcades massives reposant sur des piliers cruciformes. Le tout est construit dans une pierre minutieusement taillée. Les arcs constituent l'un des plus anciens exemples levantins de l'utilisation de la forme ogivale. Le poids des murs au-dessus des arcades est atténué par des ouvertures formant une double arcade. On pouvait pénétrer dans la citerne recouverte de dalles par un escalier situé sur la face nord. Une ouverture rectangulaire pratiquée au sommet de chaque voûte permettait à vingt-quatre personnes de tirer de l'eau en même temps.

La troisième phase de construction de la mosquée al-Aqsa date également de l'époque abbasside – la nef centrale et deux travées situées au nord de la coupole avaient en effet été détruites par un tremblement de terre en 747. Les nouveaux piliers habillés de plâtre étaient peints selon une technique imitant le marbre. On doit à al-Muqaddasi une description de cet édifice selon laquelle le lieu saint comporte vingt-six entrées : sept de chaque côté de la porte d'entrée principale, au nord, et onze à l'est. La partie centrale du bâtiment était recouverte d'un toit en bâtière surmonté d'une magnifique coupole.

Frise du palais ouest de Raqqa

Le décor de cette frise est caractéristique du début de l'époque abbasside.

Inscription sur la citerne de Ramlah
Fin du VIIIe siècle apr. J.-C.
Papier ; lg 140 cm, l 110 cm
Archives Max van Berchem, Genève

Cette inscription sur la citerne de Ramlah date du règne du calife Haroun al-Rachid (786–809). Elle fut transcrite sur papier par Max van Berchem. Il s'agit d'inscriptions coufiques.

Ill. page ci-contre

Mosquée des Omeyyades, Alep

Le minaret de la mosquée omeyyade d'Alep, qui fu entièrement reconstruite par Nour al-Din en 1169 suite à un incendie, est le plus ancien monument seldjoukide de Syrie, daté de la fin du XIe siècle.

Le déclin du pouvoir abbasside

Après une période fastueuse d'un siècle environ, le pouvoir des Abbassides se mit à décliner rapidement. L'empire se morcela, les gouverneurs de province fondèrent des dynasties locales. Jusqu'à la destruction de Bagdad par les Mongols en 1258, les califes faisaient toujours partie de la même famille. De plus en plus coupés du peuple, ils avaient perdu tout pouvoir réel depuis longtemps et tombèrent peu à peu sous la tutelle d'émirs iraniens et turcs. En raison de sa position religieuse, le calife ne disposait que de fonctions représentatives tandis que les émirs géraient les affaires de l'État et contrôlaient l'armée.

Au début du Xe siècle, à partir de Mossoul (dans l'actuel Iraq), les Hamdanides réussirent à s'emparer de la Djésireh jusqu'à Alep. Sayf al-Dawla (944–967) établit une principauté solide et brillante à Alep qui se maintiendra jusqu'en 1002. Il se consacra, à partir de là, à la lutte contre les Byzantins et pilla, entre autres, le monastère Saint-Siméon (Qalaat Sémaan), au nord de la Syrie. Ses faits d'armes lui valurent une réputation de valeureux combattant, mais entraînèrent, en retour, le pillage en règle de sa ville par l'empereur byzantin Nicéphore II Phocas en 962. À cette occasion, les Byzantins reprirent Antioche, qui resta entre leurs mains jusqu'en 1085.

Pendant cette période, Sayf al-Dawla entretint de nombreux artistes à sa cour d'Alep. Sa ville supplanta largement en magnificence celle de Damas. On sait par les textes que les Hamdanides possédaient plusieurs places fortes dans l'ouest syrien, comme Qalaat Berzé ou le château de Saône (Qalaat Sahyoun). Il ne subsiste cependant aucune construction de cette période dans son état d'origine.

À la fin du IXe siècle, la secte chiite ésotérique des Qarmates, installée dans l'oasis d'el-Hasâ sur les rives du golfe Arabo-Persique, lança des campagnes de dévastation dans toute la steppe syrienne, jusqu'à Jérusalem. Les premières années du Xe siècle virent l'apparition de califats rivaux : lorsque les Omeyyades fondèrent leur dynastie à Cordoue en 929, les Fatimides avaient déjà instauré leur califat en 909 à Kairouan, dans l'actuelle Tunisie.

Ces derniers se présentaient comme les descendants directs d'Husseïn, fils d'Ali et de Fatima, la fille de Mahomet. Ayant des visées sur tout l'empire musulman, ils tentèrent à plusieurs reprises de s'emparer de la ville de Fustat (Le Caire) et y parvinrent finalement en 969. Ils en firent leur capitale. L'année suivante, ils s'emparèrent des villes saintes et entreprirent la conquête de la Syrie. Elle se révéla difficile en raison de la résistance des Qarmates, issus du même mouvement ismaélien. Vers 980, leur domaine s'étendait jusqu'à Tripoli. Leur pouvoir était fondé sur la légitimité de leurs califes en tant que descendants d'Ali. Ils s'appuyaient sur une armée puissante et une propagande efficace. Sous leur règne, l'Égypte retrouva une certaine prospérité. La présence d'une cour luxueuse au Caire favorisait l'artisanat. Sous le règne d'al-Hakim (966–1021), de nombreuses églises furent détruites, dont le Saint-Sépulcre en 1003, événement qui toucha profondément toute la chrétienté.

À Jérusalem, les Fatimides cherchèrent à renforcer le caractère sacré des sanctuaires. La mosquée al-Aqsa fut reconstruite, sur une surface plus réduite, et reçut un décor de mosaïques inspiré des modèles omeyyades. Le calife al-Zahir releva les murs de la ville vers 1030 ainsi que la porte occidentale, qui fut recouverte de mosaïques. C'est à cette période que Jérusalem commença à remplacer Ramlah en tant que capitale régionale, après les terribles des tremblements de terre qui la frappèrent en 1033 et 1068.

C'est dans ce contexte politique et religieux troublé qu'intervinrent les invasions seldjoukides. Sous la pression des Mongols, eux-mêmes poussés par les Chinois de la dynastie Song, des tribus entières migrèrent vers l'ouest. Les Seldjoukides qui, depuis l'est, s'emparèrent dans un premier temps des territoires de l'Iran actuel, conclurent un accord avec le calife de Bagdad. Ce dernier cherchait en effet à se libérer de la tutelle des Bouyides iraniens (945–1055), qui n'étaient pas en mesure de faire régner l'ordre dans l'empire. Entrés à Bagdad en 1055, les Seldjoukides prirent bientôt le contrôle de la Mésopotamie. Ils détenaient dorénavant le pouvoir militaire tandis que le grand vizir Nizam al-Mulk, d'origine persane, règnait sur l'administration de l'empire. Il ne restait au calife que le pouvoir spirituel.

Fatimides et Seldjoukides

Les sultans seldjoukides tentèrent de renverser le califat fatimide du Caire, qui contrôlait le sud du Bilad al-Sham, mais celui-ci trouva un défenseur efficace en la personne du préfet de Damas, Badr al-Djamali. Les sultans se tournèrent alors vers l'Empire byzantin. Alp Arslan écrasa l'armée byzantine à Manzikert en 1071 et captura le *basileus* Romain IV Diogène. Cette victoire marqua la fin de la domination byzantine en Asie Mineure et le début de l'installation des Turcomans en Cappadoce et en Arménie.

Pendant ce temps, Malik Shah (sultan de 1072 à 1092), le fils d'Alp Arslan, s'empara de Mossoul puis d'Alep (1070), et enfin de toute la Syrie – Damas fut prise en 1075. Son frère Tutush, nommé gouverneur de Syrie, se heurta aux Fatimides, et Jérusalem, prise une première fois en 1078, changea de mains à plusieurs reprises dans les années précédant la première croisade de 1099. Pendant un certain temps, Damas oscilla également entre les dominations fatimide et seldjoukide. La présence dans la région des Seldjoukides, qui disputaient aux Fatimides le contrôle du sud de la Syrie, ainsi que la faiblesse des Byzantins, alarment alors l'Europe et font germer l'idée de la croisade.

La mort de Malik Shah en 1092 amorça le démembrement de l'empire seldjoukide. Trop jeunes, ses enfants ne purent prendre la relève. Le pouvoir revint à leurs tuteurs, les *atabeg*, qui s'accaparèrent les différentes régions. À la mort de Tutush, en 1095, la Syrie passa aux mains de ses deux fils, Ridwan, à Alep et Duqaq, à Damas. Lorsque ce dernier mourut, en 1104, le véritable souverain était déjà son *atabeg* Tughtekin, lequel finit par prendre son indépendance et fonder sa propre dynastie, les Bourides.

Parallèlement, le terrorisme religieux fit son entrée dans le Bilad el-Sham. À la fin du XIe siècle, une nouvelle secte ismaélienne, issue d'un schisme au sein du mouvement fatimide, fit son apparition. Hassan ibn al-Sabbah transporta la nouvelle doctrine d'Égypte en Syrie, en Mésopotamie et en Perse. En 1090, il s'empara de la forteresse d'Alamut dans le nord de l'Iran actuel et la transforma en véritable base pour ses « Assassins » (de l'arabe *hachichiyin*, fumeur de haschisch). Les partisans de cette secte assassinèrent en public des personnalités politiques pour terroriser leurs ennemis. Le grand vizir Nizam al-Mulk fut leur première victime – il fut poignardé en 1092. Profitant de la faiblesse des Fatimides, qui, pour être les véritables maîtres du Levant, n'en étaient pas moins sujets aux pressions des Seldjoukides à l'est et des Byzantins au nord, les Assassins s'installèrent dans le nord de la Syrie, dans des forteresses imprenables.

Les Turcs seldjoukides tentèrent de réunir la majeure partie de l'empire en réalisant l'unité religieuse et en réorganisant le système éducatif, jusqu'alors à la charge des chiites ismaéliens. Ils créèrent des *madressehs*, dans le but de dispenser à l'ensemble du personnel administratif et religieux attaché au pouvoir le même enseignement juridique et religieux.

Porte de Bagdad, Raqqa

Cette porte fut élevée au milieu du XIIe siècle à l'angle sud-est de la fortification abbasside.

Les édifices de plan nouveau que sont les *madressehs* sont constitués de quatre grandes salles voûtées, les *iwans*, ouvertes sur une cour centrale. Ce plan se répand peu à peu dans tout l'empire, à partir d'Ispahan. Les monuments de l'époque seldjoukide se trouvent surtout dans l'actuel Iran. Peu sont parvenus jusqu'à nous dans la région occidentale de l'empire.

Le minaret de la grande mosquée d'Alep, construit entre 1090 et 1092, est le premier exemple de l'affirmation d'une architecture proprement syrienne à l'époque islamique. Situé au nord de la mosquée, à l'extérieur du bâtiment lui-même, le minaret de plan carré s'élève sur 45 m. Les murs sont divisés en quatre registres principaux, traités chacun d'une manière différente, mais qui préserve l'unité et l'équilibre de l'ensemble. Une inscription en coufique court entre les registres. Au-dessus de la dernière ligne de niches en *mouqarnas* se trouve la galerie du muezzin, couverte d'une véranda en bois.

Des études architecturales et archéologiques ont montré que de nombreux édifices croisés avaient été bâtis sur d'anciennes constructions. À Damas, certaines parties de la citadelle remontent à l'époque seldjoukide. Le plan général de l'édifice était semblable à celui d'aujourd'hui, quoique plus réduit, car la citadelle d'origine a été doublée à l'époque ayyoubide. Une sorte de couloir a ainsi été aménagée entre les enceintes des deux périodes. La porte sud, intégrée dans la maçonnerie ayyoubide, était encadrée par deux tours demi-cylindriques.

Le Levant compte peu d'édifices de cette époque qui nous soient connus. Des fouilles archéologiques récentes nous apprennent toutefois que toute la région était habitée dès la période abbasside – une découverte que l'on doit surtout aux progrès des études sur la céramique. Au début des années 1990, de nombreux sites riches en céramique émaillée ont été découverts en Syrie, notamment à al-Mina (à proximité d'Antioche), Raqqa et Qalaat el-Rahba. Elles témoignent de nouvelles techniques décoratives, également utilisées en Égypte et en Perse.

Iwan du Qasr el-Banat, Raqqa

L'*iwan* se situe dans la partie arrière de la cour du Qasr el-Banat, édifié au XIIe siècle.

Forteresse arabe, Maarrat an-Numan

La citadelle arabe de Maarrat an-Numan fut prise lors d'un siège au cours de la première croisade. Après avoir massacré l'ensemble de la population, les troupes croisées, affamées, se seraient livrées à des actes de cannibalisme.

La formation des États latins d'Orient

Les croisés de l'Occident chrétien débarquèrent sur les côtes levantines en des temps de troubles politiques et, dans une moindre mesure, religieux. Les croisades mobilisèrent les forces islamiques de tout le Bilad el-Sham, la Syrie historique, jusqu'à Bagdad, et marquèrent ainsi profondément la région.

Les croisades, au nombre de huit, furent le fruit d'une évolution de la pensée chrétienne face à la présence musulmane au Proche-Orient. La naissance de l'empire seldjoukide en Asie Mineure et la présence almoravide en Espagne avaient alarmé la chrétienté. La première croisade fut lancée après l'annonce du pape Urbain II, au concile de Clermont, le 27 novembre 1095, de son intention de mener une guerre sainte pour reconquérir Jérusalem et le tombeau du Christ. Par cet appel, le pape canalisa les ambitions des chevaliers vers un objectif commun et ramena un peu d'ordre dans un monde féodal occidental déchiré par d'incessantes querelles.

Le première croisade fut menée par quatre grands chevaliers d'Occident : Raymond de Saint-Gilles, comte de Toulouse, Godefroy de Bouillon, seigneur de Basse-Lotharingie, Hugues de Vermandois, frère du roi Philippe Ier, seigneur d'Île-de-France et de Champagne, et Bohémond Ier, accompagné de son neveu Tancrède, qui règnaient sur l'Italie du sud et la Sicile. Des bandes de gens du peuple, animés par une puissante ferveur religieuse, se mirent en route avec les croisés, en août 1096. En Asie Mineure, les croisés durent faire face aux Byzantins chrétiens orthodoxes, considérés comme des hérétiques, de même qu'aux Turcs seldjoukides et aux Arméniens chrétiens en Cilicie. Tandis que les pèlerins de la « croisade populaire » furent repoussés aux portes de Byzance, l'empereur byzantin craignant pour la sécurité de la ville, les barons s'y rassemblèrent. Après avoir aidé l'empereur à vaincre les Turcs à Dorylée en 1097, les barons lui firent acte d'allégeance et lui promirent de lui rendre, en cas de victoire prochaine, les territoires pris à l'Empire byzantin par les Turcs.

Baudouin de Boulogne, qui soutenait les Arméniens contre les Turcs, se proclama bientôt comte d'Édesse. Les Francs, ainsi qu'étaient généralement appelés les croisés, marchèrent sur Antioche, qui tomba après sept mois de siège, suite à une trahison. C'est à Bohémond que revint cette immense forteresse, flanquée de cent cinquante tours, qui s'étendait sur une dizaine de kilomètres. Le deuxième État latin d'Orient, avec Antioche pour centre, était limité à l'est par l'émirat d'Alep et, au nord, par Byzance. Mais pour les croisés, il n'était plus question de rendre Antioche à Byzance.

Citadelle de Jérusalem

Réaménagée au XIe siècle par les croisés, la citadelle de Jérusalem fut plusieurs fois détruite et reconstruite au cours du XIIe siècle. L'état actuel date en grande partie de l'époque mamelouke (1310). Certaines adjonctions, telles que le minaret, ont été réalisées à l'époque ottomane.

Remparts de la ville, Jérusalem

Les remparts de la ville de Jérusalem (ici au sud de la citadelle) ont été reconstruits au début de l'époque ottomane.

Mosquée al-Jazzar, Acre

Sous la mosquée al-Jazzar, construite en 1781, s'étendent de grandes salles voûtées, aujourd'hui transformées en citernes, qui appartenaient à l'église Saint-Jean des Hospitaliers.

À la fin de l'année, les croisés prirent la petite ville de Maarat an-Numan. Contrairement aux assurances données par Bohémond, la population fut massacrée et les foules fanatisées accompagnant les chevaliers se livrèrent à d'atroces actes de cannibalisme.

Parvenus à Jérusalem en 1099, les croisés préparèrent le siège en priant et en jeûnant. Ils prirent la ville le 15 juillet et se livrèrent, là encore, à un effroyable massacre : tous les habitants musulmans et juifs furent passés au fil de l'épée. Le Proche-Orient était sous le choc. La population chrétienne de Jérusalem, majoritaire à l'époque, avait été chassée de la ville par les défenseurs musulmans par crainte de trahison. Godefroy de Bouillon prit le titre d'« avoué du Saint-Sépulcre ». À sa mort, Baudouin Ier, comte d'Édesse, lui succéda et devint roi de Jérusalem.

Les Francs ne contrôlaient qu'un petit territoire, situé entre la Syrie et l'Égypte. La plupart des chevaliers étaient retournés en Europe après la prise de la Ville sainte – objectif de la croisade. Toutefois, aidés par la flotte des villes marchandes italiennes et par l'afflux de pèlerins chrétiens souhaitant s'installer en Terre sainte, les Francs parvinrent à agrandir leur territoire. Ils s'assurèrent la possession de toutes les villes côtières situées entre Ascalon et Beyrouth (Sidon, Tyr, Haïfa, Césarée et Jaffa) et construisirent des forteresses dans le but de couper Damas de la Méditerranée.

Acre, port principal de Damas, tomba en 1104. Rebaptisé Saint-Jean-d'Acre, le port devint la principale base navale des croisés. C'est là que débarquaient la plupart des pèlerins et des troupes militaires. La ville entra dans une période de relative prospérité en devenant un grand centre de transactions commerciales. Les ports de moindre importance, tel que Césarée, cessèrent de se développer. Une partie de la ville franque d'Acre a fait l'objet de fouilles archéologiques.

Krak de Montréal (Chaubak)

Cette forteresse fut édifiée à partir de 1115 sur ordre de Baudouin Ier, roi de Jérusalem, afin de contrôler la route entre la Syrie et la mer Rouge. Les éléments qui ont échappé au démantèlement ottoman appartiennent principalement à la reconstruction mamelouke.

La prise du Krak de Montréal, en 1115, consolida l'empire au sud jusqu'à la mer Rouge et facilita le contrôle des bédouins du nord de l'Arabie, d'une part, et celui des relations entre Damas et Le Caire, d'autre part. La forteresse bénéficiait d'une situation idéale pour piller les caravanes des pèlerins en route vers La Mecque. C'est dans le même objectif que furent construites les forteresses des rives du wadi Mûsa.

Wueira, l'une de ces forteresses, est un *castrum* rectangulaire, abandonné en 1188 après avoir été détruit par Saladin. Elle n'a subi aucune modification depuis le XIIe siècle. Les archéologues ont parfaitement répertorié les tours, les camps, les logements et la chapelle. Le plan de la forteresse el-Habis, en revanche, est bien différent. Les murs épousent le relief du terrain. Certainement détruite par un tremblement de terre entre 1157 et 1170, cette forteresse est une véritable mine de renseignements pour les spécialistes de l'architecture croisée.

Tripoli ne fut prise qu'en 1109. Elle fut alors attribuée à Bertrand de Saint-Gilles. Le comté (1109–1289) est limité au nord-est par le Djebel Ansariya, le domaine des assassins, et par le Mont Liban à l'est. La trouée de Homs est surveillée par la tour de Safita (Chastel Blanc) et par le Krak des Chevaliers. Les Francs sont les premiers à prendre leurs quartiers dans les forteresses conquises : dans la forteresse arabe de Hosn al-Akrad, le futur Krak des Chevaliers, et le *castrum* byzantin, encore visible aujourd'hui dans l'enceinte du château de Saône (Qalaat Sahyoun).

Église franque de la forteresse de Chaubak (Krak de Montréal)

L'église franque de la forteresse de Chaubak rappelle, par certains aspects, celles de Safita, Tartous et Jérusalem.

Château de Saint-Gilles, Tripoli

Le château fut construit sur le mont Pèlerin en face de la ville, lors du siège de Tripoli par le comte Raymond de Saint-Gilles, à la fin de la première croisade (début du XIIe siècle).

Château de Saint-Gilles, Tripoli

Les fondations de l'édifice croisé ont été mises au jour à l'angle sud-ouest du château. La photo de gauche représente le grand *iwan* de l'époque mamelouke et celle de droite, l'une des pièces de la courtine croisée.

L'organisation des États latins d'Orient reproduisait celle des monarchies occidentales. La haute cour, où se discutaient toutes les affaires du royaume, était composée de tous les vassaux du roi. Cependant, les grands seigneurs étaient les plus influents et la décision du roi primait. C'est lui qui distribuait les fiefs – des villes en pleine croissance grâce à l'afflux d'immigrés occidentaux, aux seigneurs et les villages aux chevaliers. On connaît peu de choses sur l'administration des villes et villages croisés. Des fouilles organisées en Israël témoignent de l'importance de l'implantation croisée dans les campagnes. Un quartier de cette époque a été mis au jour a Césarée. À Tell Bashir (Turbessel), dans le comté d'Édesse, une ville fortifiée s'étendait au pied de la forteresse.

Céramique décorée, al-Mina
Fin du XIIe–début du XIIIe siècle
Céramique ; d 23,7 cm
Victoria and Albert Museum, Londres

Céramique au décor gravé sur engobe et recouvert de glaçure polychrome (*sgraffiato*). Cette assiette a été réalisée dans les ateliers d'al-Mina, près d'Antioche.

Les Francs ne réformèrent pas l'administration locale mais supprimèrent le système judiciaire musulman et ses cadis pour régler eux-mêmes les affaires de justice. Ils percevait la capitation sur l'ensemble des populations soumises, qui vivaient principalement dans les campagnes. Le statut des chrétiens orientaux ne différait en rien de celui des musulmans.

Cependant, le roi de Jérusalem, le prince d'Antioche et les comtes de Tripoli et d'Édesse virent peu à peu leur pouvoir s'étioler. Les continuelles vagues d'immigration obligèrent à fonder de nouvelles seigneuries dans un pays à l'étendue relativement limitée. Les grands seigneurs fortifièrent leurs positions au travers d'alliances, tandis que la condition des chevaliers, de moins en moins bien lotis, se détériorait. Outre le renforcement de la noblesse, le roi devait faire face à la puissance des ordres militaires nouvellement créés.

Fondé à Jérusalem au milieu du IXe siècle, l'ordre des Hospitaliers veillait à la sécurité des chemins empruntés par les pèlerins hors des villes et des forteresses tenues par les Francs. L'ordre des « Pauvres Chevaliers du Christ », fondé en 1118 par Hugues de Payns, jouait le même rôle. En 1119, ils prirent le nom de Templiers en raison de leur implantation sur l'esplanade du Temple de Salomon. À l'image des Cisterciens, les membres de l'ordre faisaient vœu d'austérité et de pauvreté. Ils combinaient par ailleurs les vocations monastique et chevaleresque. Les chevaliers portaient sur leur armure un manteau blanc marqué d'une croix rouge.

Le rôle de ces deux ordres évolua peu à peu. Formant des armées permanentes, ils devinrent indispensables à la défense des frontières. Riches, contrairement à leur vœu, et bien organisés, ils assuraient l'entretien et l'agrandissement des forteresses, dont le fonctionnement se révèlait trop lourd pour le roi et les princes. Les Hospitaliers et les Templiers formèrent peu à peu une force indépendante du roi et de l'Église. L'ordre des chevaliers Teutoniques apparut longtemps après celui des Hospitaliers et des Templiers, en 1198. Ses possessions se limitaient alors à la citadelle de Montfort.

Cette période fut marquée par la reconstruction et les aménagements de sites fortifiés. Il s'agissait aussi bien de la fortification de villages entiers que de la construction d'une simple tour. Les croisades entraînèrent des progrès considérables en matière d'architecture militaire. Lors du siège d'Antioche, les Francs se heurtèrent pour la première fois à une forteresse en pierre de dimensions impressionnantes. Leurs propres fortifications, en Occident, leur paraissaient alors bien légères. La plupart de leurs forteresses, en Occident, étaient faites de bois et de terre, la pierre étant réservée aux édifices religieux.

Les croisés réutilisèrent la pierre d'anciens édifices. Ils acquirent peu à peu les nouvelles techniques de construction, comme les tours rondes et la voûte. Ces diverss apports, ainsi que le progrès de l'armement, firent évoluer les formes et contribuèrent à la mise en place du plan des forteresses.

Lors des travaux archéologiques, il s'avère difficile de faire une distinction chronologique, au moyen de la céramique, à l'intérieur du siècle et demi d'occupation croisée. Les propections et les fouilles effectuées sur des sites datés des XIIe et XIIIe siècles montrent une coupure dans la répartition des différentes productions céramiques, qui se situe entre la zone montagneuse des citadelles, à l'ouest, et la steppe, à l'est. Cependant, pour les céramiques luxueuses, les recherches ont révélé qu'il n'y avait pas de produit propre à la Palestine à l'époque médiévale et que les importations de céramiques de luxe provenaient de Chypre, de la Syrie musulmane, de l'Italie du Sud et de la Sicile, ainsi que de la région d'Antioche.

Forteresse de Montfort

La forteresse de Montfort fut démantelée par Baïbars, en 1271, après la reddition des chevaliers Teutoniques qui obtinrent la liberté en échange de leur trésor.

Château de Saône (Qalaat Sahyoun)

Cette vue du château de Saône illustre diverses périodes de construction sous différents seigneurs : à droite, les murs de la citadelle byzantine, à gauche, la tour d'entrée croisée et, au centre, la mosquée mamelouke.

Aqueduc, Césarée

La Césarée byzantine puis croisée a été construite avec des remplois de ruines antiques.

Château croisé, Musayla

Construit au XIIe siècle sur un piton rocheux, le château de Musayla servait de tour de guet sur la route reliant Beyrouth à Tripoli. Le pont au premier plan date sans doute de la même époque.

La mobilisation musulmane face à la menace franque

Bloquant les communications entre la Syrie et Le Caire, l'extension du royaume de Jérusalem jusqu'en Transjordanie poussa les musulmans à réagir. Contrairement aux croisés, les musulmans ne disposaient pas d'une cavalerie lourdement cuirassée, mais d'armements légers qui leur conféraient plus de souplesse. Utilisant le plus souvent l'effet de surprise, ils livrèrent plusieurs batailles meurtrières.

Tandis que les Fatimides lançaient cinq offensives contre le royaume de Jérusalem, entre 1101 et 1105, les émirs de Mossoul, Alep et Damas s'organisèrent et firent subir de lourdes pertes aux Francs à Harran en 1104, et à Édesse en 1110 et 1111. Al-Ghazi, l'émir de Diyarbakir, qui combattit sans relâche les croisés, anéantit bientôt l'armée de Roger de Salerne, prince d'Antioche, près d'Atareb.

À la mort de Baudouin Ier de Jérusalem, en 1118, son cousin, qui dirigeait le comté d'Édesse, lui succèda sous le nom de Baudouin II. Il laissa les rênes du pouvoir d'Édesse à son vassal Jocelin. Ce dernier fut fait prisonnier en 1122 par al-Ghazi. Quelques mois plus tard, capturé lors d'une chasse au faucon, Baudouin II rejoignit Jocelin dans sa geôle. Ils furent tous deux libérés dans des conditions extraordinaires.

Les musulmans ne surent pas tirer parti de leurs victoires. D'une part, les divers émirats n'étaient pas toujours prêts à s'entraider, d'autre part, ils craignaient de perdre leur autonomie en faisant trop souvent appel aux services des Seldjoukides de Bagdad. Enfin, les attaques des Assassins déstabilisèrent le pouvoir sunnite : Mawdoud, l'émir de Mossoul victorieux des Francs, fut poignardé par un l'un d'eux.

La volonté de réunifier le monde musulman par la force des armes assura la renommée d'Imad al-Din Zangi. Il fonda la dynastie des Zangides, qui marqua le destin du Levant jusqu'à la prise de pouvoir par les Ayyoubides, en 1171. En 1126, Zangi hérita du trône de Mossoul et prit Alep en 1128. L'année suivante, il s'empara d'Hama mais échoua devant Homs et Damas. Peu après, il prit la forteresse d'Atareb aux croisés, située entre Alep et Antioche, et la fit détruire. En 1137, après un autre siège sans succès de Homs, il décida d'attaquer la forteresse de Barin (Montferrand). Appelé en renfort, le roi Foulques de Jérusalem, successeur de Baudouin II, fut battu. Les assiégés durent capituler. En 1138, Zangi poursuivit l'armée de Jean II Comnène de Byzance qui battit en retraite vers Antioche après le siège infructueux de Chaizar. Il fit de nombreux prisonniers et s'empara d'un butin considérable. La même année, Homs lui fut livrée. La garnison de Baalbek fut détruite. Un nouveau siège de Damas fut vain, le commandant de la ville soutenant les croisés. Quelques années après, il mit fin au comté d'Édesse et mourut deux ans plus tard au cours du siège de Qalaat Djabar. Ses possessions furent partagées entre ses deux fils, Alep revenant à Nour al-Din Mahmud. C'est avec beaucoup d'habileté que ce dernier poursuivit le rêve de son père, l'unification de l'Orient musulman. Tandis que les États latins du nord se virent amputés de la moitié de leur territoire, les Francs s'employèrent à fortifier la région du royaume de Jérusalem en construisant notamment des forteresses autour d'Ascalon, en Transjordanie et en Galilée (1135–1146).

Château croisé, Musayla

Le château de Musayla aurait abrité une garnison de Saladin après la bataille de Hattin.

La chute du comté d'Édesse, qui entraîna la perte de toute une principauté franque, ranima l'idée de la croisade. Entendu par les chevaliers, l'appel de l'abbé cistercien Bernard de Clairvaux fut, cette fois-ci, également suivi par les rois. Le roi Louis VII et l'empereur allemand Conrad III se lancèrent dans la deuxième croisade, qui se révéla bientôt un véritable fiasco. À son arrivée en Syrie, en 1148, l'armée allemande fut décimée, les survivants regagnèrent alors leur pays. L'armée de Louis VII, qui avait subi moins de pertes, décida de prendre Damas, sur la route de Jérusalem, mais capitula devant les troupes musulmanes d'Alep et de Mossoul appelées en renfort. Elle quitta elle aussi la Terre sainte.

Ill. en haut à gauche

Mosquée ottomane, Césarée
Les rues de la ville franque de Césarée sont pavées de marbre de Carrare provenant de ruines. À l'arrière-plan, la mosquée ottomane.

Ill. en haut à droite et en bas

Château de Musayla
Selon des sources locales, les successeurs de Saladin auraient reconstruit le château au XVIe siècle.

À la fin de l'année 1150, avec la prise d'Apamée (Qalaat al-Moudiq), de Harim, de Tell Bashir et de plusieurs autres places fortes, la frontière des possessions islamiques se déplaça de l'Euphrate à l'Oronte. Nour al-Din tenta à plusieurs reprises de s'emparer de Damas, sous divers prétextes. À chaque fois, le gouverneur de la ville fit appel aux Francs jusqu'à ce qu'il reconnût, en 1151, la suzeraineté de Nour al-Din. En dépit de cette décision, la ville garda son indépendance. En 1152, la prise de Tartous permit de couper les communications entre les Francs du comté de Tripoli et ceux de la principauté d'Antioche. Pour sa propre communication, Nour al-Din créa la poste aux pigeons. L'année suivante, grâce à une propagande habile, il gagna la confiance de la population de Damas, dont le gouverneur se retira à Homs. En associant faits d'armes et manœuvres politiques – plusieurs trêves furent signées avec Antioche, Jérusalem et Byzance –, Nour al-Din consolida ses positions et agrandit son territoire. En 1155, il prit Baalbek, puis Baniyas en 1157. La même année, il dut réaménager les défenses des châteaux endommagés par les séismes qui avaient secoué la Syrie.

Il s'employa, dans les années qui suivirent, à récupérer les anciennes possessions du comté d'Édesse dont s'étaient emparé ses voisins musulmans, les Seldjoukides d'Asie Mineure. Les défaites de Harim et de Qadesh nuisirent à la popularité de Nour al-Din.

Dès lors, Nour al-Din décida de faire également usage de l'arme religieuse. Il fit construire ou reconstruire toute une série de monuments afin d'assurer la diffusion de l'orthodoxie sunnite – il s'agissait notamment de mosquées, telles que la grande mosquée d'Alep. Élaborée sous les Seldjoukides, la *madresseh* prit toute son ampleur dans ce contexte politique et religieux. Nour al-Din en fit construire une quarantaine dans le monde musulman sous son autorité. On y enseignait le droit tandis que les traditions relatives à la vie du Prophète furent transmises dans les *dar al-hadiths*, établissements similaires. La *madresseh* Moqadamiya d'Alep était une ancienne église convertie en école coranique en 1168, en réaction au siège de la ville par les croisés.

On trouve, dans la mosquée Mabrak de Bosra, l'un des premiers plans de *madresseh*, daté de la période entre la fin du XIIe et le début du XIIIe siècle. Selon la légende, l'édifice s'élèvait

Qalaat al-Moudiq, Apamée

La Qalaat al-Moudiq arabe, dans la vallée de l'Oronte, marque la limite entre la zone tenue par les Arabes, à l'est, et le domaine croisé, à l'ouest.

Forteresse de Qalaat Djabar, comté d'Édesse

Dès la première croisade, la forteresse de Qalaat Djabar est intégrée au comté d'Édesse. Les Arabes la reprennent en 1149. Une grande partie de l'édifice fut construite sous Nour al-Din (1146–1174).

Salle de prière de la madrasa Halawiyya, Alep

La salle de prière fut construite au XIIe siècle à l'emplacement de la cathédrale Sainte-Hélène. Les colonnes de la cathédrale d'origine ont été conservées.

Citadelle de Rahba

Construite à la fin du XIIe siècle, cette citadelle est la plus orientale du Bilad el-Sham. Située sur la route reliant le Levant à l'Iraq, qui traverse ici l'Euphrate. La ville qui s'étend au pied du château, fouillée par des archéologues syriens et français, était l'une des plus importantes villes de l'Euphrate au Moyen Âge.

à l'endroit où s'était reposée la chamelle qui avait apporté la première copie du Coran en Syrie.

À partir de 1163, date à laquelle Amaury succéda à son frère Baudouin III comme roi de Jérusalem, les Francs s'intéressèrent de plus en plus à l'Égypte, où le califat fatimide était moribond. Au cours du règne du calife mineur et sans pouvoir, les vizirs se succédèrent et se combattirent sans relâche. Après neuf mois de règne, le vizir Chawar, qui avait pris le pouvoir en 1162, fut destitué et demanda de l'aide à Nour al-Din en l'échange de l'assurance de son soutien. Les Francs profitèrent de la situation et attaquèrent l'Égypte en 1168. Nour al-Din envoya alors une armée conduite par Chirkuh tandis que lui-même faisait diversion auprès des Francs en attaquant avec succès les places de Harim et de Banyas. Après son rétablissement en Égypte, Shawar ne tint pas parole et se tourna à nouveau vers les Francs pour se débarrasser de l'armée zangide stationnée dans son pays. Les nombreuses querelles de pouvoir en Égypte se soldèrent par la victoire des Zangides sur les Francs. Chirkuh retourna en Syrie et se vit attribuer, en récompense, les fiefs de Homs et de Rahba. La même année, la prise d'Arqa permit d'assurer la liaison entre Tartous et Chastel Blanc (Safita). L'année suivante, après d'habiles négociations, la forteresse de Qalaat Djabar, sur la rive gauche de l'Euphrate, revint à Nour al-Din, lui assurant ainsi le passage vers Mossoul.

En 1169, Chirkuh prit la tête du vizirat d'Égypte. Lorsqu'il mourut deux mois plus tard, il fut remplacé par son neveu Salah al-Din Yusuf al-Ayyoubi, connu sous le nom de Saladin dans la littérature occidentale. Profitant de l'engagement des Francs en Égypte, Nour al-Din étendit son territoire jusqu'à Mossoul, dont il s'empara en 1171. Assez rapidement, Saladin et Nour al-Din se trouvèrent en conflit sur la façon de mener la guerre contre les Francs. Saladin, fort de son pouvoir en Égypte, avait besoin de la barrière franque dressée entre lui et ses maîtres syriens pour conserver son indépendance. C'est pour cette raison que, par deux fois, en 1171 et en 1173, il fit en sorte que le siège de Kérak n'aboutît pas. La mort subite de Nour al-Din, en 1174, au moment où celui-ci s'apprêtait à gagner l'Égypte pour rappeler à l'ordre son lieutenant, assura le pouvoir de Saladin.

Le plus grand des Zangides fut inhumé à Damas, dans la *madresseh* funéraire qu'il s'était fait construire au sud-ouest de la grande mosquée. La *madresseh* Nuriye (1167–1172) conserve encore partiellement son plan d'origine. Le dôme en *mouqarnas*, qui couvre la chambre funéraire, est, avec l'entrée du *bimaristan* Nour al-Din, hôpital que le souverain fit construire en 1154, l'un des rares exemples de cet élément typiquement mésopotamien à Damas.

Ill. page ci-contre

Intérieur de la mosquée des Omeyyades, Alep

Le tombeau visible à gauche du *mihrab* contiendrait la tête de Zacharie, le père de saint Jean-Baptiste. La relique de Zacharie et le tombeau de Jean-Baptiste situé dans la mosquée omeyyade de Damas témoignent de la place qu'occupaient certains personnages du Nouveau Testament dans l'islam syrien.

L'architecture des forteresses

La contre-offensive des musulmans s'accompagna d'une grande activité de construction défensive de part et d'autre des nouvelles frontières. Le Krak des Chevaliers, aux mains des croisés depuis 1110, est le plus bel exemple de château fort du Levant, et le mieux conservé. Il est à lui seul une sorte de synthèse de l'architecture militaire intégrant les nouveaux concepts de fortification nés des croisades. Conçue pour la guerre défensive, la construction devait répondre à plusieurs impératifs. Pour résister aux sièges, le bâtiment devait être difficile à attaquer et à pénétrer – c'est pourquoi il ne comportait qu'une seule entrée, suffisamment grande toutefois pour permettre le passage des chevaux. Les poternes, issues de secours destinées au seigneur, étaient fréquentes et s'accompagnaient parfois de passages souterrains. La forteresse était située sur un piton rocheux ou entourée d'un fossé, auquel cas un pont-levis était nécessaire. L'eau, si importante en cas de siège, était fournie par des réservoirs situés à l'intérieur même de la forteresse.

Glacis de la citadelle du Krak des Chevaliers

Les flancs de la forteresse intérieure du Krak des Chevaliers sont revêtus d'un glacis d'une stéréotomie irréprochable. Le réservoir d'eau construit entre les deux enceintes est alimenté par un aqueduc extérieur qui collectait les eaux de pluie. Il servait également de front de défense en avant du donjon.

Logements des soldats du Krak des Chevaliers

Les cuisines et les logements des soldats sont installés contre le mur nord-ouest de la forteresse intérieure. Cette salle mesure 120 mètres de long.

Ill. page ci-contre

Galerie de style gothique rayonnant, Krak des Chevaliers

La galerie de style gothique rayonnant, accolée à la « grand' salle » est une addition à la construction datant de la seconde moitié du XIIIe siècle.

Forteresse de Marqab (Margat)

La forteresse de Marqab est installée sur un cône basaltique dont fut extraite la pierre de construction. Elle contrôlait la principale route reliant l'Asie Mineure à la Terre sainte.

Ill. ci-contre

Grande salle d'honneur de la forteresse de Marqab

La grande salle d'honneur de la forteresse de Marqab est construite au-dessus d'une citerne permettant de stocker l'eau nécessaire à l'ensemble de la citadelle.

Ill. page ci-contre, en bas à gauche

Chapelle de la forteresse de Marqab

La chapelle date de la première phase de construction, réalisée par les Hospitaliers (à la fin du XIIe siècle). Elle est un bon exemple de l'architecture austère des croisés, inspirée par les prémices du style gothique en France.

Ill. page ci-contre

Fossé du château de Saône (Qalaat Sahyoun)

Dans le fossé du château, on aperçoit l'aiguille de pierre qui soutenait le pont-levis.

Dans le cas du château de Saône, bâti sur un éperon rocheux, du château d'Édesse et de celui de Qalaat al-Rabadh, plus tardif (1185), une pile a été laissée lors du creusement du fossé pour soutenir le pont. Un glacis abrupt fait la liaison entre la roche et la citadelle. Hautes et épaisses, les murailles extérieures étaient renforcées par des tours afin de résister aux projectiles des catapultes. Elles étaient dotées de meurtrières et de chemins de ronde servant à la surveillance et la défense des abords. Les forteresses à deux étages, telles que le Krak des Chevaliers et la forteresse de Marqab, comportaient une seconde enceinte complètement indépendante, le château lui-même. On y accèdait par de larges rampes, prévues pour le passage des chevaux, puis par une porte unique, munie d'une herse et de mâchicoulis. Les réserves de nourriture et le fourrage étaient conservés dans cette seconde enceinte. Les magasins du krak renferment encore d'énormes jarres à grain. Le stockage de l'eau, indispensable en cas de siège, a nécessité la construction d'un gigantesque réservoir (au Krak des Chevaliers et à Kérak) ou de grandes citernes comme celles du château de Saône. Tandis que les écuries et les logements pour les soldats ont été construits contre la muraille extérieure, la chapelle, les cuisines, le réfectoire et les logements des chevaliers se trouvent dans la deuxième enceinte. Dans la forteresse de Kérak, construite en 1142, les logements étaient souterrains et protègaient ainsi de la chaleur de l'été. Enfin, le dernier degré de défense était représenté par le donjon, partie la plus fortifiée, qui est également la résidence du seigneur. Les constructions musulmanes diffèrent des édifices francs par la présence de bains et d'une mosquée, comme à Qaalat Djabar, et plus tardivement, au château de Saône. Les édifices religieux étaient souvent conservés en l'état en cas de prise de la forteresse ; la chapelle était transformée en mosquée ou vice-versa.

Jérusalem

À Jérusalem, les Francs s'attachèrent à redonner à la ville une architecture monumentale. Les mosquées furent transformées en églises ou en édifices laïques. Les Francs utilisèrent d'abord les monuments que les Byzantins avaient pu reconstruire après la destruction des églises et la confiscation des biens chrétiens de Jérusalem par le calife al-Hakim en 1009. Le plus important monument était sans conteste le Saint-Sépulcre, le Saint des Saints de la chrétienté. Il avait été partiellement reconstruit en 1048 à la demande de l'empereur Constantin IX Monomaque. La rotonde funéraire avait été rebâtie ; la basilique antique, quant à elle, située à l'est de la rotonde, n'avait pas été modifiée. Entre 1144 et 1149, les croisés construisirent un nouvel édifice, l'un de leur plus remarquables monuments : la rotonde byzantine fut en partie conservée et transformée en une grande abside occidentale reliée par un transept à une grande abside orientale. Les deux étaient pourvues de trois chapelles et d'un déambulatoire surmonté de tribunes. Les différents Lieux saints chrétiens – le Sépulcre, le Compas (censé marquer le centre du monde), le calvaire, la pierre de l'Onction et la prison du Christ – jusque là abrités par différents bâtiments se trouvaient réunis dans l'église du Saint-Sépulcre. À l'est étaient également construits un cloître et des bâtiments pour les chanoines. Le clocher, édifié entre 1160 et 1180, comportait plusieurs étages de pièces voûtées, ajourées de grandes baies ornées de colonnettes de marbre blanc. Les trois étages supérieurs ont été détruits lors d'un tremblement de terre, en 1719.

Saint-Sépulcre, Jérusalem

Le tombeau du Christ se dresse au milieu de la rotonde de l'église franque, qui, à l'origine, possédait un déambulatoire.

Saint-Sépulcre, Jérusalem

La façade du Saint-Sépulcre date de la première moitié du XIIe siècle. Le clocher était composé à l'origine de trois étages à claire-voie ornés de colonnettes de marbre et surmontés d'une coupole.

Ill. page ci-contre

Vue de l'intérieur du Saint-Sépulcre, Jérusalem

Construit par l'empereur Constantin, le Saint-Sépulcre fut maintes fois endommagé, reconstruit, agrandi pour devenir un ensemble d'églises, de chapelles et d'édifices de diverses époques. Ici, intérieur de l'église avec vue sur le chœur.

Église Sainte-Anne, Jérusalem

L'église Sainte-Anne de Jérusalem est le plus parfait exemple d'église croisée ; la croisée du transept est marquée par une coupole.

Très bien conservée, l'église Sainte-Anne (première moitié du XIIe siècle) est un exemple représentatif d'église croisée. La nef et les bas-côtés donnent sur un transept doté de deux absidioles et d'une abside centrale, un peu plus grande. Surélevés, la nef centrale et le transept forment une croix avec l'abside centrale. Une coupole ovoïde surmonte le centre de la travée de chœur. L'église est construite sur une crypte vénérée comme le lieu de naissance de la Vierge Marie. Le dépouillement de l'architecture et la décoration intérieure – les voûtes en berceau légèrement brisé, sous l'influence du gothique naissant, retombent sur d'austères chapiteaux – mettent en valeur l'harmonie des volumes romans et confèrent à l'édifice une indicible beauté.

De plan semblable, on peut également citer les deux églises fortifiées de Chastel Blanc (Safita) et Qaryat al-Enab. De l'extérieur, elles se présentent comme un bloc massif, avec des murs très épais. Sur le toit, la terrasse permet de surveiller les environs. L'église de Chastel Blanc comporte une citerne en sous-sol et des salles à l'étage. Celle de Qaryat al-Enab a été construite sur un fort romain. Elle renferme une source, conservée dans le bâtiment croisé. La crypte, au-dessus de la source, ainsi que l'église, étaient décorées de fresques.

Forteresse de Chastel Blanc (Safita)

De la forteresse ne subsiste que le donjon, reconstruit par les Templiers au XIIIe siècle.

Nef de l'église Sainte-Anne, Jérusalem

La nef et les bas-côtés sont couverts de voûtes d'arêtes. L'équilibre des volumes intérieurs est souligné par l'éclairage latéral.

La citadelle de Masyaf

La citadelle de Masyaf est la place forte des « Assassins » la mieux conservée. Elle se trouve dans les régions montagneuses situées entre la vallée de l'Oronte et la côte.

Le triomphe de l'islam

La prise de pouvoir de Saladin (1174–1193), fondateur de la dynastie ayyoubide, sonna le glas des États latins d'Orient. Saladin reprit à son compte la politique de la guerre sainte contre les Francs, que les héritiers de Nour al-Din n'étaient pas en mesure d'assumer. Il parvint rapidement à rassembler sous son égide une grande partie des forces musulmanes et à fonder un empire comprenant l'Égypte, la Syrie musulmane et une partie de la Djésireh. Les Francs n'étaient pas ses seuls ennemis. On trouvait également les Zangides d'Alep avec, à leur tête, al-Salih, le fils de Nour al-Din, qui voyait en Saladin un usurpateur. Mais Saladin cherchait avant tout à se débarrasser des Ismaéliens radicaux qui en voulaient à sa vie.

Discrédités par leurs prises de position, les Assassins s'étaient réfugiés dans les zones montagneuses, où ils construisirent plusieurs forteresses imprenables. Ils installèrent leur quartier général à Qadmos, entre Masyaf et Baniyas. Sous la direction du « Vieux de la montagne » (Rashid al-Din Sinan, 1163–1193), ils firent de la forteresse de Masyaf l'un de leurs principaux centres. À la demande des Zangides d'Alep, ils tentèrent à plusieurs reprises d'assassiner Saladin. Comptant suffisamment d'ennemis, Saladin conclut une trêve après l'échec du siège de Masyaf. Ils prirent alors le parti des musulmans contre les croisés. Les activités de la secte diminuèrent après la mort du Vieux mais elles continuèrent à terroriser le Proche-Orient jusqu'à la prise d'Alamut et la destruction complète de leur riche bibliothèque par les Mongols en 1256.

Les Francs, conscients de la puissance de Saladin, essayèrent par tous les moyens de l'endiguer. Avec à leur tête le fils et successeur d'Amaury, Baudouin IV, le « roi lépreux », ils mirent en échec les troupes de Saladin. Ce dernier leur imposa alors une guerre permanente et réussit à les affaiblir. Il leur accorda une trêve en 1180. Les désaccords grandirent autour du roi des Francs. Renaud de Châtillon, assoiffé de vengeance après seize ans de captivité dans la citadelle d'Alep, pilla une riche caravane en route vers La Mecque. Il contrôlait en effet la route du pèlerinage grâce aux forteresses de Montréal et de Kérak. Située sur un plateau à l'est de la mer Morte, la forteresse de Kérak joua d'ailleurs un rôle prépondérant dans les croisades. La réponse de Saladin ne se fit pas attendre. Il ravagea la Galilée et la Samarie. L'année suivante, Renaud de Châtillon décida d'attaquer les lieux saints de l'islam. Saladin fit massacrer tous les membres de l'expédition, mais Renaud réussit à s'échapper. En 1183, Saladin prit aux Zangides les principales places entre la Djésireh et Alep, et réalisa l'unité entre la Syrie et l'Égypte.

Saladin poursuivit ses attaques contre le royaume de Jérusalem. À cette occasion les Francs lui démontrèrent l'efficacité de leur système de défense et il ne leur prit pas une seule place forte. En 1185, il leur concéda une trêve de quatre ans pour réaménager ses forteresses (Qalaat al-Rabadh, Adjiloun en 1184–1185) et se tourner du côté de Mossoul, qui finit par s'engager à fournir des troupes pour la guerre sainte.

Saladin disposait de moyens considérables en hommes, même si ses contingents, fournis par les émirs de différentes provinces, n'étaient mobilisables que temporairement. Il possédait également le secret du feu grégeois, un mélange de naphte et d'autres substances, que l'eau ne pouvait éteindre. Les Francs, quant à eux, étaient en proie à des luttes d'influence sur le roi et sa succession ; une terrible crise de succession survint entre Guy de Lusignan et Raymond III, lorsque s'aggrava la maladie de Baudouin IV, puis à la mort de Baudouin V, son successeur. Renaud de Châtillon choisit le plus mauvais moment pour rompre de nouveau la trêve, en 1187, en attaquant une caravane de retour de La Mecque. Saladin appela alors à la guerre sainte et fit assiéger les châteaux de Kérak et de Montréal, possessions de Renaud, puis traversa le Jourdain et encercla Tibériade.

Forteresse de Chaubak (krak de Montréal)

Les arcs-boutants assurent la stabilité de l'édifice en répartissant les poussées des lourdes voûtes de pierre. Les différences dans l'appareil des murs traduisent les diverses périodes de construction.

Magasins de la forteresse de Chaubak

Le fruit des fouilles réalisées dans les années 1980 est entreposé dans les magasins de la forteresse.

Intérieur de la forteresse croisée de Chaubak

Les travaux archéologiques effectués dans les années 1980 montrent que ce site fut occupé de manière quasi continue à partir du XIIe siècle.

Les Francs étaient en désaccord sur la marche à suivre. Raymond III conseilla la prudence, car la région à traverser pour atteindre Tibériade ne comptait qu'un seul point d'eau et la chaleur était accablante. Guy de Lusignan, refusant d'attendre, mit l'armée en marche. L'accès à la source fut coupé, l'armée franque se retrancha sur la butte de Hattin. Les troupes de Saladin, largement majoritaires, encerclèrent l'armée des croisés et lui arrachèrent la Vraie Croix. Les troupes furent décimées et les barons faits prisonniers. Guy de Lusignan fut traité comme un souverain. Seul Renaud de Châtillon ne réchappa pas à la fureur de Saladin.

Les forteresses et villes franques se rendirent l'une après l'autre. Jérusalem, après deux semaines de siège, redevint musulmane. Saladin put alors offrir à la mosquée al-Aqsa le *minbar* que Nour al-Din n'avait pu offrir à Jérusalem. Les monuments musulmans furent rendus à leur destination initiale. La coupole du Rocher et la mosquée al-Aqsa furent restaurées. De nombreux édifices chrétiens furent convertis au culte musulman : en 1189, l'église Sainte-Anne devient la *madresseh* Salahiyé (en l'honneur de Saladin), et l'église de l'hôtellerie des Chevaliers de Saint-Jean fut transformée en hôpital, en 1192. Si le Saint-Sépulcre fut laissé aux chrétiens, les pèlerinages ne reprirent qu'en 1192.

Seuls les ports de Tyr, tombé aux mains de Conrad de Montferrat et où se rassemblaient de nombreux réfugiés chrétiens, Tripoli et Antioche restèrent aux Francs. L'émotion provoquée en Occident par une telle défaite allait se traduire par la troisième croisade.

En 1188, Frédéric Barberousse, l'empereur d'Allemagne, arriva en Cilicie par voie de terre. Il périt noyé en traversant un fleuve, laissant derrière lui une armée qui bientôt se désagrégea. Deux ans plus tard, les forces de Philippe

Minbar de la mosquée al-Aqsa (détruit), Jérusalem

Le *minbar* de la mosquée al-Aqsa à Jérusalem, construit, à Alep entre 1168 et 1174 est l'œuvre du plus grand ébéniste de tous les temps. Nour al-Din souhaitait offrir ce *minbar* à la Ville sainte après sa reconquête. Jusqu'à la prise de la ville par Saladin, le *minbar* se trouvait dans la grande mosquée d'Alep. Il fut détruit en 1969 lors d'un attentat terroriste.
La photo provient des archives de Max van Berchem (1863–1921), qui s'est rendu trois fois à Jérusalem : en 1888, en 1893 et en 1914. Dans le cadre des ses recherches sur les inscriptions arabes du Moyen Âge, Berchem insista sur l'importance des sites eux-mêmes (édifices, paysages).

Auguste de France et de Richard Cœur de Lion d'Angleterre prirent la mer pour gagner la Terre sainte. Au passage, ils mirent la main sur Chypre qui constituera une base navale et une solution de repli solide. Ils aidèrent Guy de Lusignan, relâché par les musulmans, à assiéger Acre, qui tomba en 1191 après deux ans de siège. Saint-Jean-d'Acre devint alors la capitale du royaume de Jérusalem pour un siècle. La même année, Saladin ordonna la destruction de la ville d'Ascalon pour éviter qu'en cas de prise, les croisés n'en fissent une base pour de futures opérations.

Saladin, déplorable administrateur des finances, ne disposait plus des moyens nécessaires pour entretenir des troupes capables de chasser l'armée puissante et bien équipée de Richard Cœur de Lion. Il dut donc renoncer à son souhait de voir disparaître les Francs, qui gardaient la côte de Tyr à Jaffa. Il signa la paix en 1192 et mourut quelques mois plus tard. D'abord enterré dans la citadelle de Damas, sa dépouille fut transférée, en 1196, dans un mausolée nouvellement bâti pour lui au sein de la *madresseh* Aziziyée. De cet édifice bâti au nord de la mosquée omeyyade subsistent de maigres vestiges.

Saladin fit construire un grand nombre d'ouvrages militaires sur ses terres, tels que la citadelle du Caire, entreprise en 1176 et achevée après sa mort. La forteresse de Montréal (Chaubak) a fait l'objet de fouilles au début des années 1990. L'élément le plus remarquable est le palais ayyoubide. Le plan de la salle de réception, avec ses trois parties et ses *iwans* latéraux, annonce les grandes salles des palais mamelouks.

À la mort de Saladin, l'empire fut divisé entre les membres de sa famille. Ses fils reçurent, l'un la Syrie centrale et méridionale, l'autre l'Égypte et le troisième, Alep. Hama revient à un cousin, Homs au petit-fils de Chirkuh, et la Djésireh à son frère al-Malik al-Adil, dit Sayf al-Din. Membre le plus éminent de la famille ayyoubide, c'est lui qui prit en main la destinée de la dynastie. Il se fit proclamer sultan au Caire en 1200 et contraignit les princes à lui porter hommage.

La paix fut acceptée avec soulagement de part et d'autre. En effet, les Ayyoubides ne souhaitaient pas se lancer dans des expéditions militaires qui auraient risqué de compromettre les échanges économiques et auraient été autant d'appels à de nouvelles croisades. Les États latins redoutaient également les croisades et l'arrivée de nouveaux chefs occidentaux, qui auraient nui à leur pouvoir et au commerce qui peu à peu se mettait en place avec l'intérieur de la Syrie.

Tombeau de Saladin, Damas

Non loin de la mosquée des Omeyyades, le tombeau de Saladin (fin du XIIe siècle) était à l'origine inclus dans la *madresseh* Aziziyé, dont il reste peu de traces aujourd'hui. Les carreaux de faïence ont été installés lors de la restauration ottomane.

Salle de réception du palais ayyoubide de Chaubak

La salle de réception des palais ayyoubides était composée d'une pièce centrale sur laquelle s'ouvraient quatre *iwans*, telles celles de Chaubak, Bosra ou Baalbek.

La paix retrouvée

Entre-temps, en Occident, la papauté avait décidé de lancer une quatrième croisade. En contradiction avec l'objectif initial de la croisade, dirigée contre les musulmans, elle aboutit en 1204 à la prise de Constantinople, la plus grande capitale chrétienne de l'époque, et à la fondation de l'Empire latin d'Orient. Une cinquième croisade se déroula en Égypte. En dépit de quelques victoires, elle se révéla désastreuse.

Les incursions en Mésopotamie, puis en Asie Mineure, de cavaliers musulmans originaires du Khorezm – une région d'Asie, à l'est de la mer Caspienne – qui fuyaient l'invasion mongole, conduisit à un accord temporaire entre les Seldjoukides de Turquie et les Ayyoubides : les musulmans du Khorezm cherchaient à s'implanter dans les plaines musulmanes du nord de la Syrie. C'est dans ce contexte qu'eut lieu la sixième croisade, conduite par l'empereur germanique Frédéric II à la demande du pape Honorius III, qui finit par l'excommunier en raison de son manque de conviction. Soucieux de maintenir la paix, al-Kamil, le fils d'al-Adil, qui règnait sur l'Égypte depuis la mort de son père, finit par céder Jérusalem aux croisés pour une période de dix ans. En échange, les croisés s'engagèrent à ne pas y ériger de fortifications et à respecter la liberté du culte musulman (traité de Jaffa, 1229). L'empereur se fit couronner roi de Jérusalem, sans l'intervention du clergé. Une véritable amitié se noua entre les deux souverains, ce qui scandalisa tant les chrétiens que les musulmans.

Le demi-siècle qui sépara la mort de Saladin de celle d'al-Kamil, en 1238, correspondit à une

Citadelle d'Alep

La citadelle d'Alep fut édifiée sur le tell, avec un glacis, scellant ainsi les niveaux archéologiques retraçant toute l'histoire de la ville depuis ses origines. L'entrée fut remaniée après les attaques mongoles de 1260. Les derniers ajouts datent du XVIe siècle.

période de réorganisation de l'empire ayyoubide. La paix avec les Francs, ainsi qu'une politique financière stricte, permirent un accroissement des échanges avec les Italiens et eurent une influence favorable sur les économies d'Égypte et de Syrie. On assista alors à une intensification de la vie culturelle dans les domaines sous contrôle ayyoubide, principalement en Syrie. La politique militaire, fondée avant tout sur la diplomatie, est accompagnée par la construction de grandes citadelles au Caire, à Jérusalem, à Bosra (le théâtre romain est transformé en citadelle), à Damas (l'enceinte et la citadelle sont reconstruites par al-Adil en 1207) et à Alep. La citadelle d'Alep fut construite sur un tell renfermant les restes de l'une des plus anciennes cités du Proche-Orient, évoquée dans le premier chapitre de cet ouvrage. Ce chef-d'œuvre d'architecture militaire arabe impressionne par son glacis abrupt (48 degrés) et son fossé de 22 mètres de profondeur. Le pont qui enjambe le fossé est surmonté d'une tour de 20 mètres de hauteur, édifiée en 1211 et remaniée par la suite. L'aspect extérieur de l'entrée de la citadelle est surtout représentatif des travaux de l'époque mamelouke. Le bastion d'entrée conduit à l'intérieur de la citadelle où plusieurs bâtiments ont pu être conservés : le palais du sultan al-Aziz, construit en 1230, la grande mosquée, reconstruite par al-Zaher Ghazi en 1214 et la mosquée d'Abraham, attribuée à Nour al-Din et datée par une inscription de 1167.

L'orthodoxie des Ayyoubides se traduisit par la construction de nouvelles *madressehs* en Syrie et en Djézireh, et par leur introduction en Égypte. Le

Tour sud-ouest de la citadelle de Damas

La tour sud-ouest de la citadelle fut reconstruite par le service des Antiquités d'après le plan de l'époque ayyoubide.

Palais ayyoubide, Alep

Le palais ayyoubide, avec les coupoles des bains postérieures (1367), se trouve au sommet de la citadelle.

type de *madresseh* renfermant dans ses murs le tombeau du fondateur, apparu avec Nour al-Din, devint plus fréquente. La *madresseh* Zahiriya d'Alep, avec son agréable cour rafraîchie par une fontaine, n'abrite qu'un cénotaphe de son constructeur al-Zaher Ghazi. La *madresseh* Adilyia, à Damas, abrite la sépulture du sultan Malik al-Adil, frère de Saladin, mort en 1218. La porte d'entrée est décorée de *mouqarnas*, avec une clé de voûte suspendue. La cour ne comporte qu'un seul large *iwan*. Le tombeau se trouve à gauche de l'entrée. Il est recouvert d'un dôme sur pendentifs à *mouqarnas*.

La plus belle *madresseh* d'Alep est la *madresseh* el-Firdous (« école du paradis »). Elle fut construite par Daifa Khatoun, la veuve d'al-Zaher Ghazi, entre 1234 et 1237. Un grand *iwan* donne sur la cour qui se distingue par d'élégantes proportions. La salle de prière est couverte par trois coupoles à *mouqarnas*. Ces bâtiments préfigurent les grands ensembles funéraires de l'époque mamelouke.

Les Francs profitèrent également de cette période de calme relatif pour relever certains édifices détruits par Saladin. En 1128, ils construisirent une citadelle sur une île proche du rivage, dans le port de Sidon. C'est à cette époque que fut achevé la construction de la cathédrale de Tartous, commencée en 1123. Il s'agit de l'une des plus belles églises croisées. Comme dans les églises de Byblos, Beyrouth ou Ramlah, plus anciennes, sa nef centrale est voûtée en berceau brisé, tandis que les bas-côtés comportent des voûtes d'arêtes. Ici aussi, comme dans l'église Sainte-Anne de Jérusalem, une impression de sérénité se dégage de la simplicité des volumes.

Citadelle de Sidon (Saïda)

Le château, construit sur une île, devait protéger le port. Il fut édifié par les croisés en l'espace de quelques mois (1228). Elle était à l'origine reliée à la terre par un pont et deux passerelles en bois amovibles.

Cathédrale Notre-Dame, Tartous

La façade de la cathédrale de Tartous construite au XIIIe siècle reflète son plan à trois nefs.

Ill. en bas à gauche

Madresseh al-Adiliyé, Damas

Cette *madresseh* abrite le tombeau du frère de Saladin (mort en 1218). L'entrée est un bel exemple de *mouqarnas* à clé suspendue.

Intérieur de la madresseh al-Zahiriyé, Damas

L'intérieur de la *madresseh* al-Zahiriyé ou mausolée de Baïbars (mort en 1277) respecte la tradition des *madressehs* funéraires de l'époque ayyoubide.

Ill. ci-contre

Madresseh el-Firdous, Alep

La *madresseh* el-Firdous, l'un des plus beaux bâtiments d'Alep, fut construite durant la première moitié du XIIIe siècle par la veuve du sultan al-Zahir Ghazi.

Saint Louis et la fin des croisades

L'empire ayyoubide ne fut jamais unifié. La mort d'al-Kamil marqua l'apparition de nouveaux conflits de succession. Finalement, c'est son fils aîné al-Salih Ayyoub qui, par la force, prit le pouvoir au Caire, aidé par une armée d'esclaves turcs – les mamelouks – et de cavaliers du Khorezm chassés d'Asie Mineure. Les Ayyoubides syriens s'allièrent alors aux Francs pour combattre leur cousin d'Égypte. Faisant fi des accords de ses prédécesseurs, ce dernier prit Jérusalem en 1244, la pilla, massacra ses habitants et profana le Saint-Sépulcre ainsi que d'autres églises.

Ce faisant, al-Salih Ayyoub déclencha alors la septième croisade. Cette campagne, dirigée par Louis IX, le futur saint Louis, prit rapidement fin, en 1250, avec la capture de toute l'armée, à Mansoura. L'année précédente, les mamelouks avaient pris le pouvoir en Égypte, à la mort d'al-Salih. Les prisonniers furent libérés en échange d'une importante rançon et de la ville de Damiette. Saint Louis resta quelque temps en Terre sainte afin de consolider les places fortes et de rétablir la concorde entre les commerçants des cités maritimes italiennes, d'une part, et les seigneurs des États latins, d'autre part. Néanmoins, la ville de Jérusalem resta sous la domination des souverains d'Égypte, jusqu'à la conquête ottomane en 1516. Saint Louis fit construire un certain nombre d'édifices remarquables. À Césarée, par exemple, la citadelle et les fortifications de la ville furent remaniées entre 1251 et 1252. Au début des années 1960, des citernes, les restes d'une cathédrale et un quartier entier ont été mis au jour. L'archéologie sous-marine a permis en outre de fouiller les zones portuaires. Cependant, la région fut menacée par un danger qui détourna chrétiens et musulmans de leur conflit. Les Mongols, après la prise de Bagdad en 1258, s'apprêtèrent à envahir la Syrie. Face à la menace, les Francs et les mamelouks firent une trêve. En 1260, à Ayn Djalout, les mamelouks parvinrent ainsi à arrêter les Mongols, qui s'étaient emparés au passage d'Alep et de Damas.

Le sultan mamelouk Baïbars s'empara de la Syrie musulmane toujours sous domination ayyoubide, des forteresses franques de l'intérieur et des places côtières de Césarée, Arsouf, Jaffa et Antioche. Les forteresses qui n'avaient pas leur place dans le nouvel équilibre politique furent systématiquement détruites, tandis que d'autres positions furent consolidés. C'est ainsi qu'à Tell Bashir (Turbessel), toutes les courtines, les tours et les voûtes du plafond du palais ont disparu. La forteresse de Kérak, en revanche, renferme le seul palais mamelouk de Transjordanie. L'avant-cour et le donjon ont également été édifiés à cette époque. Par ailleurs, un certain nombre de villes fortifiées, telles que Damas et Alep, furent rénovées et embellies.

En réponse, la huitième croisade fut lancée, mais elle n'aboutit pas car saint Louis, à sa tête, mourut dès son arrivée à Tunis, en 1270. La survie des croisés en Terre sainte fut mise en péril par la nouvelle puissance musulmane. Certains d'entre eux envisagèrent une alliance avec les Mongols, ce qui ne fit que précipiter leur chute. Le sultan Qalawun décida d'en finir. Il prit Acre aux Templiers en 1291 et rasa la ville. Dès lors, les dernières forteresses capitulèrent et les Templiers évacuèrent sans combattre le dernier château franc du littoral, Château Pèlerin (Atlit). Les Francs furent définitivement chassés du Levant.

Les croisades furent un échec total pour l'Occident, tant sur le plan militaire que religieux. Elles contribuèrent à renforcer l'incompréhension mutuelle entre chrétiens et musulmans en provoquant un durcissement de l'islam sunnite. La prise de Constantinople, en 1204, a également creusé le fossé entre Byzantins et chrétiens d'Occident. Le principal effet des croisades fut de développer les échanges économiques entre l'Orient et l'Occident. Les villes italiennes de Gênes, Pise et Venise furent remerciées de l'aide navale apportée aux croisés par l'octroi de concessions dans les ports de Tyr, Sidon, Beyrouth, Tripoli et Tartous. Elles les conservèrent après le départ des Francs et devinrent ainsi les « Échelles du Levant ».

Tour mamelouke de la citadelle de Jérusalem

L'entrée de la citadelle est défendue, au sud, par une imposante tour mamelouke munie de bretèches et, au nord, par la tour de David, le plus gros des cinq ouvrages renforçant les courtines.

Tableau chronologique

Il serait vain – eu égard aux sources dont on dispose – d'établir de façon définitive une relation entre les premières phases de l'histoire du Levant et les processus historiques et culturels qu'ont connus les anciennes cultures d'Égypte, de Mésopotamie et d'Iran. Dans la mesure où les diverses méthodes de datation ont chacune leurs propres sources d'erreurs potentielles, il n'existe pas à ce jour de chronologie comparative reconnue par l'ensemble des disciplines scientifiques. Toutefois, il nous est apparu intéressant pour le lecteur de situer les épisodes historiques du Levant en regard des événements qui ont marqué les grandes cultures voisines, en Égypte, en Mésopotamie et en Iran. (À côté des indications des auteurs, les dates mentionnées se réfèrent à l'ouvrage intitulé *The Cambridge Ancient History*. Les dates des périodes correspondant aux dynasties égyptiennes et à une sélection de souverains égyptiens sont celles indiquées dans la chronologie du livre *Ägypten. Die Welt der Pharaonen*, Köln 1997 de Jürgen von Beckerath.)

Dates : période **Souverains** • événements marquants • *avancées culturelles* **(Levant)**	Égypte	Mésopotamie	Iran
Âge du bronze 3100–1200 av. J.-C.			
3100–2000 av. J.-C. : Bronze ancien			
3100–2900 av. J.-C. : Bronze ancien I • Apparition des Sémites • *Premiers documents écrits ; apparition des cités, développement du travail des métaux*	Env. **3000–2707** : préhistoire ; Iʳᵉ dynastie ; apparition de l'écriture égyptienne ; guerres d'unification menées par le sud contre le nord.	Env. **3000–2000** : période d'Uruk	Période proto-élamite dont le centre est Suse ; civilisation de l'Indus
2900–2650 av. J.-C. : Bronze ancien II • *Développement des cultures urbaines*	Préhistoire ; IIᵉ dynastie ; **2707-2170** : Ancien Empire ; IIIᵉ dynastie ; débuts de l'architecture monumentale en pierre	Env. **2800–2700** : période de Djemded Nasr	Période proto-élamite dont le centre est Suse ; première mention de l'Élam dans une source sumérienne (vers **2680**)
2650–2400 av. J.-C. : Bronze ancien III • Vers **2500** : exportation attestée de bois de cèdre de Byblos vers l'Égypte • *Développement des cultures urbaines*	Ancien Empire ; IVᵉ et Vᵉ dynasties ; époque des pyramides ; grands bâtisseurs de pyramides : Snéfrou, Khéops, Khéphren et Mykérinos	Env. **2600–2340** : première période dynastique (Our I)	**2500–1500** : période élamite ancienne ; les Élamites règnent temporairement sur le sud de la Mésopotamie
2400–2000 av. J.-C. : Bronze ancien IV **Cinq rois d'Ébla attestés : Igrish-Chalam, Irkab-Damu, Ar-Ennum, Ibrium, Ibbi-Sipisu ; quatre souverains de Mari attestés : Iku-Shamagan, Ebil-il, Ibloul II, Enna-Dagan, Shura-Damu** • Expéditions égyptiennes en Syrie ; expéditions mésopotamiennes en Syrie (Sargon d'Agadé) • vers **2000** : invasion des Amorites • *vers **2000** : crise de la civilisation urbaine du Bronze ancien*	Ancien Empire ; VIᵉ à VIIIᵉ dynasties ; la religion du Soleil devient religion d'État ; Première période intermédiaire : IXᵉ et Xᵉ dynasties	Env. **2340-2150** : empire d'Akkad ; Sargon d'Akkad ou d'Agadé (env. **2340–2284**)	**2500–1500** : période élamite ancienne ; Sargon d'Akkad tente de prendre le contrôle de l'Élam (vers **2325**) ; ses successeurs parviennent à soumettre l'Élam ; dynastie des Épartides (env. **1850–1500**)
2000–1500 av. J.-C. : Bronze moyen **1775–1761 : Zimrilim, roi de Mari ; entre 1930 et 1660 environ, neuf rois d'Alep attestés** • **1935** : Shamshid-Adad d'Assur conquiert Mari ; à partir de **1900** : les Hourrites dans le nord du Levant ; **1757** : Hammourabi de Babylone prend Mari ; vers **1745** : les Hittites prennent Alep et Babylone ; vers **1530** : royaume de Mitanni en Syrie du Nord ; vers **1500** : Thoutmôsis Iᵉʳ d'Égypte (**1504–1492**) conquiert la Syrie • *Développement des cités du littoral ; développement de la culture urbaine « phénicienne » ; vers **1800** : tombes-puits à Byblos*	**2119–1794** Moyen Empire ; unification de l'empire par Mentouhotep Iᵉʳ ; XIᵉ et XIIᵉ dynasties ; **1794–1550** Deuxième période intermédiaire ; XIIIᵉ à XVIIᵉ dynasties ; occupation par les Hyksos (env. **1660–1550**)	Env. **2065–1995** : période d'Our III ; env. **1955–1700** : période d'Isin-Larsa ; à partir d'environ **1950** : ascension d'Assur ; env. **1830-1530** : Iʳᵉ dynastie de Babylone/dynastie d'Hammourabi ; Hammourabi (**1792–1750**)	**2500–1500** : période élamite ancienne ; Hammourabi soumet l'Élam (**1764**) ; dynastie des Épartides (jusqu'à **1500** env.) ; fin de la civilisation de l'Indus ; les noms de différents peuples sont mentionnés sur le plateau iranien ; cultures proto-iraniennes sur le plateau iranien
1500–1200 av. J.-C. : Bronze récent **Quelques roitelets régnant à l'intérieur des terres ou sur le littoral et dépendant des Égyptiens ou des Hittites sont connus nommément ; Souppilouliouma, roi des Hittites (1380–1492)** • Thoutmôsis III d'Égypte (**1479–1425**) conquiert la Syrie ; vers **1360** : les Hittites écrasent les Mitanniens et règnent sur la Syrie du Nord ; **1285** : bataille de Qadesh : la Syrie partagée entre les Égyptiens et les Hittites ; les cités-États le long du littoral dépendent des grandes puissances • *Peu après **1500** : découverte de l'écriture alphabétique.*	**1550-1069** Nouvel Empire ; XVIIIᵉ à XXᵉ dynasties ; l'Égypte devient une « puissance mondiale » ; période d'Armana ; Ramsès II (**1279–1213**)	**1530–1160** : période kassite	**1300–1100** : période élamite moyenne ; dynastie des Igehalkides (jusqu'à environ **1210**) ; plusieurs peuples cités nommément sur le plateau iranien ; cultures proto-iraniennes sur le plateau iranien ; arrivée des Iraniens sur le plateau iranien
Phéniciens 1200–330 av. J.-C.			
1200–800 av. J.-C. : premier âge du fer **On connaît nommément les souverains locaux, notamment ceux de Tyr, la principale ville, dont dépendaient souvent d'autres villes côtières : Hiram le Grand (970–936) (contemporain de David et Salomon) ; Ba'al-Outsour (936–918) ; Abd-Aschtar (918–809) ; Ethbaal (887–859) ; Badezor (859–936) ; Mattan (853–821) ; Pygmalion (831–785)** • Vers **1200** : invasion des Peuples de la Mer ; **1192** : Ramsès III d'Égypte vainc les Peuples de la Mer dans le delta du Nil ; l'un des Peuples de la Mer, les Philistins, se fixe sur la côte palestinienne (Palestine = pays des Philistins) ; vers **1190–800** : période de stabilité relative des villes côtières : « l'âge d'or » de la Phénicie ; **1094** : première incursion assyrienne au nord de la zone littorale ; à partir d'env. **1100** : colonies assyriennes sur tout le pourtour méditerranéen, en Espagne, en Afrique du Nord, en France, à Malte, en Grèce, à Chypre ; les Phéniciens contournent l'Afrique par la mer et entrent avec leurs navires dans l'Atlantique ; **879** : Assournasirpal II d'Assyrie prend la Syrie et la zone côtière ; **855** : insurrection réprimée des villes de la Syrie intérieure et des villes côtières contre les Assyriens ; **814** : fondation de Carthage • *à partir de **1200** : travail du fer, sous l'influence des Peuples de la Mer ; développement de la production des textiles et du verre ; large diffusion des travaux sur ivoire phéniciens ; naissance d'un style phénicien (mêlé) spécifique dans les arts plastiques ; production de pourpre ; construction navale ; colonies phéniciennes (Carthage **814**) ; vers **1000** : première inscription phénicienne longue à Byblos ; vers **970** : construction du Temple de Jérusalem*	**1557–1085** Nouvel Empire ; XXᵉ dynastie, Ramsès III (**1183–1152**) défait les Peuples de la Mer dans le delta du Nil. Ramsès IV à XI (**1152–1064**) ; déclin du royaume.	**1380–1160** : Moyen Empire assyrien ; **1112–1074** Téglath-Phalazar Iᵉʳ : campagnes vers le nord et la Syrie, défense contre les Araméens ; à partir de **1100** : attaques araméennes, affaiblissement du Moyen Empire assyrien et déclin. Les Araméens occupent Babylone et réduisent l'Assyrie à son noyau central ; **909–612** : Nouvel Empire assyrien ; **883–858** : Assournasirpal II écrase les Araméens en Mésopotamie ; **858–824** : Salmanassar III consolide l'empire, place Babylone sous contrôle assyrien, entreprend plusieurs campagnes en Syrie et conquiert le littoral	**1205–vers 1000** : les Igehalkides règnent sur l'Élam ; vers **1200** : immigration iranienne d'Asie centrale sur le plateau iranien ; groupes proto-iraniens sur le plateau iranien : Goutéens, Lulubéens, Manéens, entre autres ; à partir de **900** : de nouveaux peuples sont mentionnés sur le plateau iranien, parmi lesquels les Perses et les Mèdes ; vers **900** : migration perse du nord-ouest vers le sud de l'Iran, en Perside, la partie sud-ouest de l'Iran, qui porte encore aujourd'hui le nom de *Fars*
800–500 av. J.-C. : âge du fer moyen **Les villes côtières sont soumises à l'Assyrie, puis à Babylone et, enfin, aux Perses ; le rôle de l'Égypte est plutôt secondaire et épisodique ; vers 722 : Hiram II, souverain de Tyr et Sidon** • Affaiblissement de la prédominance assyrienne ; **732** : Damas est définitivement prise par les Assyriens ; **725–690** : Élou-éli, souverain de Tyr ; **722** : Salmanassar V d'Assyrie reconquiert les provinces syriennes et la côte ; **675** : insurrection des Sidoniens et destruction de Sidon par les Assyriens ; **672** : soulèvement des Tyriens ; sous Assourbanipal (**668–626**), les Assyriens étendent leur domination à l'Égypte ; **612** : les Babyloniens et leurs alliés détruisent Ninive, fin du royaume assyrien ; **597** : les Babyloniens prennent la Syrie, la Palestine et la région côtière ; **585–572** : siège de Tyr par les Babyloniens ; **539/538** : les Perses prennent Babylone et s'emparent des conquêtes babyloniennes à l'ouest ; la Phénicie est incorporée au royaume perse des Achéménides (jusqu'en **333**) • *Diffusion de l'alphabet phénicien ; diffusion du style phénicien mêlé dans les arts ; vers **660** : contournement de l'Afrique par des marins phéniciens.*	**1070–730** : Troisième période intermédiaire ; XXIᵉ à XXIVᵉ dynasties ; **950–730** : dynasties libyennes ; XXIIᵉ et XXIIIᵉ dynasties ; **730–715** : souverains saïtes dans le delta ; XXIVᵉ dynastie ; **730–655** : époque tardive ; dynastie éthiopienne ; XXVᵉ dynastie en Haute-Égypte ; **671–663** : conquête assyrienne, destruction de Thèbes ; **525–404** : XXVIIᵉ dynastie des Perses, l'Égypte devient une satrapie perse	**745–727** : Téglath-Phalazar III (**745–727**) chasse les Araméens de Babylonie, devient roi d'Assyrie et de Babylonie ; **724** : Téglath-Phalazar III prend Damas et la Samarie ; **680–669** : Assarhaddon conquiert l'Égypte, l'Empire assyrien connaît sa plus grande extension ; **668–626** : Assourbanipal réprime la rébellion en Égypte ; **616** : le Mède iranien Cyaxare défait les Scythes et prépare le combat contre les Assyriens ; **612** : les Mèdes et les Babyloniens prennent Ninive ; **606** : fin du Nouvel Empire assyrien ; **625–539** : Empire néobabylonien. **625–539** : Nabuchodonosor chasse les Égyptiens de Syrie et de Palestine ; **539** : Cyrus II de Perse conquiert Babylone ; domination perse sur la Mésopotamie ; la culture de la Mésopotamie se développe librement sous le règne des perses, marqué par la tolérance	**760–644** : Empire néo-élamique avec neuf rois nommément connus ; **673** : le prince médique Kashtaritu fonde une alliance contre les assyriens ; vers **665** : le Mède Dejokes (II) fonde le premier « État » mède ; **612** : Mèdes et Babyloniens conquièrent Ninive et mettent un terme à la domination assyrienne ; **558–530** : Cyrus II (« le Grand ») ; **553** : Cyrus II défait Astyage, roi des Mèdes ; **549–539** : les Perses prennent l'Élam, le nord de l'Iran, l'Asie Mineure et l'Asie centrale ; **539** : les Perses prennent Babylone ; **538** : les Perses conquièrent la Syrie et ses territoires limitrophes ; **530–522** : Cambyse II, roi des Perses ; conquête de l'Égypte (**525**) ; **522–486** : Darios Iᵉʳ (le « Grand ») roi des Perses ; le royaume perse à l'apogée de sa puissance

Dates : période **Souverains** • événements marquants • *avancées culturelles* **(Levant)**	**Égypte**	**Mésopotamie**	**Iran**
Phéniciens 1200–330 av. J.-C.			
500–000 : âge du fer récent **Souverains dépendant des Perses, des rois hellénistiques et des Romains** • **349–344** : révolte des Phéniciens contre les Perses ; **345** : Artaxerxès III reprend Sidon ; **332** : Alexandre conquiert Tyr dans le sang après un long siège ; **331** : Alexandre défait les Perses à la bataille de Ninive ; **330** : Alexandre prend Hamadan ; Darios III, le dernier roi achéménide, est assassiné tandis qu'il prend la fuite ; **323** : Alexandre meurt à Babylone après sa campagne en Inde ; à partir de **305** : la Phénicie devient une pomme de discorde entre les Ptoléméens d'Égypte et les Séleucides qui dominent une partie de l'Orient hellénistique ; relative autonomie des villes phéniciennes sous les Ptoléméens et les Séleucides ; Sion est la ville principale ; **64** : Pompée prend la Syrie au profit de Rome ; **47** : César visite les villes phéniciennes ; **40–38** : campagne parthe en Syrie, jusqu'à la côte ; jusqu'en **120 apr. J.-C.** env., période de prospérité dans tout le Levant • *Développement pacifique de la culture locale sous la domination perse ; on distingue les influences perses dans les arts plastiques ; à partir d'env. 330, hellénisation du Levant ; les villes reçoivent une empreinte hellénistique ; la Syrie et le Levant deviennent l'un des centres intellectuels du monde hellénistico-romain.*	**404 :** Avec Amyrtée de Saïs, la XXVIIIe dynastie locale arrive au pouvoir ; multiples tentatives perses pour reprendre le pouvoir ; **380–343** : sous la XXXe dynastie, ultime floraison culturelle de l'Égypte antique. **343** : reconquête perse ; **332** : Alexandre le Grand conquiert l'Égypte ; **303–30** : les Ptoléméens grecs dominent l'Égypte ; Alexandrie devient le centre culturel du monde ; **51–30** : Cléopâtre, dernière reine ptoléméenne ; **30** : Conquête de l'Égypte par Rome ; l'Égypte devient une partie de l'Empire romain.	**331** : Alexandre le Grand, roi de Babylone ; **312** : Séleucide (**312–281**) conquiert Babylone ; début du règne des Séleucides sur la Mésopotamie ; **305** : fondation de Séleucie du Tigre (près de Bagdad) ; **141** : première incursion des Parthes en Mésopotamie	**490–448** : guerre des Achéménides contre les Grecs ; **331** : Alexandre défait les Perses à la bataille de Gaugamèles ; **330** : les Grecs prennent Suse et Persépolis ; fin du royaume achéménide ; **312–305** : les Séleucides consolident leur domination sur l'Iran ; **247** : les Arsacides fondent l'Empire parthe ; **171–138** : les Arsacides achèvent la conquête de l'Iran ; **129** : victoire des Parthes sur les Séleucides, domination conjointe des Parthes et des Séleucides sur l'Iran (jusqu'en **225 apr. J.-C.**)
L'époque gréco-romaine 330 av. J.-C. - 330 apr. J.-C.			
Alexandre le Grand (336–323) • Campagnes de conquête d'Alexandre • *Début de l'hellénisation de la région*		Conquête par Alexandre	
Début de la dynastie des Séleucides (env. 305–64 av. J.-C.) ; Séleucos Ier Nicator (305–281) • Entre **323** et **280** : division de l'Orient : Séleucides en Syrie, Mésopotamie et Asie centrale, Ptoléméens en Égypte (et en Syrie du Sud) ; les Nabatéens sont attestés pour la première fois à Pétra et, d'un point de vue économique et politique, se distinguent de plus en plus comme puissance régionale ; attaque des Nabatéens par les Grecs (**312**) sous Antigonos Ier. Les « gens de Rabbel » reçoivent une livraison de céréales du Hauran (**259**) ; **275–217** : 1re à 4e guerre de Syrie entre les Séleucides et les Ptoléméens • *Fondation des villes de la Tétrapole en Syrie du Nord (Antioche, Apamée, Laodicée et Seleucie de Piérie) ; les Nabatéens utilisent des caractères « syriens », c'est-à-dire qu'ils écrivent en araméen ; en tant que bergers nomades, ils participent déjà au commerce international des aromates provenant de « l'Arabie heureuse » (« Arabia felix ») ; aux IIIe et IIe siècles, ils commencent à construire des maisons dans la ville inférieure de Pétra*	**323–30 av. J.C.** : début de la dynastie de Ptoléméens ; Ptolémée Ier (**304–285**)	Fondation de Séleucie du Tigre (**305**)	Séleucos Ier conquiert l'Iran oriental ; paix conclue avec le roi de l'Inde (**303**) ; Antiochos Ier vice roi de Mésopotamie et d'Iran (**292**) ; Les Parthes, fondateurs de l'Empire parthe en Iran oriental (**250–238**)
Antiochos III « le Grand » (223–187) • Cinquième guerre de Syrie, réunification du Levant (**205**)			**248**: début de l'ère des Arsacides en Iran (Empire parthe)
Arétas Ier, « tyran des Arabes » (vers 168) • Insurrection des juifs asmonéens contre la politique d'hellénisation menée par Antiochos IV Épiphane (**167**) ; fuite de Jason ; dans le Hauran, les Nabatéens rencontrent les chefs de l'insurrection juive, Judas et Jonathan Maccabée (**163**) ; Jonathan Maccabée confie ses biens en garde aux Nabatéens (**160**) ; **152** : indépendance de fait de la Judée (Asmonéens) • *Posidonius d'Apamée (135–50/51) ; construction de Iraq-el-Emir par Hyrcan Ier (fin du IIe siècle)*	Ptolémée VI (**181–145**) reconquiert certaines parties de la Syrie	Conquête de la Mésopotamie par les Parthes (**141–129**) ; prise de Doura Europos (**135**)	Sous Mithradate (vers **170**) expansion parthe à l'ouest, fin de la domination séleucide en Iran (**129**)
Arétas II (env. 120/110–96) • Alexandre Jannée occupe le port nabatéen de Gaza (**100**) • *Strabon (64/63–21)*			Mithridate II, roi des Parthes (**123–87**)
Obodas Ier (env. 96–85) • Bataille dans le Golan , Alexandre Jannée est vaincu par Obodas (**93**) ; Alexandre Jannée restitue aux Nabatéens les régions de Moab et Gilead (vers **90**) ; **87** : campagnes d'Antiochos XII contre les Nabatéens ; mort d'Antiochos (**88**) ; guerres mithridatiennes en Asie Mineure et en Grèce (**88–63**)	Domination ptoléméenne	Domination parthe	Domination parthe
Rabbel Ier (?) (vers 85/84)			
Arétas III Philhellène (84–62/61) • Arétas gouverne à Damas (**84–72**) ; le conflit avec Alexandre Jannée s'enflamme de nouveau ; Arétas III perd douze villes à Moab et Édom, ainsi que plusieurs ports méditerranéens (**82**) ; mort d'Alexandre Jannée et de sa veuve Alexandra (**76** et **77**) ; querelles de succession entre les fils d'Aristobule II et de Hyrcan II ; Arétas III commence le siège de Jérusalem (**65**) ; création de la province romaine de Syrie (**64**) ; Arétas subit une défaite lors d'une bataille contre Aristobule dans la vallée du Jourdain (**64**) ; campagne du questeur romain Scaurus contre les Nabatéens (**62**) ; apogée de l'extension territoriale de l'Empire nabatéen, qui s'étend de Damas à l'Hedjaz et du Néguev au wadi Sirhan • *Nicolas de Damas (64 av. J.-C.–vers 4 av. J.–C.)*			
Obodas II (62/61–59/58)			Orodes II (**57–37**)
Malichos Ier (58/57–30) • Campagne réussie du gouverneur romain Gabinius contre la « ville des Nabatéens » – certainement Pétra (**55**). Malichos Ier soutien César dans la bataille d'Alexandrie (**47**) • *Première inscription datée en palmyrénien (44 av. J.–C.)*	Règne de Cléopâtre VII, la dernière des Ptoléméens (**51–30**)	Défaite de Crassus à Carrhae contre les Parthes (**53 av. J.–C.**)	
Hérode le Grand, roi de Judée (41 av. J.C.– 4 apr. J.C.) • Malichos prend le parti des Parthes contre les Romains (**40**)	Égypte annexée par l'Empire romain (**31**)	Guerre entre les Parthes et les Romains (**42–39**) ; campagne de Marc Antoine contre les Parthes (**37**)	Phraate IV (**38–2**)
Auguste (63 av. J.-C.–14 apr. J.-C.) • Mort de Hérode le Grand (**4 av. J.-C.**) ; recensement de Quirinius : 117 000 habitants en Apamée (**6–7 apr. J.-C.**) ; la Judée devient province autorisée (**6 apr. J.-C.**) • *Première inscription datée en syriaque, à Birecik (aujourd'hui Turquie du Sud, 6 apr. J.-C.)*		Traité de paix entre les Parthes et les Romains (**20**)	
Obodas III (30–9 av. J.-C.) • Fatale expédition du préfet d'Égypte, Aelius Gallus, dans le sud de l'Arabie (**25 av. J.-C.**)			
Arétas IV, « qui aime son peuple » (9 av. J.-C– 40 apr. J.-C.) • Fuite de l'apôtre Paul de Damas, où les portes de la ville sont surveillées par les hommes de l'« ethnarque du roi Arétas » (entre **37** et **40/41**) • *Période de floraison culturelle du royaume nabatéen ; à Pétra : construction du grand temple ; les Nabatéens sont devenus sédentaires et bâtissent de somptueuses maisons*	Sous domination romaine ; l'ancienne bureaucratie égyptienne subsiste	Sous domination parthe	Parthes
Tibère (14–37 apr. J.-C.) • *Rue à colonnades à Antioche, consécration du temple de Bêl à Palmyre (32) ; construction de routes (69–96 apr. J.-C.) ; rédaction du Nouveau Testament (Ier–IIe siècles) ; Flavius Josèphe (37–100 apr. J.-C.)*		Artaban III (**12–38**) se bat avec les Romains	
Malichos II (40–70)			Vologèse Ier (**51–80**)
Néron (54–68) • Insurrection juive (**66–70**) • *Achèvement du temple de Jupiter à Baalbek*			
Rabbel II, « qui aime son peuple et lui apporte la vie » (70–106) • Corégence de la mère de Rabbel II, Chaqilat (**70–75**) ; Bosra devient une sorte de deuxième capitale de l'empire ; annexion définitive des territoires gouvernés par les héritiers d'Hérode (**92/93**) • *Développement de l'agriculture nabatéenne dans le Hauran et en Syrie du Sud ; à Pétra, la rue à colonnades prend la forme qu'elle a encore actuellement, elle est pavée (vers 100) ; archives de Babata (90–130)*			Artaban IV (**80–105**)
Trajan (98–117) • Annexion de la Nabatéenne par Cornelius Palma ; création de la province romaine d'Arabie (**106**) ; Petra obtient le statut de métropole (**114**) ; campagne de Trajan contre les Parthes (**115–117**) • *Construction de la « via nova trajana » (111–114) ; un tremblement de terre détruit une partie d'Apamée (115), la grande rue à colonnades est reconstruite par la suite.*		Éphémère annexion de la Mésopotamie et de Doura Europos (vers **115**) ; la Mésopotamie du Nord devient province romaine.	Vologèse II (**105–147**)
Hadrien (117–138) • En l'honneur de la visite de l'empereur Hadrien à Pétra, la ville complète son titre de *metropolis* par *Hadriana* ; deuxième insurrection juive (**132–135**) ; campagne d'Avidius Cassius en Orient (**165**) • *À Pétra, construction du tombeau du gouverneur romain Sextius Florentius (vers 127–129) ; Lucien de Samosate (119 – env. 180) ; achèvement du temple de Bacchus à Baalbek (vers 150) et construction du sanctuaire d'Artémis à Gérasa*	Insurrection en Égypte (**153**) ; la désertification de l'Égypte commence		Vologèse III (**148–192**)

Dates : période **Souverains** • événements marquants • *avancées culturelles* **(Levant)**	Égypte	Mésopotamie	Iran
L'époque gréco-romaine 330 av. J.-C.–330 apr. J.-C.			
Marc Aurèle (161–180)			
Commode (180–192)			
Septime Sévère (193–211) • Création des provinces de Coelesyrie et de Phoenicé (194) • *Plotin, philosophe néoplatonicien (205–270) et Longin, qui fait partie à Palmyre du « Cercle de Zénobie » (213–272)*		Début de l'apogée de Hatra ; les Romains occupent Ctésiphon (197), la capitale parthe	Artaban V (213–227), dernier roi parthe
Élagabal (218–222) • Pétra reçoit le titre honorifique de *colonia* (vers 220) ; mort de Sévère Alexandre et début de la « crise de l'empire » (235) • *Mort d'Ulpien, juriste né à Tyr et præfectus praetorii (223) ; Porphyre de Tyr (233–305)*			Les Sassanides refoulent les Arsacides en Iran (225) ; Ardachir Ier (225–239/242)
Philippe l'Arabe (244–249) • *Philippe l'Arabe organise la fête du millénaire de la fondation de Rome (248)*		Destruction de Hatra par les Sassanides (240)	Chahpour Ier (239/42–272)
Valérien (253–260) • Attaques des Sassanides (251–261) ; mort de l'empereur Valérien, captif des Perses (260)		Prise de Doura Europos par les Sassanides (256) ; période d'activité de Mani (exécuté en 273)	
Aurélien (270–275) vainc la Gaule et met un terme à l'usurpation de Zénobie • Mort d'Odenath, prince de Palmyre. Sa femme Zénobie assure la régence (267) ; Pétra est intégrée à la province de Palestine (295)	Déclin du commerce avec l'Inde, conséquence du renforcement des Sassanides	Sassanides	
Dioclétien (284–305) • Division des provinces en unités plus petites • *Dernière persécution des chrétiens (303–305)*			
Constantin le Grand (324–337) • Fondation d'une deuxième capitale de l'empire, portant le nom de Constantinople (330) ; début de l'époque byzantine ; Pétra est intégrée à la province de Palestine Salutaries (358), premier évêque attesté à Pétra, Germanos (359) ; Petra est partiellement détruite par un tremblement de terre (363) ; deuxième tremblement de terre à Pétra (419) ; au ve siècle, la ville devient un lieu d'exil • *L'édit de Milan (313) accorde aux chrétiens la liberté religieuse ; concile de Nicée (325), Libanios d'Antioche (316–393) ; chaire de droit à Beyrouth, fondée vers 200, prospère jusqu'au vie siècle ; le tombeau à l'Urne de Pétra est transformée en cathédrale par l'évêque Jason (446)*			
Fin de l'Empire romain d'Occident (476) • Troisième tremblement de terre à Pétra (551)			
Le Proche-Orient protobyzantin 330–640			
Constantin Ier le Grand, seul maître de l'empire (324–337) • Édit de Milan (313) ; 1er concile de Nicée contre les Ariens (325) ; Constantinople, nouvelle capitale de l'empire (330) • *Cathédrale de Tyr (à partir de 314) ; Eusèbe de Césarée (mort en 339) ; églises de la Terre sainte (326–335) : Saint-Sépulcre, église du mont des Oliviers, Mamré, Bethléem ; cathédrale d'Antioche (327–341) ; pèlerins de Bordeaux (333).*	Débuts du monachisme avec saint Antoine et saint Pacôme (300–346) ; Athanase, évêque d'Alexandrie et adversaire des ariens (328–373)		Chahpour II, roi sassanide (309–379) envahit vers 330 la péninsule Arabique
Constance (337–361) • César Gallus administre le diocèse d'Orient (351–354) ; révolte des juifs (352) ; lois contre les cultes païens (353–356) ; procès de Scythopolis (359)		Guerres byzantino-perses (337–350 et 359–363)	
Julien l'Apostat (361–363) • Lois contre les chrétiens (362–363) ; échec de la reconstruction du Temple de Jérusalem (363) • *Libanios, rhéteur à Antioche et païen (314-393) ; sainte Hélène découvre la Croix du Christ (326)*			
Jovien (363–364)			
Valens (364–378) • *Éphrem de Nisibe (306–373), docteur de l'Église*	Destruction du temple de Sérapis à Alexandrie (393)	Guerres byzantino-perses (370–378)	
Théodose Ier (379–395) • Émeutes au sujet des statuts d'Antioche (387) ; interdiction de tous les cultes païens (391–392) • *Pèlerinage d'Égérie (381–384) ; Paule, une pèlerine, arrive à Jérusalem (385) ; destruction du temple de Ba'al à Apamée par l'évêque Marcel (386) ; Ammien Marcellin achève son œuvre historique (393)*			Ardachir II (379–383) ; Chahpour III (383–388) ; Bahram IV (388–399)
Arcadius (395–408) • Séparation définitive entre l'Empire d'Orient et l'Empire d'Occident (395) ; destruction du temple de Marnas à Gaza (402) • *Saint Jérôme (vers 348–420) ; saint Jean Chrysostome, patriarche de Constantinople (398–404), exil (404)*	Cyrille, patriarche d'Alexandrie, adversaire des nestoriens (412–444)		Yazdgard Ier (399–420)
Théodose II (408–450) • Les offices publics sont interdits aux païens (416) ; fin du patriarcat juif (429) ; concile d'Éphèse contre les nestoriens (431) ; concile monophysite, dit le « brigandage d'Éphèse » (449) • *Église saint Paul et Moïse à Dar Qita en Syrie du Nord (418) ; Nestorius, patriarche de Constantinople (428) ; publication du Code théodosien (438) ; l'impératrice Eudoxie à Jérusalem (438–439 et 443–460)*		Guerres byzantino-perses (421–422)	Bahram V (420–438) ; Yazdgard II (438–457)
Marcien (450–457) • Concile de Chalcédoine contre les monophysites (451) • *Juvénal, évêque de Jérusalem (422-458) est élevé à la dignité de patriarche (451)*	Timothée, patriarche monophysite d'Alexandrie (457–460 et 475–477)	Les nestoriens ferment l'école théologique d'Édesse (457) ; création de l'école de Nisibe	
Léon Ier (457–474) • *Mort de saint Siméon le Stylite (459), mort de saint Euthyme, fondateur du monachisme palestinien (473)*			Ormizd III (457–459) Pérôz (459–484)
Léon II (474) ; Zénon, 1er règne (474–475) ; Basilisque (475–476)			Balach (484–488) ; Kavad Ier (488–531)
Zénon, 2e règne (476–491) • Révolte des Samaritains (484)		Zénon ferme l'école d'Édesse (489)	
Anastase Ier (491–518) • Saint-Jean-d'Acre, le Carmel et Tyr sont détruits par des tremblements de terre (503) • *École de rhétorique de Gaza (fin du ve – début du vie siècle) ; Sévère, patriarche monophysite d'Antioche (512–518), en exil (518)*		Guerre byzantino-perse (502–506) ; fondation de Dara-Anastasioupolis (505)	
Justin Ier (518–527) • Annulation des Jeux olympiques d'Antioche (520) ; destruction d'Antioche par un séisme (526)			
Justinien Ier (527–565) • Suppression de la liberté de culte pour les païens (529) ; révolte des Samaritains (529) ; pillage d'Antioche par les Perses (540) ; Jacques Baradée fonde l'église monophysite de Syrie (542–578) ; tremblement de terre à Beyrouth (551) ; révolte des Samaritains (555) • *mort de saint Sabas en Palestine (532) ; législation de Justinien (529–534) ; construction de la Néa à Jérusalem (531–543) ; monastère de saint Siméon le Stylite le Jeune (541–565) ; monastère du Sinaï (548–565) ; Procope de Césarée rédige ses œuvres historiques (550–554) ; Cyrille de Scythopolis, moine et hagiographe (env. 525–558)*		Guerre byzantino-perse (527–531) ; « paix éternelle » entre Justinien et les Sassanides (531) ; guerres byzantino-perses (540–565)	Khosro Ier (531–579)
Justin II (565–578) • Pillage d'Apamée par les Perses (573) • *Pèlerinage des pèlerins de la Joie (570)*	Première apparition de la peste bubonique (541)	Guerres byzantino-perses (572–591)	
Tibère Ier (578–582) • Al-Moundir reçoit le titre de roi (580)			Ormizd IV (579–590)

Dates : période **Souverains** • événements marquants • *avancées culturelles* **(Levant)**	**Égypte**	**Mésopotamie**	**Iran**
Le Proche-Orient protobyzantin 330–640			
Maurice Tibère (582–602)			Khosro II (590–628)
Phokas (602–610)		Guerres byzantino-perses (602–629)	
Héraclius (610–641) • Prise de Jérusalem par les Perses (614) ; Héraclius entre dans Jérusalem avec la Vraie Croix (630) ; conquête musulmane de la Syrie et de la Palestine (634–642) • *Sophronios, patriarche de Jérusalem (633–638)*		Bataille de Ninive ; Héraclius défait les Perses (627) ; les Arabes conquièrent la Babylonie du Sud (633)	Kavad II (628) ; Ardachir III (628–630) ; régents (630–632) ; Yazdgard III (632–651)
Héraclius II Héracléonas et Constantin III (641)			Conquête arabe de l'Iran (640–644)
Constance II (641–668)			
Période islamique et croisades 630–1290			
Naissance du Prophète (vers 570) ; début de la révélation (610) ; Hégire, début de l'ère islamique (622) ; mort du Prophète (632)			
Abou Bakr (632–634) • Occupation de la Palestine hormis la Césarée et Jérusalem (634) ; victoire des Arabes à Adjnadaïn (635)			
Omar (634–644) • Conquête de la Syrie ; victoire sur le Yarmouk et prise définitive de Damas (636)		Bataille de Qadisiya ; conquête de l'Iraq (636)	Victoire de Nehavend, conquête de l'Iran (642)
Othman (644–656) • Prise de Jérusalem (638)	Victoire sur les Byzantins à Ayn Chams (640)	Fondation de Basra (637)	
Ali (656–661) • Prise de Césarée (641) ; victoire maritime sur les Byzantins (655) ; bataille de Siffin sur l'Euphrate ; Mu'awiya contre Ali (657) • *Damas capitale de l'Empire omeyyade (661)*	Fondation de Fustat (643)	Fondation de Kufa (638)	
Mu'awiya Ier (661–680) • Califat omeyyade (661–750) • *Dôme du Rocher de Jérusalem (691)*		Mort d'Hussein à Kerbela (680)	
Abd al-Malik (685–705) • Combats entre Arabes de Syrie (683) • *Construction de la grande mosquée de Damas (708–715)*		Révolte de Mouchtar (685–687)	
al-Walid Ier (705–715) • Conquête de l'Espagne par les Arabes (711) ; batailles de Tours et de Poitiers (723) ; l'avancée des Arabes en Europe est stoppée • *Mosquée al-Aqsa à Jérusalem (709–717)*		Fondation de Wasit (702–705)	
Hisham Ibn Abd al-Malik (724–743) • Massacre des Omeyades, début de la dynastie abbasside (750) • *Construction des « châteaux du désert » (à partir de 703 environ) ; poète Abou Nuwas (747–815)*		Califat abbasside (750–1258)	Révolte abbasside dans le Khorassan (746)
al-Mansur (754–775) • *Fondation de Raqqa (772)*		Fondation de Bagdad (762)	Soulèvement mené par Moukanna dans l'est de l'Iran (778–780)
Haroun al-Rachid (786–809) • *Citernes de Ramlah (789)*			
al-Ma'moun (813–833) • *Âge d'or des sciences arabes*		Maison de la sagesse (832)	Dynastie tahiride (821–873)
Mu'tasim Bi-llah (833–842) • Naissance de plusieurs États musulmans	Dynastie des Tulunides (868–905)	Fondation de Samarra (836)	
Mutawakkil Ala Allah (847–861) • *Alfarabius (en arabe al-Farabi), philosophe (874–950) ; Tabari, historien (839–923)*	Mosquée d'Ibn Tulun (879)		Dynastie samanide (875–999)
Entre 900 et 1000 : neuf califes abbassides • Dynastie hamdanide à Alep (944–1003) ; victoires de Nicéphore II Phocas, prise d'Antioche (958–969) ; Alep verse un tribut aux Byzantins (970) ; prise de Damas par les Fatimides (978) • *Mas'udi, historien (956) ; Muqaddasi, géographe (985)*	935–969 : dynastie des émirs ikhchidites ; 969–1171 : califat fatimide ; fondation du Caire (969) ; fondation de l'université al-Azhar au Caire (972) : calife al-Akim (996–1021)	Dynastie hamdanide à Mossoul (914–978) ; Dynastie des émirs bouyides à Bagdad (945–1055)	Âge d'or de Nichapour et de Boukhara (904–954) ; construction de Ghazni (999–1020)
Malik Chah (1072–1092) • Destruction du Saint-Sépulcre par al-Hakim (1009) ; victoire des Seldjoukides sur les Byzantins à Manzikert (1071) ; les Seldjoukides prennent Damas aux Fatimides (1076) • *Mort d'Avicenne (en arabe ibn Sina, 1037) ; reconstruction de la citadelle de Damas (1076)*	Grand incendie de Fustat (1020) ; Badr al-Jamali vizir du Caire (1074–1094)	Prise de Bagdad par les Seldjoukide (1055) ; sultanat seldjoukide (1040–1194)	Le chef des Ghaznavides Mas'ud battu par les Seldjoukides (1040)
Tutush, émir de Syrie (1087/1078 ?–1095) • Fondation du compté d'Édesse et d'Antioche (1098) par les croisés ; prise de Jérusalem par les croisés (1099) et fondation du royaume de Jérusalem • *Minaret de la grande mosquée d'Alep (1090–1092)*		Nizam al-Mulk est tué par les assassins (1092)	Mosquée d'Ispahan (1088)
Baudouin Ier, roi de Jérusalem (1110–1118) • Prise de Césarée qui était aux mains des Fatimides (1102)			
Nour al-Din Mahmoud (1146–1174) • Fondation du comté de Tripoli (1109) ; prise d'Aïla par Baudouin, interruption des pèlerinages (1116–1118) ; « Ager sanguinis », victoire des Seldjoukides d'Alep sur les croisés (1119) ; premières attaques des croisés contre Damas (1128) ; deuxième croisade, contre Damas (1147–1149) ; Nour al-Din battu à Tibériade (1158) • *Église Sainte-Anne ; Construction de Chaubak (1115) ; mort d'Omar Khayam, mathématicien, astronome et poète perse (1122) ; construction de Kérak (1142) ; agrandissement du Saint-Sépulcre (1144–1149) ; Bimaristan de Nour al-Din à Damas (1154)*	L'Égypte est occupée par Chirkouh pour les Zingides (1164)	Dynastie zingide à Mossoul (1127–1175) ; reconquête d'Édesse par Zengi (1144) ; autres successeurs des Seldjoukides (outre les Zingides), les « atabegs »	Mort d'Hassan ben-Sabah, chef des Assassins (1124) ; Seldjoukides (jusqu'en 1154) ; successeurs des Seldjoukides, les « atabegs » Peuples du Khorezm en Iran (à partir de 1150)
Saladin (1169–1193) • *Madrasa Adilyia à Damas (1172–1222)*	Saladin en Égypte (1169)		
Dynastie des Ayyoubides (1169–1260) • Saladin prend Alep au fils de Nur al-Din (1183) ; victoire d'Hattin et reprise de Jérusalem par Saladin (1187) ; Saladin prend tous les États latins d'Orient hormis Tyr, Tripoli et Antioche (1188) ; troisième croisade, contrôle des ports (1189–1192) • *Madresseh Salahiyé à Jérusalem (1189) ; réaménagement de la citadelle d'Alep par al-Zaher Ghazi (1209)*	Saladin supprime le califat fatimide (1171) Citadelle du Caire (1176)	Les Ayyoubides dominent une partie de la Mésopotamie.	
Malik al-Adil (1200–1218) • Quatrième croisade, prise de Constantinople (1202–1204) • *Construction de la forteresse sur le mont Thabor par Malik al-Adil (1210)*	Cinquième croisade (1217–1221)		Première attaque de Gengis Khan (1219)
al-Kamil (1218–1238) • Sixième croisade, traité sur Jérusalem entre Frédéric II et al-Kamil (1229) ; Prise de Jérusalem par le peuple du Khorezm (1244) • *Construction de la citadelle de Sidon (1228) ; Madresseh Fardos à Alep (1234–1237)*	Septième croisade (1248–1254), saint Louis est fait prisonnier en Égypte (1250)		Conquête de l'Iran par les Mongols (1235–1239)
Dynastie mamelouke (1250–1517) • Les mamelouks arrêtent les Mongols à Ayn Djalout (1260)	Prise du pouvoir par les mamelouks (1250)	Destruction de Bagdad par les Mongols d'Houlagou (1258)	Houlagou (1256–1265)
Baïbars (1261–1277) • Huitième croisade, mort de Saint Louis à Tunis (1270) ; prise du Krak des Chevaliers par Baïbars (1271)			Destruction d'Alamut par les Mongols (1260)
Qalawoun (1280–1290) • Prise d'Acre et fin des croisades (1291)			

Glossaire

A

Abbassides : deuxième dynastie des califes arabes. Ils régnèrent de 750 à 1258 apr. J.-C. depuis Bagdad, la capitale de leur royaume.

abside : niche d'autel en hémicycle ou en polygone, le plus souvent orientée vers l'est, dans les églises où se trouve, à côté de l'autel, le siège du religieux.

acanthes (feuilles d') : feuille carduacée d'une plante très répandue dans la zone méditerranéenne et qui, sous une forme plus ou moins stylisée, constituait un élément décoratif apprécié notamment sur les chapiteaux des piliers antiques.

acémètes : terme désignant des moines rassemblés par saint Alexandre (350–430 apr. J.-C.) autour de lui. Les moines tenaient ce nom de la liturgie ininterrompue qu'ils célébraient sous forme de chœurs se relayant les uns les autres.

Achéménides : dynastie de la Perse ancienne fondée vers 700 av. J.-C. par le légendaire Achéménès, fils de Persée. Elle régna sur tout l'Iran, l'Asie Mineure et l'Égypte, et s'éteignit en 331 av. J.-C. avec l'assassinat de Darius III Codoman suite à la campagne triomphale d'Alexandre le Grand.

acropole : partie supérieure, le plus souvent spécialement fortifiée, de la cité grecque antique. On y trouvait généralement les sanctuaires et les palais.

acrotère : représentation figurative ou élément supérieur ornemental qui couronne les angles des frontons et le faîtage des bâtiments (temples) ou des stèles funéraires.

Actium (bataille d') : lors de la bataille d'Actium (31 av. J.-C.) sur la côte occidentale de la Grèce, Octave, le futur Auguste, vainquit les flottes unies de Marc Antoine et de Cléopâtre. Actium déboucha sur l'annexion de l'Égypte par Rome, et aboutit au règne absolu d'Auguste.

***adyton* :** le Saint des Saints, l'espace d'un temple où seul le prêtre pouvait pénétrer.

agora : place publique centrale dans la cité grecque antique, dans laquelle se déroulaient des activités politiques, religieuses et commerciales.

Akkad (ou Agadé) : ville de Mésopotamie, fondée vers 2330 av. J.-C. par Sargon d'Agadé, le premier souverain sémitique. Les Akkadiens régnèrent jusque vers 2170 av. J.-C. sur ce premier royaume au territoire important, en Mésopotamie.

Akkar (ou Aqqar) : plaine sur la côte septentrionale de la Phénicie. Elle s'étend, au sud, jusqu'à Tripoli et au nord du Liban, au nord jusqu'à la région de Tartous, en Syrie. Elle est également connue sous le nom de « trouée de Homs ».

alexandrin (art) : courant de l'art hellénistique originaire d'Alexandrie – dans l'Antiquité ; l'un des centres de la culture gréco-hellénistique. On ne peut aujourd'hui en donner un aperçu global ou définir une évolution stylistique cohérente, mais quelques traits caractéristiques peuvent être dégagés. En sculpture, par exemple, il désigne un modelé souple et des plissés naturels.

Ali : cousin germain du prophète Mahomet, qui grandit dans son foyer. Son mariage avec la fille de Mahomet, Fatima, en fit son beau-fils et le père de ses deux uniques héritiers mâles, Hassan et Hussein. Le choix contesté d'Ali pour le titre de quatrième calife, en 656 apr. J.-C., provoqua la scission de la communauté musulmane en sunnites et chiites.

Almoravides : communauté religieuse islamique et dynastique en Espagne mauresque et en Afrique du Nord. Elle gouverna en Espagne de 1036 à 1147 et fit la conquête du Maroc en 1062.

Amarna (Tell el-Amarna) : capitale de l'Égypte sous Aménophis IV / Akhenaton (1350–1334 av. J.-C.). En 1885 apr. J.-C., on y découvrit les archives royales comportant un grand nombre de plaques d'argile inscrites en écriture cunéiforme. Il s'agit de la correspondance diplomatique entre la cour du pharaon et les principaux États du Proche-Orient.

ambon : estrade en forme de scène, le plus souvent en pierre, équipée d'un pupitre de lecture, dans les églises du premier christianisme et de Byzance ; servait à la lecture des textes, au chant des graduels et à la prédication.

Ammon : région de la Jordanie orientale, territoire des Ammonites, une tribu sémite.

Amorites (ou Amorrhéens) : peuple nomade sémitique qui, en quittant le territoire syrien, entra en Mésopotamie entre la fin du IIIe millénaire et le début du IIe millénaire av. J.-C. et y fonda, en 1894 av. J.-C., la première dynastie de Babylone.

anachorètes : terme désignant les ermites, les ascètes solitaires du christianisme primitif et byzantin, qui pouvaient cependant se regrouper en communautés très informelles.

Antioche (école d') : courant chrétien théologique des IVe et Ve siècles apr. J.-C., qui défendait le dyophysisme et le fit évoluer dans la confrontation avec d'autres courants chrétiens.

apologistes : membres d'un groupe d'écrivains grecs du IIe siècle apr. J.-C. qui militaient pour le christianisme. D'une manière générale, personnes qui expriment et défendent avec force une conception déterminée.

Araméens : terme désignant des groupes ethniques sémites qui vivaient en Syrie et en Mésopotamie au-delà de l'Euphrate à partir de la fin du IIe millénaire av. J.-C. Le terme d'« États araméens » désigne les royaumes de Syrie du Nord et de Syrie centrale annexés par les Assyriens à partir du IXe siècle av. J.-C. Les Araméens conservèrent cependant leurs propres traditions, y compris sous la tutelle assyrienne.

Arsacides : dynastie qui gouverna le royaume parthe fondé par Arsace Ier vers 250 av. J.-C. dans le territoire de la plaine syro-mésopotamienne, jusqu'à son renversement en 226 apr. J.-C. par les Sassanides.

Ariens/arianisme : l'arianisme désigne une doctrine chrétienne inspirée par Arius d'Alexandrie, selon laquelle l'unité essentielle du Christ avec Dieu le Père s'oppose à la foi en un dieu unique et doit donc être rejetée. Le Christ ne serait, selon cette thèse, qu'une création sortie du néant par la volonté de Dieu, mais que celui-ci aurait reconnue comme son fils après avoir prouvé sa valeur morale. L'arianisme fut condamné et persécuté par l'orthodoxie, mais acquit une grande influence, notamment au IVe siècle.

Assassins : terme occidental désignant les Ismaéliens, une secte chiite extrémiste apparue vers la fin du XIe siècle. Son pouvoir et son influence, entretenus par la terreur et par le meurtre, durèrent jusqu'au XIIIe siècle.

Assyriens : peuple sémite de la partie supérieure du Tigre. À l'apogée de sa puissance, au IXe siècle av. J.-C., le royaume assyrien regroupait toute l'Asie Mineure, depuis Babylone jusqu'à la Méditerranée, y compris la Palestine et l'Égypte. En 612 av. J.-C., elle fut détruite par les Babyloniens avec l'aide d'autres peuples.

Astarté : dans chaque ville phénicienne, on vénérait la déesse Astarté comme déesse de l'Amour ou de la Guerre. À Sidon, on l'invoquait à côté du dieu Echmoun, à Tyr à côté de Melkart. À Byblos, on l'appelait Ba'alat Gebal, « Dame de Byblos », d'après son parèdre (son « collègue dieu »), le Ba'al Gebal.

***atabeg* :** tuteur des princes seldjoukides ; en réalité, le titre d'*atabeg* désigne un émir, un haut dignitaire militaire ou civil au service de l'administration.

atrium : espace central d'un logement antique avec une ouverture rectangulaire du toit.

attique : petite structure située le plus souvent au-dessus de la corniche centrale d'un édifice, décorée de pilastres ou de bas-reliefs.

autocéphale : dans le christianisme oriental, désigne l'indépendance religieuse des Églises nationales autonomes dotées de leur propre chef religieux.

Ayyoubides : dynastie islamique locale en Égypte et en Syrie ; elle y régna de 1169 à 1250 et défendait un islam sunnite orthodoxe.

B

Ba'al : divinité du panthéon phénicien. Le plus souvent, on le présente comme le dieu de l'Orage, équivalent du Zeus grec ou du Jupiter romain.

Ba'alat Gebal : une transcription phénicienne du titre égyptien *Nbt Kbn* renvoyant, au Ier millénaire av. J.-C., à la déesse Astarté de Byblos. Les Grecs l'identifiaient à Aphrodite.

Babyloniens : population des rives de l'Euphrate inférieur et du Tigre, point de départ des grands royaumes d'Asie antérieure. Vers 1700 av. J.-C., Hammourabi fonda le royaume de l'ancienne Babylone, faisant de cette ville sa capitale. Mais le royaume se décomposa de nouveau peu après sa mort. Après une période de déclin et d'invasion, Nabopolassar édifia vers 612 av. J.-C. l'Empire néo-babylonien. Babylone refleurit alors et devint la ville la plus somptueuse de l'Antiquité. En 539 av. J.-C., l'Empire néo-babylonien fut anéanti par les Perses. Babylone joua cependant un rôle important jusqu'au règne d'Alexandre le Grand, qui y mourut en 323 av. J.-C.

Basile Ier le Macédonien : empereur byzantin.

***basileion* :** attribut qui désigne celui qui le porte comme le souverain, par exemple la couronne de la déesse Isis.

basilique : grand hall en longueur sur un plan à trois nefs.

***bêma* :** podium sacré rehaussé d'une ou plusieurs marches, situé devant l'abside dans l'église byzantine et celle du premier christianisme.

bétyle : pierre sacrée correspondant à la matérialisation d'une divinité et adorée comme telle.

Bourides : dynastie seldjoukide qui régna de 1102 à 1154 à Damas. On attribue généralement son déclin au fait qu'elle noua des relations trop étroites avec les Francs chrétiens.

Bouyides : dynastie chiite qui régna sur l'Iran et l'Irak de 932 à 1055. À l'origine, les Bouyides étaient des mercenaires ; leur règne se distingua par une forte administration militaire, mais aussi par une stabilité et une sécurité relatives, y compris pour les éléments sunnites de la population.

C

Calife : successeur de Mahomet à la tête de la communauté musulmane.

***cardo* :** route centrale, l'un des deux axes principaux du camp militaire romain et des agglomérations romaines ; en règle générale, orienté du nord au sud.

cartouche : encadrement ovale d'un nom de roi ou de dieu dans les inscriptions égyptiennes en hiéroglyphes, découlant des symboles du disque solaire et de l'horizon.

***castrum* :** édifice défensif de plan carré avec tours d'angle rondes et, à l'origine, quatre entrées. Ce plan de base, remontant à la période romaine et byzantine, que l'on utilisa d'abord pour les camps de marche ou d'hiver des troupes romaine, et qui fut développé sous l'Empire pour former des fortifications totalement construites, influença les premières forteresses et châteaux du désert des musulmans.

***cella* :** salle principale d'un temple où se trouvait la statue de la divinité et qui, en règle générale, était réservée aux prêtres. L'équivalent grec de ce concept latin est le *naos*.

chalcédoniens : défenseurs des résultats du concile de Chalcédoine (451 apr. J.-C.), au cours duquel le monophysisme fut condamné et le dyophysisme proclamé dogme chrétien.

chiites : partisans de l'une des deux grandes confessions de l'islam. Les chiites considèrent que le 4e calife, Ali, et ses héritiers sont les seuls chefs légitimes du monde islamique. Ils contestent la légitimité des califes omeyyades et abbassides. Les chiites sont toujours restés une minorité par rapport aux sunnites.

***chôra* :** plat pays ou territoire d'une *polis* grecque ; la *chôra* regroupait les villages voisins qui étaient soumis à ce chef-lieu et en assuraient l'approvisionnement.

colonie : à l'époque romaine, lotissement ou ville situés en dehors de Rome et du territoire des citoyens romains.

***comes Orientis* :** rang civil byzantin, employé administratif de haut niveau auquel était soumis un diocèse.

concile : rassemblement de hauts dignitaires d'une Église, afin de discuter et de statuer sur des questions de foi et d'organisation religieuse.

Coptes : terme désignant les chrétiens égyptiens. En règle générale, on désigne ainsi les descendants chrétiens des Égyptiens antiques. L'Église copte est l'une des Églises nationales indépendantes du christianisme oriental. Son art a influencé l'espace méditerranéen jusqu'à la conquête arabe de l'Égypte, en 640 apr. J.-C.

corniche : bande sortant à l'horizontale d'un mur, articulant le bâtiment ou soulignant ses différents éléments.

coufique (écriture) : écriture arabe stylisée.

***curiale* :** membre ou héritier d'un siège à la Curie ; notable administrant une cité-État et chargé, entre autres, des dépenses liées aux règlements et aux impôts.

Curie : conseil d'une cité-État, composé de curiales et chargé de gérer et de maintenir l'ordre dans la ville, de collecter les impôts et de vérifier l'état des bâtiments.

D

déambulatoire : galerie courant autour du chœur d'une église, en général séparée de celui-ci par des arcs ouverts.

décapole : groupe de dix villes. Ce terme désignait, principalement pendant la période romaine, un groupe de villes hellénisées situées dans le sud de la Syrie, qui appartenaient à une unité administrative séparée. On en possède plusieurs listes différentes qui ne concordent pas nécessairement.

dépôt : terme utilisé par les archéologues pour désigner l'habitude de déposer ou d'enterrer les objets précieux sur des lieux sacrés déterminés afin de les consacrer aux dieux, ou d'éviter que l'on ne jette simplement des objets consacrés.

***diakonikon* :** dans les églises du christianisme primitif et byzantin, la salle située à côté de l'abside, qui sert de salle de séjour pour les diacres et de rangement pour les objets et les tenues liturgiques.

diocèse : unité administrative byzantine, sous-division de la préfecture. Chaque préfecture comprenait plusieurs diocèses, chaque diocèse un certain nombre de provinces.

Diodore : historien grec de Sicile, au Ier siècle av. J.-C. ; il rédigea une histoire générale des peuples de l'Antiquité jusqu'à 54 av. J.-C. en 40 tomes, dont on possède encore, dans leur intégralité, les volumes 1 à 5 et 11 à 20. On trouve encore des fragments importants des autres tomes chez les historiens byzantins.

diorite : roche magmatique très dure de couleur noire, vert sombre ou gris-vert, que l'on utilisait fréquemment en sculpture.

***dux* :** rang militaire byzantin, commandant d'une légion, chef des troupes d'une province.

dynastes : terme désignant les petits souverains de principautés plus ou moins indépendantes (notamment aux frontières des provinces romaines).

dyophysisme : doctrine de la double nature, selon laquelle il existe dans le Christ une nature divine et une nature humaine, chacune existant « sans mélange, sans transformation, sans séparation et sans singularité », ce qui signifie que le Christ est à la fois tout homme et tout dieu. Le dyophysisme a été élevé au rang de dogme par l'orthodoxie chrétienne.

E

échelle de Tyr : zone située entre le Ras el-Abyad et le Ras el-Naqoura. Au sud de Tyr, « l'échelle de Tyr » constitue une frontière naturelle.

édicule : 1. Petit temple ou petite construction au sein d'un temple, servant à y installer une statue de Dieu.
2. Encadrement de portails, fenêtres et niches, constitué d'une structure architecturale de piliers, flèches, pilastres, et d'un pignon en forme de triangle ou d'arche.

Édom : haut pays situé à l'est et au sud-est de la mer Morte, qui était dans l'Antiquité le territoire de colonisation de la tribu des Édomites. Avec les autres peuples de Palestine, les Édomites passèrent aussi sous la coupe des Assyriens et, plus tard, des Babyloniens. Vers 126 av. J.-C., ils furent intégrés au royaume d'Israël.

émir : à l'origine, titre du chef de tribu arabe ; puis, commandant militaire ou gouverneur de province.

emporium : place commerciale, marché où se déroule le commerce, notamment avec l'étranger.

engobe : couche appliquée sur une pièce de céramique pour en masquer la couleur naturelle.

entablement ionique : l'entablement, dans l'architecture antique, constitue l'ensemble des poutres, frises et corniches de couronnement ; dans ce que l'on appelle l'ordre ionique, les différents éléments sont ornés, d'une manière particulièrement riche, de formes élancées et végétales.

éphore : surveillant, dirigeant d'un district religieux chargé de l'administration ou de la sécurité ; était chargé, entre autres, de la surveillance des marchés.

épigraphe : forme littéraire autonome qui résume une pensée en une formule brève. De nombreuses inscriptions sur des monuments, des dons sacrificiels et des bâtiments apparaissent sous la forme d'une épigraphe.

épigraphie : science des inscriptions.

***epitropos* :** les rois nabatéens étaient avant tout des prêtres et des guides religieux pour le peuple. Les affaires séculières, celles de l'État, incombaient plutôt aux *épitropoï*. Ils occupaient la deuxième place, après le roi (souvent traduit par « ministre suprême », chancelier, grand vizir).

Echmoun : attesté depuis le VIIIe siècle, ce dieu guérisseur fut identifié par les Grecs à Asclépios, mais aussi à Apollon. Il se trouvait avec Reshef à la tête du panthéon sidonien.

estrade : partie du sol surélevée d'une ou plusieurs marches afin de mettre en valeur la pièce, par exemple devant une fenêtre ou sous un trône.

ethnarque : à l'époque romaine, prince local subalterne, notamment en Syrie et en Palestine.

Étrusques : peuple antique d'Étrurie, région italienne située au bord de la mer Tyrrhénienne, entre le Tibre, l'Apennin et l'Arno – correspond à peu près à la Toscane actuelle. Au IXe siècle av. J.-C., les Étrusques ont vraisemblablement rejoint par la mer l'Asie Mineure depuis l'Italie. Au IIIe siècle av. J.-C., ils se sont progressivement dispersés dans les territoires sous domination romaine.

eulogie : souvenirs que les pèlerins rapportaient des lieux de pèlerinage, petits objets de dévotion qui pouvaient avoir des formes diverses : par exemple, petits médaillons en argile ou en métal, flacons remplis d'eau sacrée, etc.

évêques de camp des Sarrasins : évêques qui furent adjoints aux tribus nomades arabes christianisées pour contrôler leur loyauté.

F

Fatimides : dynastie chiite (ismaélienne) qui régna en Égypte de 909 à 1171 et, de là, étendit son domaine de pouvoir jusqu'à la Palestine et la Syrie. Sous les Fatimides, l'Égypte islamique connut une floraison matérielle et intellectuelle qu'elle n'a plus jamais atteinte depuis. Les Fatimides fournirent les seuls califes chiites.

***favissa* :** décharge, fosse creusée dans le sol où l'on enterrait, après l'exécration rituelle, le surplus d'offrandes votives d'un sanctuaire.

fibule : broche pourvue d'une aiguille pour refermer le vêtement.

fleuron : élément architectural ; fleur stylisée aux pétales en croix utilisée notamment pour couronner les tours.

***foggara/qanat* :** partie d'un système d'irrigation, canaux souterrains qui apportent l'eau recueillie dans une citerne centrale.

frise : étroite bande horizontale destinée à articuler et à décorer des éléments d'architecture ; en règle générale, uniquement sculpturale à l'extérieur, parfois également peinte à l'intérieur.

G

géomorphologie : branche de la géologie traitant de la forme et de l'évolution de la croûte terrestre.

Ghassanides : dynastie arabe qui régna au VIe siècle apr. J.-C. sur certaines parties de la Syrie et de la Palestine. Les Ghassanides étaient des chrétiens monophysites et étaient dans un rapport de vassalité avec Byzance.

glacis : élément de l'architecture des forteresses, constitué par le monticule de terre dégagé par le creusement d'un fossé sur la face extérieur d'un mur d'enceinte, parfois en muraille ou taillé dans la roche ; zone avancée de la fortification qui protège en générale la base du mur élevé. Cette installation est parfois renforcée par une couche de pierres et le plus souvent aménagée en talus (abrupt). Le glacis empêchait également les ennemis de se mettre à l'abri sous les murs.

glyptique : la glyptique ou l'art de graver les sceaux (scarabées, cylindres) occupait une place de choix dans les métiers du Proche-Orient. Les sceaux étaient d'usage quotidien : on s'en servait pour sceller des documents, signer des contrats et assurer l'inviolabilité de portes condamnées. Mais ils servaient aussi d'amulettes, et on les portait autour du cou.

gorge égyptienne : moulure concave étirée vers l'extérieur qui constitue l'extrémité et le couronnement d'un élément architectural ; élément typique de l'architecture égyptienne.

graffito (pl. graffiti) : inscription gravée dans le mur ; également : plaque de marbre dans laquelle sont intégrées des représentations de personnages ou des décorations, avec différents degrés d'ombré.

gyblite : dérivé du nom sémitique de la ville de Byblos, Goubla. La culture gyblite est ainsi la culture de Byblos. En langue phénicienne, Byblos portait le nom de Gebal.

H

hagiographie : littérature chrétienne relatant la vie des saints et racontant leurs actes miraculeux, y compris ceux accomplis après leur mort par l'intermédiaire de leurs reliques et de leurs lieux de culte.

Hamdanides : dynastie princière arabe qui gouverna au Xe siècle à Mossoul et Alep. Politiquement, c'était plutôt une petite dynastie locale ; mais elle est devenue célèbre grâce au mécénat qu'elle accorda aux poètes et aux savants. Aujourd'hui encore, son éclat n'a pas pâli dans le monde arabe.

hammam : établissement de bains au Proche-Orient. Le monde arabe a repris la tradition du bain de vapeur à la culture romaine byzantine. Elle se prolonge jusqu'à nos jours avec les bains turcs.

***harâm* :** par son origine, le terme *harâm* a la même signification que « tabou ». Les *harâm* sont des lieux sacrés où ne peuvent pénétrer, en règle générale, que certaines personnes, les initiés. Plus tard, dans l'Islam, *harâm* désigne des lieux saints comme les territoires de La Mecque et de Médine, mais aussi l'intérieur d'une mosquée.

harmonie évangéliaire : représentation de la vie du Christ composée des quatre Évangiles.

Hasmonéens/Maccabées : dynastie juive qui sut briser le règne des Séleucides sur le peuple hébreu et recréer un État juif (142 av. J.-C.), mais qui entra en 63 av. J.-C. dans la zone d'influence romaine.

haute-cour : tribunal suprême composé, dans les États des croisés, par le roi et ses vassaux.

Hégire : expédition de Mahomet depuis La Mecque jusqu'à Médine, en 622 ; c'est à cette date que débute le décompte islamique du temps, introduit 17 ans plus tard par le calife Omar.

***hégouménos* :** abbé d'un monastère de l'Église byzantine et orthodoxe.

hellénisme : période historique s'étendant de la mort d'Alexandre le Grand (323 av. J.-C.) à la conquête du dernier royaume hellénistique par les Romains (en 30 av. J.-C., l'Égypte devient une province romaine). Au cours de cette période, la Grèce classique fusionne, avec ses éléments orientaux, pour instaurer une nouvelle culture de portée mondiale.

hérétiques : partisans d'une doctrine refusée par l'Église, ou condamnée par l'orthodoxie comme foi erronée.

Hérodaniens : dynastie d'origine iduméenne, dérivé du nom de Hérode Ier le Grand, qui fut roi de Judée de 37 à 4 av. J.-C.

Hésychios : lexicographe byzantin d'Alexandrie, vraisemblablement du Ve ou VIe siècle apr. J.-C., auteur d'un dictionnaire classé par ordre alphabétique, source précieuse pour la connaissance du langage poétique et des tournures grecques courantes.

hippodrome : champ de courses hippiques, constitué en général d'une double piste avec des extrémités en arc de cercle.

Hittites : peuple qui s'installa à partir du IIe millénaire av. J.-C. à l'est de l'Asie Mineure, et y fonda un grand royaume. Vers 1200 av. J.-C., le royaume hittite disparut après l'invasion des Peuples de la Mer. Des principautés hittites subsistèrent cependant dans le nord de la Syrie jusqu'aux VIIIe et IXe siècles av. J.-C.

***honorati* :** notables d'une communauté, à l'époque protobyzantine ; le plus souvent anciens fonctionnaires et officiers.

Hourrites/Mitanni : peuple qui, au XVIe siècle av. J.-C., quitta l'Orient pour émigrer dans le nord de la Mésopotamie, dans le nord de la Syrie et en Palestine. Le royaume mitannien connut sa période d'extension maximale vers 1450 av. J.-C.

hypèthre : en archéologie, ce concept désigne les bâtiments disposant d'une salle intérieure non couverte.

I

iconoclastes : ici, employé uniquement dans le sens de « destructeurs d'images ».

Iduméens : habitants d'Idumée, l'une des provinces fondées par les Perses au début du IVe siècle av. J.-C., située à l'ouest de la mer Morte.

imam : chef de prière lors de la prière islamique du vendredi. Chez les chiites, ce terme désigne en outre le chef religieux.

Ismaéliens : secte chiite fondamentaliste dont la doctrine est caractérisée par la distinction entre « l'extérieur » et « l'intérieur », l'extérieur étant la signification du dogme reconnue par tous, tandis que l'intérieur est constitué par les vérités effectivement immuables et que différentes techniques mystiques permettent de faire apparaître.

Ituréens : habitants de la région montagneuse d'Iturée située entre le Liban et l'Anti-Liban, jusqu'à Arqa. Ils y ont fondé la tétrarchie de Chalcis, dont Pompée fit en 63 av. J.-C. d'abord un État-satellite de Rome, et qui fut ensuite, sous l'Empire, intégré à la province de Syrie.

***iwan* :** salle ouverte sur la partie donnant vers la cour, surmontée d'une demi-coupole ou d'une voûte ; élément important de l'architecture partho-sassanide, puis islamique.

J

jacobites : adeptes de l'Église nationale syrienne monophysite.

Jézabel : fille du roi Ittobaal, qui régna sur Tyr et sur Sidon. Au IXe siècle av. J.-C., elle épousa Achab, roi d'Israël ; elle était considérée comme le symbole du paganisme et de l'idolâtrie.

Judée : dans l'Antiquité, nom donné à la partie méridionale de la Palestine. Après l'effondrement du royaume de Juda, la Judée devint une province perse autonome et une terre d'accueil pour les juifs revenant de leur exil babylonien. Ensuite, sous différentes tutelles, elle devint à partir de l'an 6 apr. J.-C. une procure romaine. Depuis la guerre juive (66 apr. J.-C.), le nom de Judée désigne l'ensemble du territoire de la Palestine.

K

Kharijites : anciens partisans d'Ali qui cessèrent de le soutenir après la bataille de Siffin, en 657 apr. J.-C. Adeptes d'une doctrine rigoriste et égalitaire.

L

Lakhmides : dynastie de princes arabes dans la partie inférieure de l'Euphrate. Ils ont régné du IVe siècle apr. J.-C. jusque peu après 602 apr. J.-C., lorsque le territoire tomba sous la coupe des Sassanides.

lapis-lazuli : pierre semi-précieuse bleu sombre de très grande valeur, souvent ornée de particules claires d'un jaune d'or. Dans l'Antiquité, elle était très appréciée comme pierre d'ornement.

laure : forme semi-anachorétique de la vie monacale dans le christianisme oriental, qui regroupait des ermites dans une vie commune partielle, alors que ceux-ci vivent normalement en solitaires.

libation : acte religieux au cours duquel on offre des liquides (sang, vin, etc.) en sacrifice à une divinité.

***limitanei* :** troupes frontalières de l'Empire byzantin, stationnées dans des camps et des forteresses et chargées de garantir les frontières.

litholâtrie : adoration des pierres.

***loculus* :** *arcosolium*, tombe en forme de niche dans laquelle on place les défunts et que l'on trouve dans les cryptes souterraines et les catacombes.

M

***ma'abed* :** terme désignant le bâtiment central du sanctuaire à Amrit. Il possède la forme d'une chapelle égyptienne ; il est orné d'une frise à créneaux assyrienne.

Macédoniens : tribu grecque qui vivait le long de la côte nord-ouest de la mer Égée, et que les autres Grecs ne comptaient pas parmi les Hellènes. Ils connurent leurs plus grandes heures sous Philippe II (359–336 av. J.-C.), dont les conquêtes s'étendirent sur toute la péninsule balkanique, et sous son fils Alexandre, dit Alexandre le Grand (336–323 av. J.-C.), qui hissa pour une courte période la Macédoine au rang d'empire mondial.

***madresseh* :** école supérieure du monde islamique médiéval où l'on enseignait des disciplines religieuses, mais aussi laïques.

magister militum per Orientem **:** rang militaire byzantin ; commandant de l'armée auquel étaient subordonnées les troupes attribuées à un diocèse.

mamelouks : dynastie qui régna en Égypte et en Syrie depuis le XIIIe siècle apr. J.-C. jusqu'à la conquête ottomane, en 1516–1517. Ils descendaient d'esclaves affranchis, d'origine turque ou tcherkesse, qui avaient eu de grands mérites dans l'armée et dans l'administration de l'Empire, jusqu'à ce qu'ils pussent eux-mêmes prendre le pouvoir.

marcionites : adeptes d'une doctrine chrétienne fondée par Marcion au IIe siècle av. J.-C. Cette doctrine rejetait l'Ancien Testament et considérait que les lettres de saint Paul avaient été falsifiées ; il les « purifia » donc et les assembla avec un Évangile selon saint Luc lui aussi raccourci de manière tendancieuse, pour en faire un nouveau texte.

martyre : mort sacrificielle comme acte de foi ; dans le christianisme, ce terme désignait aussi la stèle ou la chapelle du souvenir élevée au-dessus de la tombe d'un martyr ou sur le lieu de son martyre.

mazdéisme (appelée également zoroastrisme) **:** religion de la Perse antique, fondée par Zoroastre.

Mèdes : peuple du nord-ouest de l'Iran. Les Mèdes, immigrés au XIXe siècle av. J.-C., constituaient au VIIe siècle av. J.-C. un grand État qui fut conquis par les Perses en 550 av. J.-C. Par la suite, les Mèdes et les Perses ont fusionné et partagé la même histoire.

Méduse : gorgone ; monstre féminin de la légende grecque, dont le regard pétrifie celui qui l'observe. En règle générale, elle est ailée, dotée de cheveux en serpents, avec un visage déformé comme un masque, et elle montre ses dents.

Melkart : dieu tutélaire de la ville de Tyr, attesté depuis le IXe siècle et identifié par les Grecs à Héraclès.

Mésopotamie : territoire situé entre l'Euphrate et le Tigre, en Asie Mineure. La plus grande partie appartient aujourd'hui à l'Irak ; une fraction moins importante, au nord-ouest, appartient à la Syrie.

métallurgie : science de la fusion des métaux à partir de leur minerai, de leur affinage et de leur élaboration. L'apparition de la technique du martèlement et du cuivre émaillé, à l'âge du bronze, marqua le début d'une nouvelle évolution dans le traitement du métal, mais aussi d'une nouvelle époque dans la chronologie.

métropole : depuis l'Antiquité, capitale d'un pays ou d'une province ; à l'époque byzantine, désigne également une province religieuse. Ce rang honorifique pouvait aussi être décerné à des villes qui n'étaient pas des capitales.

Métropolite : dans l'Église byzantine et orthodoxe, évêque et chef d'une métropole ou d'une province religieuse.

mihrab **:** chaire destinée au prêche dans une mosquée ; elle indique la direction de La Mecque et est souvent ornée de riches éléments artistiques.

millarium **:** pierre milliaire sur les routes romaines, disposée à intervalle d'une lieue romaine (environ 1,5 km).

minbar **:** siège de prédication dans une mosquée, auquel on accède le plus souvent par un escalier doté d'une rambarde à ornement artistique. C'est de là que l'on tient le prêche du vendredi. Le *minbar* est fréquemment une construction de bois mobile, mais il peut aussi être solidement fixé au mur.

Mitanni *voir* Hourrites

Mithra : dieu de la Lumière dans la Perse antique ; apportait la fécondité, la paix et la victoire. Le culte de Mithra était notamment très répandu chez les soldats romains ; il se propagea avec les légions dans toute l'Europe et tout le Proche-Orient. Le premier christianisme a très fortement réprimé cette religion rivale.

monophysisme : théorie de la nature humaine (opposé au dyophysisme) ; doctrine de l'unité de Dieu et de l'homme en la personne du Christ, sous forme d'une unité naturelle de la créature. Bien qu'il ait été condamné par l'orthodoxie, le monophysisme est resté dominant, notamment dans les provinces orientales du royaume byzantin.

môtab **:** socle ou podium, spécialement utilisé pour installer un bétyle.

muezzin : religieux qui, depuis le minaret, appelle les croyants musulmans à la prière.

mouqarnas **:** élément de décoration de l'architecture islamique : petites niches en forme de rayons, juxtaposées ou superposées de manière régulière et ornant le plus souvent une voûte ou la naissance d'une voûte. Vues d'en bas, les extrémités de ces petites niches ressemblent à des stalactites.

myrrhe : résine gommeuse aromatique de la myrrhe, un buisson des pays arabes que l'on utilise notamment comme encens en raison de son parfum agréable.

N

naos **:** équivalent grec du mot latin *cella*.

nefesh **:** monument consacré, stèle ou monument commémoratif ayant la forme d'un obélisque ou d'une pyramide.

néoplatonisme : prolongement de la philosophie de Platon à partir d'environ 200 apr. J.-C. On considère Plotin (vers 205–270 apr. J.-C.) comme son principal représentant. Outre le patrimoine intellectuel platonicien, le néoplatonisme a repris des concepts aristotéliciens, stoïciens, ainsi que des notions remontant à la mystique de la fin de l'Antiquité.

nestorianisme : doctrine chrétienne selon laquelle l'humanité et la divinité se manifestent séparément l'une de l'autre dans le Christ et ne sont liées que par le lien moral de l'amour. L'église nestorienne vit encore aujourd'hui, principalement au Proche-Orient et en Inde.

nœud isiaque (ou d'Isis) : en règne générale, la déesse égyptienne Isis est représentée avec une robe nouée sur la poitrine. Ses prêtresses portaient la même tenue, avec un nœud sur la poitrine.

noms théophores : noms de personnages ou de lieux qui intègrent le nom d'un dieu. La constitution et la propagation de ce type de nom peut fournir des informations sur la vénération de tel ou tel dieu à une époque donnée.

O

Omeyyades : première dynastie des califes installée à Damas de 661 à 750 apr. J.-C.

Ophir : région riche en or, quasi légendaire, à partir de laquelle les expéditions de Salomon et de Hiram de Tyr rapportèrent des marchandises exotiques à Jérusalem. Dans l'Antiquité, on supposait qu' Ophir se situait en Inde ou en Afrique centrale.

opus sectile **:** mosaïque de sol bicolore à disposition géométrique.

Ottomans : dynastie turque, fondateurs et maîtres de l'Empire ottoman. Né des ruines de l'État seldjoukide en Asie Mineure, vers 1300, l'Empire ottoman s'étendit très vite et regroupa, à son apogée au XVIe siècle, la Syrie, la Mésopotamie, l'Arabie, les pays du Caucase, l'Asie Mineure, l'Égypte et, dans un rapport de semi-dépendance, les pays de la côte septentrionale de l'Afrique, jusqu'au Maroc, mais auss , en Europe, tous les Balkans et la majeure partie de la Hongrie.

P

paideïa **:** éducation, instruction acquise par l'enseignement et l'étude (formation générale) et connaissances scientifiques, objectif de l'éducation classique de l'Antiquité.

palmettes : formes d'ornementation végétales avec feuilles en forme d'éventail déployé, qui s'ordonnent avec une symétrie rigoureuse des deux côtés d'un axe central plus ou moins fortement souligné.

panégyriste : dans l'Antiquité, rédacteur de discours et de poèmes laudateurs (panégyriques) ; le panégyriste est également celui qui prononce ces poèmes.

papyrus : arbrisseau à papier. Dans l'Égypte ancienne et dans l'Antiquité, on tirait des tiges de ce arbrisseau le matériau permettant l'écriture, en découpant en bandes la sève de la tige débarrassée de son écorce, en collant les bandes en croix et en les faisant sécher. Le papyrus achevé était utilisé sous forme de rouleaux ou de feuilles séparées.

parthe (art) : désigne l'art des villes de la steppe syro-mésopotamienne (Palmyre, Doura-Europos, Hatra) au cours des trois premiers siècles apr. J.-C. C'est un art mêlé, mais les éléments grecs dominent sur les éléments orientaux. L'art parthe se distingue par un certain caractère hiératique et par le principe de la frontalité : même lorsque l'on représente plusieurs personnages, ceux-ci sont vus de devant et l'un à côté de l'autre, et non dans un échelonnement perspectif. La construction des personnages montre ici une immobilisation des formes grecques et perses ; les plis sont schématisés, en lignes.

Parthes : tribu iranienne qui conquit l'Iran et la Mésopotamie et les domina du milieu du IIIe siècle av. J.-C. jusqu'au IIIe siècle apr J.-C. Ils furent à plusieurs reprises les adversaires des Séleucides, puis de Rome.

patère : ornement décoratif en forme de disque utilisé sur les frises et prenant la forme d'une coupe de sacrifice antique (le récipient plat et ouvert, *phiale* en grec, servait à boire et à offrir les libations pendant les cérémonies).

patriarcat, patriarche : à Byzance, le patriarche était le chef d'une union de provinces religieuses. Dans les nombreuses Églises indépendantes du christianisme oriental, c'est le titre que porte le chef de chaque culte. Le patriarcat est le domaine où s'exerce la fonction d'un patriarche.

peraia **:** possessions continentales d'une ville insulaire dans la Grèce antique.

Pergame (art de) : art du royaume de Pergame (283–133 av. J.-C., dont la capitale était Pergame, une ville de Mysie sur la côte de la mer Égée en Asie mineure, et qui fut, aux IIIe et IIe siècles av. J.-C., un centre d'art et de civilisation du monde gréco-hellénistique. Les caractéristiques de l'art de Pergame sont un naturalisme vivant et une prédilection pour les grandes compositions dramatiques comportant de nombreux personnages.

péribole : périmètre sacré autour d'un temple antique.

périptère : temple dont la *cella* est entourée sur les quatre côtés par une série simple de colonnes.

péristyle : galerie de colonnes entourant une cour ou un atrium.

Peuples de la Mer : désignation d'un groupe de peuples qui immigrèrent vraisemblablement de l'espace de la mer Noire vers les Balkans, la mer Égée et l'Asie Mineure. Aux XIIIe et XIIe siècles av. J.-C., ils attaquèrent la

Syrie, l'Égypte et la Palestine. En 1177 av. J.-C., les Égyptiens les refoulèrent définitivement en Palestine. Parmi les Peuples de la Mer, on compte, entre autres, les Philistins.

Phénicien : notion géographique, qui n'est pas employée ici dans son acception politique. Le pouvoir politique des Phéniciens s'achève avec la domination des Perses, c'est-à-dire à la période des Achéménides, à partir de 539 av. J.-C. Les villes côtières phéniciennes et la Phénicie, dans son acception géographique, demeurèrent cependant des entités fixes jusqu'en 330 av J.-C.

Philistins : les Philistins sont arrivés dans l'espace méditerranéen avec l'invasion des Peuples de la Mer et se sont installés au XIIe siècle av. J.-C. sur la côte palestinienne ; ils donnèrent leur nom à la Palestine.

phylarque : chef d'une tribu ; ce terme, qui ne désignait à l'origine qu'une fonction, est devenu au fil du temps un titre officiel.

pilastre : demi-pilier plat ressortant du mur en légère saillie ; il sert à renforcer le mur, et il est le plus souvent articulé comme une (demi-) colonne.

***pistikos* :** titre civil byzantin de bas niveau, correspondant à peu près à la fonction de chef de village.

plaques votives : dons à une divinité pour manifester sa reconnaissance ou implorer son aide.

plate-bande : élément de décoration sur ou dans des bâtiments ; moulure plate et arrondie.

***polis* :** structure politique et administrative de l'Antiquité gréco-romaine qui subsista encore longtemps à Byzance. Une *polis* était composé d'une ville et de sa *chora* et était auto-administrée.

pompéien (style) : la peinture de style pompéien est essentiellement subdivisée en deux styles, qui se distinguent surtout par le traitement des fonds. Le premier style pompéien est caractérisé par des imitations d'un effet particulièrement sculptural en marbre de différentes couleurs, avec des contrastes colorés marqués et un jeu subtil des lignes et des surfaces abstraites. Dans le deuxième style pompéien, c'est l'architecture qui domine largement la peinture ; on suppose que les compositions ont été inspirées par des décors de théâtre.

portique : avancée d'un édifice sur le côté de l'entrée principale, en règle générale portée par des colonnes et donc ouverte sur les côtés.

***præfectus prætorii* :** le titre de « préfet » était utilisé à Byzance pour désigner les fonctionnaires porteurs d'un mandat déterminé. Un *præfectus prætorii* (préfet du prétoire) était un haut fonctionnaire de l'administration civile ; son ressort s'appelait la « préfecture» .

préfet : haut fonctionnaire civil ou militaire de l'Empire romain.

***presbyterium* :** dans les églises du christianisme primitif et byzantin, niche d'autel à l'extrémité du chœur, lieu où s'installait le clergé lors de la liturgie.

proconsul : ancien consul qui, à l'issue de son année de fonction à Rome, devenait gouverneur d'une province de l'Empire romain. À l'époque impériale, tous les gouverneurs des provinces du Sénat portaient systématiquement le titre de proconsul.

prostyle : terme servant à désigner un type de temple avec une série de colonnes devant le parvis.

Province procuratoire : province romaine gouvernée par un procureur, un administrateur.

Pseudo-Skylax : marin grec du IVe siècle av. J.-C., qui rédigea, à la demande de Darius Ier (521–496 av. J.-C.), un rapport détaillé sur son voyage à travers le golfe Indien. Les informations qu'il contient sur la côte phénicienne ne sont cependant pas toujours crédibles.

Ptolémées : dynastie qui régna en Égypte après la mort d'Alexandre le Grand, de 323 av. J.-C. jusqu'en 30 apr. J.-C. Tous les souverains masculins s'appelaient Ptolémée ; ils étaient les héritiers de Ptolémée Ier, fils de Lagos. La reine la plus fameuse de la dynastie est Cléopâtre (VII).

Q

qanat *voir foggara*

Qarmates : société secrète islamique d'obédience ismaélienne-chiite. Ils sont intervenus pour la première fois à Babylone vers la fin du XIXe siècle et, de là, se sont répandus en au Khorassan et en Syrie ; par la suite, ils ont répandu la terreur et la violence dans tout le Levant et en Arabie.

***qibla* :** direction de La Mecque, dans laquelle les musulmans font leur prière ; le mur de la *qibla*, dans la mosquée, est celui qui indique la direction de La Mecque et devant lequel se dresse le *mihrab*.

quart-de-ronde : ornement en forme de bâton sur des éléments architecturaux, avec moulage en quart de cercle (ou en demi-cercle ou en trois quarts de cercle). On le trouve notamment sur les corniches, les portails et les fenêtres.

R

Ramessides : les pharaons égyptiens des XIXe et XXe dynasties (1293–1185 et 1185–1070 av. J.-C.) sont baptisés « Ramessides » d'après leur fondateur, Ramsès II, et ses nombreux successeurs du même nom.

***rapi'uma/Rephaïm* :** sanctuaire où se déroulait le culte des rois défunts.

Rê-Horakhty : dieu égyptien du Soleil. Il sortit du chaos comme créateur et engendra le premier couple divin (Chou et Tefenet).

Reshef : dieu de la Guerre chez les Sémites occidentaux, assimilé à Apollon. Selon l'auteur grec Pausanias, qui rédigea entre 160 et 180 apr. J.-C. une description de la Grèce et des pays environnants, il était le père d'Echmoun, le dieu de la guérison.

rhéteur : orateur et professeur de rhétorique qui dominait l'art supérieur du discours public, mais aussi celui qui avait fréquenté des cours de rhétorique.

rhétorique : art du discours ; art de l'élaboration efficace des discours publics, un élément important de la formation classique dans l'Antiquité.

rotonde : bâtiment central sur une base circulaire, le plus souvent surmonté d'une coupole.

S

Safaïtes : peuple de bergers nomades qui séjournaient dans le secteur du Harran oriental. Ils ont laissé un grand nombre de graffiti dans leur propre langue et leur propre alphabet – on en connaît plus de 20 000.

Samaritains : population de la Samarie, une zone située au centre de la Palestine occidentale. Les Samaritains sont une population mêlée : les Israélites, qui étaient restés dans le pays après que les Juifs eurent été déportés par les conquérants assyriens en 722 av. J.-C., s'étaient mêlés aux nouveaux souverains.

Sassanides : dynastie persane qui régna de 224 à 642 apr. J.-C., jusqu'à ce qu'elle fût renversée par les Arabes.

satrapie : province ou gouvernement provincial des Achéménides persans.

***scriptorium* :** pièce d'écriture ; à l'époque du premier christianisme, peut encore être entendu dans le sens actuel du mot « bureau » ; ensuite, il s'agit plutôt d'un atelier d'écriture où l'on compose et où l'on reproduit des livres et des documents.

Seldjoukides : ethnie et dynastie turques. Ils conquirent Bagdad en 1055, reprirent la tutelle sur les califes et furent pour plus de 150 ans la dynastie au pouvoir la plus influente du Proche-Orient.

Séleucides : dynastie qui régna en Syrie après la partition de l'empire d'Alexandre (vers 301 av. J.-C.) et jusqu'en 63 apr. J.-C. Son nom est dérivé de celui de Séleucos Ier (358–281 av. J.-C.), fondateur de la dynastie.

Seth : fils de Geb et de Nout, époux de Nephtys. Le dieu égyptien Seth devint, dans les cultures sémitiques, le dieu du Tonnerre et de l'Éclair (*voir* Ba'al).

***shakkanakou* :** ce mot sumérien signifie « gouverneur ». Il désigne les maîtres de Mari, une ville située sur l'Euphrate moyen, à la fin du IIIe millénaire av. J.-C.

souk : marché ou bazar dans le monde arabe.

Stéphane de Byzance : lexicographe et grammairien du VIe siècle ; il rédigea un volumineux dictionnaire géographique nommé *Ethnika* où il s'attachait essentiellement à expliquer les différentes formes des mots. On ne possède plus, hélas, que des fragments de cette œuvre.

***stibadium* :** salle de banquet équipée d'un banc de repos en fer à cheval.

Strabon : historien et géographe grec (vers 63 av. J.-C – 20 apr. J.-C.). Son œuvre historique est perdue, mais sa *Géographie* a été largement conservée. Il a rassemblé lui-même ses connaissances sur la géographie antique au cours de longs voyages et les a consignées dans 17 livres, dont on a conservé la plus grande partie.

stylites : forme particulière du monachisme chrétien oriental, dans laquelle un ascète se tient toute sa vie sur un pilier ou une colonne. Les principes ascétiques du séjour en un endroit unique, de l'absence de logis et de l'abnégation sont ainsi portés, littéralement, à leur sommet.

stylobate : niveau supérieur de l'infrastructure des temples antiques, sur lequel reposaient les colonnes.

sumérogramme : signes cunéiformes exprimant un mot sumérien.

sunnites : adeptes de la principale confession orthodoxe de l'islam. Les sunnites tirent leur nom de la *Sunna*, le recueil des actes et des paroles du prophète Mahomet, guide de la vie musulmane ; ils sont majoritaires chez les musulmans.

Synedrion/Sanhédrin : assemblée, haut conseil des juifs à l'époque des Grecs et des Romains.

***synthronon* :** banc sur lequel prenait place le clergé, sur la paroi en hémicycle de l'abside d'une église ; fréquemment équipé d'un trône d'évêque en son centre.

T

talent : unité de paiement dans la Grèce antique. Également poids ou tare de calcul d'environ 26 kilos d'or ou d'argent.

talweg : ce terme d'origine allemande, essentiellement utilisé par les géographes, désigne une dépression provenant, en général, d'un cours d'eau naturel.

tambour : corps cylindrique ou octogonal installé au-dessous d'une coupole ; il sert à surélever la coupole ; il est souvent pourvu de fenêtres.

tell : colline artificielle, tertre ou tumulus formés par la superposition de plusieurs strates de peuplement.

***téménos* :** sanctuaire du temple délimité par un mur ou un portique à colonnes dans le culte de la Grèce antique.

térébinthe : sorte de pistachier ; arbre de la zone méditerranéenne d'où l'on extrait la térébenthine ainsi que des tanins.

***terra sigillata* :** terme dérivé du sceau du fabriquant, désignant la vaisselle antique en glaise rouge, en règle générale pourvue d'ornementations artistiques et du tampon du fabricant.

tétraconque : bâtiment (généralement une église), dont le plan montre quatre coquilles, des absides hémisphérique et recouvertes de demi-coupoles.

tétrapole: groupe de quatre villes. Surtout utilisé pour les quatre grandes villes fondées par les Séleucides en Syrie du Nord : Antioche, Séleucie, Apamée et Laodicée.

tétrarchie : ce terme désigne la nouvelle forme de gouvernement introduite par l'empereur romain Dioclétien à la fin du IIIe siècle apr. J.-C : deux empereurs (les Augustes) se partagent l'Empire avec deux souverains subalternes (les Césars).

thalassocratie : terme désignant la culture du règne des Mycéniens en Méditerranée orientale vers la fin du Bronze récent, du XVIe au XIVe siècle av. J.-C.

***thiasos* ou thiase :** union religieuse de la Grèce antique qui organisait des fêtes pour un dieu (notamment Dionysos) ou pour les défunts. Les *thiasoï* pouvaient cependant aussi servir des fins économiques. Ce type d'associations religieuses existait aussi chez les Nabatéens, où elles portaient le nom de *marzehâ*.

tholos : forme spécifique de la rotonde antique avec un péristyle concentrique. Temple rond dont la *cella* est entourée par une couronne de colonnes.

thyrse (bâton de) : le bâton couronné d'une pomme de pin etentouré de lierre et de vigne, est un attribut de Dionysos.

Transjordanie : région historique à l'est du Jourdain et dont le territoire correspond, à quelques centaines de kilomètres carrés près, à l'actuelle Jordanie.

triclinium, *triclinos* : salle de fêtes, salle de banquet du logement antique, entourée sur trois côtés par des couches (grec, *klinè*). Chez les Nabatéens, on trouve des triclinums dans les sanctuaires ou près des tombes, pour les repas sacrificiels ou funéraires.

tumulus : en règle générale, colline funéraire.

tunique : vêtement de la Rome antique, masculin et féminin ; chemise de laine cardée, au début sans manches, puis à manches courtes, qui descendait jusqu'au-dessous du genou et que l'on portait sans ceinture à la maison, avec une ceinture à l'extérieur.

tyran : homme qui gouverne par la violence ; dans l'Antiquité une forme non légale de la monarchie, contrairement à la royauté. Tandis que les anciens tyrans de l'histoire grecque, aux VIIe et VIe siècles av. J.-C., permirent souvent aux villes de connaître l'épanouissement culturel et économique, les tyrans ultérieurs, aux IVe et au IIIe siècles av. J.-C., utilisaient leur pouvoir sans limite pour satisfaire des objectifs personnels.

V

***via maris* :** itinéraire de cabotage qui reliait l'Égypte aux cités-États de la côte phénicienne.

Z

Zangides : dynastie arabe locale dans le nord de l'Irak et en Syrie, dans la première moitié du XIIe siècle apr. J.-C., qui passait pour très pieuse et orthodoxe, et refusait toute espèce d'alliance avec les souverains chrétiens, ce qui leur valait une grande sympathie parmi la population musulmane.

Bibliographie

L'âge du bronze

La Civilisation phénicienne et punique. Manuel de recherche, Leiden/New York/Cologne 1995

Curtis, A. : *Ugarit. Ras Shamra*, Cambridge 1985

Garelli, P. : *Le Proche-Orient asiatique, des origines aux invasions des Peuples de la Mer*, Paris 1969

Huot, J.-L., Thalmann, J.-P. et Valbelle, D. : *Naissance des cités*, Paris 1990

Margueron, J. -C. : *Recherches sur les palais mésopotamiens de l'âge du bronze*, Paris 1982

Margueron, J.-C. et Pfirsch, L. : *Le Proche-Orient et l'Égypte antiques*, Paris 1996

Matthiae, P .: Un impero ritrovato, Turin 1989

Saade, G .: *Ougarit : métropole cananéenne*, Beyrouth 1979

Yon, M. : *La cité d'Ougarit sur le tell de Ras Shamra*, Paris 1997

Les Phéniciens

Baurain, C. et Bonnet, C. : *Les Phéniciens. Marins des trois continents*, Paris 1992

Berytus, Beyrouth 1942

Briquel-Chatonnet, F. et Gubel, É. : *Les Phéniciens. Aux origines du Liban*, Paris 1998

Bulletin du Musée National de Beyrouth, Beyrouth 1934 [depuis 1995 : Bulletin de l'archéologie et d'architecture du Liban]

Gras, M., Rouillard, J. et Teixidor, J. : *L'Univers phénicien*, Paris 1995

Gubel, É. (éd.) : *Les Phéniciens et le monde méditerranéen*, Bruxelles 1986

Jidejian, N. : *Byblos through the Ages. Tyre..., Sidon...Beirut*, Beyrouth 1968–1973

Liban. L'autre rive, Catalogue d'exposition, Paris 1998

Lipinski, E. (éd.) : Dictionnaire de la civilisation phénicienne et punique, Paris 1992

Markoe, G. : *The Phoenicians*, Londres 1999

Martin Ruíz, J. A. : *Catálogo documental de los Fenicios en Andalucía*, Barcelone 1995

Moscati, S. : *I Fenici e Cartagine*, Torino 1972

Parrot, A., Chéhab, M. M. et Moscati, S. : *Die Phönizier*, Munich 1977

Rivista di Studi Fenici, Rome 1973

Studia Phoenicia, Louvain 1983–1995

Catalogue d'exposition : *Syrie, mémoire et civilisation.* Institut du Monde Arabe (IMA), Paris 1993

L'époque gréco-romaine

Catalogue d'exposition : *Syrie, mémoire et civilisation* (1993–1994). Institut du Monde Arabe (IMA), Paris 1993

Balty, J.-C. : *Guide d'Apamée*, Bruxelles 1981

Bowersock, G. W. : *Roman Arabia*, Cambridge 1983

Dentzer, J.-M. et Orthmann, W. (éd.): Histoire de la Syrie, vol. II, Sarrebruck 1989

Garnsey, P. et Saller, R. : *The Roman Empire, Economy, Society and Culture*, Londres 1987

Gros, P. : *L'Architecture romaine. Les Monuments publics*, Paris 1996

Holum, K.G. et al. : *King Herod's Dream, Caesarea on the Sea*, New York 1988

Lyttelton, M. : *Baroque Architecture in Classical Antiquity*, Londres 1974

Millar, F. : *The Problem of Hellenistic Syria*, in : Kuhrt, A. und Sherwin-White, S. (éd.) : *Hellenism in the East*, Londres 1984

Millar, F. : *The Roman Near East 31 BC–AD 337*, Cambridge/Londres 1993

New Encyclopaedia of Archaeological Excavations in the Holy Land, Jérusalem 1993

Sartre, M.: L'Orient romain, Paris 1991

Sartre, M. : *L'Orient sémitique*, in: Lepelley, Cl. (éd.): *Rome et l'intégration de l'Empire, II, Approches régionales du Haut-Empire romain*, Paris 1998

Schürer, E. : *The History of the Jewish People in the Age of Jesus Christ* (revised edition by Vermes, G., Millar, F. and Black, M.), Édimbourgh 1973–1986

Seyrig, H. : *Antiquités Syriennes*, Paris 1931–1970

Seyrig, H. : *Scripta Varia*, Paris 1985

Starcky, J. et Gawlikowski, M. : *Palmyre*, Paris 1985

Will, Éd : *Histoire politique du monde hellénistique (323–30 av. JC)*, Nancy 1979–1982

Will, Er. : *Les Palmyréniens, la Venise des sables*, Paris 1992

Will, Er. : *De l'Euphrate au Rhin*, Beyrouth 1995

Les Nabatéens

Amadasi-Guzzo, M. G.et Schneider, A. E. : *Petra*, Munich 1998

Annual of the Department of Antiquities of Jordan, Amman 1951

Augé, Chr. et Deutzer, J.-M. : *Pétra. La cité des caravanes*, Paris 1999

Bowersock, G. W. : *Roman Arabia*, Cambridge/Londres 1983

Browning, I. : *Petra*, Londres 1982

Dossiers d'archéologie (Les), n° 163, Dijon 1991

Freedman, D. N. (éd.): *The Anchor Bible Dictionary*, New York/ Londres/Toronto/Sydney/Auckland 1992

Hammond, Ph. C. : *The Nabataeans – Their History, Culture and Archaeology*, in : *Studies in Mediterranean Archaeology 37*, Gothenburg 1973

Catalogue d'exposition : *Jordanie, sur les pas des archéologues.* Institut du Monde Arabe (IMA), Paris 1997

Khoury, R. G. : A Guide to the Capital of the Nabataeans, Londres/New York 1986

Laborde L. de, Linant de Bellefonds L.-M.-A. : *Petra retrouvée. Voyage de l'Arabie Pétrée, 1828.* Précédé de *La Découverte de Pétra* de Johann Ludwig Burckhardt et augmenté d'extraits du carnet de voyage inédit de L.-M.-A. Linant de Bellefonds (édition revue et corrigée sous la direction de Augé, Chr. et Linant de Bellefonds, P.), Paris 1994

Mc Kenzie, J. S. : *The Architecture of Petra, in: Archaeology 1*, Oxford 1990

Meyers, E. M. (éd.), *The Oxford Encyclopedia of Archaeology in the Near East*, New York 1997

Monde de la Bible (Le), n° 14, Paris 1980, n° 88, Paris 1994, n° 127, Paris 2000

Nehmé, L. : *Pétra. Métropole de l'Arabie antique*, Seuil, Paris 1999

New Encyclopedia of Archaeological Excavations in the Holy Land, Jérusalem 1993

The Nabataeans. Aram First International Conference, in : *Aram 2*, Oxford 1990

Sartre, M. : *L'Orient romain*, Paris 1991

Strarcky, J .: *Petra et la Nabatène*, in : Cazelles, H. et Feuillet, A. (éd.) : *Dictionnaire de la Bible*, vol. suppl. 7, Paris 1966

L'Orient protobyzantin

Abel, F.-M. : *Géographie de la Palestine*, Paris 1967

Abel, F.-M. : *Histoire de la Palestine, depuis la conquête d'Alexandre jusqu'à l'invasion arabe*, Paris 1952

Balty, J. : *Mosaïques de Syrie*, Bruxelles 1977

Balty, J. : *Mosaïques antiques du Proche-Orient*, Paris 1995

Balty, J.-Ch. : *Guide d'Apamée*, Bruxelles 1981

Biscop, J.-L. : *Deir Déhés, monastère d'Antiochène*, Beyrouth 1997

Bottini, G. C. et al. (éd.) : *Christian Archeology in the Holy Land*, Jérusalem 1990

Brünnow, R. E. et von Domaszewski, A. : *Die Provincia Arabia*, Strasbourg 1904–1909

Butler, H. C. et al. : *Publications of an American Archaeological Expedition to Syria in 1899–1900*, New-York 1903–1930

Butler, H. C. et al. : *Syria, Publications of the Princeton University Archaeological Expeditions to Syria in 1904–1905 and 1909*, Leiden 1907–1949

Canivet, M.-T. et Canivet, P : *Huarte, sanctuaire chrétien d'Apamée* (IVe–VIe s.), Paris 1987

Canivet, P. :
Le monachisme syrien selon Théodoret de Cyr, Paris 1977

Canivet, P. et Rey-Coquais, J.-P. (éd.) :
Actes du colloque « La Syrie de Byzance à l'Islam », Damas 1992

Dentzer, J.-M. et Orthmann, W. (éd.) :
Archéologie et histoire de la Syrie, Sarrebruck 1989

Devreesse, R. :
Le patriarcat d'Antioche depuis la paix de l'église jusqu'à la conquête arabe, Paris 1945

Donceel-Voûte, P. :
Les pavements des églises byzantines de Syrie et du Liban. Décor, archéologie et liturgie, Louvain-La-Neuve 1988

Downey, G. :
A History of Antioch in Syria from Seleucus to the Arab Conquest, Princeton 1961

Dussaud, R. :
Topographie historique de la Syrie antique et médiévale, Paris 1927

Festugière, A.-J. :
Antioche païenne et chrétienne. Libanios, Chrysostome et les moines de Syrie, Paris 1959

Festugière, A.-J. :
Les moines d'Orient, Paris 1960–1965

Hirschfeld, Y. :
The Judean Desert Monasteries in the Byzantine Period, New Haven/Londres 1992

Hirschfeld, Y. :
The Palestinian Dwelling in the Roman Byzantine Period, Jérusalem 1995

Honigmann, E. :
Évêques et évêchés monophysites d'Asie antérieure au VIe siècle, Löwen 1951

Humphrey, J. H. (éd.):
The Roman and Byzantine Near East : Some Recent Archaeological Research, in: *Journal of the Roman Archaeology*, vol. suppl. n° 4, Ann Arbor 1995

King, G. R. D. et Cameron, A. (éd.) :
The Byzantine and Early Islamic Near East, II, Land Use and Settlement Patterns, Princeton 1994

Lauffray, J. :
Halabiyya-Zenobia, place-forte du limes oriental et la Haute-Mésopotamie au VIe siècle, Paris 1983

Maraval, P. :
Lieux saints et pèlerinages d'Orient, Paris 1985

Catalogue d'exposition :
Mosaïques byzantines de Jordanie. Musée de la Civilisation Gallo-romaine, Lyon 1989

Mouterde, R. et Poidebard, A. :
Le Limes de Chalcis, organisation de la steppe en Haute-Syrie romaine, Paris 1945

Mundell Mango, M. :
Silver from Early Byzantium. The Kaper Koraon and Related Treasures, Baltimore 1986

New Encyclopaedia of Archaelogical Excavations in the Holy Land, Jérusalem 1993

Piccirillo, M. :
Chiese e mosaici di Madaba, Jérusalem 1989

Piccirillo, M. :
The Mosaics of Jordan, Amman 1993

Sartre, M. :
Trois études sur l'Arabie romaine et byzantine, Bruxelles 1982

Sartre, M. :
Bostra, des origines à l'Islam, Paris 1985

Tate, G. :
Les campagnes de la Syrie du Nord du IIe au VIIe siècle, Paris 1992

Tchalenko, G. :
Villages antiques de la Syrie du Nord, Paris 1953–1958

Tsafrir, Y. :
Excavations at Rehovot in the Negev, Jérusalem 1988

Tsafrir, Y. (éd.) :
Ancient Churches Revealed, Jérusalem 1993

Tsafrir, Y. et al. :
Tabula Imperii Romani, Iudaea Palaestina, Jérusalem 1994

L'islam et les croisades

Burlot, J. :
La civilisation islamique, Paris 1990

Burns, R. :
Historical Monuments of Syria, Londres 1994

Cahen, Cl. :
Orient et Occident au temps des Croisades, Paris 1983

Creswell, K.A.C. :
Early Muslim Architecture, Oxford 1932–1940

Deschamps, P. :
Le Crac des Chevaliers, B.A.H., Paris 1934

Deschamps, P .:
La défense du royaume de Jérusalem, B.A.H., Paris 1939

Deschamps, P. :
La Défense du Comté de Tripoli et de la Principauté d'Antioche, B.A.H., Paris 1973

Dussaud, R. :
Topographie historique de la Syrie antique et médiévale, Paris 1927

Élisseeff, N. :
Nur ad-Din : *un grand prince musulman de Syrie au temps des croisades*, Damas 1967

Enlart, C. :
Les monuments des Croisés dans le Royaume de Jérusalem, B.A.H., vol. VII et VIII, Paris 1925–1928

Eydoux, H.P. :
Les châteaux du soleil, Paris 1982

Lawrence, T. E. :
Crusader Castles, Londres

Maalouf, A. :
Les croisades vues par les Arabes, Paris 1983

Mazaheri, A. :
La vie quotidienne des Arabes au Moyen-Age, Paris 1951

Oldenbourg, Z. :
Les Croisades, Paris 1965

Pernoud, R. :
Les Templiers, chevaliers du Christ, Paris 1996

Sourdel, D. et Sourdel, J. :
La Civilisation de l'Islam classique, Paris 1968

Tate, G. :
L'Orient des croisades, Paris 1991

Index

Lieux

A

Abrach, Nahr-el 55
Adraa (Deraa) 155
Aeré 211
Afghanistan 23, 196
Afqa 212
Agadé 19-21, 23, 25
Aïla *voir* Aqaba
Akkad *voir* Agadé
Akkar, plaine du 48, 54, 56, 77
Akko (Ptolémaïs, Acre, Saint-Jean-d'Acre) 58, 64, 66, 71, 200, 208-209, 271, 293, 298
al-A'la, Djebel 203
Alalakh 35
Alamut 268, 290
Alep (Bérée) 18-21, 28, 32-33, 60, 66, 198, 200-201, 203, 213, 225, 267, 276-279
Alexandrie 94, 143, 148, 180, 193, 216, 217
Amanus, massif d' 19, 189
Amarna, Tell 40, 44
Amathonte 66
Amman (Rabbath Ammon, Philadelphia) 97, 164, 180, 208, 254, 262
Ammanitide 146
Amourrou 51, 54, 56, 64, 66
Amrit 55, 70, 74, 169
Anjar 262
Androna 227
Antioche/Théoupolis (Antakya) 84, 86-87, 90, 92, 94, 97, 190-193, 226-227, 230-231, 233, 235-238, 267, 269-270, 274, 276, 278
Apamée (Qalaat el-Moudiq) 84, 86, 92, 94-96, 98-99, 101, 107, 112-113, 127, 190, 192, 199, 203-204, 208, 212-213, 218, 278
Apou 41
Aqaba 192, 208, 262
Arabia Felix 143, 148
Arabie 93, 112, 127, 142-143, 148, 150-151, 153, 163-164, 184
Arabie, province d' 89-92, 97, 103, 127, 189, 190-193, 198-199, 203, 208, 210-211, 218-219, 224-225, 232-233, 236, 238-239
Arados *voir* Arouad
araméennes, villes 50, 54, 60, 63-64, 69
Aréopolis *voir* Rabba
Arindela 192
Arménie 87, 196, 204, 218, 268
Arnon (auj. wadi Moudjib) 150
Arouad 47, 51, 55-56, 58, 60, 64, 65-66, 70-71, 74-76, 112, 120, 192, 208
Arsouf 298
Artaxat 208
Ascalon 90-91, 94, 106, 206-208, 271, 277, 293
Assur 143
Atareb 276
Athènes 94, 95
Atlit (Château Pèlerin) 298
Attique 63
Attique 63, 94, 114
Augustopolis-Adroa 192
Aulôn 212
Auza 60
Avdat (Oboda) 146

B

Baalbek 120, 121, 130 et suiv. 245, 278, 293
Babylone 84
Bactriane 84
Baetocaecé voir Hosn Suleiman
Bagdad (Madinat al-Salam) 153, 263-264, 267-268, 270, 276, 298
Balanée *voir* Baniyas
Balawat 61
Balikh 20
Bamouqqa 203, 204
Banat, Qasr el- 212
Baniyas (Balanée) 211, 278, 290
Bara, el- 205, 218
Barbalissos (Meskéné) 199
Baricha, Djebel 203, 220
Barin (Montferrand) 276
Bashir, Tell (Turbessel) 273, 277, 298
Basra 244
Basse-Lotharingie 270
Batroun (Botrys) 56, 57, 60
Béchindlaya 205
Beershéva 206
Beïda, Minet el- 42, 43
Bélémounta (Main) 194, 195
Beqaa 120
Bérée *voir* Alep
Béryte *voir* Beyrouth
Beth Shéan (Scythopolis) 190, 191, 201, 222
Beth Shéarim 116
Bethléem 195, 204, 220, 224
Beyrouth (Béryte) 26, 27, 32, 36, 38-41, 44, 47, 50-52, 54, 56-57, 64, 66, 76, 78, 90, 95, 97, 106, 112, 200-201, 206-209, 231, 262, 276, 296, 298
Bilad al-Sham 245, 268, 270, 281
Bint, Qasr al- 151, 159-161, 163-164, 166, 180
Bitarus 192
Biyârah, Oumm al- 145, 151, 154, 158, 176
Bosra (Bostra) 96-97, 99, 112, 150-151, 155, 158, 164, 190-191, 193, 195, 206-208, 218-219, 230, 236, 239, 246, 249, 281, 295
Bostan esh-Sheikh 70-71, 78
Botrys *voir* Batroun
Bouraq (Constantia) 192
Bourkoush (Ioustinianoupolis) 192, 212
Brak, Tell 18
Brisa, wadi 70
Burdj Haidar 233
Byblos (Gebal, Goublou) 14, 20, 26-27, 36, 38-39, 42, 44, 50-52, 55-58, 61, 64, 66, 71, 77, 85, 98, 106, 208, 296
Byzance *voir* Constantinople
Bziza 121

C

Cadix 63
Callinicum *voir* Raqqa
Canaan 41, 50
Canatha (Qanawat) 97, 107, 112-113
Capharnaüm 207
Capitolias 206
Cappadoce 268
Carmel 209
Carrhae 89
Carthage 63-65, 71, 78
Caucase 204
Césarée 88, 106, 127, 191, 193, 201, 208, 217, 224, 237, 245, 271, 273, 275, 277, 298
Chaizar 276
Chalcédoine 199, 216-218, 223
Chalcis *voir* Qinnisrin
Champagne 270
Chastel Blanc *voir* Safité
Château de Saône *voir* Qalaat Sahyoun
Château Pèlerin *voir* Atlit
Chime 208
Chypre 55, 59 63-66, 69, 74, 189, 193, 208, 274, 293
Cilicie 66, 69, 189, 220, 270, 293
Circésium 196
Clermont 270
Cnossos 66
Coelesyrie 91
Commagène 94
Constantia *voir* Bouraq, Maioumas, Tartous
Constantinople 188-189, 196-197, 199, 240, 245-247, 264, 266-267, 270, 276, 278, 297-298
Cordoue 267
Cos 63
Couvent de saint Siméon (Qalaat Sémaan) 207, 221, 235
Crète 63, 66
Ctésiphon 196, 245
Cyrrhus (Hagioupolis) 97, 189, 193, 195, 199, 208, 213, 216, 219, 227

D

Damas 23, 25 90, 93, 99, 103, 106-108, 110, 113, 123, 127, 142, 147, 149, 153, 197, 200, 206, 208, 212, 223, 225, 244, 245, 247, 250 et suiv., 256, 260, 263, 265, 267-269, 271-272, 276-278, 280-281, 293, 295-298
Damiette 298
Daphnae, Tell 71, 226, 231
Dara 226
Darkouch 208
Décapole 90, 94, 110, 136, 150
Dédân 143
Déhès 208, 222
Deinit, Tell 202
Deir 145, 151, 156, 158, 177
Deir Déhès 222, 232
Dendara 27
Dharîh, Khirbet edh- 121, 160
Diyarbakir (Amida) 198, 276
Djabar, Qalaat 276, 279, 281, 285
Djabiyé 197
Djalout, Ayn 298
Djerash (Gerasa) 97-99, 104, 107, 109, 121, 128, 136, 137, 203, 207, 222, 225-228, 230, 236, 238
Djésireh 18, 290, 293, 296
Dmeir 123
Dorylée 270
Doueïli, Djebel 203
Doura Europos (Salihiya) 86, 87, 91, 92, 108, 126, 210-211

E

Ébla 13-14, 19 et suiv., 29, 34-35, 44
Echmoun 99, 101
Édesse 87, 110, 198, 200, 210, 217, 218-219, 270, 271, 273-274, 276-279, 285
Édom 143, 144 147, 162, 164
Égypte 23, 26-29, 36, 38, 40-41, 44, 52, 56-60, 63, 70-71, 74, 142, 146, 148, 151-152, 163, 189, 192, 205, 208, 210, 214, 239, 264, 257-269, 271, 280, 290, 293-296, 298
Éleusis 63
Éleuthéropolis 211
Élusa 146, 192
Émèse *voir* Homs
Enab, Qaryat al- 288
Enfé 56, 64
Éphèse 196, 217
Esbous *voir* Hesbân
Euaria (Haouarin) 192, 230
Eubée 63
Euphrate 18-19, 23-25, 84, 86-87, 89-91, 93-94, 112-113, 117, 189, 192 194, 196, 198-199, 202, 208, 210, 217, 218, 220-221, 245, 246, 247
Euphratésie 190, 192, 218, 225
Europos 192, 210-211
Evron 219
Ezra 238

F

Fakra, Qalaat 121-122, 127, 212
Far, Madinat al- 262
Fara, Tell el- 19
Farasa, wadi 165, 169, 174, 177, 179
Fortetsa 66
Fustat, el- *voir* Le Caire

G

Gabala (Djéblé 97, 192, 211
Gadara (Oumm Qeis) 148
Galaad 146
Galilée 63, 78, 149, 277, 290
Garizim 201, 215
Gaule 92, 107
Gaza 90, 146, 148, 150, 189, 192, 201, 206-209, 211-212, 218, 220, 222, 227, 232
Gebal *voir* Byblos
Gênes 298
Gerasa *voir* Djerash
Ghâriyyeh, Tell 165
Ghiné 114-115, 212-213
Golan 146, 197, 201-202
Goublou *voir* Byblos

H

Habîs, al- 151, 153, 176, 178
Habouba Kabira 18
Halabiyé (Zénobie) 193, 195, 198-199, 208
Halaqa, Djebel 203
Hama 245, 276, 293
Harim 278
Harran 276
Hasâ, el- 144, 267
Hattin 292, 276
Hattousas 54
Hauran 92, 107, 109, 112-114, 121, 127, 142, 146, 150, 163, 165-166, 180, 182, 200, 202, 206, 233, 235
Hayr al-Gharbi, Qasr al- 256, 258
Hayr al-Sharqi, Qasr al- 256, 258-259, 262
Hégra (Medaein Salih) 149-150, 155, 164-169, 173, 176-177, 184
Hélioupolis 212
Herakléopolis 63
Héraqla 265
Hermel 114, 115, 120
Hermon 212
Hesbân (Esbous) 150, 221, 225
Hiérapolis (Menbidj) 94, 11, 120-121, 126, 128, 190, 193, 225
Hippos (Qalaat al-Hosn) 148
Hîra, al- 197, 235, 236
Hiram, Kabr 235
hittite, royaume 54
Homs (Émèse) 28, 87, 92, 95, 118, 129, 190-191, 196, 200, 207-209, 245, 247, 272, 276, 278, 281, 293
Hosn al-Akrad *voir* Krak des Chevaliers
Hosn Niha 125, 212
Hosn Soleiman (Baetocaecé) 112-113, 120-121
Hourvat Rosh Zayit (Kaboul) 66
Huarte 238

I

Ibrahim, Nahr 26
Iconium 204
Idalion 66-67
Idlib 202
Ifriqiya 264
Indus 107
Ioustinianoupolis *voir* Bourkoush
Iran 84, 109, 136, 196, 208, 211, 267-269
Iraq-el-Amir 84-86
Irqata (Tell Arqa) 51, 55, 66, 76
Ispahan 269
Isriyé (Sériane) 203
Italie du Sud 270, 274

J

Jaffa 262, 271, 293, 294, 298
Jawf, Dûmat al- 150
Jéricho 18
Jérusalem 35, 57, 59-60, 78, 85, 89, 110, 114-115, 146-147, 192-193, 195, 199, 201-202, 211, 213, 217, 220, 222-224, 226, 231, 236, 238, 245, 247, 248 et suiv., 252 et suiv., 257, 262-263, 267-268, 270-272, 274, 276-278, 281, 286 et suiv.
Jimâl, Oumm al- 142, 203, 217, 232-233, 235
Jordain 146-147, 148, 208, 225
Jotabé 208
Juda 58, 66
Judée 87, 89, 148-149, 204, 220

K
Kairouan 267
Kamid el-Loz (Koumidi) 40-41
Karatépé 69
Karkémich 19, 70
Kastron Mefaa 199
Kazel, Tell *voir* Simyra
Kébir, Nahr el- 56, 77
Kelb, Nahr el- 41, 64, 70
Kérak (Kérakmobab) 153, 155, 192, 281, 285, 298, 291
Kérak, Khirbet 18
Kerbéla 247
Khaldé 57
Khabour, Nahr el- 20, 40, 196
Kharab Chams 202, 236
Kharana, Qasr al- 255
Khorsabad 58, 64
Khubthah, Djebel al- 151, 153, 158, 166-167, 179
Kition 59, 64, 66
Kommos 66
Koptos 148
Koufa 245-246, 263
Kourion 66
Koweït 143
Krak des Chevaliers (Hosn al-Akrad) 272, 282-283, 285, 291

L
Lagash 20
Laodicée (Lattaquié) 84, 91, 97, 107, 113, 190, 193, 208, 213
Le Caire (el-Fustat) 153, 244, 267-268, 293, 295, 298
Lefkandi 63
Léontopolis 192
Leukè Komè (al-Wajh) 148
Liban, Mont 87, 115, 121, 123, 127, 206, 272
Lixus 63
Lyon 107

M
Madaba 150, 194, 195, 239, 240
Madhbah, Djebel el- 145, 157
Mafdjar, Khirbet el- 257, 258, 260
Maïoumas (Constantia) 192, 201, 208, 217, 220
Malte 65
Mampsara 192
Mampsis 192, 230
Mamré 195
Mansoura 298
Manzikert 268
Maqam er-Rab 212
Mar Saba 223
Mardikh, Tell *voir* Ébla
Mari 13-14, 19-20, 23 et suiv., 28-29, 32-33, 42
Mariamée (Mariamin) 231
Marisa (Tell Marécha) 84, 86, 117
Markab (Margat) 284, 286
Massada 89
Masyaf 290
Mchabbaq 235
Mchatta, Qasr el- 256-258
Mecque, La 143, 153, 245, 249, 255, 263, 290, 291
Médine (Yathrib) 245, 247, 249, 255, 263
Médinet Habou 54
Megiddo 41
Memphis 63, 70
Mer Morte 146, 150, 177, 192, 206, 208, 212, 220, 223
Mer Rouge 148, 151, 189, 192, 205, 208-209
Merw 263
Meskéné *voir* Barbalissos
Mésopotamie 15, 18-20, 23, 28, 84, 91, 95, 110, 112, 116-117, 136, 129, 196, 197, 198, 199
Métrokomia 192
Mghâr an-Nasâra 151, 169
Milet 165
Mina, al- 48, 269, 274
Moab 146, 147, 232
Montferrand *voir* Barin
Montfort 274-275
Montréal *voir* Chaubak
Mopsueste 216
Mossoul 267-268, 276, 281, 291
Moudiq, Qalaat el- *voir* Apamée
Mujîb, wadi el- 150
Mûsa, wadi 153, 145, 165, 168, 179
Musayla 276, 277
Myos Hormos (al-Quseir) 148

N
Nabo 222
Naos, Qasr 125-126
Naplouse (Néapolis) 95, 201
Néguev 142, 146, 150-151, 177, 180, 182, 189, 202-203, 206, 230, 233, 237
Néocésarée 199
Nessana 206-207
Nil 14-15, 26, 148
Nimroud 60, 66
Ninive 64
Nisibis 196, 198, 208
Numan, Maarrat an- 270, 271

O
Oboda *voir* Avdat 150, 158
Ophir (Afrique orientale) 59
Orient, diocèse d' 189-190, 193, 212
Orient 92, 187, 189-190, 192, 195, 196, 198-202, 204-205, 208, 211, 214, 217-219, 222, 224, 226, 231, 236, 238-240
Oronte 20, 40-41, 51, 84, 113, 208, 278, 290
Osrhoène 190, 196, 210, 217, 220
Ostie 119
Ougarit (Ras Shamra) 32, 35, 41-43, 50, 52-54
Our 20

P
Pakistan 196
Palaestina 151
Palaestina prima 189-193, 201
Palaestina secunda 191, 201, 214, 190, 200
Palaestina tertia (Salutaris) 151, 191, 192, 200, 232, 237
Palætyros 59, 64
Palmyre 81, 87, 90, 92, 93, 97-99, 102, 107-113, 117-119, 121, 123, 126 et suiv., 136-137, 196, 199-200, 208, 231, 256
Palmyrène 93
Paphos 66
Pella 222
Pentakomia 192
Perée 149
Perse 246, 263-264, 268-269
Pétra 151 et suiv., 200, 212, 240
Philadelphia *voir* Amman
Philippopolis (Chahba) 92, 97, 99, 103
Syria Phoenicé (Phénicie) 91, 189-190
Phénicie Libanaise 191, 200, 225
Phénicie Maritime 191, 200, 235
Pi-Ramsès 52
Pise 298
Pontos 87
Posideion (Ras el-Bassit) 201, 208
Ptolémée *voir* Akko

Q
Qadboun 53
Qadesh 48, 64, 41, 278
Qadisiya 245
Qadmos 290
Qalaat Sémaan *voir* Télanissos
Qalamoun 56
Qalblozé 189, 237, 239
Qannas, Tell 18
Qarqar 55, 60
Qatna 28, 29
Qatoura 116
Qattâr ad-Deir 151, 158
Qawm, el- 256
Qazone, Khirbet 177
Qinnesrin (Chalcis) 95, 113, 194, 199, 203, 213, 220, 247
Qoumran 110-111
Qusayr Amra 258, 259

R
Rabadh, Qaalat al- 285, 291
Rabba (Aréopolis) 192, 212
Rahba, Qalaat al- 269, 281
Ramlah 262, 265, 267, 296
Raphia 212
Raqqa (Callinicum, Léontopolis) 192, 208, 214, 264-265, 268-269
Ras Ibn Hani 42, 53
Ras Shamra *voir* Ougarit
Rasas, Oumm al- 199, 233
Réqem 151
Résafé (Sergioupolis) 192-193, 196-197, 199, 218-219, 224-226, 230, 236-238
Rhinocolure (al-Arîsh) 148, 150
Rhodes 66
Riha, ar- 239
Rihab 233
Rizqeh, Khirbet 180
Rome 84, 87-93, 96, 97, 107, 112, 119, 128, 136, 225-226, 294
Rum, wadi 143, 155, 163-166, 169, 183-184, 188

S
Saba 148
Sabra, wadi el- 70
Safita (Chastel Blanc) 272, 281, 288-289
Sahyoun, Qalaat (château de Saône) 267, 272, 275-277, 281, 284, 285, 290-293, 295-298
Saint-Jean-d'Acre *voir* Akko
Salamine 66, 69
Salamiyé 202
Salihiya *voir* Doura Europos
Saltus Hiératicus 192
Samarie 290
Samarra 244, 264-265
Samos 66
Samosate 94, 126
Samra, Khirbet el- 203
Sardaigne 65
Sarepta 66, 79
Sassanides, royaume des 195-201, 204, 210, 217
Scythopolis *voir* Beth Shéan 190-191, 200-201, 207, 213, 222
Seis, Djebel 259
Séleucie 86
Séleucie de Piérie 84, 208, 239
Sémaan, Deir 232
Sémaan, Djebel 203
Sémaan, Qalaat 187, 221-222, 225, 232, 235, 237, 239
Sepphoris-Diocesarée *voir* Zippori
Serdjilla 226, 228-229
Sergioûpolis *voir* Résafa 192-193, 197, 225
Sériane *voir* Isriye
Sfiré 121-122
Shahba *voir* Philippopolis
Shaubak (Montréal) 153, 272, 291, 293
Sheikh Barakat, Djebel 116, 120
Si' 121
Sîannou 51, 55
Sicile 65, 270, 274
Sidd al-Ma'jîn 158, 165
Sidon 47, 50, 52, 54-55, 58-61, 63-66, 70-71, 74-75, 77-78
Simyra (Tell Kazel, Soumour) 41, 51, 54-55, 64, 66, 77
Sinaï 150, 189
Sirhân, wadi 142
Siyyagh, wadi as- 151, 158, 163
Souweida 110
Soumour *voir* Simyra
Soubaïta 239
Soura 192, 198
Suez 148
Sukas, Tell 77
Syrie 88-89, 91, 94, 120, 126, 148, 189, 190
Syrie Première 190, 192, 193
Syrie Seconde 190

T
Tabqa 18
Tamassos 66
Tanis 57, 58, 63
Tannûr, Khirbet et- 121, 164
Tartous (Antarados, Constantia, Tartus) 60, 77, 208, 278, 291, 296-298
Taurus, mont 19, 23, 196
Télanissos (Qalaat Sémaan) 207
Tell Arqa *voir* Irqata
Tella 225
Thèbes 56, 63
Théodoriade 190, 193
Theoupolis 192, 209
Thessalonique (Salonique) 208
Tibériade 201
Tibériade, lac de 146, 201, 208
Tigre 84, 93, 189, 196, 198, 244, 245, 263
Toulouse 270
Tour Abdin 196
Transjordanie 142, 146, 150, 177, 276, 277, 298
Tripoli 48, 51, 56, 74, 77, 196, 208, 267, 272-274, 276, 278, 291-292, 298
Tunis 298
Tyr 48, 50, 52, 56 et suiv., 64-66, 70-71, 74-75, 78, 86, 91, 95, 97, 98, 106, 107, 114, 127, 190, 195, 200-201, 207-209, 217, 226, 230, 271, 292-293, 298

V
Venise 298

W
Wastani, Djebel 203
Wu'ayrah (Li Vaux Moyse) 151, 153

Y
Yanouh 212
Yarmouk 153
Yarmouth 19

Z
Zab, Grand 263
Zawiyé, Djebel 203
Zénobie *voir* Halabiyé
Zippori (Sepphoris-Diocésarée) 201, 215, 200, 215, 236
Zoora 192
Zorrâbeh 183, 184

Personnes

A

Abbasides 153, 263, 265
Abd al-Malik 247, 248, 249, 253, 256, 257
Abdallah ibn al-Zubayr 247
Abdimilkouti 65
Abgar 87
Abibaal (Byblos) 57
Abibaal (Tyros) 59
Abishémou 36
Abou Bakr 245
Abul al-Abbas al-Saffah 263
Acémètes 213, 220
Achab 60
Achéménides 71, 74, 77, 83
Adam 210, 239
Adanéens 54
Adonis 115
Adoummou 52
Aelius Gallus 148
Ahatmilkou 51
Ahiram 50, 56, 78
Akhnaton *voir* Aménophis IV
al-'Uzzâ 147, 158, 163, 164
al-Abbas 263
al-Adil, al-Malik, dit Sayf al-Din 293
al-Amin 264
al-Aziz 295
al-Ghazi 276
al-Hakim 286
al-Kamil 294, 295
al-Koutbâ 163, 164
al-Ma'mun 249, 264
al-Mansur 263, 264
al-Mu'tasim 264, 265
al-Mundir 197
al-Muqqaddasi 250, 265
al-Salih 290
al-Salih Ayyoub 298
al-Walid Ier 245, 247, 250, 253, 257, 259, 262
al-Zahir 267
al-Zahir Ghazi 295, 296, 298
Alexandre (évêque) 216
Alexandre l'Acémète 204, 213, 220
Alexandre le Grand 53, 78, 82, 83, 84, 86, 92, 110, 126, 138, 144, 146, 147
Alexandre Jannée 146, 147
Ali 246, 247
Allan, James 244
Allât 143, 163, 164
Alp Arslan 268
Amaury 280, 290
Ambroise 214
Aménophis II 41
Aménophis III 40, 41, 44
Aménophis IV/Akhnaton 40, 41, 44
Ammounira 44
Amorites 19, 28, 29
Anastase Ier 196, 198, 216, 219
Anat 42
Annipi 52
Antigonos le Borgne 144
Antiochos d'Ascalon 94
Antiochos III le Grand 83, 84
Antiochos IV Éphiphane 116, 146
Antiochos XII 146
Antipatros 147
Antoine 220
Aphrodite 163, 231
Apil-kîn 20
Apriès 70
Arétas II 146
Aretas III Philhellène 147, 148
Aretas IV/Énée 148. 149, 150
Ariens 216, 217
Aristobule II 147, 148
Arius 216
Arméniens 270
Arsacides 84, 196
Artaxerxès III Ochos 78
Artémis 104, 128, 129, 136, 137, 182
Assarhaddon 64, 65
Assassins 268, 272, 276, 290
Assourbanipal 65, 143
Assournasirpal II 55, 60, 64
Assur 64
Assyriens 55, 57, 59, 61, 64, 70
Astarté 58, 60, 63, 70, 77, 78
Atargatis 163, 182
Athénée 144
Athénodore 176, 177
Auguste 148, 149
Avidius Cassius 91
Ayyoubides 276, 293, 294, 296, 298
Azirou 44
Azzibaal 74

B

Ba'al 42, 43, 51, 52, 78
Ba'alat Gebal 57, 77
Baal Ier 65
Baalshamin 102, 127, 128, 165
Babyloniens 29, 70, 71
Bacchus 191, 239
Badr al-Djamali 268
Baïbars 153
Banaa 63
Bar Kokhba 91
Bardesane 110
Barsanuphe 222, 227
Barsauma 151
Baudoin de Boulogne 163, 270, 271, 272, 276
Baudoin II 276
Baudoin III 281
Baudoin IV 290, 291
Baudoin V 291
Bêl 102, 123, 127, 128, 129, 137, 212
Benteshina 51
Bernard de Clairvaux 277
Bohémond Ier 270, 271
Bounni, Adnan 42
Bouyides 267
Burckhardt, Jean-Louis 153
Byzantins 264, 265, 267, 270

C

Cambyse 78
Caracalla 92
César, Jules 148
Chafat 59
Chalcédoniens 199, 217, 223
Chariton d'Iconium 204
Chechonq Ier 57, 60
Chevaliers teutoniques 274, 275
Chiites 246, 247, 267
Childe, Gordon 15
Chirkuh 281, 293
Cicéron 94
Claude 121
Cléopâtre 148
Commode 91
Conrad de Montferrat 292
Conrad III 277
Constance II 195, 198
Constantin le Grand 93
Constantin IX Monomaque 286
Contenson, Henri de 42
Corinthiens 149
Crassus 89
Creswell, Keppel Archibald Cameron 244
Cynégios 212
Cyrille 216

D

Dagan 23, 42
Daifa Khatoun 296
David (personnage biblique) 210
David (roi d'Israël) 59
Dèce 93
Déméter 164
Démétrios Ier Poliorcète 144, 145
Démétrios II Nicator 142
Dercéto 182
Deschamps, Paul 244
Dioclétien 151, 93, 190, 208
Diodore (évêque) 216
Diodore (historien) 142, 144, 145, 179
Dionysos 90, 133, 165, 180, 181, 231
Dunand, Maurice 14, 26, 38
Duqaq 268
Dusharâ 150, 155, 158, 160, 163, 165

E

Ebih-il 24
Echmoun 70, 71, 74, 78
Élagabal 92, 127, 151
Élibaal 57
Elissa/Didon 54
Énée 64
Enlart, Camille 244
Épiphane de Salamine 165
Eshmounazar Ier 78
Étrusques 65
Eudoxie 195, 212
Eusèbe de Césarée 217, 224, 239
Eustochion 204
Euthymz 204
Évagre 205
Ève 210, 2111
Ézéchiel 60

F

Fatima 267
Fatimides 265, 267, 268, 276, 290
Flavius Josèphe 57, 59, 147, 95, 106
Fortuna 163, 181
Foulques 276
Fronton 95

G

Gabinius 148
Gallus 215
Gamaliel VI 2[illegible]4
Gerbaal 54, 58, 59
Germains 92
Ghassanides 197, 194, 245
Goliath 210
Gottfroy de Bouillon 270, 271
Goudéa 20
Grégoire le Grand 225
Guy de Lusignan 291

H

Hadad 23, 164, 182, 126, 127, 130
Hadrien 91, 106, 107, 112
Hammourabi 29, 32
Haroun al-Rachid 263, 264, 265
Hasan 246
Hasmonéens 86, 87, 146, 148
Hassan ibn al-Sabbah 268
Hathor 27
Hélène, sainte 195, 224
Héliodore 95
Hélios 127
Héraclite 176
Héraclius 190, 195, 197, 214
Hérihor 56
Hermès 133, 181
Hérode Antipas 149
Hérode le Grand 88, 89, 95, 106, 148, 149
Hérodote 70
Hésychius 165
Hilarion 220
Hippodamien 86
Hiram 60
Hiram Ier de Tyr 59
Hishâm Ibn al-Kalbî 166
Hittites 28, 29, 42, 44
Honorius III 294
Horus-Rê (Rê-Horakhty) 52
Hospitaliers 271, 274
Hourrites 28, 40, 41
Hugues de Payns 274
Hugues de Vermandois 270
Hussein 246, 247
Hyrcan 85
Hyrcan II 147, 148

I

Iarhaï 108
Ibbit Lim 34
Ibdati 20
Ibshémouabi 36, 38
Imad al-Din Zangi 276
Isaïe 60
Ishtar 25, 34, 35, 44, 64
Isidore von Milet 199
Isis 147, 163
Ithamar 215
Ittobaal 56, 57, 58, 60, 65

J

Jacobites 218, 223
Jacques Baradée 218
Jamblique 95
Jason 146, 151
Jean Chrysostome 201, 207
Jean de Damas 223
Jean, le métropolite de Bosra 219, 222
Jean-Baptiste, saint 253, 281, 212
Jérôme, saint 204, 219, 220, 224
Jézabel 60
Job 224
Jocelin de Courtenay 276
Johannes II Comnène 276
Jonathan Maccabée 146
Jovien 198
Judas 146
Juifs 199, 201, 213, 214, 215, 221
Julien l'Apostat 188, 195, 198, 208, 211, 213, 214, 231
Julien Sabas 226, 220
Jupiter Héliopolitain 120, 127, 128, 130, 131, 132, 133
Justin (empereur) 64
Justin Ier 197, 217
Justin de Néapolis 95
Justinien 190, 1195, 196, 197, 198, 208, 212, 214, 217, 218, 219
Juvénal 193, 217

K

Khalid ibn al-Walid 245
Khorezm 294
Khosrô Ier 198
Khosrô II 199
Kilou-Hépa 41

L

Lagarce 42
Lakhmides 197, 198
Léon 216, 217
Léonce, saint 191, 208, 217, 239
Libanios 94, 191, 230, 231
Longin 95
Louis VII 277
Louis IX (Saint Louis) 298
Loulî 58
Lucien d'Antioche 216
Lucien de Samosate 126
Lucius Verus 90
Lucullus 87

M

Mahomet 267
Malichos Ier 148
Malichos II 150

Malik Shah 268
Mamelouks 153, 272, 296
Manawatû 164
Marc Antoine 148
Marc Aurel 90, 99
Marcel 212
Marduk 64
Margueron, Jean-Claude 14, 23, 32, 42
Marnas 212
Martyrios 222
Matinouabali 55
Matthiae, Paolo 14, 20, 35
Maurice Tibère 199
Mawdoud 276
Maxime 95
Mèdes 70, 73
Méduse 180
Megum 20
Mélanie l'Ancienne 213
Mélanie la Jeune 204, 220
Méléagre 94
Melqart 60, 73, 75
Mercure 133
Mitanni *voir* Hourrite
Mithridate 87
Mongoles 267, 290, 298
Monophysites 199, 216, 217, 218
Montet 14, 26
Mu'aynû 164
Mu'awiya Ier 245, 246, 247, 254
Mykérinos 26

N
Nabatéens 87, 88, 89, 110, 112, 121, 140 et suiv.
Nabayôt 143
Nabonide 164
Nabuchodonosor 70
Naram-Sin 19
Nébo 164
Néchao II 70
Nectanébo II 78
Negev, A. 146
Néron 130
Nestoriens 199, 216, 217
Nestorius 196, 216, 217
Nicéphore II Phokas 267
Nicolas de Damas 95
Ninni-Zaza 25
Nizam al-Mulk 267, 268
Nouménios 94
Nour al-Din Mahmud 243, 263, 264, 267, 276, 278, 279, 281, 290, 292, 295, 296

O
Obodas Ier 146, 156, 158
Obodas II 148
Obodas III 148
Octavie 148
Odeïnath 92
Oïnomaos 94
Omeyyades 153, 243, 245, 250, 253, 254, 251, 260, 263, 265, 267, 281, 293
Osiris 163, 164
Osorkon Ier 57
Osorkon II 57
Othman 246
Ottomans 272, 298
Oua-Shasha 54
Ounamon 56, 58, 59, 63
Ounas 26

P
Pacôme 220
Parrot, André 14, 23, 28
Parthes 84, 86, 87, 89, 90, 91, 92, 94, 128, 148
Patricius 215
Paul (évêque) 230
Paul, saint 89, 149, 225
Paule 204, 220
Pépi Ier 26
Pépi II 26
Perséphone 164
Pescennius Niger 91
Peuples de la Mer 52, 53, 56, 57, 58, 59, 63
Philadelphe 146
Philippe Auguste 293
Philippe Ier 270
Philippe l'Arabe 92, 200
Philistins 54, 59
Philodème 94
Phinéès 215
Phocas 199
Pierre, saint 225
Plutarque 96
Pompée 84, 87, 88, 147, 148
Ponce Pilate 89
Porphyre (poète) 95
Porphyrios (évêque) 212
Posidonius 94
Postumus 92
Psammétique Ier 71
Psammétique II 71
Pseudo-Skylax 78
Ptolémée II 146
Ptoléméens 83, 142, 146
Pygmalion (Pumayyaton) 64

Q
Qalawun 298
Qarmates 267
Qédar 143
Qôs 164
Quirinius 99

R
Rabbel II 150
Ramsès II 41, 54, 64
Ramsès III 54
Rashid al-Din Sinan 290
Raymond III 291
Raymond de Saint-Gilles 270
Renan 14, 26
Renaud de Châtillon 292
Reshef 26, 35
Rib-Addi 44, 56
Richard Cœur de Lion 293
Ridwan 268
Roger 276
Romulus Augustule 189

S
Sabas 204, 220, 222, 223
Safaïtiques 112
Saladin (Salah al-Din Yusuf al-Ayyoubi) 272, 281, 290
Salmanasar III 60, 61, 64
Salmanasar V 64
Salomon 57, 59, 60
Samaritains 137, 201, 214, 215
Samas 21, 23, 35, 64
Sampsigéramos 87
Sargon 19, 25
Sargon II 64
Sassanides 101, 195, 196, 107, 198, 199, 204, 208, 217
Scaurus, Marcus Aemilianus 147, 148
Schaeffer, Claude 42
Seldjoukides 243, 267, 268, 269, 270, 276, 294
Séleucides 81, 83, 84, 86, 87, 89, 94, 95, 102, 112, 142, 146
Sennachérib 64, 65
Septime Sévère 90
Sérapis 181
Serge, saint 191, 193, 196, 197, 239
Seth 52
Sethi Ier 41
Sévère d'Antioche 217, 218
Severus, Alexandre 92
Sextius Florentinus 151
Shadrapa 55
Shalamallat 108
Shawar 281
Shipitbaal 57
Shuqaylat 150
Sicules 54
Siméon le Fou 207, 226
Siméon Stylite l'Ancien 213, 220, 221, 225, 237
Siméon Stylite le Jeune 221
Sin 48, 50, 52, 53, 54, 56, 57, 59, 60, 61, 63, 64, 65, 66, 69, 70, 77
Snéfrou 27
Song, dynastie 267
Souppiloulіouma Ier 41
Stephanos von Byzanz 146
Strabon 53, 147, 148, 156, 160, 166, 176, 179
Sulayman 265
Syllaios 148, 165

T
Tabnit II 78
Tancrède 270
Tatien 95, 211
Téglath-Phalasar Ier 55, 57, 58, 59, 63
Téglath-Phalasar III 64, 65
Templiers 274, 289, 298
Théa Syria (« Déesse syrienne ») 94, 120, 124
Théodora 218
Théodore 216
Théodoret de Cyr 213, 216, 219, 227
Théodose Ier 189, 195, 211, 212, 214
Thomas 227
Thutmôsis Ier 40
Thutmôsis II 40
Thutmôsis III 40
Thutmôsis IV 41
Tibère 149, 199, 208, 219
Tigrane 87
Titus 219
Tobiades 85
Toutankhamon 41
Trajan 90, 99, 151
Tughtekin 268
Tutush 268

U
Ulpien 95
Urbain II 270
Uruk, civilisation d' 18
Utu 23

V
Vahram 199
Valerien 92
Virgile 64

W
Watzinger, Carl 244
Wulzinger, Karl 244

X
Xerxès Ier 74

Y
Yakinloû 65
Yazid Ier 247, 260
Yazid II 246
Yéhawmilk 57, 77
Yon, Marguerite 42

Z
Zakarba'al 54, 56, 64
Zakkour 54
Zangides 276, 291, 290
Zayadine, Faoudi 160, 182
Zénobie 92, 93, 110
Zénon (empereur) 217
Zénon (hommes d'affaires) 146
Zeus 101, 127, 128, 165
Zeus-Bômos 120
Zeus Hypsistos 155, 158, 163
Zeus Olympien 60, 146
Zeus Turmasgada 127
Zimri-lim 32

Thèmes

A
Abbé 220
Acte sacrificiel 123
adyton 123, 133
agora 86, 102
Agriculture 112, 150, 206
  sèche 113
Aigle 164, 165
Alimentation en eau 18
Alliance matrimoniale 41
Alphabet 50
Amulette 71
Aqueduc 102
Arabe (langue) 112, 246
Araméen (langue) 87, 110, 112, 232
Architecture
  domestique 179
  militaire 282
  monumentale 77, 99
  sacrée 78, 249
  urbaine 160
Arianisme 216
Aristocratie marchande 119
Armateur 63
Art populaire 184
Artisanat 180, 207
Ascèse 220
Association religieuse 154
Astrologie 212
Auberge 233
aurum coronarium 214
Autel de sacrifice 157
Autorité centrale 19

B
Bain (lieu) 227
Baptistère 233-234
Barrage 150, 206
Basalte 225
Basilique 224, 228, 236-237
Bâtiment (activité) 207
Bétyle 155, 158, 162 et suiv., 166
Bienfaisance, système de 226
Bois 65

C
Calendrier 157
Canal 23, 24, 265
Capitation 245, 274
Caravane 55, 63, 143, 148, 165, 207, 208
  de pèlerins 272
Caveau funéraire 43
Cèdre 27, 44, 55, 57, 59
Cèdre du Liban *voir* Cèdre
Céramique 18, 142, 182-183, 207, 269
  attique 77
  bichrome 57, 63
Chapiteau à palmettes 66
Château du désert 255 et suiv.
Chevaliers teutoniques 274
Chiites 246
chôra 84, 191, 235
Chôrévêque 194
Christianisation 211, 213, 235
Christianisme 82, 93, 151, 188, 210-211
Circuit commercial 27
Citerne 145, 157, 195, 206, 265
Civilisation
  gréco-romaine 82
  mixte 85, 109
  palatiale 53
Colonnade 99, 102, 130
Commandant militaire 190
Commerce 23, 142, 145, 204, 206 et suiv., 264
  de la soie 197
  des étoffes 51
  extérieur 197, 208
  fluvial 23
  international 51, 53, 206
  méditerranéen 38, 43, 52
Communauté monastique 222
Comptoir (commercial) 54, 58, 63
Concours 97
Concurrence 192
Conquête de nouveaux marchés 64
Construction
  de routes 90
  navale 26
Conversion 213, 223, 226
Correspondance
  diplomatique 40-41
  royale 32, 44
Couloir maritime 59
Croisades 153, 270 et suiv., 298
Croisé 270
Crue 24, 27, 32
Culture urbaine 14
Cunéiforme, écriture 40, 42, 48, 50
Curiale 191, 194
Curie 191, 226

D
Défense 35, 42 278 et suiv.
  système de 18, 291
Densité de l'implantation humaine 202
Développement des villes 94
Diadoques, guerres contre les 144
Dieux
  culte 161
  représentation 50
  univers 126-127, 163 et suiv.
Dîme 246
Diocèse 190
Dôme du Rocher 248-249
Double nature, doctrine de la 216
Dyophysitisme 216

E
Échanges commerciaux 69
École de droit 95
Écriture 18, 19, 142
  cunéïforme 42, 50
  cursive 48
  gyblite antique 57
  linéaire 50
  phénicienne 57, 60, 63, 69
Écrivain 94
Édifice monumental 26
Édit de Milan 93, 188
Éducation 94, 96, 231
Église 193, 233, 236
  fortifiée 288
Élevage 206
Empereur (fonction) 195
Enceinte 121, 161, 263, 265, 269, 285
Encens 161
Ensemble palatial 32
Ermite 220
État latin d'Orient 270, 273, 290
Évacuation des eaux 42
Évêque 193, 213, 219
  de village 194
  des camps 194
  des Saracènes 194
Expédition commerciale 43

F
Fabrication
  des armes 197
  du verre 78
Flotte phénicienne 61, 74
foggara 206
Forêt 26, 44
Forteresse 89, 268 et suiv.
Fortification
  des villes 34
  programme de construction 93
  systèmes 18
Frontière 87

G
Géographie administrative 193, 194, 200
Gouverneur 90, 191
Gouverneur [illegible]0
Grec (langue) 90, 95, 110, 231-232
Groupe épiscopal 230

H
Habitat 179
Hammam 256
Hellénisation 85, 87, 88, 90, 94, 107, 138
Hellénisme 77, 84
Hiéroglyphes égyptiens 50
Hippodamien, système 86
Hospice de pèlerins 222, 233
Hypogée 116

I
Iconographie 52, 71
imam 246
Immigration 204
Impôt 194
  foncier 226
Inhumation [illegible]8, 176-177
Inscription 1[illegible]6, 149
Installations portuaires 208
insula 86
Intendant 32
Irrigation 113, 206, 256
Isis, culte d' 163
Islam 245-246
Ivoire 59, 65
iwan 265

K
kharadj 246

L
Laine 43, 65
Lapis-lazuli 23
Latin (langue) 50, 90, 95
Libation voir Offrande liquide
Lieu
  de prière 166
  de sacrifice 123, 157
Lin 65

M
madresseh 268, 278, 296
  funéraire 281
Maison
  d'habitation 26, 42-43, 179
  rurales 23[illegible], 233
Martyre 220, 238
Matériel funéraire 36
méghazîl 70
Métallurgie 1[illegible], 63
Métropole 15[illegible]
Métropolite 193
Meuble sacré 78
mihrab 249, 2[illegible]1
Minaret 249
minbar 249, 292
Moine 204
Monacat 204, 220
Monastère 204
  de femmes 223
Monophysitisme 216
Monopole maritime phénicien 70
Monument funéraire 114, 120, 163
  commémoratif 168
Mosaïque 153, 239
Mosquée 249
môtab 155, 166
mouqarna 269
Muraille 86, 102
Murs du trésor 250
Mythologie 231

N
Navigation 208
Nécropole 114, 116
nefesh 168
Négociant 60, 94
Néoplatonisme 95, 212, 213
Nestorianisme 196-197
Nestoriens 196-197, 217
Nicée, concile de 211, 216
Niche à bétyle 154-155
Nomades 15, 20, 112, 194

O
Objet funéraire 66
Occupation des côtes 20
Offrande 155, 166
  liquide 161, 166
Offrandes funéraires 51
Onomasticon 224
Onomastique 110, 138
opus sectile 239
Or coronnaire (impôt) 214
Ordre militaire 274
Oxycrat 207

P
Paganisme 212
paideia 231
Palais 21, 230, 265
Panneau à incrustations 25
Papyrus 48, 153
Patriarche juif 214
pax romana 88, 91, 102
Pèlerinage 204, 224
Période d'expansion 69
Périodeute 194
Persécution des chrétiens 188, 196
Peste bubonique 205
Peuples de la Mer, invasion des 54, 57
Phylarque 194, 197
Pièce commémorative 148
Pierre de taille 66
Piste du désert 143
pistikos 194
Place commerciale 107
Plan
  basilical 18
  central 238
  des villes 86
  type de 236
Poésie 256
polis 84, 191, 192, 194
Politique
  de construction 195
  de déportation 66
  matrimoniale 48
Polycentrisme 48
Population, croissance de la 205
Port 207, 208
  méditerranéen 150
Poste publique 208
Pourpre, production de 48, 78
Pressoir à olives 206
Procession 154
Produit
  d'exportation 53
  de luxe 148
Province 93, 190

Q
qanat 206
qibla, mur de la 249
Quartier administratif 21

R
rab marzehâ 156
Rade (port) 26
Relations
commerciales 23, 43, 63
diplomatiques 59
Religion 23
mazdéenne 196
Relique 224
Remparts 230
Réseau
commercial 65
d'agglomérations 14
hydraulique 206
routier 208, 230
Roi client 89
Romanisation 88, 90
Route
commerciale 246
de pèlerinage 153
de navigation 63
Rue principale 99

S
Sacrifice sanglant 154
Saint-Sépulcre 286
Salle de banquet 156
Sanctuaire 112, 121, 128, 130, 136, 154
rupestres 157-158
Sarcophage 75, 78
en terre cuite 75
Savant 94
Sceau 71
cylindrique 52
Sceau-cylindre 25 52
Sculpteur 75
Sculpture (art) 180-181
Sédentarisation 147
Sépulture 226
Soleil 23
Souda 155
Souks 230
Stade 97
Statue 25
stibadium 156
Strata Diocletiana 93
Structure de la population 200, 201
Stylitisme 221
Suffète (juges) 70
Sunnites 246
Surpopulation 205
Système
d'écriture 43, 48
d'irrigation 113, 206, 256
éducatif 94, 268
juridique 274

T
Tablette
d'argile 40, 48
d'ivoire 69
Techniques de construction 274
Temple 160
construction 57, 59
funéraire 118
Templiers 274
Terrasse
d'autel 133
de terre 35
Tête de lion 77
Tétrarchie 93
Texte administratif 32
Textile (artisanat) 207
thalamos 123
Théâtre 97, 226-227
Thermes 102, 227
Thiase 156
Tissage 23
Tombe
à fosse 169, 177
à merlons 169
à puits 169
Tombeau
à demi-merlons 169
type de 167
Tour funéraire 70, 118
Transfert
de savoir 48
de technologie 48, 63
Tribut 54 et suiv.
liste, 65
paiement 58, 60, 64
triclinium 156, 177, 231, 251
Trône cultuel 69, 70
Tuiles 233

U
Urbanisation 14, 84
Uruk, civilisation d' 18

V
Vaisselle de luxe 77
Ver à soie 197
Vêtement palmyréen 109
via nova traiana 151
via publica 208
Vie
rurale 14
urbaine 14, 226-227
Village 187, 192, 194, 203, 232-233
Ville 16, 18, 19
taille 19-20
de pèlerinage 247
Voie
à colonnades 99, 102
processionnelle 155, 157, 166

Z
zakat 246
Zone steppique 20

Les auteurs

Pierre-Louis Gatier

est professeur d'archéologie à l'Université Saint-Joseph de Beyrouth, et chargé de recherche à la Maison de l'Orient à Lyon. Il a passé son doctorat en 1978 sur les inscriptions en Jordanie centrale et a participé à plusieurs missions archéologiques à Chypre, en Syrie et au Liban. Parmi ses nombreuses publications sur l'histoire et l'archéologie du Proche-Orient à l'époque romaine et byzantine, il faut notamment mentionner : *Inscriptions de la Jordanie*, vol. 2, Paris 1986 ; *Géographie historique au Proche-Orient* (en coll. avec B. Hély et J.-P. Rey-Coquais), Paris 1988 et *Lettres de Firmus de Césarée* (en coll. avec M.-A. Calvet), Paris 1989.

Éric Gubel

est conservateur au Musée Royal d'Art et d'Histoire de Bruxelles et maître de conférences en histoire de l'art au Collège Vesalius de l'Université Libre de Bruxelles. Docteur depuis 1983, auteur d'une thèse sur les meubles phéniciens, il a été chercheur au NFWO (Fonds National belge pour la Recherche Scientifique), conseiller auprès de l'UNESCO pour la reconstruction du patrimoine culturel au Liban, et a travaillé comme collaborateur indépendant au Louvre, pour une publication des Antiquités phéniciennes. É. Gubel a participé à des campagnes de fouilles dans les colonies phéniciennes de Chypre, en Syrie et au Liban. Il est coéditeur du *Dictionnaire de la civilisation phénicienne et punique*, Paris 1992, et coauteur de l'ouvrage : *Les Phéniciens. Aux origines du Liban* (en coll. avec F. Briquel-Chatonnet), Paris 1998.

Philippe Marquis

occupe les fonctions d'archéologue de la Ville de Paris. Il a été conseiller auprès de l'UNESCO et coordonnateur des fouilles dans le centre-ville de Beyrouth. Depuis 1980, il a participé à de nombreuses campagnes de fouilles au Proche-Orient, dans les Émirats Arabes Unis, à Bahreïn, Oman et au Pakistan. Il a rendu leurs résultats accessibles à un large public international dans de nombreuses publications.

Laïla Nehmé

est depuis 1995 chercheur au CNRS à Paris. Elle a passé son doctorat sur la ville de Petra ; elle a ensuite tout particulièrement travaillé sur les deux centres de la culture des Nabatéens, Bosra en Syrie, et Khirbet edh- Darīh en Jordanie. Ses principaux axes de travail sont les inscriptions nabatéennes et les graffiti safaïtiques dans un dialecte du nord de l'Arabie. Parmi ses publications, il convient de citer : *Pétra. Métropole de l'Arabie antique*, Paris 1999 et *L'Habitat rupestre dans le bassin de Pétra à l'époque nabatéenne*, in : *Studies in the History and Archeology of Jordan VI*, Amman 1997, p. 281-288.

Marie-Odile Rousset

est depuis 1997 membre de l'Institut français d'archéologie orientale (IFAO) au Caire ; elle a travaillé auparavant pendant trois ans à Damas dans le cadre d'un séjour de recherche à l'Institut français d'études islamiques (IFEAD). Elle a passé son doctorat d'archéologie islamique en 1997 sur la céramique islamique. Elle a participé à plusieurs campagnes archéologiques dans le monde islamique, en Irak, aux Émirats Arabes Unis, au Kazakhstan, en Syrie et en Turquie. Parmi ses publications, surtout consacrées à la céramique islamique, il faut souligner son ouvrage *L'Archéologie islamique en Irak*, Damas 1992.

Jean-Baptiste Yon

prépare un ouvrage de référence sur les inscriptions grecques et latines à Palmyre. Il a passé son doctorat à l'université de Tours en 1999 sur les notables à Palmyre du Ier au IIIe siècle apr. J.-C. Jean-Baptiste Yon a participé à des fouilles à Doura-Europos, en Syrie, et à Zeugma, en Turquie. Il a publié différents articles sur l'histoire du Proche-Orient à l'époque hellénique, notamment : *Les Conditions de travail de la mission américano-française à Doura-Europos*, in : *Doura-Europos, Études IV, 1991-1993*, Beyrouth 1997 ; *Le Palais du Stratège* (en coll. avec P. Leriche et al., ibid.) ; *Remarques sur une famille caravanière de Palmyre*, in : *Mélanges E. Will, Syrie 73*, 1999 ; *La Présence des notables dans l'espace urbain à Palmyre*, in : *Actes du Colloque sur les Patriciats urbains*, Tours 1998.

Le photographe

Robert Polidori

s'est spécialisé dans la photographie d'archéologie et de paysages et s'intéresse principalement à la sauvegarde du patrimoine culturel. Ses photographies ont été reproduites dans de nombreuses revues internationales, comme par exemple dans le *Frankfurter Allgemeine Zeitung* et le *Figaro*, dans *Archaeology*, *Muséart*, etc. ; des expositions lui ont été spécialement consacrées dans le monde entier. Son œuvre a été distinguée en 1990 par la Direction des Affaires Culturelles de la Ville de Paris. Il a obtenu en 1998 le « World Press Award » dans la catégorie « arts » et en 1999 le « Eisenstadt Award » pour son travail sur l'architecture de la capitale cubaine, La Havane. Parmi ses principales publications : *Versailles*, Paris 1991, *Châteaux de la Loire*, Paris 1997 ; *La Lybie antique*, Paris 1998.

Remerciements

Le photographe remercie du fond du cœur tous ceux qui ont contribué à la réalisation d'un projet aussi vaste et complexe que ce livre. En premier lieu Olivier Binst, Béatrice Comte et Muriel Tohmé, ainsi que leur famille, qui ont rendu possible le premier voyage au Liban et en Jordanie ; François Villeneuve, de l'IFAPO, et Ghazi Bisheh, de l'Administration des Antiquités jordaniennes, ainsi que Claudia Vincent et le Royal Jordanian Airlines pour le soutien qu'ils ont apporté à la partie jordanienne du projet.
Ses remerciements vont aussi à Mohammed Jammal al Barri pour l'aide quotidienne qu'il nous a apportée sur place. Le photographe remercie Pesso et Ronli Avramv pour l'aide qu'ils lui ont apportée en Israël et dans les Territoires autonomes palestiniens.
Moussa al Houchi a guidé le photographe en Syrie. Osmane Aidi et son équipe – citons surtout Madame de Chadarevian et Rawa Batbouta – ont rendus possibles les voyages en Syrie. Nous les remercions, ainsi que Nabil Redda, pour l'accompagnement actif qu'elles nous ont offert sur place.
Le photographe remercie d'autre part Guy Bourreau de Kodak France Professional pour sa générosité – et tout particulièrement Catherine Balet pour le soutien permanent qu'elle lui a apporté pendant toute la durée des travaux.
L'éditeur remercie tous les scientifiques qui ont contribué à la réalisation de ce livre. Outre les auteurs, nous remercions Heinz Gaube (Orientalisches Seminar, Tübingen), pour les conseils généraux qu'il a donnés, pour son aide dans l'établissement de la chronologie synoptique et pour les questions de transcription, Astrid Nunn (Institut für Vorderasiatische Archäologie, Munich) pour ses conseils dans le domaine de la protohistoire, Andreas Schmidt-Colonet (Institut für Klassische Archäologie, Vienne), pour la transcription des noms de lieux arabes de Syrie et de Jordanie, Patrick Schollmeyer et Thomas Wabe (Institut für Klassische Archäologie, Mayence) pour son soutien dans le domaine de l'archéologie classique et Robert Wenning (Seminar für Zeit- und Religionsgeschichte des Alten Testaments, Münster) pour ses conseils sur la culture nabatéenne. Nous remercions également Andreas Fuchs (Institut für Altorientalistik, Tübingen) pour le soutien qu'il nous a apporté dans l'établissement et la correction des cartes. Nous remercions Christiane Schoelzel et Bernd Weiss pour la traduction des textes français originaux pour l'adaptation allemande ainsi que Ulrike Fauerbach et Juliane Dinn pour leur travail de révision de l'édition allemande.

Nous remercions en outre Hanna Wiemer-Enis pour son travail de correction du glossaire, Astrid Roth pour ses multiples recherches, Kirsten Skacel pour son travail de correction et l'établissement de l'index, Gerald Behrendt pour son soutien lors de la composition et Annette Ocker pour son aide à la révision.

Crédits photographiques et abréviations.

La majorité des illustrations qui ne sont pas recensées ici en détail sont des originaux du photographe parisien Robert Polidori. Jusqu'à la fin de la production, l'éditeur s'est efforcé de trouver tous les autres détenteurs de droits. Les personnes et les institutions que nous n'aurions pu joindre et qui réclameraient des droits sur les illustrations utilisées sont priées de prendre contact avec l'éditeur.

© Abegg-Stiftung, Riggisberg : 219 (Photo : Karl Buri) ;
© American Center of Oriental Research, Ammann : 240 ht. ;
© Archiv für Kunst und Geschichte, Berlin : page de garde (photo : Nou), 57 (photo : Lessing), 225 ht. dr. (Photo : Nou), 287 (Photo : Lessing) ;
© Archivio Fotografico Electa, Milano, 22 b. g., 173 ht. ;
© Bibliothèque Nationale de France, Paris : 92 b., 148, 155, 208 ht., 216 ;
© Bildarchiv Preussischer Kulturbesitz, Berlin : 65 (Photo : Laurentius), 257 b. ;
© British Museum, Londres : 61 ht. ;
© The Board of Trustees of the Victoria & Albert Museum, Londres : 274 ;
© Courtesy Israel Antiquities Authority, Jérusalem : 110 b., 257 ht. ;
© G. Dagli Orti, Paris : 7, 67, 195 b. (sauf tout à g.)
© DAI, Damas / Museum für Islamische Kunst, Berlin : 264 (Photo : Ghafour), 265 ht., 268 b. (Photo : Meinecke) ;
© Deutsches Archäologisches Institut, Damas : 75 (Photo : Roumi) ;
© Dumbaton Oaks, Washington DC : 224 b. ;
© Fondation Max van Berchem, Genève : 265 b., 292 ;
© Guy Ferrandis, Paris : 155 b., 165 ;
© Historisches Museum, Bâle : 153 (Photo : Babey) ;
© Hughes Fontaine, Paris : 166 b. ;
© Gallimard – La Photothèque, Paris : 82 ;
© Claus Hansmann, Munich : 21 b., 23 b., 44 ;
© *Liban, l'autre rive.* Institut du Monde Arabe – Flammarion, Paris, 1998, p. 211/216, 206, 209 ;
© Jürgen Liepe, Berlin : 164, 180, 181, 182 ht., 183, 184 ;
© Philippe Maillard, Paris : 18, 19, 20, 22, 23 ht., 24 g., 25 ht., 27, 33, 34, 36, 38, 39, 40, 41, 43, 46, 50, 51 h., 54, 56, 76, 78, 79, 182 b., 206 ht., 207 b. : 225 ht. dr., 225 b. ;
© MAPS Geosystems, Beyrouth : 26, 49 ;
© Ministry of Communications and Works, Nicosie, Chypre : 69 ;
© Musée de la Civilisation Gallo-Romaine, Lyon : 107 (Photo : Thioc) ;
© Musée du Louvre, Paris : 207 (Photo : Poucet) ;
© Museo Arqueológico Provincial, Séville : 62 ;
© Laïla Nehmé, Paris : 163, 165 ht., 178 ht. ;
© Princeton University Press, New York : 210 (Photo : Art Resource) ;
© Rapho, Paris : 61 b. (Photo : Georg Gerster) ;
© RMN, Paris : 24 dr. (Photo : Lewandowski), 25 b. (Photo : Raux), 28 ht. (Photo : Chuzeville), 42, 51 b. (photos : Lewandowski), 52 (Photo : Lewandowski/Raux), 53, 55 (Photos : Chuzeville), 58, 60 (Photos : Lewandowski), 63, 66 (Photo : Larrieu), 68 (Photo : Lewandowski) 77 b. (Photo : Larrieu), 110/111 ht. (Photo : Raux), 112 b. (Photo : Chuzeville), 132, 197, 211, 220 (Photos : Lewandowski), 231 (Photo : Schormans), 234 (Photo : Blot/Jean,) ;
© Yale University Art Gallery, Doura-Europos Collection : 86 g., 87 ht., 109 b. : 126 b. ;
© Joachim Willeitner, Munich : 144, 147, 195 b. extrême g.

Abréviations des crédits photographiques et des légendes :
b : en bas ; dr : à droite ; g : à gauche ; ht : en haut ; m : au milieu ;
d : diamètre ; h : hauteur ; l : largeur ; lg : longueur ; p : profondeur.

Frontispice : regard sur l'Euphrate, Hallabiye
L'ancienne Zenobia, dans la province byzantine de l'Euphrate, fut fortifiée par Justinien. Ici, une restauration datant de l'époque islamique.

Page de garde : vue de la ville de Sidon, 1839.
Lithographie à la craie, coloriée, d'après une aquarelle de David Roberts (1796–1864)
Sidon, aujourd'hui Saïda, fut l'une des principales villes commerciales phéniciennes sur la côte orientale de la Méditerranée.

Direction éditoriale et artistique : Peter Feierabend
Responsable de projet : Kirsten E. Lehmann
Suivi éditorial : Claudia Hammer
Maquette : Gerd Türke, Malzkorn Büro für Gestaltung et Bernd Elfeld, e-design
Iconographie : Monika Bergmann, Astrid Schünemann
Cartes : Astrid Fischer-Leitl
Photogravure : Niemann und Steggemann, Oldenburg

Traduction de l'édition originale allemande : Olivier Manonni (p. 6-11, 46-139), Virginie de Bermond-Gettle (p. 12-45, 140-241), Agnès Rothé (p. 242-299)
Révision des textes : par les auteurs
Réalisation : mot. *tiff*, Paris
Correction pour mot. *tiff* : Denis Canal
Suivi éditorial : Agnès Javadian

Fabrication : Mark Voges
Impression et reliure : Jean Lamour, Maxéville
Imprimé en France

ISBN 3-8290-0496-6
10 9 8 7 6 5 4 3 2 1

Note de l'éditeur :
Nous avons respecté l'orthographe des noms propres arabes préconisée par chacun des auteurs. Toutefois, la transcription des termes communs aux différents chapitres a été unifiée.

Sidon, April, 28th 1839.